"十四五"职业教育国家规划教材

微课版

新编市场营销

(第六版)

新世纪高职高专教材编审委员会 组编
主　编　闫志俊　张学琴
副主编　李　岩　王国艳　罗　明

大连理工大学出版社

图书在版编目(CIP)数据

新编市场营销 / 闫志俊，张学琴主编. -- 6 版. -- 大连：大连理工大学出版社，2022.1(2025.8重印)
ISBN 978-7-5685-3711-7

Ⅰ．①新… Ⅱ．①闫… ②张… Ⅲ．①市场营销学－高等职业教育－教材 Ⅳ．①F713.50

中国版本图书馆 CIP 数据核字(2022)第 021811 号

大连理工大学出版社出版
地址：大连市软件园路 80 号　邮政编码：116023
营销中心：0411-84707410　84708842　　邮购及零售：0411-84706041
E-mail：dutp@dutp.cn　　URL：https://www.dutp.cn
大连天骄彩色印刷有限公司印刷　　大连理工大学出版社发行

幅面尺寸：185mm×260mm	印张：17.75	字数：430 千字
2004 年 1 月第 1 版		2022 年 1 月第 6 版
2025 年 8 月第 9 次印刷		

责任编辑：刘丹丹　　　　　　　　　　　　　　　责任校对：夏圆圆
　　　　　　　　　　　封面设计：对岸书影

ISBN 978-7-5685-3711-7　　　　　　　　　　　　　定　价：55.80 元

本书如有印装质量问题，请与我社营销中心联系更换。

前　　言

《新编市场营销》(第六版)是"十四五"职业教育国家规划教材、"十三五"职业教育国家规划教材、"十二五"职业教育国家规划教材,也是新世纪高职高专教材编审委员会组编的电子商务类课程规划教材之一。

本教材是国家"双高计划"高水平专业群建设单位江苏工程职业技术学院、杨凌职业技术学院核心课程建设的成果之一,是省重点专业群建设、国家在线开放课程配套教材,是一部顺应现代市场营销教育发展需要的项目化教材。本教材贯彻党的二十大精神,落实立德树人根本任务,将"为党育人,为国育才"作为本次修订的指导思想。教材遵照《职业院校教材管理办法》以及《职业教育提质培优行动计划(2020—2023年)》等,紧紧围绕高端技能型人才培养目标,以营销人员的岗位工作任务为主线,由浅入深地讲述市场营销十个方面的内容。本教材以就业为导向,既满足学生首岗就业、多岗迁移的基本需求,又奠定了学生可持续发展的基础。

本教材为基于营销工作任务的项目化教程。每个项目包括"教学导航""项目任务""知识巩固""案例分析""项目实训""成长日记"等主要环节。"教学导航"部分为教师的教学目标、教学手段、授课场所、课时分配、任务分解以及学生的学习方法等提供了参考建议。"项目任务"部分以教师讲授和学生自学为主要手段,理论知识为每个项目任务的完成提供了理论基础。"知识巩固"部分对学生进行理论巩固和强化的自测练习,包括营销术语解释、选择题、判断题、简答题等,作为检测学生学习理论知识的主要参考。"项目实训"部分结合职业岗位的要求设计相应的工作任务,供课堂实训和课后实践训练使用,每个"项目实训"均提供了评价标准。"成长日记"部分要求学生结合每个项目的学习情况撰写总结报告,供交流使用。

本教材重点对营销前沿理论与案例进行了更新,使营销案例更具时代性、应用性和趣味性,有机融入课程思政内容。本教材既可以作为高职高专院校电子商务、市场营销等相关专业的教学用书,又可以作为相关从业人员的参考书。

本教材对于重难点内容制作了微课，并以二维码的形式嵌入教材，学生可扫码观看微课动画，方便学生自主学习。

本教材由国家"双高计划"高水平专业群建设单位江苏工程职业技术学院、杨凌职业技术学院市场营销专业教师牵头，在大量的市场调研、专家访谈的基础上，联合兄弟院校一线骨干教师、行业企业专家共同编写。其中，江苏工程职业技术学院同志俊和杨凌职业技术学院张学琴任主编，杨凌职业技术学院李岩、湖南机电职业技术学院王国艳、惠州市技师学院罗明任副主编，南通新纪元宾馆用品有限公司茅庆萍任参编。具体编写分工如下：同志俊编写项目1～5，张学琴编写项目6、项目8，李岩编写项目7，王国艳编写项目9，罗明编写项目10，茅庆萍参与教材框架设计并编写部分案例。全书由同志俊负责统稿。江苏工程职业技术学院陆雪纯为本教材的编写做了大量的资料搜集工作，海澜集团营销总监刘海胜和红豆集团营销总监朱小敏从企业市场营销实践的角度对教材的编写提出了宝贵的意见和建议，在此深表感谢！

在编写本教材的过程中，我们参考、引用和改编了国内外出版物中的相关资料以及网络资源，在此对这些资料的作者表示诚挚的谢意！请相关著作权人看到本教材后与出版社联系，出版社将按照相关法律的规定支付稿酬。

本教材中的疏漏之处，敬请读者不吝批评指正。同时为方便教学，本教材配有课件及其他配套资料，欢迎登录职教数字化服务平台进行下载。

编　者

所有意见和建议请发往：dutpgz@163.com
欢迎访问职教数字化服务平台：https://www.dutp.cn/sve/
联系电话：0411-84706104　84707492

目 录

项目1 树立现代营销观念,建立职业情感 ············· 1
 任务1 认知市场营销 ············· 2
 任务2 树立现代市场营销观念 ············· 8

项目2 分析营销环境,把握市场机会 ············· 16
 任务1 分析营销环境 ············· 17
 任务2 分析市场机会和威胁 ············· 27
 任务3 规划营销战略 ············· 32

项目3 调查研究市场,把握商业机会 ············· 46
 任务1 编制营销调研计划 ············· 47
 任务2 设计调研问卷,采集营销信息 ············· 56
 任务3 整理、分析营销信息 ············· 58
 任务4 开展市场预测 ············· 68

项目4 选择目标市场,明确市场定位 ············· 75
 任务1 进行市场细分 ············· 76
 任务2 选择目标市场 ············· 83
 任务3 进行市场定位 ············· 89

项目5 分析市场购买行为,洞悉客户需求 ············· 99
 任务1 分析消费者市场购买行为 ············· 100
 任务2 分析组织市场购买行为 ············· 114

项目6 制定产品策略,打造一流品牌 ············· 127
 任务1 理解整体产品概念 ············· 128
 任务2 分析产品生命周期 ············· 138
 任务3 制定品牌策略 ············· 146
 任务4 制定产品包装策略 ············· 152
 任务5 制定服务策略 ············· 156

项目 7　制定价格策略，实现营利目标 ································· 166
任务 1　认知营销定价原理 ································· 167
任务 2　选择定价方法 ································· 174
任务 3　运用价格策略 ································· 179

项目 8　制定分销策略，全面拓展市场 ································· 191
任务 1　认知分销渠道 ································· 192
任务 2　构建分销渠道系统 ································· 202
任务 3　管理分销渠道 ································· 210

项目 9　制定促销策略，促进信息沟通 ································· 217
任务 1　认知促销组合 ································· 218
任务 2　制定广告策略 ································· 224
任务 3　策划营业推广活动 ································· 234
任务 4　策划公共关系活动 ································· 239
任务 5　运用人员推销策略 ································· 244

项目 10　管理营销过程，确保营销效果 ································· 255
任务 1　制订、执行与控制营销计划 ································· 256
任务 2　管理客户关系 ································· 264
任务 3　创新营销方式 ································· 270

参考文献 ································· 277

项目 1

树立现代营销观念，建立职业情感

教 学 导 航

教		
	教学目标	知识目标： • 理解和掌握市场营销的基本含义与概念 • 明确市场营销的研究对象与研究内容 • 了解市场营销活动过程与发展趋势 技能目标： • 初步具有市场营销的相关意识与职业情感 • 树立正确的市场营销观念 • 能够组建营销团队并明确营销团队的目标任务 思政目标： • 融入五大发展理念等内容，树立建设富强国家、实现人与自然和谐发展的观念 • 树立爱岗敬业、诚信经营的职业道德观 • 正确认识企业社会责任，树立全面的营销观和社会责任感
	授课重点与难点	• 市场营销的基本概念 • 市场营销观念的演变与发展 • 市场营销活动的流程与要素
	授课方式	• 知识讲授、案例分析、角色扮演与体验 • 小组讨论与陈述汇报、团队组建训练
	授课场所	• 多媒体教室 • 市场营销实训室 • 企业市场营销部门交流
	建议学时	• 4学时（课堂）、6学时（课外）
	考核方式	• 过程性考核占50%（含课堂展示、汇报、小组作业） • 终极性考核占50%（含知识点、技能训练、成长日记等）
学	学习方法	• 大量阅读营销管理、营销故事、营销人物书籍 • 课堂互动，积极参与小组讨论与陈述汇报 • 角色扮演与体验 • 总结归纳，撰写成长日记 • 参与营销素质拓展活动
	营销训练	• 组建营销团队 • 团队分工与形象展示 • 营销岗位调查与营销人物访谈 • 案例分析 • 营销沙龙
	项目任务分解	• 市场营销团队组建 • 市场营销角色体验

任务1　认知市场营销

一、市场及市场营销活动

(一)市场

市场有狭义与广义之分。狭义的市场是指商品买卖的场所；广义的市场是指在一定的时间、地点、条件下商品交换的总和。在物物交易的背后存在着人与人之间的关系，所以市场是商品生产者、中间商、消费者交换关系的总和。在现代买方市场条件下，市场的三大构成要素是人口、购买力、购买欲望，三者同时具备，方能产生购买行为。

案例

火热的男性理容市场

艾媒咨询发布的《2020年中国男性颜值经济发展专题研究报告》显示，男性美容零售规模突破167亿元。其中"Z世代"(1995—2009年出生)的男性对护肤美妆的需求也愈来愈明显。抖音发布的《2020年中国男性美妆市场》显示，男性美妆内容播放量增速已超过整个美妆类别播放量。

男性理容俨然已是一片蓝海市场，诸多新兴品牌入局男性理容市场，并获得资本青睐，如理然、漫仕、蓝系、JACB等。各个品牌的爆款其实都有共同的特征——运用差异化的产品策略精准发掘男性群体的需求，如香氛喷雾、衣物除味剂、免洗面膜等，都是之前的传统品牌没有挖掘过的男性需求。

(二)市场营销

市场营销是以消费者需求为中心，通过有效的市场分析、目标市场决策、产品决策、定价、分销和销售促进、客户关系管理等一系列活动，实现产品和服务从生产者向消费者(或用户)的有效转移，达到消费者、企业和社会三方共赢的过程。

市场营销的中心任务是深刻地认识并了解顾客的需求。

市场营销的研究对象是市场营销活动及其规律，即市场分析、目标市场选择及定位、制定产品策略、定价、分销和销售促进、营销管理等一系列活动过程及其规律，也就是研究企业如何识别、分析、评价、选择和利用市场机会，从满足目标市场顾客需求出发，有计划地组织企业的整体活动，通过交换将产品从生产者那里转移到消费者手中，以实现企业的营销目标。

案例

珀莱雅的营销之路

2003年，温州人方玉友自创化妆品品牌，在品牌名称上采取借力的做法，取欧莱雅的"雅"和资生堂旗下的欧珀莱的"珀莱"，组成了珀莱雅这个名字。产品如何定位呢？方玉友找到著名的营销策划专家叶茂中。叶茂中闭门数日,拿出了六个字的广告语:补水、锁水、活水。他建议珀莱雅将自己的产品定位为"深层补水专家"。这看似简单的六个字,花费了方玉友600万元人民币,说是一字千金也毫不过分。然而回头来看,正是这次昂贵的策划,推动着珀莱雅踏上了营销之路,也为珀莱雅定下了"会营销,敢营销"的基调。

珀莱雅的营销妙在何处?首先,方玉友选择的代言人都具备一个共同的特点:既富人气,又具流量,带有很强的产品拉动效应。其次,珀莱雅在渠道使用上,有很强的前瞻性。在几年前,珀莱雅已经盯上了直播带货,是通过抖音卖货比较早的传统企业。

2021年3月8日,珀莱雅联合《中国妇女报》,发布主题为"性别不是边界线,偏见才是"的宣传广告,因为抓住了男女平权这个热门话题,顿时刷爆微博和朋友圈,视频点赞量超过10万。

(三)市场营销学

市场营销学是一门建立在经济学、行为学、心理学和现代管理理论基础之上的综合性应用科学。市场营销课程是一门与多门学科有关的边缘课程,也是管理类专业的一门核心课程。本书从营销环境、市场调研开始,对消费者的购买行为(客户需求)进行分析,以客户关系管理、提高客户忠诚度、维持并发展客户关系为着眼点,不断进行营销创新,实现最佳的营销组合,以期达到客户、企业、社会三方共赢。

市场营销学不仅是一门科学,更是一门艺术。市场营销是一个系统工程,就像食物从田间到餐桌,衣服从棉花到衣橱,这一过程要想成功,就必须做好市场营销活动过程中的每一个环节。在这里,举几个有趣的小例子,以求管中窥豹、触类旁通。

阅 读 资 料

营销卖什么?

1. 经销化妆品,卖的是感觉

爱美之心,人皆有之。卖化妆品,并不只是卖化妆品本身。化妆品的原料和配方从技术角度讲,已毫无秘密可言。卖化妆品,卖的是一种希望,一种感觉,一种氛围:希望——更漂亮、更年轻、更美丽、更有自信;感觉——风姿绰约、风情万种;氛围——温馨、和谐、幸福、令人沉醉的享受。

2. 经销房地产,卖的是梦想

看看我们周围的房地产广告,同样的地皮,同样的规划、户型,经过不同广告公司的包装,就有了天壤之别。有位房地产经销商一语道破天机,"很简单,我卖的不只是房子,更重要的是理念;我的买主也不只是买房子,而且还是买环境,更是买梦想,并实现梦想(圆梦)。"卖房子,同时也在卖房子创造出来的附加价值。

3. 营销卖的是气氛

高明的商人都善于营造气氛,就像一张网,投出去就把人罩住了。某电视台召开黄金时段广告招标会。每年招标会,全国商界各路大腕汇聚一堂。在正式竞标之前,电视台都会举行盛大的招待会,招待所有的投标企业。争强好胜是商人的特点,所以老板们一聚头,个个都豪气冲天,再加上招待会中主持人的"煽风点火",老板们往往不由自主要一争高下。因此招标会还没开,老板们就较上劲了。在电视台黄金时段投放广告的费用以秒为单位计算,大都在千万元以上,要的就是老板们的气魄。所以,广告费成为各电视台的主要赢利渠道之一。

二、市场营销的特征

(一)营销不同于销售或促销

现代企业市场营销活动包括市场营销研究、市场需求预测、新产品开发、定价、分销、物流、广告、人员推销、销售促进、售后服务等,而销售仅仅是现代企业市场营销活动的一部分,而且不是最重要的部分。著名管理学权威彼得·德鲁克曾指出:"市场营销的目的就是使销售成为不必要。"海尔集团公司总裁张瑞敏指出:"促销只是一种手段,但营销是一种真正的战略"。营销意味着企业应该"先开市场,后开工厂。"

(二)市场营销的核心是交换

在交换双方中,如果一方比另一方更主动、更积极地寻求交换,则前者称为市场营销者,后者称为潜在顾客。所谓市场营销者,是指希望从别人那里取得资源并愿意以某种有价之物作为交换的人,既可以是买者,也可以是卖者。假如有几个人同时想购买正在市场上出售的某种稀缺产品,每个准备购买的人都尽力使自己被卖主选中,这些购买者就都在进行市场营销活动。在另一种场合,买卖双方都在积极寻求交换,那么,我们就把双方都称为市场营销者,并把这种情况称为关系市场营销。

(三)推销是市场营销活动的一个组成部分,但不是最重要的组成部分

市场营销与推销的区别在于:一是出发点不同。市场营销的出发点是消费者的需求,而推销的出发点是企业的产品。二是目的不同。市场营销是通过满足消费者的需求来获取利润,而推销则仅仅是通过产品的售出获取利润。三是过程不同。市场营销包括从市场的调研、开发、生产等直至售后的服务、信息的反馈,而推销则只是市场营销中的一个部分、一个手段。四是归宿点不同。市场营销的归宿点是满足消费者的需求,而推销则是减少库存产品。

案 例 ANLI

老干妈的市场营销

对于大多企业的崛起、发展而言,都有四个重要因素——产品、价格、推广、渠道。其中,产品、价格、渠道是必须满足的三个基础条件。在这三个要素上,老干妈形成了很强的竞争优势。

1. 产品优势:独特的产品、好吃的味道

因为米豆腐味道不错,摆地摊能够生存下去;因为辣椒酱味道不错,陶华碧的小店才经营得不错;因为辣椒酱,她才能开了食品店;因为辣椒酱,她开了加工厂……老干妈之所以崛起,

正是因为其打造的产品出色,辣椒酱好吃的味道,受到用户喜欢,一步步推广做大。

2. 价格优势:大众价格、平民价格

老干妈从平民大众入手,这也是陶华碧最初早市摆地摊就形成的客户群定位,发展到后来也没有改变定位,10元左右的辣椒酱,在今天也可以说是极为物美价廉。这种大众价格、平民价格,让老干妈辣椒酱有了广大用户群,也拥有了一个广大的市场。

3. 渠道优势:终端深耕、渠道拓展至全国市场

虽然从摆地摊、开小店做起,但是,老干妈却有着天然朴实的市场感,陶华碧在建食品厂后,用了一个"笨办法",直接向渠道终端进行推荐、铺货、试销:她亲自用提篮装起辣椒酱,走街串巷向各单位食堂和路边的商店推销,并成功打开了市场。老干妈注重市场开拓,从区域市场拓展至全国市场,从区域品牌做成了全国品牌。

三、市场营销的核心概念

(一)需要、欲望和需求

需要(Need)指个人和组织能够感受到的对物质或精神的匮乏状态。欲望(Want)是由需要引起的,是对某种产品的期望、渴望与追求。需求(Demands)是在一定购买力条件下,欲望的具体化。市场营销的中心任务就是了解顾客的需要及需求,通过开发产品或其他营销手段,引导或满足顾客的不同欲望,使有效需求得以实现,同时实现企业的目标。

案 例 ANLI

年轻人冲向自拍馆

在大众点评和小红书上,关于自拍馆的笔记和广告多了起来。自拍馆的定位是自拍换装体验馆,而非传统影楼。拿着自拍杆和遥控器,没有化妆师和摄影师,在搭好的灯光布景前尽情发挥想象力,似乎不费力就能够拍出一张精美的照片。

除了有足够的拍照空间,自拍馆的价格也十分有优势,人均消费在100元至200元,远低于市面上许多写真馆和影楼。相比专业性更强的写真馆和影楼,场地和服装都较为有限的自拍馆,如同"速食品"一般的风格,需要更多内容和节日营销层面的创新。例如,某自拍馆每年会自研600多个主题,最后选择排名前200的场景更新到产品线里。

(二)产品

产品(Product)是能够满足人们某种需要和欲望的一切有形物品与无形服务。营销人员要有整体产品的概念,它包括产品的实体、产品给顾客带来的效用以及各种产品的延伸及产品所附带的所有无形服务等。

(三)价值、满意和质量

顾客对于价值(Value)的评价,决定其如何选择产品以及对购买、消费过程的满意程度。

顾客价值(Customer Value)是指顾客从购买和使用某产品中获得的总价值与为此所付出的总成本之间的差额。其中,顾客从产品和服务中获得的总价值主要包括产品价值、服务价值、人员价值和形象价值等;顾客为购买产品或服务所付出的总成本包括货币成本、时间成本、体力成本和精神成本等。顾客总价值减去顾客总成本的差额即为顾客让渡价值。企业战胜竞争对手的关键就在于能比竞争对手向顾客提供更多的顾客让渡价值。

顾客满意(Customer Satisfaction)(企业开展营销工作的目标之一)是指顾客对于所获得的产品的效能与对该产品的期望值的比较,若产品的效能等于或高于顾客对该产品的期望值,则顾客会感到满意。相反,则不满意。

质量(Quality)是一个产品或服务的特色和品质的总和,它将直接影响顾客对各种需要的满足程度。在以顾客为中心的今天,是否重视产品和服务质量直接影响到顾客价值的获得和顾客满意与否。所以,质量在企业营销中特别重要,要高度重视。

案例

钻石营销 & 护肤营销,都是需求嫁接

物以稀为贵,但钻石本身产量并不低,甚至可以说是不存在稀缺价值。而这一切都源自戴比尔斯公司提出的一句广告语"The Diamond is Forever",其中文翻译为"钻石恒久远,一颗永流传",并且通过各种影视剧输出等让钻石不仅仅是钻石,而是看不到、摸不到却需要被证明存在的爱情。

护肤营销和钻石营销一样同样经典,不是因为它们无中生有创造了消费者的需求,把本没必要、本不应该的事情,变成了消费者生活中一个重要的习惯或者仪式感,而是因为它们洞察了消费者心中最真实的恐惧与希望,并且用一个产品去满足消费者需求。

钻石营销是把对自己能够拥有坚如磐石的爱情的希望,通过"爱情=钻石"这一理念嫁接到钻石上面,让人们以为拥有了钻石就是拥有了爱情,否则爱情就是不完整的。

而一层又一层的护肤步骤,则是人们对于青春逝去的焦虑和无能为力,以及希望永远年轻饱满的愿望投射。

阅读资料

排队管理,从顾客心理出发来增强体验

从消费者的角度看,为了吃一顿饭或喝杯奶茶耗上几个小时的时间,其实自己付出的成本已经远远超过了一顿饭或奶茶本身的价格,还搭上了宝贵的时间成本和精神成本。

有网友这样记录自己的排队感受,"腿由酸到麻木,心情由期待到小愤懑,凡事中庸就好,过度了就会造成反面效应"。排队背后的终极问题其实是对顾客心理预期的科学管理。对顾客心理的把握可以从进度感、舒适感、互动感三个方面入手。

1. 进度感

进度条的出现让人们可以对事情的发展有个心理预期,顾客在排队时也是一样,真正让人们焦虑的不是等待,而是遥遥无期、无法预期的等待。因此,想要安抚顾客,先要让其心中有数,知道自己要等待的时长。

2. 舒适感

顾客在排队的过程中是很难有舒适感的,特别是一边排队,一边看到其他顾客正在用餐,此时这种焦虑感会加强。因此,餐饮企业在提供椅子和茶水等基本的安抚措施之外,最好辅之以小零食等来帮顾客打发时间,比如海底捞这方面就做得比较到位。

还可以融入特色的品牌文化、演出等,给顾客以沉浸感,如某大排档,顾客在等待的过程中,可以观看穿着民族服饰的店员来来往往,运气好的话还能欣赏到现场演出的民间小调;再比如海底捞设立了快乐的等位区,能够让消费者在品尝免费食品的同时,重温儿时的游戏时光。

3. 互动感

最典型的互动方式就是游戏,这种游戏可传统、可高科技,关键是让顾客动起来、调动顾客情绪。

以云海肴为例,该餐厅专门推出了等位猜谜语送礼物的活动,谜语不会设置得太难,因为游戏的目的不是难倒顾客,而是让顾客感受到猜谜语的乐趣。此外,还可以通过AR互动游戏来提升体验,南京大渝火锅曾试过这种等位的方式,数据表明,等位区75%的年轻群体都会参与游戏,跳转到游戏后,平均在线时长在19分钟左右,平均每家门店的月参与人数近4 000人,每月通过游戏获得奖券到店消费的新增流水达5万元。

有时,人们对餐厅的挑选标准不再局限于餐厅的菜品本身,那些更好玩、更有趣的餐厅更容易吸引他们的眼球,这种互动感极强的方式就不仅仅停留在等位的服务层面了,其更像是一种营销,也成为吸引顾客到店的一个新理由。

(四)交换、交易和关系营销

交换(Exchange)是指用一种物品从他人处换取所需要的另一种物品的行为。交易(Transaction)是指买卖双方在货币价值和使用价值上的交换。近年来,营销学者在交易营销的基础上,又提出了关系营销的概念。关系营销(Relationship Marketing)是指在交易营销的基础上,营销人员还必须与有价值的顾客、分销商、经销商、供应商等建立、保持、加强密切的长期合作关系,这关系到企业的可持续发展。

(五)市场份额(市场占有率)

一般而言,在某一行业,市场被若干个甚至无数个企业共同瓜分。市场份额(市场占有率)是指某一企业产品或服务的销售量(或销售额)在市场同类产品(或服务)中所占的比重,表明企业的商品在市场中所处的竞争地位。市场份额(市场占有率)越高,表明企业经营、竞争能力越强。

阅 读 资 料

中国饮料市场格局

中国饮料市场的发展经历了较为漫长的历程,从单一的饮料产品汽水,逐步到饮料品类可乐、矿泉水、奶产品等。20世纪末,茶饮料品类投入生产并进入中国市场,在中国饮料市场占领一席之地,其在饮料行业的市场地位仅排在水和碳酸饮料之后,市场份额稳居饮料行业第三。

随着在国内市场的爆发式增长,凉茶行业的竞争也日益激烈,除产品本身毛利高、利润空间大外,还因为行业本身的进入门槛低。值得注意的是,市场上已存在众多凉茶品类,且凉茶品类口味基本相近,功效一致,在消费者中也难形成产品的区别特性。近些年,王老吉不断拓展产品品类,推出了黑凉茶、无糖凉茶、纪念罐凉茶等开拓市场。

截至目前,国际饮料巨头以可口可乐、百事可乐为主,占有碳酸饮料和汽水90%以上的市场份额。国内饮料巨头以康师傅、统一、娃哈哈、农夫山泉等饮料品牌为主,品种全,占有茶饮料80%以上的市场份额。此外,功能饮料抗疲劳的诉求点,如红牛、乐虎、东鹏特饮这几年也在蓬勃发展,进一步争夺饮料市场的份额。

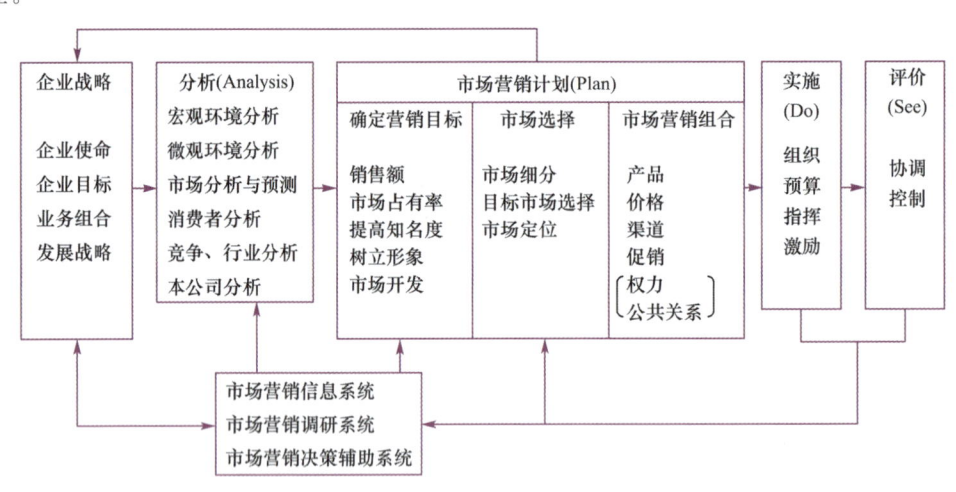

四、市场营销管理

市场营销管理过程包括如下步骤:分析市场机会、选择目标市场、设计市场营销组合、管理市场营销活动(图1-2)。管理是为了实现企业目标,创造、建立和保持与目标市场之间的互利交换关系,而对设计方案进行的分析、计划、执行和控制。市场营销管理的任务,就是为促进企业目标的实现而调节需求的水平、时机和性质。所以,市场营销管理的实质是需求管理。

图1-2 市场营销管理过程

任务2 树立现代市场营销观念

企业的市场营销活动是在特定的市场营销哲学或经营观念指导下进行的,因此,营销观念也就是企业在开展营销活动的过程中,在处理企业、顾客和社会三者利益方面所持的态度、思想和理念。

一、营销观念的发展过程

综合分析营销观念的演进过程及其不同的产生环境和各种观念所持的不同观点,可以将其分为传统营销观念和现代营销观念两大类。传统营销观念包括生产观念、产品观念和推销观念;现代营销观念包括市场营销观念和社会营销观念。传统营销观念与现代营销观念的比较见表1-1。

表1-1　　　　　传统营销观念与现代营销观念的比较

类　型	观　念	实施顺序	工作中心	营销目的	经营手段
传统营销观念	生产观念	产品→市场	产品	获取利润	生产
	产品观念	产品→市场	产品	获取利润	研制产品
	推销观念	产品→市场	产品	获取利润	增加销售
现代营销观念	市场营销观念	市场→产品→市场	顾客需求	满足需求、获取利润	整体营销
	社会营销观念	市场→产品→市场	顾客需求、社会利益	满足需求、社会利益、获取利润	整体营销

(一)自我导向的营销观念

(1)生产观念。生产观念是20世纪前的主要观念,即企业生产什么,就销售什么。生产观念典型的例子是在20世纪初,美国福特汽车公司创始人亨利·福特曾傲慢地宣称:"不管顾客需要什么颜色的汽车,我只有一种黑色的。"

(2)产品观念。产品观念是企业致力于生产优质、多功能、具有某种特色的产品,将注意力放在产品本身,经理们深深迷恋自己的产品。

案例

狗不理断臂求生,门店全面退出北京

2021年3月,狗不理在北京的最后一家店关闭,此外,天津也面临门店收缩,未来,狗不理将重点发展其速冻食品渠道。

许多老字号都在积极求新,保持品质的同时顺应时代做改变。而狗不理在产品、门店创新上,并没有看到过多的升级转变,在迭代升级如此快速的餐饮业,还原地踏步的狗不理,当老字号背后的品牌记忆消耗完,也将被时代所抛弃。

(3)推销观念。推销观念是以销售为中心,企业注重利用各种方法和手段招徕顾客,推销产品。企业之间的竞争主要表现为促销竞争。多数企业是在生产过剩、产品滞销时才开始重视销售的,并通过一系列销售活动,实现推销产品的目的。

案例

十三香的没落

2020年10月,一条"十二不如十三香"的微博,让王守义十三香借着iPhone12的发布再次登上了热搜。登上热搜的第二天,王守义十三香的官方微博借势发布了2020年新的企

业宣传片。视频的内容很简单：一首地方风情浓郁的歌曲，一番简单的企业介绍，加上董事长几句朴实的话语，手机屏幕前的年轻人仿佛被拉回了童年。但当热度散去，王守义十三香对更多人来说，依然只是一份越来越久远的陈年记忆。

近两三年，十三香在聚焦主产品的同时，也在大力推出新品，希望把火锅料、饺子料等产品推广出去，尤其是带到农村乡镇，扩大下沉市场，改变人们"王守义等于十三香"的固有认知。但如今，在大多数城市的商店、超市，也只能找到一款印着王守义头像和商标的十三香调味料。

面对电商的冲击，十三香同样一筹莫展。当调味品行业其他巨头走进直播间带货时，王守义仍然在坚守着逐渐萎缩的线下市场。集团旗下虽然也成立了电商公司，但却业绩平平，不能不说是一个遗憾。

在十三香为"隔行跨界"疲于奔命的漫长岁月里，后来者早已抢跑了新的赛道，而当老企业痛定思痛，回到主战场时，反而成了毫无竞争力的"新手"，被一步步挤到了舞台的边缘。如今的十三香想要找回失去的岁月，还需要漫长的时光去沉淀。

（二）顾客导向的营销观念

市场营销观念就是以消费者和市场为中心，消费者需要什么，企业就生产什么、卖什么。20世纪50年代以后，市场趋势表现为供过于求，企业之间竞争非常激烈，一些企业开始认识到必须转变观念，才能求得生存和发展。市场营销观念的主要表现是：重视市场研究，了解市场需要，注重整体营销和营销策略的有机组合。企业的一切活动都以顾客为中心，典型的口号是"顾客需要什么，我们就生产什么""顾客第一"。

案例 ANLI

看日本人的营销理念

日本本田汽车公司要在美国推出一款雅阁牌新车。在设计新车前，他们派出工程技术人员专程到洛杉矶地区考察高速公路的情况，实地丈量路长、路宽，采集高速公路的柏油，拍摄进出口道路的设计。回到日本后，他们专门修了一条9英里长的高速公路，就连路标告示牌都与美国公路上的一模一样。在设计行李箱时，设计人员意见有分歧，他们就到停车场看了一个下午，看人们如何放取行李。这样一来，意见马上统一起来。结果本田公司的雅阁牌汽车一到美国就倍受欢迎，被称为"全世界都能接受的好车"。

（三）社会导向的营销观念

社会营销观念是"以社会为中心"的市场营销哲学观念，在20世纪70年代后广泛兴起。它的提出一方面基于假冒伪劣产品及欺骗性广告泛滥，另一方面是由于环境污染、生态失衡等引起消费者不满，从而掀起保护消费者权益及生态平衡的运动，迫使企业营销活动必须考虑消费者及社会的长远利益。社会营销观念强调企业不仅要满足目标消费者的需求与欲望，而且还要考虑消费者及社会的长远利益，将企业利益、消费者利益与社会利益有机地结合起来。

项目1 树立现代营销观念，建立职业情感

企业不仅要为顾客创造价值，而且应该是多种社会资源的有效组织者，股东、供应商、经销商、员工和顾客都应该成为企业运作中的导向，其中，顾客导向是最重要的。同时，企业在利益相关者交织成的网状系统中，还必须满足多方的需求，实现各方的利益，才能维持组织的良性运转，避免顾客需求的单维导向使企业的运作陷入困境。

企业以市场为导向，通过确定目标市场的需要和利益，以一种能够维持或改善消费者和社会利益的方式，向顾客提供更高的价值。社会营销观念要求企业营销行为必须从社会、消费者、企业三个角度综合考虑利益关系，注重三者利益的同时获得。

阅读资料

面对突发灾难，企业不适宜借势营销

2021年7月，河南等地持续遭遇强降雨，郑州等城市发生严重内涝，交通瘫痪，甚至导致多地居民被困而引发伤亡。有些企业竟然想到了利用灾情做借势营销，趁机增加流量。借势灾难做营销，势必遭遇惨烈失败，而且会给相关企业的声誉带来负面影响。在一个社交网络媒体超级发达的时代，借势灾难做营销，几乎等于自寻死路。而失败的原因就在于，这些企业缺少最基本的同理心。河南暴雨灾情中大众感受最深的、最需要的是什么？救灾、救人。因而，一切和此目的相悖的营销宣传，都容易被公众解读为态度冷血。企业和品牌如果连这点儿最基本的道理都不懂，只会越卖力宣传越被公众厌恶。

营销需要"有所为"，但同样需要"有所不为"。面对灾难，相关企业需要打消见热点就蹭的冲动，坚守"有所不为"，守住做企业和做人的道德底线。

二、营销观念的深化与发展

（一）营销组合要素的增加

1960年，麦卡锡（McCarthy）在综合前人研究成果的基础上，在其《基础市场营销学》一书中首次提出和使用了备受世人推崇的4P理论，即产品（Product）、价格（Price）、渠道（Place）和促销（Promotion）组合理论。营销组合的四个子系统见表1-2。

表1-2 营销组合的四个子系统

产品组合	价格组合	渠道组合	促销组合
质量、性能	基本价格	渠道体系	广告策略
外观、包装	价格水平及变价	区域分布	人员推销
品牌、商标	折扣、折让	分销方式	公共关系
担保、服务	支付方式及期限	中间商类型	营业推广
保证、承诺	信用条件	商业场所	媒体类型
产品线、产品项目	物流配送体系	网络媒体

1980年后，各路学者在4P理论的基础上发展了6P理论、7P理论等，在原有基础上增加了政治力量（Political Power）、公共关系（Public Relation）、市场调查（Probing）、市场细分

(Partitioning)、目标优化(Prioritizing)、市场定位(Positioning)、人(People)、有形展示(Physical Evidence)等内容。

(二)营销思维的变化

20世纪80年代,美国市场学专家罗德明提出了4C理论,即顾客(Customer)、成本(Cost)、便利(Convenience)、沟通(Communication),向传统的4P理论发起了挑战。这一理论认为营销应重视消费者导向,精髓是由消费者定位产品,即重视顾客要甚于重视产品,追求成本要优于追求价格,提供消费者便利比分销渠道更为重要,强调沟通而不仅是促销。菲利普·科特勒认为,4P和4C有着一一对应的关系。4P与4C营销观念比较见表1-3。

表1-3   4P与4C营销观念比较

4P营销概念	4C营销概念
4P营销组合	4C营销概念传播
产品策略	消费者的需要与欲求、品牌协调性和个性
价格策略	满足需要与欲求的成本
分销渠道策略	能提供消费者方便之处
促销策略	整合性的全方位沟通
消费者请注意	请注意消费者

4C营销倡导真正意义上的"买方市场"营销,把交易的控制权由卖方完全转移至买方。为此,在激烈的市场竞争中,企业必须以顾客为中心,深入研究和捕捉顾客的需要,通过提供优质的产品和服务,满足顾客需要,提升顾客价值。只有充分与消费者进行沟通,了解其产品知识、品牌网络、产品的需求效用、消费者的个性品位等因素,才能找准顾客需求心理,赢得消费者。

(三)营销关系网络的构建

20世纪80年代至20世纪90年代,舒尔茨(Schultz)提出了关系营销的4R组合理论,即关联(Relevance)、反应(Reaction)、关系(Relationship)、回报(Reward)。4R理论描述了全新的营销要素,包括与顾客建立关联、提高市场反应速度、重视关系营销和营销回报。

4R理论是以竞争为导向,通过关联、关系、反应,建立关系、长期拥有客户、保证长期利益的操作方式。它通过互动与双赢建立关联,同时延伸和升华了便利性。回报兼容了成本和双赢两方面的内容,企业为消费者提供价值,与满足顾客、追求回报相辅相成,客观上达到了一种双赢的效果。

案例

新锐香氛品牌:通过"气味"出售幻想

某香水品牌的纪录片,将香氛生意的实质归为"出售一种幻想"。香味与记忆及文化相连,既象征着个性身份,也关乎人际关系,同时还充满了独特的人情味。围绕"嗅觉"展开的香氛赛道,既包含美妆类目下的香水产品,也涵盖个护领域的香氛洗护、家居香氛等品类。与国际品牌相比,国产香氛品牌都不约而同地将焦点放在了"东方香"上,围绕"国潮文化"

"东方审美"展开个性化演绎。

气味图书馆的明星产品"凉白开"系列,聚焦的是国人的集体记忆;"小时光"系列包含了绿豆沙、橘子汽水等能够唤醒消费者童年记忆的味道。

除了怀旧复古,基于传统文化与东方审美,也有许多可延展的空间。比如主打东方植物香调的"观夏",传递的是一种"东方新摩登美学";而"Uttori五朵里"则通过桂、梅、兰等东方元素诠释香水中的国风。

国产香氛品牌对中国消费者有着更深刻的洞察与理解,也唯有理解中国文化的内涵与底蕴,才能够通过香味进行更精准与独特的表达。当代年轻消费者不再盲目追随欧美大牌,而是拥有更强的文化自信,对国货品牌的认同也不断加深,这也为国货香氛品牌的崛起提供了新的机会。

(四)整合营销

20世纪90年代初,美国西北大学教授唐·舒尔茨博士提出了整合营销理论。

整合营销的主要思想是:以消费者为核心,重组企业行为和市场行为,综合协调地使用各种资源,以统一的目标和统一的传播形象,传递一致的产品信息,实现与消费者的双向沟通,建立品牌与消费者长期密切的关系,从而更有效地实现营销目标。

整合营销要求实施"顾客导向"战略,即在质量、品牌、服务等方面都迎合顾客的需求和时尚。把顾客整合到整个营销过程中来,从顾客的需求出发,设计产品和服务;制定顾客能够接受的、认可的产品价格,不是越低越好,也不是越高越好;便利顾客购买的分销渠道;转变与顾客的沟通方式,将顾客利益与企业利益统一考虑。

知识巩固

一、营销术语解释

市场营销　顾客让渡价值　营销组合4P　营销组合4C　关系营销4R　整合营销

二、选择题

1.市场营销组合的4P是指(　　)。
A.产品、价格、渠道、促销　　　　B.广告、价格、渠道、产品
C.价格、公关、产品、渠道　　　　D.价格、权力、渠道、促销

2.企业能否战胜竞争对手的关键在于它能否比竞争对手向顾客提供更多的(　　)。
A.总价值　　B.服务项目　　C.使用价值　　D.顾客让渡价值

3.现代市场营销观念包括(　　)。
A.产品观念　　B.推销观念　　C.营销观念　　D.社会营销观念

4.市场营销的研究对象是(　　)。
A.4P　　　　　　　　　　　　　B.4C
C.市场营销活动及其规律　　　　D.营销观念

三、简答题

1. 简述市场营销的核心理念。
2. 什么是4R营销理论？它和传统的营销理论有何区别？

案例分析

剧本杀："罪恶"中发展的行业

剧本杀其实是一种以剧本为核心的新型桌游。它起源于英国,福尔摩斯和007的家乡。玩家一般在5人以上,通过角色扮演参与其中,在主持人的引导下找出凶手或还原真相。电影和剧本杀,本质上都是以剧情为核心的体验过程。美国心理学家霍兰博士认为,恐怖电影和以惊悚为卖点的剧本杀吸引受众的原理一致,都是从虚构的恐怖中获得快感。近年来,对剧本杀"上瘾"的年轻人越来越多。社会学教授托马斯·谢夫博士持有同样的观点,他认为快感的关键在于距离,距离的存在将恐惧转化成愉悦。但问题在于,并不是所有观众或者玩家都能把握这种距离。每个人的成长经历、性格或共情能力都有所不同,因此并不是每个人都能从剧情中"抽离"出来。说白了就是入戏太深,这就是精神疾病产生的原因。电影和剧本杀的区别在于两者与观众的交互方式,并且剧本杀的沉浸感显然更高。

剧本杀是一把双刃剑,把恐怖灵异作为噱头,是行业尚处于成长期的商业手段。因此剧本杀需要监管层的介入,这是行业朝着正确方向发展的要求。

思考： 从市场营销观念的角度分析剧本杀行业的发展前景并提出建议。

项目实训

组建营销团队,体验营销角色

1. 实训目的

营销职业认知与体验——清楚营销职业目标,明确营销职业任务。

2. 学生活动

团队展示,具体内容包括：

(1) 团队(组)名。
(2) 口号、队歌。
(3) 研究的行业,主打产品。
(4) 团队愿景(长远目标)。
(5) 每个团队3~5人,推选一人为队长,其他成员合理分工,相互配合。
(6) 团队标志(图案、名称、象征意义),团队的基本颜色。
(7) 团队的目标任务(本学期)：编写可操作的调研方案、撰写某企业的营销策略分析报告、精品商品推荐、模拟演示某餐饮门店外场的业务流程、调研报告陈述答辩等。

3. 团队展示要求

(1) 小组登场,向全班介绍上述内容,展示精神风貌。

(2)每次都主动向大家问好,大声说出团队名及自己的姓名,习惯于自报家门。

(3)活动中举止文雅,幽默大方,常用礼貌用语。

(4)活动完毕,谢场。

4. 项目完成情况评价

内容			评价
学习目标		评价项目	得分(0~100分)
知识 (30分)	应知应会	熟悉营销活动过程,掌握营销核心理念	
		顾客让渡价值	
		营销组合4P、4C、4R	
专业能力 (60分)	组织能力	组队:营销团队名、口号、目标、团队标志、队歌	
	沟通能力	集思广益,团队精神,团队目标有引导力	
	解决问题能力	团队名有新意、口号响亮	
	自我管理能力	团队活动中举止得体	
	创新能力	团队标志图案及寓意自主设计	
态度 (10分)	态度认真	守纪律,积极参与	
	合作意识	集思广益,团队精神	
合计得分			
个人努力方向与建议		积极主动锻炼自己,展示自己的才能,善于与他人相处	

成长日记

结合项目1所学的知识和实践,撰写一篇1 000字左右的个人成长日记。挑选部分学生的日记公开交流。

项目 2

分析营销环境,把握市场机会

教学导航

教	教学目标	知识目标: • 掌握影响企业市场营销的主要因素 • 明确企业宏观环境与微观环境的构成要素 • 正确理解企业的营销战略及其构成内容 • 了解企业业务发展规划、竞争战略和市场发展战略 技能目标: • 能够运用 SWOT 分析法分析企业的营销环境 • 能够根据环境分析结果判断市场机会和市场威胁 • 能够针对环境机会和威胁制定相应的战略和策略 思政目标: • 建立对我国营商环境的感性认知 • 融入我国经济发展的统计数据、环保行动、科技改变生活、中华优秀传统文化等内容,坚定"四个自信",增强民族自豪感和社会使命感 • 具有创新思维,以应对环境新发展以及带来的新问题 • 融入"一带一路""乡村振兴"等内容,使学生能够认识到企业营销战略的制定只有和国家的发展战略和发展目标协调一致才会得到市场的认可
	授课重点与难点	• 营销宏观环境分析、营销微观环境分析、SWOT 分析 • 营销战略规划
	授课方式	• 知识讲授、案例分析、小组讨论与陈述汇报 • 专家视频与讲座、战略规划训练
	授课场所	• 多媒体教室、市场营销实训室
	建议学时	• 8 学时(课堂)、8 学时(课外)
	考核方式	• 过程性考核占 50%(含课堂展示、汇报、小组作业) • 终极性考核占 50%(含知识点、技能训练、营销日记等)
学	学习方法	• 大量阅读营销管理、营销故事、营销人物书籍 • 课堂互动,积极参与小组讨论与陈述汇报 • 头脑风暴;总结归纳,撰写成长日记;素质拓展活动
	营销训练	• 市场营销环境调查 • 市场营销环境分析报告 • 战略规划训练 • 营销沙龙
	项目任务分解	• 市场营销环境调查 • 市场营销环境分析 • 市场营销战略规划

营销环境是企业内外部的情况与条件,企业的营销活动受市场营销环境的制约和影响。营销人员要认清企业的营销环境,根据环境分析的结果熟悉企业长远营销规划和管理,并据此开展营销活动,努力实现企业的营销战略目标。

作为一名营销新人,要想尽快适应营销岗位,做好营销工作,就要熟悉工作环境、企业营销环境以及企业发展目标及战略。本项目通过开展相关教学活动,使学生熟悉影响企业营销活动的宏观及微观环境因素,并注意观察企业所处的环境,从中认清优劣势及机会和威胁。

任务1　分析营销环境

一、营销环境的内涵

(一)营销环境的概念

营销环境(Marketing Environment)是指影响企业市场营销活动的各种可控或不可控的条件、因素、参与者和影响力。也可以说,营销环境是一切影响和制约企业营销决策和其实施的外部环境和内部条件的总和。外部环境是指企业在其中开展营销活动并受之影响和冲击的不可控行为者与社会力量,如供应商、顾客、文化与法律环境等;内部条件具体包括企业内部的人、财、物、技术等条件,企业各部门及其相互关系。

(二)营销环境的构成

根据对企业营销活动的影响程度与影响方式,可以将营销环境分为两大类:宏观环境(也叫间接营销环境)和微观环境(也叫直接营销环境)。宏观环境又称一般性环境或总体环境,是那些作用于直接环境及由此带来各种市场机会和产生环境威胁的各种力量,包括政治、法律、经济、社会、文化、人口、科学技术、自然环境等因素,一般属于不可控制的因素。微观环境又称个体环境,是指与企业营销活动直接发生关系的组织与行为者的力量和因素,并直接影响着企业为顾客服务的能力,包括供应商、营销中介单位、竞争者、公众等。影响企业营销活动的环境因素如图 2-1 所示。

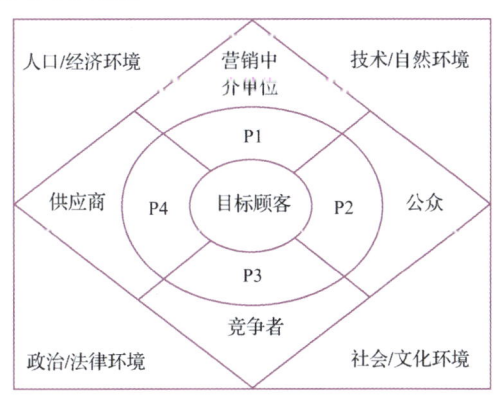

图 2-1　影响企业营销活动的环境因素

(三)营销环境的特点

企业外部营销环境是不以营销者意志为转移的,有着自己的运行规律和发展趋势。企业的营销活动要主动适应和利用外部客观环境,主观臆断营销环境的发展趋势,必然导致营销决策的盲目与失误。但是,企业可以运用各种有效的方式或手段,影响利益相关方,争取多方的支持,使之改变做法,从而使外部营销环境朝着对企业有利的方向发展。这种能动的思想不仅对国内跨地区市场营销活动有重要的指导作用,而且对开展国际市场营销活动也具有积极意义。因此,营销管理者的任务不只是适当安排营销组合,使之与外部不断变化的营销环境相适应,而且要积极地适应和改变环境,创造或引导目标顾客的需要。只有这样,企业才能发现和创造市场机会,因势利导,在白热化的市场竞争中引领潮流。

案例 ANLI

苏泊尔,新消费下的冲击

在"萌经济""一人经济"等方面的新需求刺激下,如何更好地满足消费者的需求,是厨具企业赢取市场信赖的关键。空气炸锅、打蛋器、破壁机等新品类电器开始大规模地走入用户厨房里,在形态上更加各异,颜色上也更丰富,满足了不同用户的个性化需求。

这种新消费需求下的产品在苏泊尔的货架上乏善可陈。在2020年小家电市场的繁荣下,苏泊尔也表现堪忧,业绩的下滑似乎成了某种必然,但更严峻的是苏泊尔的市场地位遭到了挑战。

例如,在过去的两年多时间里,某炊具品牌通过淘宝、京东等电商平台和抖音、小红书等社交平台等渠道多方面发力,占领年轻用户心智,在炊具市场获得了很大的市场份额,甚至在某些线上渠道的炊具榜单里拿到了首位。

二、宏观环境分析

(一)政治/法律环境

政治/法律环境包括国家政治体制、政治的稳定性、国际关系、法制体系等。在国家和国际政治/法律体系中,相当一部分内容直接或间接地影响着经济和市场。一个国家或地区政治与法律稳定是大多数企业顺利进行营销活动的基本前提。按规则开展经济活动,既不触犯法律,又能够运用法律手段保护自身的合法利益,是企业和营销人应该谨记的办事原则。从整体上看,我国企业面临的政治/法律环境如下:

1. 政治稳定,机遇与挑战并存

我国经济已进入高速发展阶段,作为一个政治/经济大国,我国既面临着新科技革命,实现生产力跨越式发展的历史性机遇,也面临着前所未有的激烈国际竞争。

2. 与营销有关的法律法规不断完善

《中华人民共和国民法典》以及其他法律法规针对企业营销相关内容进行了规范,如《中华人民共和国合伙企业法》《中华人民共和国环境保护法》《中华人民共和国产品质量法》《中华人民共和国商标法》《中华人民共和国专利法》《中华人民共和国广告法》《中华人民共和国消费者权益保护法》《中华人民共和国食品安全法》《中华人民共和国反不正当竞争法》等。这些法律法规都会直接或间接地影响企业的营销行为。企业的营销管理者必须熟知有关的法律条文,才能保证企业经营的合法性,并运用法律武器保护企业及消费者的合法权益。

3. 社会团体不断发展壮大

社会团体是为了维护某一部分社会成员的利益而成立的旨在影响立法、政策和舆论的各种公众组织。影响企业营销决策的社会团体主要有保护消费者利益以及环境的公众组织。保护消费者权益运动的不断发展,既对违反道德标准、损害消费者利益的企业形成了巨大压力,有力地保护了消费者权益,又保护了优秀企业的经营活动。目前,我国的消费者协会正发挥着日益重要的作用。

案例 ANLI

燕窝竟全是糖水,主播要赔 6 000 万元

某品牌燕窝产品在直播间推广销售时,确实存在夸大宣传,燕窝成分不足每碗 2 克。某主播再次发布声明,对此事进行致歉,并表明将主动承担责任,以保障用户权益。

自事件发生后,该主播一直与品牌方积极沟通,希望就因产品描述失实而对消费者造成的损失按照品牌方与主播团队所签署的品牌推广合作相关约定做退一赔三的处理,但品牌方尚未给出明确答复。基于以上原因,该主播决定优先维护消费者权益,启动召回方案,对用户进行退一赔三。此外,该主播还宣布将进行一系列的供应链整改升级,并启动消费者权益保障计划。

该主播表示,此事件中,主播团队在选品、质检方面因为对燕窝行业相关专业知识储备不够,未能甄别出品牌方提供的产品信息存在夸大宣传的内容,存在疏漏,以及冲动回复,引发舆论风波,对此再次向广大消费者和社会各界诚挚道歉。

(二)经济环境

经济环境主要是指经济发展速度、人均国内生产总值、消费水平和趋势、金融状况以及经济运行的平稳性和周期性波动等。与其他环境力量相比,经济环境对企业的经营活动有更广泛而直接的影响。经济因素对企业营销的影响主要表现在以下几个方面:

1. 收入与购买力

消费者的购买力水平取决于收入水平。随着我国社会经济的持续发展以及社会保障制度的日益改善,人们收入不断增长,使得消费者的需求呈现多样化、个性化和高级化的发展趋势。

2. 消费状况

居民的消费结构和消费水平,常用恩格尔系数进行分析。

$$恩格尔系数=食品支出金额÷家庭消费支出总金额×100\%$$

恩格尔定律指出,恩格尔系数越大,生活水平越低;恩格尔系数越小,生活水平越高。消费者支出模式除了主要受消费者收入影响外,还受家庭生命周期的不同阶段、家庭所在地以及价值观念等多种因素的影响。人们的生活水平、消费质量的提高还表现在必需品、享乐

品、奢侈品内涵的变化上。

3. 经济的周期性波动

经济的周期性波动不仅影响整个国家的经济发展和生产消费走势，而且在很大程度上决定了企业的投资行为。因此，经济的周期性波动一直是经济理论界和企业界关注的焦点。

案例 ANLI

快时尚"消亡史"

2021年3月，某美国快时尚品牌出售中国业务在内的潜在选项，以调整在华经营。在此之前，某西班牙快时尚品牌也宣布暂停在中国开新店。当年风风火火抢占中国市场的外来快时尚品牌在中国水土不服的背后所折射的其实是中国在服饰消费升级后供需层面的变化，也是快时尚行业迭代下的斗转星移。

这些年，人们手中的可支配收入多了，对衣服的款式、品质的要求自然也就高了。羊绒、真丝等兼具美观和舒适度的高档面料成了许多人衣橱里的常备款，而这些材质的衣服在快时尚店铺里往往难以寻觅。

快时尚没变，可消费者变了，时代也变了。没有人能挽回时间的洪流，快时尚成了消费升级时代的牺牲品。

(三) 社会/文化环境

广义的文化泛指人类社会历史事件所创造的物质和精神财富的总和，它包括价值观念、态度、信仰和人们创造的用以表现人类行为的有意义的符号，以及具有历史继承性的人类行为模式。营销人员对社会/文化环境的研究一般应从以下几个方面进行：

1. 教育状况

教育状况主要包括不同学历的人数及各自所占比例、性别结构等。日常营销活动过程中，在对商品包装和产品说明书进行设计时，需要考虑目标顾客受教育的状况对整体市场的影响。

2. 宗教信仰

宗教对营销活动的影响主要表现在：营销人员应了解各种宗教要求与禁忌，要问"俗"知"禁"。

3. 审美观念

审美观念是指审美活动中审美主体所持的态度和看法。不同地区、民族以及不同文化素养的人有着不同的欣赏习惯，对事物的褒贬有着明显的差别。

4. 语言

语言是人类表达思想、情感的工具，也是最重要的交际工具。研究语言环境的目的是要做到顺利地与各地不同的消费者沟通，促进购买行为的达成。

5. 亚文化群

亚文化群通常是指较大社会集团中的较小团体。亚文化群既遵守较大社会集团的文化，同时又有自己小团体独特的信仰、态度和生活方式。营销活动要注意亚文化群对商品和服务的特殊需要。

(四)人口环境

人是企业营销活动直接和最终的对象。市场是由消费者构成的,所以在其他条件固定或相同的情况下,人口规模决定着市场的容量和潜力,人口结构影响着消费结构和产品构成。家庭的人口规模、家庭类型及其变化,对消费品市场也有明显的影响。因此,人口因素是影响市场规模的重要因素。我国作为一个人口大国,是国际上最具吸引力和发展潜力的大市场之一。

阅读资料

三胎开放,哪些赛道会迎来新的增长红利?

2021年5月31日召开的中共中央政治局会议指出,进一步优化生育政策,实施一对夫妻可以生育三个子女的政策和支持措施。未来,如果随着新生儿增加和人口结构的改变,相关消费赛道会迎来新的增长红利。

1. 家庭结构改变

供给端:房地产行业中,大户型多居室房型将会成为热销或者家庭基础款;汽车行业中,现在的大家庭出行基本需要七座车型,有保姆、老人的家庭,九座车型才能更好地满足其出行基本需求;亲子酒店,也需要从供给端更新,推出更大的家庭套房,以满足大家庭消费者的居住需求。

品牌端:年轻一代的新人爸妈,对母婴消费的需求更加多元化。伴随消费升级,母婴家庭对于天然、健康概念的需求,将带动相关健康食品和健康护理品的增长。

渠道端:母婴新零售迎来全面升级,商品+服务的体验经济时代,全渠道融合发展的模式才能更加符合新兴一代年轻父母的消费观念。

2. 婴幼儿消费

母婴电商:母婴消费线上渠道除了天猫、京东之外,蜜芽、洋码头等也在各自耕耘,也有早期一些KOL(关键意见领袖)自媒体,构建起了自己的母婴电商平台。

母婴用品:如某母婴品牌以腰凳设计的婴儿背带切入母婴市场,后来逐步将品类扩展到纸尿裤、湿巾、喂哺、洗护、玩具、出行、孕妈、早教用品等领域,产品种类达到数千个。

母婴家居:集渠道品牌和产品品牌于一体的新零售母婴家居平台,以APP、微商场小程序、天猫、京东等以及线下门店为营销渠道,销售母婴用品、奶粉、辅食、童装、洗护、棉品等。

营养辅食:如由几位爸爸创办的婴幼食品公司,秉承"只喂中国宝宝"的品牌理念,致力于打造更适合中国宝宝体质和饮食习惯的"辅零食专家品牌"。

育儿服务:如提供育儿服务的移动互联网平台,主要服务孕期以及0~6周岁宝宝的家庭用户,核心业务包含成长记录云空间、智能育儿助手、品牌商品等。

婴幼早教:中国0~6岁婴幼儿超1亿人,早教市场在2019年就已突破2 000亿元。如某早教品牌依靠在线形式输出优质早教产品。

3. 儿童消费

从儿童年龄结构看,儿童消费的总体支出构成不断变化,年龄长至6岁之后,玩具与食品的支出比例下降,服装、娱乐消费的比例基本保持不变,文具、书籍、教育支出比例将持续上升。

(五)科学技术环境

科学技术是社会生产力中最活跃的因素。技术的进步可以改变人类的生活,推动世界经济的高速发展,同时也决定着企业的生存和发展。对于企业营销决策者来说,应该高度关注全球科技发展的趋势:技术变革的速度不断加快;研究与开发费用不断上升;技术变革的法规不断增多。

科学技术对企业营销活动的影响主要表现为:

(1)由于科技迅猛发展,新产品开发周期大大缩短,产品更新换代加速,开发新产品成为企业维护市场、开拓市场和赖以生存发展的根本条件。

(2)科技进步引起人们在生活方式、兴趣、思想上的差异性日益扩大,自我意识的观念日益加强,在分销渠道的选择上,大量特色商店和自我服务的商店不断涌现(个性空间);从传统人员推销方式演变为自我服务方式(超市、自助餐);现代企业的实体分配已不是以工厂为出发点,而是以市场(消费者需求)为出发点。

(3)科技的发展,一方面降低了产品生产成本,从而使产品价格下降,另一方面通过信息技术、通信技术,运用价值规律、供求规律、竞争规律来制定和修改价格策略。

(4)科技发展也引起促销方式多样化,尤其是广告媒体多样化和宣传方式复杂化。

案例 ANLI

科沃斯的逆袭之路

从吸尘器代工厂到市值千亿元的智能机器人公司,科沃斯的成长之路并不容易。

在前身苏州泰怡凯电器的代工期间,传统家电行业和吸尘器市场均有老牌企业占据了大部分的市场份额,竞争激烈。为了抢占市场,其创始人选择自筹研发机构,推出全新品牌科沃斯,将产品定位转向自研自产的智能服务型机器人,并于2018年成功上市。

2019年,家用机器人虽然是一个新兴产品,科技赋予了竞争力和卖点,但科沃斯在路线规划、感应、识别物体、避障等技术方面还不够成熟,价格也远高于其他家电产品,性价比劝退了不少消费者,也阻碍了科沃斯的发展。

为了扭转业绩颓势,科沃斯开始了一系列的战略调整。先是果断缩减ODM(原始设计制造商)代工业务,将更多的资金和技术投入产品研发当中,推出智能生活电器品牌"添可",随后主动退出国内低端市场的竞争,谋求新市场。

大刀阔斧的调整后,科沃斯将传统制造业的原有标签扔掉,科技品牌的定位不断加强,先后推出了地宝T8系列和"添可"的智能洗地机FLOOR ONE、智能吹风机MODA ONE。2020年"双十一"期间,"添可"的全渠道成交额突破4.1亿元,占据了国内洗地机市场超过70%的市场份额,直接拉动行业规模同比增长1 382%。

（六）自然环境

自然环境包括地理位置、气候、资源、交通、地理环境等因素。随着科技的进步和社会生产力的提高，自然状况对经济和市场的影响整体上趋于下降。自然环境条件、物质环境状况制约着经济和市场的内容、形式，而且在不断发生变化，如网络营销的发展很大程度上受物流企业、配送中心的限制，物流企业、配送中心又与自然地理条件有关。

阅读资料

环保行动

从世界范围看，环境保护意识和市场营销观念相结合所形成的绿色市场营销观念正成为新世纪市场营销观念的主流。

麦当劳规定所有餐厅都采用再生纸制成的纸巾，宝洁公司重新设计塑料包装以减少塑料用量。在钢铁生产上，钴的使用在某种程度上已被镍所取代；在输电方面，以铝代铜现象越来越普遍。目前，我国一些大城市为节约用水，已关闭许多洗车行或用替代品洗车，使用天然气替代传统的汽油来作为新的汽车燃料。

为满足人们对住宅建筑多功能的需要，就要大力发展轻质、隔热、隔音、保温、节能的新兴建材及多功能的复合材料；为改变把玻璃作为单一采光材料的状况，就要发展中空、夹层、镀膜、吸热、光致变色等多功能玻璃，这些都为企业提供了良好的营销机会。

三、微观环境分析

企业的微观环境是指对企业生产经营活动产生直接影响的因素。这些因素主要包括竞争者、企业内部环境、供应商、营销中介、顾客（或用户）和社会公众等，它们与企业形成了协作、服务、竞争与监督的关系，直接制约着企业为目标市场服务的能力。

（一）竞争者

竞争是商品经济活动的必然规律，研究对手，取长补短，是合作或克敌制胜的好方法。

按照波特的观点，一个行业的激烈竞争，根源在于其内在的经济结构。在一个行业中存在五种基本竞争力量，即潜在加入者的威胁、行业中现有企业间的竞争、供应商的讨价还价能力、购买方的讨价还价能力、替代品或服务的威胁（图2-2）。这五种基本竞争力量的现状、消长趋势及其综合强度，决定了行业竞争的激烈程度和行业的获利能力。

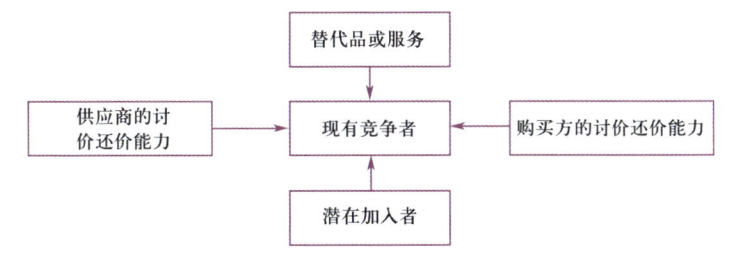

图2-2 波特的"五力竞争模型"

(二)企业内部环境

在制订营销计划时,营销部门要考虑企业的其他部门,如高层管理部门、财务部门、研发部门、采购部门、生产部门和会计部门等。所有这些相互联系的部门及企业规章制度、企业文化等构成了企业的内部环境(图2-3)。各个部门的分工是否科学、协作是否和谐、目标是否一致、企业规章制度是否合理、企业文化是否有凝聚力等都会影响企业营销管理和营销方案的实施及效果。

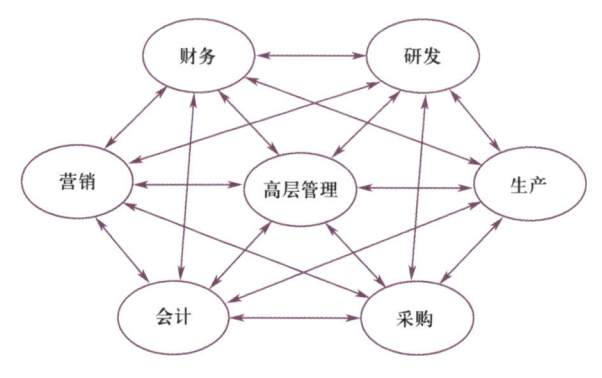

图2-3 企业内部环境结构

(三)供应商

供应商指为企业提供原材料、设备、能源、零部件等的企业和个人。企业与供应商之间既有合作又有竞争,这种关系既受宏观环境影响,又制约着企业的营销活动,企业一定要注意与供应商的关系。供应商直接影响企业的采购成本及费用,进而影响价格底线及产品竞争力。

案 例

良品铺子对供货商"严防死守"

"良心的品质,大家的铺子",这是良品铺子创始人团队的初心。自成立以来,良品铺子不断完善产品质量管控体系,从质量控制、质量监管等多方面保障食品安全,打造高品质产品。2019年11月6日,在上海进博会现场,良品铺子与巴基斯坦HALO FOODS公司签下一笔价值3亿元的松子原料采购协议,以获取全球高端品质的松子原料,从而在后期食品加工中做到既保证松子的原生清香,又保证产品的"零添加,更安全"。良品铺子除了为人熟知的"六层品质把关",还拥有自己的"顶级美味顾问团"和专业的研发团队,探听消费者需求,打造健康美食。专注品质是良品铺子一直以来"严防死守"的底线,高质量的产品使其在业内和消费者心中形成了高品质的品牌认知。

(四)营销中介

营销中介包括中间商、实体分配机构、营销服务机构(调研公司、广告公司、咨询公司)、金融中介(银行、保险公司)等。营销中介是帮助企业促销或分销其产品给最终购买者的公司,如商人中间商(销售商品的企业,如批发商和零售商)、代理中间商(经纪人)、服务商(如运输公司、仓库、金融机构、调研公司、广告公司等)、市场营销机构(如产品代理商、市场营销咨询企业等)。

(五)顾客(或用户)

顾客(或用户)是企业产品销售的市场,是企业直接或最终的营销对象,尤其是指企业最终为其提供产品和服务的目标市场。每一个企业都为目标市场上的顾客提供产品和服务,顾客的需求是企业制定营销策略的出发点和归宿,也是企业开展一系列经营活动的出发点。

企业面对的目标市场可以分为五种类型,即消费者市场、生产者市场、中间商市场、政府市场和国际市场。每类市场都各有特点,企业应根据自己的产品类别和实际资源情况进行市场细分,选择适合自己的最佳目标市场,然后根据目标市场的顾客特点来制定相应的营销策略。

阅 读 资 料

继咖啡、新茶饮后,中式茶馆成为商场"新宠"

随着"90后"和"00后"成为消费市场的主力,"健康养生""互动社交"等成为越发重要的消费诉求点。由此,在茶饮领域,传承中国传统饮茶文化并注重场景体验的新中式茶馆受到新生代消费者的青睐。

提到茶馆,给人的固有印象是街边市井,烟火气息浓厚,并且门店多遍布于大街小巷弄堂当中,门店环境和装修设计风格相当接地气。然而,随着星巴克的"第三空间"概念深入人心以及消费需求的升级,新中式茶馆已经完全褪去固有的"烟火气息",取而代之的是注重私密性、门店设计融合传统文化元素和现代设计理念。与传统茶馆不同的是,中式茶馆多选址于核心城市的核心地段。

因茶馆品牌具有强商务和休闲社交属性,从经营层面来看,其目标客群基本是商务人士或者追求品质生活方式的人士。茶馆品牌的门店往往开在靠近商务写字楼、商圈附近,或者繁华路段、核心街区,一方面与新式茶饮等商业场景互为补充,另一方面这些地区的客群消费能力高、客流量大。中式茶馆的"中式"体现在设计风格上,品牌注重突出中国传统文化元素,并且融合现代化极简风格,为消费者打造一个自然健康、幽静诗意的多元化品质空间。

中式茶馆更加突出消费者的主动性,茶馆品牌虽然从商务人群切入,服务了职场人士,但是社交、休闲等消费客群也逐渐增多。茶馆针对这些客群,除了提供桌游等娱乐体验场景,也会有一些茶文化讲解等与门店调性相契合的文化活动,让消费者在拥有自己的私密空间的同时拥有精神上的愉悦。

中式茶馆给消费者提供了一个隐私、舒适的休息和商务洽谈空间,同时也给年轻消费者提供了一个非常有调性的社交、聚会空间,这是茶馆品牌对目标客群核心需求的精准把握。

(六)社会公众

社会公众是指对一个组织实现其目标能力具有实际或潜在利害关系和影响力的一切团体和个人。一个企业的公众主要有：

(1)金融机构。金融机构指那些关心和影响企业取得资金能力的集团,包括银行、投资公司、财务公司、证券公司、保险公司等。

(2)媒介机构。媒介机构指那些联系企业和外界的大众媒介,包括报社、杂志社、电视台、网络媒体等。

(3)政府部门。政府部门指负责企业的业务、经营活动的政府机构和企业的主管部门,如主管有关经济立法及经济政策、产品设计、定价、广告及销售方法的机构,包括商务部、市场监督管理局、税务局、物价局、质量技术监督局等。

(4)公民行动公众。公民行动公众指有权指责企业经营活动破坏环境质量,企业生产的产品损害消费者利益,企业经营的产品不符合民族需求特点的团体和组织,比如,消费者协会、保护环境团体等。

(5)地方公众。地方公众指企业周围的居民和团体组织,他们对企业的态度会影响营销活动。

(6)一般公众。一般公众指虽然并不购买企业产品,但深刻地影响着消费者对企业及其产品的看法的那部分人。

(7)内部公众。内部公众指企业内部员工,包括董事长、总经理、部门管理人员、普通职工等。处理好内部公众关系是搞好外部公众关系的前提。

公众对企业的生存和发展有着巨大的影响,良好的公众形象会增强企业实现其目标的能力;反之,会产生妨碍企业实现其目标的能力。所以,企业必须采取积极适当的措施,主动处理好与各类公众的关系,树立良好的企业形象,促进企业营销活动的顺利开展。

阅读资料

流量红利与消费红利造就新品牌

1.流量红利

中国互联网络信息中心发布的第47次《中国互联网络发展状况统计报告》显示,截至2020年12月,中国网民数量达到9.89亿,互联网普及率达70.4%;网络视频(含短视频)用户规模达9.27亿,占网民整体的93.7%;短视频用户达8.73亿,使用率为88.3%,短视频成为流量入口,新的流量红利为新品牌、新模式奠定了基础。

2.消费红利

(1)新人群。新品牌能够备受追捧,是因为"Z世代"日渐成为线上消费的主力军。他们有着自己独特的精神追求和消费价值观,追求精致,追求自己所向往的生活和喜欢的东西。

(2)新观念。"Z世代"消费观念也发生很大变化,从注重"功能消费"转向"颜值消费",从"悦人消费"到"悦己消费"。他们更愿意尝新、崇尚高颜值、追求个性、注重自我满足,产品不仅要好用,还要好玩、好看。

传统一代的消费者，更多偏向"悦人"消费，通过选择品牌提升自己的形象和地位；"Z世代"消费群体，追求独立和自我，更多地将目光放在自己身上，取悦自己成为他们的主流消费观念。他们不唯品牌知名度，关注小而美的小众品牌，选择符合自己人设的特色产品。

同时，人们对国货的关注度越来越高，对中国品牌关注度从2009年的38%提升到2019年的70%，尤其是20～29岁年龄段的人对国货的关注度最高。

（3）新消费。目前，中国新消费品类增长速度较快的包括医美、抗糖代餐、美妆个护、睡眠经济等。另外，新品牌创业团队很多也都是年轻群体，如很多品牌创始人均为"90后"，自己本身就是新消费群体，可以很精准地捕捉到年轻人的需求，能够敏锐捕捉到机会。

任务2 分析市场机会和威胁

市场营销环境的动态性，使企业在不同的时期面临着不同的市场营销环境，而不同的市场营销环境，既可能给企业带来机会，也可能给企业带来威胁。对企业营销环境的分析与评价，始终是营销者制定营销战略的依据。高明的营销者总是严密地监视营销环境的发展和变化，善于分析、评价、鉴别由于环境变化造成的机会与威胁，以便采取相应的态度和行为。

一、市场机会分析

机会的实质是市场上存在着"未满足的需求"，它既可能来源于宏观环境，也可能来源于微观环境。随着消费者需求的不断变化和产品生命周期的缩短，引起旧产品不断被淘汰，要求开发新产品来满足消费者的需求，从而市场上出现了许多新的机会。

环境机会的分析要考虑两个方面的因素，即机会可能带来的利益大小和机会出现的概率。环境机会矩阵如图2-4所示。

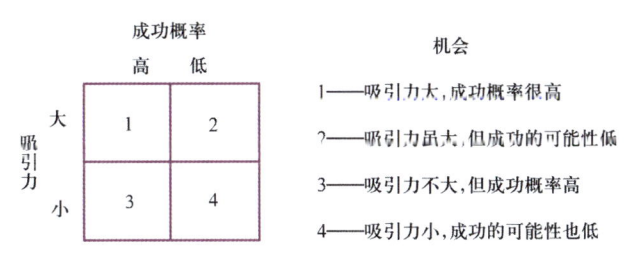

	成功概率 高	成功概率 低	机会
吸引力 大	1	2	1——吸引力大，成功概率很高
			2——吸引力虽大，但成功的可能性低
吸引力 小	3	4	3——吸引力不大，但成功概率高
			4——吸引力小，成功的可能性也低

图2-4 环境机会矩阵

一个公司应该努力捕获的最佳机会是图2-4中左上角的那些机会，即吸引力大、成功概率高的机会；而对图2-4中右下角的机会可以不必考虑。最后，对右上角和左下角的机会，企业应该密切关注，因为其中任何一个机会的吸引力和成功概率都可能因环境的变化而发生改变。

案例

"快火锅"之王呷哺呷哺抓住市场机会

在中国火锅行业,可能正成为一个知名度仅次于海底捞的品牌,它就是"快火锅"之王——呷哺呷哺。

呷哺呷哺的创始人来自中国宝岛台湾。1993年,台湾桃园县人贺先生与妻子踏上了北京的土地,开始了他们的创业生活。贺先生当时做的是首饰,通过成本优势,加上大陆市场商业刚刚兴起,市场需求火热,迅速赚到了第一桶金。1996年,北京珠宝市场开始逐步萧条,行业不景气,贺先生准备寻找另一个行业机会。此时,麦当劳、肯德基这两家快餐业巨头正在大陆开始蓬勃发展。他注意到了餐饮行业中快餐的机会。

一次,贺先生应朋友之邀吃火锅,他发现北京的火锅还是以木炭为燃料的铜火锅或者煤气火锅,几个人围坐一起吃。而台湾已经流行用电磁炉加热的吧台式分餐火锅,这种分锅式的火锅与传统的几人共吃一锅有所区别,有自己的差异点。1998年,他在北京的西单开起了第一家呷哺呷哺的店面。

令贺先生没想到的是,他在餐饮业的跨界一开始就陷入了困局。一方面,当时的消费者习惯了共围一锅的消费形式,觉得这种消费才是感情深的体现,对于分餐、一人一锅的形式,并不接受。另一方面,呷哺呷哺最初的调料来自台湾,很多口味并不适合大陆消费者。

2003年,非典爆发,全民健康意识大幅提高,人们注重分餐消费,一人一锅的就餐形式获得了意想不到的接受和认同。突然之间,呷哺呷哺这种过去不被接受的餐饮消费形式一下子获得了机会。而此前经过改良的调料也发挥了作用,人们发现呷哺呷哺这种小火锅的口味也不错。于是呷哺呷哺的口碑也逐渐树立起来。此时,无论是呷哺呷哺的业态形式,还是餐饮口味,它的差异性逐渐显现出来。

二、市场威胁分析

环境威胁是指对企业营销活动不利或限制企业营销活动发展的因素。其主要来自两方面:一方面,环境因素直接威胁着企业的营销活动;另一方面,企业的目标、任务及资源同环境机会相矛盾。如果不采取果断的战略行为,这种不利趋势将导致公司的竞争地位被削弱。营销者要善于分析环境发展趋势,识别环境威胁或潜在的威胁,并正确认识和评估环境威胁的可能性与严重性,以采取相应的措施。

在分析环境威胁时,通常考虑环境威胁出现的概率和威胁的严重程度两个方面,其矩阵分析如图2-5所示。

	出现概率 高	出现概率 低
严重程度 大	1	2
严重程度 小	3	4

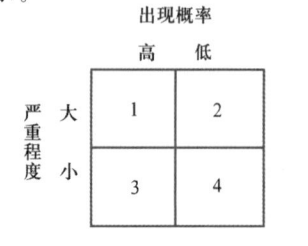

威胁
1——威胁严重程度大,出现概率高
2——威胁严重程度大,出现概率低
3——威胁严重程度小,出现概率高
4——威胁严重程度小,出现概率低

图2-5 环境威胁矩阵

由图2-5可知,左上角的威胁是关键性的,它将严重危及厂家的利益,并且出现的可能性很大。企业的营销者必须对这一威胁有清醒的认识,并制订相应的计划。右下角的威胁比较微弱,可以不必太重视。右上角的威胁虽然对企业的影响很大,但出现的可能性较小,企业逐一观察其变即可。左下角的威胁尽管不会严重削弱企业的优势,但其出现的可能性却非常大,企业必须要重视。

案例

星巴克,重新审视自己

随着人们生活水平的提高和咖啡市场的不断增长,咖啡逐渐变成了像茶饮一样生活化的饮品,也出现了许多知名的品牌。除了本土咖啡品牌以外,新茶饮品牌入局咖啡赛道也成为潮流。比如奈雪、蜜雪冰城、CoCo等,新茶饮品牌已经建立了一定的规模和消费者认知,此时开发咖啡产品线也能起到事半功倍的效果,使咖啡和茶饮相融合,为自身带来一定的新增量。

对于星巴克来讲,即便竞争对手众多且来势汹汹,但其自身优势仍然较为明显。星巴克为中国市场奠定了精品咖啡的概念,推动了国内咖啡市场的成熟和优质化。在目前渠道、价格和产品端的掌控力被削弱的情况下,星巴克也需要根据实际情况重新审视自己,因为以往的发展路线或许已经不再可行。

企业对环境威胁一般可以采取三种基本策略:
(1)反抗策略,即企业利用各种手段限制不利环境对企业的威胁作用,或者促使不利环境朝有利的方向转化。
(2)减轻策略,即调整市场策略来适应或改善环境,以减轻环境威胁的影响程度。
(3)转移策略,即对于长远的、无法对抗和减轻的威胁采取转移到其他的可以占领并且效益较高的经营领域或干脆停止目前的经营。这是企业万不得已时采取的策略。

案例

"衣二三"宣布关停,共享衣橱热度减退

原本应该是一个很美丽的故事:一个女孩一个月只需要花499元就能穿上不同的时尚、精致且价格不菲的时装,实现"衣橱自由"。这个故事也一度被投资人买单。然而,曾是共享衣橱行业龙头企业的"衣二三"于2021年8月15日关停服务。

成立于2015年12月,关停时间为2021年8月,寿命不到6年的"衣二三",对标的用户群为20~30岁的都市丽人。在"衣二三"的平台测算里,这些都市丽人为女性,爱美,衣橱里"永远缺一件衣服"。

共享衣橱行业发展最大的门槛就在于,消费者的思想过于坚固。某新零售专家曾表示,"多数中国人不会接受这一模式,觉得穿了别人的旧衣服"。服装属于私密性较强的商品,无论时代怎样变迁,愿意穿二手衣服的中国人只会是一小部分人,这就从根本上限制了共享衣橱行业在用户数量增长上的天花板。共享衣橱是个伪需求,大多数消费者消费观念没有转变,导致客户群体太窄,加上平台客单价高、频次低,天然注定了平台的活跃用户不会太多。

三、综合环境分析

(一)综合环境分析矩阵

在企业实际面临的客观环境中,单纯的威胁环境和机会环境是少有的。一般情况下,企业的营销环境都是机会与威胁并存,利益与风险结合在一起的综合环境。我们可以根据综合环境中的威胁水平和机会水平的程度,将环境分成四种类型,如图2-6所示。

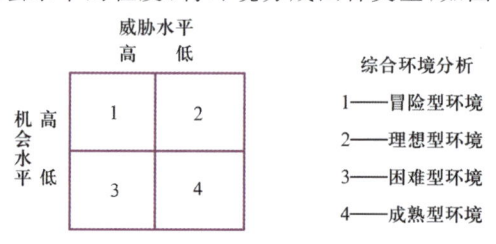

图2-6 综合环境矩阵

综合环境分析
1——冒险型环境
2——理想型环境
3——困难型环境
4——成熟型环境

图中第一象限,机会水平与威胁水平都高,属于冒险型环境;第二象限,机会水平高,威胁水平低,是一种理想型环境;第三象限,机会水平低,威胁水平高,企业经营困难,是困难型环境;第四象限,机会水平和威胁水平都比较低,是成熟型环境。

(1)面临冒险型环境的对策:冒险型环境是机会与威胁水平都比较高,存在很高利益的同时也存在巨大风险的环境。面临这样的环境,企业必须加强调查研究,进行全面分析,发挥专家优势审慎决策,以降低风险,争取利益。

(2)面临理想型环境的对策:理想型环境是机会水平高,威胁水平低,利益大于风险的环境,是企业难得遇到的好环境,企业要抓住机遇,开拓经营,创造营销佳绩。

(3)面临困难型环境的对策:困难型环境是机会小于威胁的环境,企业处境十分困难。面对困难型环境,企业必须想方设法扭转局面。如果大势已去,无法扭转,则必须果断采取决策,撤出在该环境中的经营,另谋发展。

(4)面临成熟型环境的对策:成熟型环境是机会与威胁水平都比较低,一种比较平稳的环境。面对这样的环境,企业一方面要按常规经营,规范管理,以维持正常运转,取得平均利润;另一方面,要为进入理想型和冒险型环境做准备。

阅 读 资 料

宠物市场还有哪些待挖掘的机会?

宠物消费的繁荣得益于国人养宠基数的急剧上涨。从猫、狗、鱼类、鸟类开始,到现在的爬行类、啮齿类动物,宠物主人的数量和宠物的种类也在逐渐增加,宠物市场规模不断壮大。

从线上消费走势来看,近几年宠物消费规模加速增长,各细分赛道"全面开花":宠物食品、美容清洁用品、日用品、药品、玩具、服饰及配件等品类引领增长。其中宠物食品稳居最大细分赛道,消费占比近六成。

"CBNData"线上猫粮与狗粮消费者画像显示,女性消费者贡献更为突出,占比超过七成;从代际分布来看,年轻的"90后"和"Z世代"成为消费中坚力量。值得注意

项目 2　分析营销环境，把握市场机会

是，这群舍得为宠物花钱的年轻人，在宠物食品品牌的选择上开始青睐国货。

"Quest Mobile"《2020 萌宠经济洞察报告》显示，萌宠已成为重要创作垂直领域，短视频作为萌宠 KOL 创作的主要内容平台，吸引更多创作者加入。快手、抖音、小红书、微博和微信公众号是萌宠 KOL 活跃用户渗透率及数量占比分布较高的 5 个典型内容平台。不同年龄阶段的人，对到底是爱猫还是爱狗，取向都不尽相同。数据显示，狗受到更多中老年、已婚及男性用户的偏爱，猫则被更多年轻、未婚及女性用户青睐。

(二)SWOT 分析

SWOT 分析技术就是对机会（Opportunity）、威胁（Threat）、优势（Strength）、劣势（Weakness）进行综合分析。SWOT 分析技术又称 SWOT 分析法，是一种能够较客观而准确地分析和研究一个单位现实情况的方法，见表 2-1。利用这种方法可以从中找出对自己有利的、值得发扬的因素，以及对自己不利的、需要避开的威胁，从而发现存在的问题，找出解决问题的办法，并明确以后的发展方向。

表 2-1　　　　　　　　　　SWOT 分析

外部环境	内部条件	
	优势(S)	劣势(W)
机会(O)	SO 战略 依靠内部优势，利用外部机会	OW 战略 利用外部机会，克服内部劣势
威胁(T)	ST 战略 利用内部优势，克服外部威胁	WT 战略 减少内部劣势，克服外部威胁

采用 SWOT 分析技术，对企业目前的情况、存在的问题、条件和环境的变化经常进行分析了解，可以得到较清晰、连续的总体认识，并根据自己的发展目标，做出一套相适应的计划和规范来保证达到目的。许多企业的营销主管非常希望知道本单位的市场、产品、顾客、服务等的基本情况和发展趋势，所以会常用 SWOT 分析技术进行分析并撰写分析报告。

案例

完美日记的市场分析

在国货美妆圈，完美日记堪称完美案例。三位创始人师出同门，皆毕业于中山大学。其中，某公司灵魂人物在大学毕业后进入宝洁工作，几年后他选择出国深造。2013 年，他结束了哈佛的 MBA 课程回到国内，那时他已经看到美妆行业在国内的巨大前景，随即进入了国产护肤品牌御泥坊担任副总裁，有了一个很高的起点。宝洁和御泥坊的工作经历为他日后的创业提供了很大帮助。

2017 年 3 月，完美日记这个品牌被正式推出，并上线淘宝店，同年 8 月入驻天猫，进入美妆电商领域。当时的行业现状是：海外一线品牌蚕食国内市场，老牌国货品牌百雀羚、膜法世家以及御泥坊牢牢把握着线上用户心智，完美日记的日子并不好过。2018 年，眼看流量红利殆尽，除了把性价比作为卖点，完美日记将目光放在了社交电商，完美日记开始在小红书和抖音进行大量投放，并请达人直播带货。机遇就这样被完美日记抓住了。如今，完美日记已经成为"国货之光"的典型代表。

任务3　规划营销战略

一、企业战略规划与市场营销战略的内涵

(一)企业战略规划

企业战略规划是企业在社会主义市场经济条件下,根据企业内外部环境及可利用资源的情况,为维持企业生存和长期稳定的发展,对企业实现目标的途径和手段的总体谋划。

1. 企业战略规划的特征

(1)全局性

企业战略,简单地说,就是"做什么才能指导企业经营全局,使企业得以生存和发展"。因此,企业战略是以企业全局的发展规律为研究对象,指导企业一切活动的总体谋划。

(2)未来性

俗话说,"人无远虑,必有近忧"。从企业发展的角度来看,企业今天的行动是为了实现昨天的战略,而企业今天制定的战略正是为了明天更好地行动。因此企业战略的拟定要着眼于企业未来的生存和发展。

(3)系统性

大中型企业的经营战略是一个庞大复杂的系统,可以分解为不同层次。对于大中型企业而言,企业战略一般包括三个层次:第一个层次是公司级战略;第二个层次是事业部级战略;第三个层次是职能级战略,又叫职能级策略。

①公司级战略又称企业总体战略,是决定和揭示企业目的和目标,确定企业重大方针与计划,企业经营业务类型和人文组织类型,以及企业应对职工、顾客、社会做出的贡献等的总体谋划。它是战略体系的主体和基础,起着统帅全局的作用。

②事业部级战略是企业某一独立核算单位或具有相对独立经济利益的经营单位,对自己的生存和发展做出的谋划,它要把公司经营战略中规定的方向和意图具体化,成为更加明确的针对各项经营事业的目标和战略。事业部级战略中最根本的是"产品—市场"战略,也就是要具体确定占领哪些市场层面以及在该层面中如何开展竞争,取得优势。

③职能级战略则是在事业部级战略指导下,按专门职能进行战略落实和具体化,一般包括研发策略、生产策略、营销策略、财务策略与人力资源开发策略等,主要是确定在各自职能领域内如何形成特定的竞争优势,以支持和实施公司级及事业部级战略。

阅读资料

对战略的理解

假设,你创立了一个新的蛋黄酱品牌:"宇宙牌"蛋黄酱,你为它构想了完整的品牌规划。那么请问,下列几项中,哪一项可以叫"战略"?

1.通过产品、营销、渠道上的一系列努力,将"宇宙牌"蛋黄酱打造成畅销全宇宙

的蛋黄酱品牌。

2. 用心做好产品,让宇宙中所有家庭都吃上"宇宙牌"蛋黄酱。

3. 只采用优良的母鸡产出的鸡蛋做原料,客户第一、合法经营、童叟无欺。

答案揭晓:以上3项,全都不叫战略,1是愿景,2是使命,3是价值观。

那么,什么才叫战略呢?战略的相反面也必须是一个战略,否则的话,就不是一个好的战略。

还以"宇宙牌"蛋黄酱为例,如果它的品牌核心战略是"让天下所有孩子吃到健康又美味的蛋黄酱",那么这就不是一个好的战略,因为它的反面是"让天下所有孩子吃到既不健康又不那么美味的蛋黄酱",这显然是有问题的,它的反面并不是一个战略。战略,需要"有所为有所不为"。

2. 企业战略规划的内容

企业战略规划包括确定企业使命或任务、确定企业目标、事业或业务组合等主要内容。

(1) 确定企业使命或任务

确定企业使命或任务,即要明确企业的性质、责任,明确企业的活动领域,决定企业的发展总方向。

(2) 确定企业目标

企业目标指未来一定时期内企业所要达到的一系列具体目标的总和。企业目标主要有:提高投资收益率;提高销售增长率;提高市场占有率;提高知名度;树立企业及其产品的良好形象(提高美誉度);产品创新和新市场开发等。

(3) 事业或业务组合

事业或业务组合的实质是各业务单位的资源配置问题。业务组合的分析评估方法主要有波士顿矩阵法、GE矩阵法等。

阅读资料

波士顿矩阵

波士顿矩阵(又称BCG矩阵),是美国波士顿咨询公司首创的决策咨询方法和工具,是从二维角度来分析企业的业务组合。这二维指标是市场增长率和相对市场占有率。图2-7中横坐标表示相对市场占有率,指某企业各个产品的市场占有率与同行业中最大竞争对手的市场占有率之比;纵坐标表示市场增长率。

明星类:高市场增长率与高相对市场占有率。业务具有良好的发展前景,企业必须进行大量投资,以支持其快速发展,是未来的金牛类业务。

金牛类:低市场增长率与高相对市场占有率。该业务是企业的主要利润来源,不需大量资源投入,为其他业务单位的发展提供财力支持,企业应大量培植金牛类业务,尽量延长其生命周期。

问题类:高市场增长率与低相对市场占有率。现金需求量大,市场占有率低,存在各种问题,前景未卜,需慎重考虑、认真筛选,一部分进行必要的投资促使其成为明星类产品,对于另一部分没有前景的或无法解决问题的应坚决淘汰。

	Star 明星类	? question 问题类
	¥ Cash com 金牛类	× Thin dog 瘦狗类

纵轴:市场增长率(高/低);横轴:相对市场占有率(高/低)

图 2-7　波士顿矩阵

瘦狗类:低市场增长率与低相对市场占有率。该类业务多处于成熟后期或衰退期,通常是微利、保本甚至亏损,一般应放弃,但在少数情况下,经过努力可发展成为金牛类业务。

针对四种业务类型制订业务组合或产品计划,确定各业务单位或产品的投资策略:

(1)发展策略:大力投资,适于明星类和有发展前途的问题类产品。

(2)维持策略:维持现状,适于金牛类产品。

(3)缩减策略:缩减投资,适于问题类和瘦狗类产品。

(4)放弃策略:清理处理,适于没有前途和亏损的问题类和瘦狗类产品。

阅读资料

多因素矩阵评价法

多因素矩阵评价法(GE法)是通用电气公司发明的一种业务评估方法。横轴为行业吸引力(具体包括市场规模、市场增长率、竞争程度、规模经济效益等);纵轴为业务力量(具体包括相对市场占有率、价格竞争力、产品质量、顾客了解度、地理优势等指标)。对两大类因素的各具体项目进行分析、评估打分,再按各因素重要性加权合计,将行业吸引力和业务力量分为3等进行组合(图2-8)。

第一区[(1)、(2)、(4)],绿灯区:行业吸引力大,业务力量强,最佳区域,采用发展策略。

第二区[(3)、(5)、(7)],黄灯区:行业吸引力和业务力量中等,中等区域,采用维持策略。

第三区[(6)、(8)、(9)],红灯区:行业吸引力小,业务力量弱,采用收缩或放弃策略。

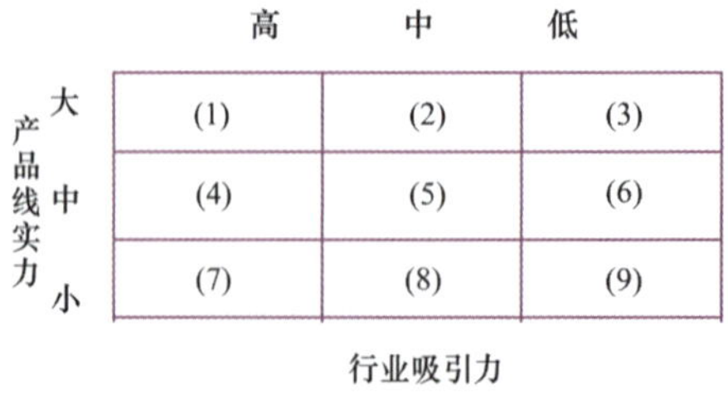

产品线实力＼行业吸引力	高	中	低
大	(1)	(2)	(3)
中	(4)	(5)	(6)
小	(7)	(8)	(9)

图 2-8　GE 矩阵图

(二)市场营销战略

市场营销战略是企业战略的重要组成部分。市场营销战略是指企业为适应环境和市场的变化而站在战略的高度,以长远的观点,从全局出发来研究市场营销问题,策划整体市场营销活动。企业市场营销战略主要包括以下基本内容:

1. 目标市场战略

目标市场战略包括选定目标市场,描述目标市场的规模、结构和特征,确定产品定位、销售量、市场份额和近几年的利润目标。

2. 市场竞争战略

正确的市场竞争战略,是企业成功实现市场营销目标的关键。市场竞争战略主要包括一般竞争战略、竞争手段与策略、与竞争地位对应的战略等。

3. 市场发展战略

企业要针对市场形势的变化,采取合适的战略提高企业的市场占有率,增加市场销量,从而形成规模经济效应。常用的市场发展战略包括密集发展战略、一体化发展战略、多元化发展战略等。

案例 ANLI

B站(Bilibili),走出"二次元"

2021年在B站11周年演讲活动中,其董事长提到了B站11年来的变与不变,以及B站未来的三个使命。

在谈到B站三个方面的变化时,他认为,B站第一个变化是,B站的用户变多了。根据2020年第一季度财报,月度活跃用户是1.72亿,是3年前的3倍,5年前的10倍。第二个变化是,上传者数量变多了。2020年第一季度,B站平均每个月活跃的上传者达到了180万人。此外,上传者的影响力不断扩大。第三个变化是,内容品类变多了,B站的内容品类在过去的11年当中,从早期的聚焦在动画、漫画相关的品类,到后面的游戏、音乐、舞蹈、科技,生活类的内容、品类不断增多。

有变化,也有不变。用户属性在过去几年几乎没有变化。过去三年,B站新增用户的平均年龄为21岁;虽然B站的上传者变多了,但是他们的创作品质仍然很高;在内容品类越来越多的情况下,B站的核心内容的优势并没有随着品类的变多而稀释,反而在不断增强。比如,番剧动画的观看人数同比增长87%;上传者创作的二次元类动画、漫画、游戏的内容,播放数同比增长108%。

此前,B站曾以"二次元"网站自居,但如今,B站已经淡化了这一标签,而部分老用户对此感到不满。而在B站董事长看来,如果B站不是向前发展,那么就一定会越来越衰落,直至灭亡,永远不可能停留在那个大家认为的不大不小刚刚好的阶段。

因此,他提出了B站的三个使命:要构建一个属于用户的社区,一个用户感受美好的社区;要为创作者搭建一个舞台,让优秀的创作者能够在这个舞台上施展自己的才华;让中国原创的动画、游戏受到全世界的欢迎。

二、市场竞争战略规划

市场竞争是市场经济的基本特征之一。正确的市场竞争战略是企业成功实现其市场营销目标的关键。企业要想在激烈的市场竞争中立于不败之地,就必须树立竞争观念,制定正确的市场竞争战略,牢牢掌握竞争的主动权。一般而言,企业市场竞争战略规划的步骤如下:

(一)竞争者分析

首先,进行竞争者识别,要清楚自己面临哪些竞争对手;其次,要分析竞争者的市场营销战略与优劣势;再次,要善于判断竞争者的市场反应;最后,要确定企业的竞争对策。

案例 ANLI

火锅行业的竞争手段

伴随着火锅行业的增长及群体的多元化,如今的火锅行业百花齐放——如果火锅店之间的竞争很难从味道上分出优劣的话,能够与竞争对手拉开差距的方式则主要有三种:

一是服务。在服务方面,海底捞做到了极致,是中国较早重视服务的餐饮企业,在服务作为特色的背景下,海底捞成功崛起并发展到如今的规模。

二是环境。环境带给人的震撼也吸引了很多年轻人。比如,店内装修充满复古感,万花筒式设计,几步一景,从进门到出去都是一种魔幻的感觉,会吸引大批追求环境刺激感的年轻人。

三是拥有绝对特色的爆品。通过拥有绝对特色的爆品及绝佳的产品体验触动消费者的味蕾。比如,某火锅店的爆品为毛肚,2021年其毛肚销售额高达1亿元。

(二)确定企业的竞争定位

企业在进行竞争者分析之后,还必须明确自己在同行业竞争中所处的位置,进而结合自己的目标、资源和环境,以及在目标市场上的地位等来制定市场竞争战略。现代市场营销理论根据企业在市场上的竞争地位,把企业分为四种类型:市场领导者、市场挑战者、市场跟随者和市场补缺者。

1. 市场领导者

市场领导者是指在相关产品市场上占有率最高的企业。一般来说,大多数行业都有一家企业被认为是市场领导者,它在价格变动、新产品开发、分销渠道的宽度和促销力量等方面处于主宰地位,为同业者所公认。

市场领导者为了维护自己的优势,保住自己的领先地位,通常可采取三种战略:扩大市场需求总量;保护市场占有率;提高市场占有率。

一般来说,市场领导者扩大市场需求量的方法包括发现新用户、开辟新用途、增加使用量等。市场领导者保护市场占有率的方法是防御,主要包括阵地防御、侧翼防御、以攻为守、反击防御、运动防御和收缩防御等。

案例

红牛如何面对挑战者

红牛作为"提神醒脑,补充体力"功能型饮料的代表,从欧洲到中国,一直都处于领先地位。近年来,在中国本土市场,挑战者络绎不绝。遗憾的是,无论"正面交锋"还是"侧翼偷袭",挑战者均难以称心如愿,抑或进退维谷。

进攻战重在原有市场抢夺更大的市场份额。启力与乐虎采取的进攻战,针对红牛的第一特征直接抢夺。东鹏特饮是典型的游击战,避开红牛主流人群,满足目标顾客需求,谋求阶段性目标。红牛防御战也是一直在进行。但20年就这样过去了,功能饮料格局仍未改观。

2. 市场挑战者

市场挑战者和市场跟随者是指那些在市场上处于次要地位(第二、第三甚至地位更低)的企业。这些处于次要地位的企业可采取两种战略:一是争取市场领先地位,向竞争者发起挑战,即市场挑战者;二是安于次要地位,在"共处"的状态下求得尽可能多的收益,即市场跟随者。每个处于市场次要地位的企业,都要根据自己的实力和环境提供的机会与风险,决定自己的竞争战略是"挑战"还是"跟随"。

3. 市场跟随者

市场跟随者与市场挑战者不同,它不是向市场领导者发动进攻并图谋取而代之,而是跟随在市场领导者之后自觉地维持共处局面。

市场跟随者不是被动地单纯追随市场领导者,它必须找到一条不致引起竞争性报复的发展道路。以下是三种可供选择的跟随战略:紧密跟随(在各个方面都追随市场领导者);距离跟随(在主要方面追随市场领导者,但仍保持若干差异);选择跟随(在某些方面跟随市场领导者,另一些方面又各行其是)。

阅读资料

市场跟随者战略

市场有两种角色企业:一种是开创者、引领者,另一种是跟随者(包括快速跟进、跟进速度慢、跟进太晚等几种)。

两种角色,形成两种价格策略:一是技术引领、高溢价;二是跟随、低价策略。技术创新、开创者,走的是技术驱动、产品创新的路线,产品往往高溢价,价格相对要高。跟随、模仿者,难以在产品创新、技术驱动上竞争,产品往往走低价策略。

在商业竞争中,"跟随模仿,价格(低价)切割"策略,一直都是商业战法之一。例如:能量饮料领域,除了东鹏特饮以外,同样采取"跟随模仿,价格切割"策略的还有达利集团的乐虎、中沃的体质能量,也都业绩不错,抢占了一部分消费市场。

案例

巴奴小火锅市场跟随策略

22元的猪肚鸡小火锅,加上一碗米饭,仅25元,这是巴奴旗下"桃娘小火锅"的价格。在吉野家,从周一到周日有不同口味的小火锅套餐供应,特价优惠是29.9元。这些平价的快餐小火锅,正随着消费旺季快速冒出。

和传统火锅相比,小火锅模式更轻,经营成本更低,以极致性价比获客。小火锅与甜品、快餐等跨品类融合,也逐渐成为新品牌的切入点。定位快餐式小火锅,优势在于兼顾食材标准化和出餐效率。不需要复杂加工的原料,加上现成的锅底和调味料,从点菜到上齐所有菜品,只需10分钟。

4. 市场补缺者

市场补缺者是指精心服务于市场的某些细小部分,而不与主要的企业竞争,只是通过专业化经营来占据有利的市场位置的企业。取得补缺基点的主要战略是专业化市场营销。具体来讲,就是在市场、顾客、产品或渠道等方面实行专业化。市场补缺者要完成三个任务:创造补缺市场;扩大补缺市场;保护补缺市场。

案例

让时尚行业颤抖的 Supreme

街头潮牌Supreme,渠道赢弱得不值一提,却火爆得让行业瞠目结舌。Supreme每次新品发售都是热点话题,每次联名都一件难求。26年来,Supreme以一种病毒式的速度快速传播,从砖头到碗筷,只要一贴上Supreme的标志,就会变成抢手货引来众人排队。

从诞生之日起,Supreme就"倔强"地站在了大众的对立面,在大众青睐西装革履彰显身份的年代,Supreme吸引着街头艺术家与滑板爱好者,颇有"虽千万人,吾独往矣"的气概。

Supreme的店铺只开在它认可的城市,开店选择非常苛刻,26年时间全球只有11家实体店,日本6家、美国3家、英国1家、法国1家。Supreme认为不具备开设店铺的城市就坚决不会开设,这背后是Supreme保持克制,不愿品牌过度曝光,保持神秘色彩。

Supreme的网站也完全违背了一个电商网站的基本特征:没有产品图片,没有搜索功能,更别提搜索引擎优化了。Supreme想传递的信息是:这就是潮流,你要去追逐它,而不是它来迎合你。

(三)企业竞争战略选择

企业之间争夺顾客的竞争,处于不同的立场会有不同的情况,有新产品竞争、价格竞争、售后服务竞争等。

阅读资料

短视频竞争格局

每天有成千上万的人利用短视频分享自己的生活,用户可以在这里发现自己感兴趣的人。

例如,抖音深受年轻人欢迎,且大多为女性用户;快手深受男性用户欢迎,普通账号也有机会出现在大众面前;视频号本身有较大潜在流量,通过前期公众号的作者积累,在内容深度上是其他两个短视频平台不可及的。

三者风格鲜明,快手注重粉丝经济,抖音注重优质内容的推荐、视频号侧重熟人社交关系。侧重点的不同也导致内容场景的不同:快手、抖音注重娱乐,视频号兼顾娱乐和专业场景。

细分来看,快手的草根文化基调奠定了其侧重娱乐的布局,目前以北方下沉市场用户为主导,娱乐场景和直播带货场景是用户主要的使用目的。抖音目前的热门垂直品类主要为演绎、生活、美食等娱乐内容,虽然承接部分品牌的宣发和直播带货,但尚未涵盖过多的工作场景,主要还是以娱乐场景为主。视频号的主要场景紧贴专业、品牌宣发和深度内容,诸多知名品牌将视频号作为短视频的官方发布渠道。

具体来说,企业的竞争战略主要有以下几种:

1. 成本领先战略

成本领先战略的指导思想是要在较长时期内保持企业产品成本处于同行业中的领先水平,并按照这一目标采取一系列措施,使企业获得同行业平均水平以上的利润。

成本领先战略的优点是:在与竞争对手的斗争中,企业具有进行价格战的良好条件,即企业可用低价格从竞争对手那里夺取市场份额,扩大销售量,因而低成本企业在同行业中享有最高的利润。

成本领先战略的缺点是:企业必须具备先进的生产设备,才能高效率地进行生产,以保持较高的劳动生产率;企业把过多的注意力集中于低成本战略,可能导致忽视顾客需求特性和需求趋势的变化,从而很有可能被采用产品差异化战略的竞争对手所击败。

案例 ANLI

春秋航空的低成本战略

春秋航空是国内第一家民营资本独资的低价航空公司,也是国内最大的民营航空公司之一,平均客座率在95%左右。

春秋航空以"99"系列出名,即在航班上投放9元、99元、199元等不同价值的特价机票。每个航班的投放比例在20%~30%,淡季甚至会投放更多。春秋航空的这种做法就是低价定位。为了压低具体的成本,春秋航空采取了很多策略。

春秋航空创始人当时的设想是,通过降低运营成本,让利于消费者,使乘飞机就像坐火车卧铺一样便宜。春秋航空能够提供比全服务航空平均便宜30%的机票,这与春秋航空实行单一机型全经济舱座位、提高飞行日利用率,以及自建离港和销售系统不无关系。

在春秋航空的飞机上没有头等舱,每架飞机就可以比一般公司多出20多个座位,这样算到每个人的头上成本就少了14%~15%。春秋航空的飞机日利用率超过11个小时,比行业平均水平高两个小时,有效地摊薄了飞机发动机折旧及员工薪酬等固定成本。

春秋航空通过建立自己的售票系统和离港系统,与国内航空公司普遍用的中航信系统完全脱离,每年又可以省下上亿元的费用,而通过网络订购电子客票,省去开票、送票的人工费,也使公司的销售成本比一般航空公司要低。

当然,春秋航空创始人在公司一直倡导的"抠门"文化,也起着重要的作用。其常说的一句话就是"钱一半是赚的,一半是省的"。他的办公室面积不到10平方米,还跟公司的CEO共用一间,他的衣服一穿就是八到十年,出差从不坐头等舱,住宿一般也只住三星级以下的酒店。秉承了老板的"省钱"哲学,春秋航空在成本节约方面也是下足了功夫。

2. 产品差异化战略

产品差异化战略的指导思想是企业提供的产品与服务在行业中具有独特性,即具有与众不同的特色。这些特色可以表现在产品设计、技术特性、产品形象、服务方式、销售方式、促销手段等某一方面,也可以同时表现在几个不同方面。

产品差异化战略的优点是:利用顾客对产品特色的注意和信任,由此对产品价格的敏感程度降低,可以使企业避开竞争,在特定领域形成独家经营的市场,其他企业一时模仿不来,此时可保持优越的地位。

产品差异化战略的缺点是:要保持产品的差异化,往往要以成本的提高为代价;由于特色产品价格较高,很难拥有很大的销售量,因此该战略不可能迅速提高市场占有率。

案例 ANLI

桂源铺柠檬茶

桂源铺的冻柠茶日销20 000多杯,被业内称为爆品"销量神话"。

和市面上其他柠檬茶品牌不同,桂源铺在最初的品牌定位上就做出了十足的差异化。具体来说,用"全品类+有特色"打造一个更具有持续营利能力的品牌。

首先是"冻柠茶+鸡蛋仔"组成爆款组合,以1+1>2的组合拳"出圈",打开顾客心智,形成桂源铺的招牌特色。在研发方面,桂源铺专门组建了"新产品委员会",保持月月上新2~3款产品的频率。

其次,在产品结构中,配上招牌奶茶、招牌脆脆冰、当季主打等系列产品,打造"有特色的全品类门店"。这样的定位,让桂源铺创造了"1+N"的营利模式,主推爆款的同时满足客户的多样化需求。

从消费端来看,清爽的口感、清新的颜值更符合当下年轻人的饮品习惯,同时,相比奶茶类饮品,柠檬系列更受男士喜爱,男士消费的占比更大,受众更广;从供应端来看,柠檬产量稳定,成本可控,也适合发力和深耕。

正是瞄准了这个趋势,桂源铺发力"清爽"关键词,并精准分析消费人群画像,在10~20元的茶饮赛道斩获无数粉丝。

3. 集中战略

集中战略通过满足特定消费者群体的特殊需要,或者集中服务于某一有限的区域市场,来建立企业的竞争优势及其市场地位。集中战略最突出的特征是企业专门服务于总体市场的一部分,即对某一类型的顾客或某一地区性市场做密集型的经营。

集中战略的优点是:经营目标集中,管理简单方便,可以集中使用企业的人、财、物等资源;由于生产高度专业化,可以达到规模经济效益,降低成本,增加收益。这种战略适用于中小企业。

集中战略的缺点是:当市场发生变化,技术创新或新的替代品出现时,该产品需求量下降,企业就要受到严重的冲击。

案例 ANLI

奇瑞战略转型——聚焦走精品路线

不管市场需要不需要,先通过对标合资品牌在国内现有的产品线,以"逆向开发"方式快速推出新产品,然后再回过头来找消费者,这是奇瑞早期奉行的产品策略。

当奇瑞实现60万辆规模、整体车市进入微增期,其"天花板"压力变大了。捷径不通,奇瑞被迫回归本原,即打造真正具有国际水平的体系。在品牌战略方面,奇瑞收回此前力推的"多品牌战略",回归到"一个奇瑞品牌",商用车品牌"开瑞"彻底剥离奇瑞,高端乘用车品牌"瑞麒"则雪藏;在产品策略上,主打两个系列,即E系列和A系列,二者分别针对不同的目标群体,一个是入门级,主打经济和家用,另一个比入门级别要高一点,主打时尚和运动。

历经两年战略转型和品牌调整,奇瑞迄今在研发上已经初步形成全面正向产品开发体系的国际标准化流程。

阅读资料

找不同,找焦点

在运动服饰领域,一家名叫安德玛(UnderArmour)的年轻品牌,在2014年超过阿迪达斯,一跃成为全美第二大运动品牌,向体育用品大鳄耐克发起挑战。

而安德玛的成功秘诀就是找不同,耐克做的是大而全,安德玛则用10年打造一个单品爆款"吸汗T恤",耐克倡导的品牌调性越来越温情、优雅,安德玛则回归竞技体育的狂野、残酷,形象片不请大牌明星,而以粗糙的地面、岩石、未知的森林为背景。

360和金山毒霸在杀毒软件战场上的比拼也为一例。360作为新兴品牌,通过免费获取了流量;而曾经的杀毒软件老大金山毒霸,因为每年有2亿元的收入而不愿免费,最终被用户抛弃。

想做一个伟大的品牌,想打造百年老店,一定要找到路在哪里,焦点是什么,并以跑马拉松的心态减掉"赘肉"。所以,甩包袱,丢负担,抵诱惑,是企业非常重要的任务。

三、市场发展战略规划

市场发展战略又称增长型战略,是一种使企业在现有的战略水平上向更高一级目标发展的战略。它以发展作为自己的核心导向,引导企业不断开发新产品、开拓新市场,采用新的管理方式和生产方式,扩大企业的产销规模,增强其竞争实力。常见的市场发展战略主要有密集增长战略、一体化增长战略、多角化增长战略三种类型。

(一)密集增长战略

密集增长战略是指企业在原有生产范围内,充分利用在产品和市场方面的潜力来求得成长的战略,其实质是充分开发特定市场上存在但尚未被充分满足的需求,利用现有的生产,在现有的经营范围内谋求发展。密集增长战略主要有三种形式:市场渗透、市场开发、产品开发(表2-2)。市场渗透战略是在现有的市场上,企业采取积极有效的市场营销措施,扩大现有产品的销售规模。市场开发战略是企业利用现有的产品,积极开拓新市场。产品开发战略是企业抓住现有的市场,不断开发新产品,满足市场的不同需求。

表 2-2　　　密集增长战略

市场	产品	
	现有产品	新产品
现有市场(客户)	市场渗透	产品开发
新市场(客户)	市场开发	多元化(非密集增长)

(二)一体化增长战略

一体化增长战略是研究企业如何确定其经营范围,主要解决与企业当前活动有关的竞争性、上下游生产活动的问题。一体化扩张又可分为横向一体化(水平一体化)和纵向一体化(垂直一体化)。实现这些扩张的方法包括内部发展和外部发展(合并和合资等)。

横向一体化是指企业现有生产活动的扩展并由此导致现有产品市场份额的扩大;纵向一体化是指企业在经营中加强对行业上游或行业下游资源的控制。

案例

红星美凯龙与居然之家达成战略合作

2021年7月,红星美凯龙与居然之家在北京签署战略合作协议,双方在优化行业竞争环境、维护行业经营秩序、资源共享、数字化等领域展开全面合作。本次战略合作中,双方就以下内容达成共识:在全国范围内维护家居市场的公平竞争秩序,坚决杜绝"二选一"等不公平竞争行为;相互开放供应链品牌资源;共同维护行业营销秩序,坚决抵制低于成本价的市场倾销行为;共同推进行业数字化转型升级等。

家居已经是一个超过4.5万亿元的庞大市场,并且未来的发展空间依然广阔。但这一切的前提,必然是继续深耕整个行业,持续推动规范化经营,保证行业处于公平、良性的竞争。今天的市场太大了,居然之家或者红星美凯龙都不可能像过去那样依靠单打独斗的方式推动行业前进,唯有携手并进,才能共同将市场做大做强。

（三）多元化增长战略

一体化增长战略是同一行业链条内部的相关行动，而跳出同一行业的圈子，进入其他行业，就有了多元化增长战略。在原有行业基础上，进入新的但与原业务相关的行业，称为相关多元化；进入新的与原业务不相关的行业，则称为非相关多元化，也称为混合多元化。

阅读资料

"锦上添花"的跨界

大多数品牌跨界，都是在主营业务成熟的前提下，以"锦上添花"的方式做跨界。2021年6月初，中国邮政成立奶茶店，起名"邮氧的茶"，首店于福州开业。相比其他奶茶店的价格算是公道，且不少消费者评论"邮氧的茶"包装设计也很漂亮。中国邮政入局千亿奶茶市场绝不是一时兴起，能推动其规模化发展的实力来源于邮政深耕了几十年的线下网点。再比如，跨界餐饮的成功案例——宜家家居，目前已经是全球较大餐饮企业，每年服务超过6.8亿人次。宜家作为大型家居卖场由于体量庞大，一般选址于城市远郊，附近几乎没有品牌餐饮门店，消费者购物后很难找到用餐的地方。此时，偏僻的选址反而成为宜家打造家居—餐饮—零售的商业闭环的优势。跨界做餐饮除了常规的营利目的外，其深层的意义更像是"客户体验"的延伸和升级。餐饮业属于体验性消费，是味觉、嗅觉、视觉的综合性体验。通过落座餐厅，消费者可以更好地感受品牌想要传递的自身价值和它倡导的生活方式，是另一种宣传植入的方式。

知识巩固

一、营销术语解释

营销环境　市场机会　环境威胁　集中战略　成本领先　密集成长　聚焦战略　一体化战略　多元化战略

二、选择题

1．能满足购买者某种愿望的同种产品的各种品牌是（　　）。
  A．愿望竞争者　　B．一般竞争者　　C．产品形式竞争者　　D．品牌竞争者
2．代理中间商是市场营销环境的（　　）因素。
  A．内部环境　　　　　　　　　　　B．竞争者
  C．市场分销渠道企业　　　　　　　D．公众环境
3．下列属于市场营销微观环境的是（　　）。
  A．辅助商　　　B．政府公众　　C．人口环境　　D．消费者收入
4．理想业务的特点是（　　）。
  A．高机会、高威胁　　　　　　　　B．高机会、低威胁
  C．低机会、低威胁　　　　　　　　D．低机会、高威胁
5．对环境威胁的分析，一般着眼于（　　）。
  A．威胁是否存在　　　　　　　　　B．威胁的潜在严重性
  C．威胁的征兆　　　　　　　　　　D．预测威胁到来的时间

6. 如果企业尚未完全开发潜伏在其现有产品和市场中的机会,则可采用(　　)战略。
   A. 密集增长　　　B. 一体化　　　C. 多元化　　　D. 广告
7. 美国学者波特提出的市场竞争性战略包括(　　)。
   A. 成本领先战略　B. 差别化战略　C. 品牌战略　　D. 聚焦战略
8. 金牛类产品线要(　　)其市场份额。
   A. 收割　　　　　B. 发展　　　　C. 维持　　　　D. 放弃
9. 没有前途又不营利的瘦狗类和问题类产品线应(　　),进行清理、淘汰,以便把资金转移到有利的产品线上。
   A. 收割　　　　　B. 发展　　　　C. 维持　　　　D. 放弃

三、简答题

1. 如果你是一名创业者,你认为分析项目的营销环境因素包括哪几方面?
2. 什么是市场营销战略?它与企业战略是什么关系?
3. 波特提出的五种竞争因素包括哪些内容?
4. 简述市场竞争者分析的步骤与内容。
5. 简述多元化发展的好处和风险。

案例分析

字节跳动新消费领域的扩张

2021年,字节跳动在新消费领域的动作愈加明显,无论是推出自主品牌,还是外部投资都有涉猎。随着消费升级和用户追求健康的市场环境影响,新消费成为国内未来市场的新方向。从2018年开始,字节跳动就开始在新消费领域持续加码,已涉足国潮、茶饮、火锅、酒类、周边等多个消费领域,如图2-9所示。随着字节跳动在个人客户端流量增长与变现挑战越来越大,以及海外市场的未知变数,投入新消费业务中,或许会成为字节跳动新的增长引擎。

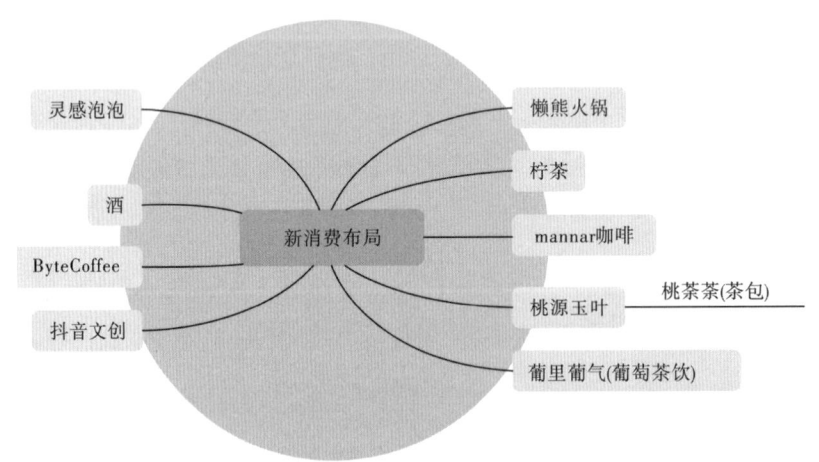

图2-9　字节跳动的新消费布局

需要注意的是,元气森林、瑞幸咖啡、泡泡玛特等已经牢牢把握住各自所在行业的地位,而且像元气森林已经开始做啤酒、奶茶等多元化产品,瑞幸咖啡则推出有别于咖啡的周边和茶饮等新产品,它们在业务上已经开始互相渗透,进行着激烈的竞争。对于字节跳动而言,目前投资和自研的新消费业务,仍然还在初期阶段,还有很长一段路要走。

问题:

1. 字节跳动开展多元化经营的基础和目的是什么?
2. 试对字节跳动开展的多元化项目环境进行分析并提出相关建议。

项目实训

营销环境分析,制定战略规划

1. 实训目的

调查分析企业营销环境,根据环境分析结果制定企业的战略规划建议。

2. 实训内容

对给定的企业进行环境分析并完成相应的分析报告,小组讨论提出营销战略规划建议。

3. 实训过程与要求

(1)指导教师准备反映某一企业基本状况的书面案例资料,条件允许的情况下也可制作幻灯片、视频资料进行演示。

(2)将本班学生以3~5人分为一组进行讨论,并选出陈述人发言,讨论及发言的内容应至少包括以下部分:第一,该企业面临的宏观环境因素;第二,该企业面临的微观环境因素;第三,该企业的优势环境因素和劣势环境因素;第四,该企业面临的机会和威胁;第五,利用SWOT分析法对该企业营销环境进行整体评价。

(3)每组须向指导教师呈交一份书面分析材料,内容要求包括三方面:企业的基本概况;企业面临的宏观环境;企业面临的微观环境。

(4)每组派出一名代表陈述观点,为企业出谋划策(制定营销战略)。

4. 项目完成情况评价

内容			评价
学习目标		评价项目	得分(0~100分)
知识 (30分)	应知应会	营销环境	
		宏观环境因素、微观环境因素	
		营销战略、竞争战略、发展战略	
专业能力 (60分)	具备一定的营销分析能力和书面写作能力	能利用SWOT分析法对产品营销环境进行分析	
		能通过案例分析企业经营战略	
态度 (10分)	态度认真	有时间观念	
	合作意识	集体观念强	
合计得分			
个人努力方向与建议		积极主动锻炼自己,展示自己的才能,善于与人相处	

成长日记

结合项目2所学的知识和实践,撰写一篇1 000字左右的个人成长日记。挑选部分学生的日记公开交流。

项目 3

调查研究市场，把握商业机会

教学导航

教	教学目标	知识目标： • 了解市场调研的作用 • 掌握市场调研的程序、内容和方法 • 掌握市场预测的基本原理与方法 技能目标： • 能够编制可操作的调研计划 • 能够选择合适的方法及工具采集和处理调研信息 • 能够撰写条理清晰、结构合理的小型调研报告 • 能够进行基本的市场预测 思政目标： • 融入我国国民经济统计公报的内容，培养学生树立诚信、科学的工作态度和严谨的工作作风 • 树立以事实为依据的决策理念和决策方法 • 正确认识和评价市场营销调研的营销职业道德问题
	授课重点与难点	• 市场调研计划；调研问卷设计；商务信息的采集、整理、分析；市场预测
	授课方式	• 知识讲授、案例分析、营销调研实训
	授课场所	• 多媒体教室、市场营销实训室 • 企业或市场（现场调查）
	建议学时	• 4学时（课堂）、12学时（课外）
	考核方式	• 过程性考核占50%（含课堂展示、汇报、小组作业） • 终极性考核占50%（含知识点、技能训练、营销日记等）
学	学习方法	• 大量阅读营销管理、营销故事、营销人物书籍 • 参与小组调研，完成任务 • 角色扮演与体验 • 总结归纳，撰写成长日记 • 参与营销素质拓展活动
	营销训练	• 市场现场调查，问卷设计 • 调查软件应用与分析 • 案例分析 • 营销沙龙
	项目任务分解	• 制订调研计划 • 问卷设计 • 营销信息采集、整理与分析 • 市场预测

任务 1　编制营销调研计划

市场调研工作是市场营销的基础性工作，是企业了解市场和把握顾客的重要手段，是辅助企业决策的重要工具。没有经过调研的决策是盲目的决策，企业熟悉竞争对手比熟悉自己更重要。因此，对于营销人员来说，掌握和运用市场调研的理论、方法和技能是非常必要的。本任务就是要通过开展相关教学活动，使学生熟悉调研准备阶段的工作内容，学会编制结构完整、内容可行的调研计划。

一、认知市场调研

(一)市场调研的概念

市场调研是指采用科学的方法，系统地收集企业所需要的信息资料，为企业细分市场、选择目标市场提供依据的过程。这些信息资料包括环境资料、竞争对手资料和消费者资料等。这些信息将用于识别和界定市场营销的机会和问题，产生、改进和评价营销活动，监控营销绩效，增进对营销过程的理解。

(二)市场调研的作用

市场调研是市场营销活动的出发点，是增强企业活力、提高市场竞争力和应变力的重要途径，对企业的营销活动有着十分重要的作用。

1. 有利于制定科学、合理的营销策略

只有根据市场的需求和市场环境变化制定的营销策略才是科学合理和行之有效的，脱离市场实际的计划和策略是主观主义的空想。市场调研可以使企业收集到比较齐全和准确的市场信息，企业通过对这些信息进行科学的分类、分析和研究，可以制定出科学的营销策略，在产品开发、价格制定、分销渠道的选择和促销手段运用方面更有针对性，从而减少失误，降低风险。

2. 有利于发现新的市场机会，发挥潜在的竞争优势

通过市场调研，企业可以发现市场上未被满足的消费需要，挖掘到新的市场机会，从而促进企业调动所有有利因素，发挥潜在竞争优势，开拓出新的市场。

3. 有利于改善企业经营管理，提高经济效益

企业可以根据市场调研资料，掌握本企业和同行业竞争对手生产经营上的投入产出状况，通过分析对比，找出企业经营管理过程中存在的问题，拾遗补阙，尽量减少不必要的中间环节，缩短运输路线，降低储存费用和销售成本，使企业在市场竞争中获得更多的赢利。

案例

营销调查带来"甜头"

在美国,曾经有一家规模很大的运动鞋生产厂商,它的篮球鞋销售量占国内市场篮球鞋销售总量的三分之二。在20世纪70年代末,开始出现了越野活动,公司的决策层认为这只是暂时的潮流,所以并没有生产跑步鞋。在随后的几年里,成千上万爱好运动的美国人在公园和森林跑步,他们都穿着特定的跑步鞋。零售商争着满足耐克、彪马和阿迪达斯运动鞋的需求。如果这个生产商一开始不是凭直觉,而是及时地进行市场分析,那么肯定不会失去那么多的机会。

日本电气股份有限公司(NEC)重新设计它的个人笔记本电脑时,首先找的是用户,而不是自己的工程师。公司调查发现:

1. 通过观察人们使用笔记本电脑的方法,发现人们开机时需执行很多任务,使用双手的开关不方便后,公司设计出了只需一只手就可操作的开关系统。

2. 群体调查和计算机辅助的个人调查表明,多功能和标准化是大多数用户最关心的特征,从而设计了可旋转让他人看到的屏幕、更长寿命的电池盒、线条更圆滑的外观等。结果,4个月内NEC笔记本电脑的市场占有率上升了25%,一年内抢占了10%的市场份额。相反,Zenith找了一位工业设计顾问帮助设计,未考虑顾客需求,改进电脑后的销售下降到市场的1%。

福特汽车公司开办了一个市场调研诊所,对新车型设计进行检验。该市场调研诊所邀请客户驾驶新车型并派调查人员记录驾驶人员的全部反应,驾驶完毕,进行长达6页的问卷调查,了解消费者对新车型的反应和对每一部分的评价,然后做适当改进,使之更适合目标消费者的需求。例如,改进尾灯以增强安全性等。

(三)市场调研的类型

市场调研根据调研的目的、要求、对象、范围的不同有若干类型。最基本的市场调研分类是按调研的目的来划分的,可以分为以下三类:

1. 探测性调研

探测性调研指企业对需要调研的问题尚不清楚,无法确定应调研哪些内容,因此只能收集一些有关资料进行分析,找出症结所在,然后再做进一步调研。如某连锁超市近期某种产品的销售呈下降趋势,但不清楚究竟是何因素影响,这时就可进行探测性调研。这种调研一般不制订严密而详尽的调研方案,其特点是调研面广而不深。出去走一走,看一看,与有关人员座谈,查找有关的数据资料等,是探测性调研常见的表现形式。

2. 描述性调研

描述性调研指通过调研,全面、如实、详细地记录并描述诸如某种产品的市场潜力、顾客态度和偏好等方面的数据资料。如某边境贸易公司计划出口产品到某东盟国家,就得事先对该国的经济发展水平、法律制度、风俗习惯、同类产品的销售状况等进行详细调研,由此对其产品在商标、包装、价格、分销渠道、广告等方面做出决策。与探测性调研相比,描述性调研的广度不及前者,但深度则过之。实施调研前一般制订调研计划,事后写出调研报告。

3. 因果性调研

因果性调研是为了弄清有关市场现象的原因或结果而进行的调研。因果性调研可分为两类：一是由因探果，如某电磁炉专卖店为了在市场竞争中独占霸主地位，决定其所经营的产品一律允许试用一周，为了确保此策略成功，该店就需要进行市场调研，分析此举导致的正面和负面的结果；二是由果探因，如某加盟店发现近一个月来消费者很少光顾，欲找出其中原因，就需要进行由果探因的市场调研。

可见，探测性调研所要回答的问题主要是"是什么"；描述性调研所要回答的问题主要是"何时"或"如何"；因果性调研所要回答的问题主要是"为什么"。一般是先进行探测性调研，然后再进行描述性调研或因果性调研。

案例 ANLI

环球时装公司的侦探式销售调研

日本服装业之首的环球时装公司，从20世纪60年代创业时的零售企业发展成日本有代表性的大企业，靠的主要是掌握第一手"活情报"。它在全国81个城市顾客集中的车站、繁华街道开设侦探性专营店，陈列公司所有产品，给顾客以综合印象，售货员的主要任务是观察顾客的采购动向；事业部每周安排一天时间全员出动，3个人一组、5个人一群分散到各地调研，有的甚至到竞争对手的商店观察顾客情绪，向售货员了解情况，找店主聊天。调研结束后，调查人员当晚即回到公司进行讨论，分析顾客消费动向，提出改进工作的新措施。全国经销该公司时装的专营店和兼营店均设有顾客登记卡，详细记载每一位顾客的年龄、性别、体重、身高、体型、肤色、发色、使用的化妆品，常去哪家理发店以及兴趣、爱好、健康状况、家庭成员、家庭收入、现时穿着及家中存衣的详细情况。这些卡片通过信息网储存在公司信息中心，只要根据卡片就能判断顾客眼下想买什么时装，今后有可能添置什么时装。侦探式销售调研使环球公司迅速扩张，且利润率之高连日本最大的企业——丰田汽车公司也被它抛在后面。

二、市场调研的步骤

市场调研包括市场调查(Marketing Investigating)和市场研究(Marketing Research)两部分。市场调查是借助电话、传真、因特网等现代沟通工具以及其他各种电子化、自动化工具和手段，科学、系统地搜集、整理和分析与企业营销活动有关的信息，寻找可以利用和发展的市场机会，从而帮助企业更加有效地制定营销决策的过程。

市场调研由确定调研目标、制订调研计划、实施调研计划、撰写调研报告四个步骤组成。

(一)确定调研目标

完成第一个步骤要求注意以下两点：
(1)理解调研的背景，所要解决的问题，以及所处的社会、政治、经济、技术环境。
(2)把调研目标与目的转化为调研问题和具体内容。

(二)制订调研计划

调研计划是市场调研的依据。制订调研计划首先要了解一般计划书的格式及要素。在制订计划时,要根据任务,明确开始及完成时间、个人思考时间、小组完成时间及地点、负责人。同时,制订计划时必须留有余地,一旦出现意外情况,有调整计划的回旋余地。

调研计划一般包括以下内容:

(1)明确调研目的和内容。

(2)调研准备工作,包括:调研对象和调研范围;抽样方法和样本量;总的调研方法及具体的数据搜集方法;设计调研问卷和测试调研问卷;确定采用直接调研法还是间接调研法,如果采用直接调研法,是实地调研还是在网站上张贴问卷搜集数据或是采用 E-mail 问卷调研。

(3)时间要求,包括:调研进度安排;具体计划。

(4)调研实施的质量控制方法,总负责人及任务分工。

(5)数据分析方案,包括对数据的查错、编辑和统计分析。

(6)调研经费预算。

(7)其他问题。

(三)实施调研计划

该阶段的任务主要是将调研问卷发放到调研对象所在地或网上,也可按照 E-mail 地址向被访问者发出调研问卷,邀请并激励访问者完成调研问卷。在这一阶段,要特别注意调研过程的管理和控制,发现问题要及时解决。对收回的问卷进行查错、净化,剔除无效问卷;对搜集的数据进行统计预处理;对预处理过的数据进行汇总、作图和统计分析。目前市场调研公司常用的分析软件有 SPSS、SAS、EXCEL 等,我们在本项目实训中将练习 EXCEL 的使用。在利用网络进行市场调查时,重点是利用有效工具和手段实施调查和搜集整理资料。如今,获取信息不再是难事,关键是如何在海量信息中获取有用的资料信息和分析出有价值的信息。

(四)撰写调研报告

调研报告的格式应根据调查内容、问题性质以及调查目的来决定,一般包括以下部分:

(1)封面。一般包括报告标题、撰写人、撰写时间。标题应点明报告的主题并要求简洁、醒目。

(2)目录。

(3)调研报告的主体。一般包括内容摘要、关键字、正文。正文部分主要包括:调研背景、调研目标、内容、数据分析、主要结论与建议、相关说明、调研方法。在开头简要介绍被调查者的概况。如调查一个单位,要先介绍该单位基本情况,包括人数、人员结构、规模、历史和现状等;如调查某一产品,应交代为什么调查,调查经过及其结果等。

(4)参考资料与附件。

三、市场调研的内容

营销调研目的不同,调研的具体内容也不尽相同,但就具体企业市场营销情况进行总体、全面的调研而言,营销调研的内容大致包括以下方面:

(一)营销环境调研

营销环境分为宏观环境(一般性环境或总体环境)和微观环境(个体环境)。这里的营销环境是指一般性环境或总体环境,包括政治、法律、经济、社会、文化、人口、自然及科技状况六个因素;微观环境(个体环境)是指与企业的营销活动直接发生关系的组织与行为者的力量和因素,包括供应商、企业(企业内部环境)、营销中介、消费者或客户、竞争者(行业环境)、公众等。总体环境因素对个体环境因素有制约作用。如总体环境中的人口数量制约着企业消费者和购买者的数目;而经济因素中的国民生产总值、收入、消费趋势、消费结构等对个体都有重要意义。环境因素是动态变化的,这些变化既可为企业带来机会,也可能形成某种威胁,企业应时刻关注环境变化。

(二)消费者需求总量及购买行为调研

有关消费者调研的内容很多,本项目主要以消费者需求总量及购买行为调研为例进行详细讲述。

1. 市场需求总量调研

市场需求总量调研一般从市场容量和一定时期的消费者的购买力两个方面进行。市场容量指在一定地域范围、一定时期内某类商品需求的最大规模,具体包括该产品每年的消费量、购买者的采购频率等。一定时期的消费者的购买力调研主要包括物价水平、居民收入及购买力状况等方面。

2. 消费者(用户)购买行为调研

消费者(用户)购买行为调研的方向和内容主要包括:

①用户的家庭、地区、经济等基本情况,以及其变动情况和发展趋势。

②社会的政治、经济、文化教育等发展情况,及其对用户的需要产生的影响。

③不同地区和不同民族的用户的生活习惯和生活方式有何不同,有哪些不同需求。

④消费者的购买动机,包括理智动机、感情动机和偏爱动机。特别是研究理智动机对产品设计、广告宣传及市场销售活动的影响及产生这些动机的原因。

⑤用户对特定商标或商品产生偏爱的原因。

⑥谁是购买商品的决定者、使用者和执行者以及他们之间的关系。

⑦消费者喜欢在何时、何地购买,他们购买的习惯和方式以及他们的反应和要求;影响消费需求的因素、购买动机、心理因素、5W1H分析调研。

⑧用户对某种产品的使用次数,每次购买的单位数量及对该产品的态度。

⑨新产品进入市场后,哪些用户最先购买,及其购买原因和反应情况。

⑩对潜在用户的调查和寻找等。

(三)市场竞争情况调研

市场竞争情况调研,在项目2中关于行业竞争情况分析的基础上,还应做进一步的调研分析。商品经济社会是一个竞争激烈的社会,企业要想在竞争中取胜,必须"知己知彼",每个企业都应充分掌握并分析同行业竞争者的各种情况,认真地分析对方和我方的优点和缺点,做到知己知彼,学会扬长避短、发挥优势的竞争诀窍。

一般从以下几个方面深入掌握竞争者的情况:
(1)竞争者主要有哪几个?
(2)竞争者的市场份额及变动趋势如何?
(3)竞争者的生产能力如何?哪些竞争者准备扩大生产规模?
(4)竞争者的优劣势各是什么?
(5)竞争者在经营特色、产品技术等方面的特点及产品情况如何(包括竞争对手的产品数量、质量及市场占有率等情况)?
(6)竞争者常用的价格策略、定价方法、变价技巧是什么?
(7)竞争者用什么渠道策略和促销方式?其推销队伍、广告策略、公关手段、服务水平如何?

此外,还要注重研究竞争形态的变化及升级。网络给市场竞争带来了一股清新之风,网络营销中的竞争要比传统营销中的竞争透明得多,因为网络时代是信息共享的时代,竞争者的各种资讯均可以通过网络被人们轻易掌握,因而及时获取真实、有价值的信息并正确分析利用、恰当决策才是未来网络社会中战胜竞争者的最大法宝。

案例

国内体育用品市场竞争调查分析

国内体育用品市场的巨大蛋糕,吸引的不仅是国货,各大国际品牌也早就瞄准了目标,而且拥有了更多筹码。

国产品牌与耐克、阿迪达斯相比的竞争劣势主要在品牌影响力和局限性。国产品牌在和国际品牌的竞争中,部分国产品牌定位不明确,缺乏品牌核心价值观,难以在消费者心中树立一个良好的品牌形象。国产品牌虽然也通过赞助国外一些大型赛事、签约体育明星来提升在世界上的影响力,但国产品牌的销售主要还是在国内,营销手段也不够新,在工业设计上也有差距,因此目前高端体育产品市场被耐克、阿迪达斯甚至安德玛等国外品牌占据。

对于国内运动厂商来说,守住现有阵地可能是首先要完成的艰巨任务,并且在强调专业化、创新化做大做强的过程中,也要避免落入同质化误区。国产品牌应当在创新上也更大胆一些。例如,提前布局冰雪运动、山地户外、水上运动、功能健身等一些新的运动领域,在产品开发上真正做出差异化。

体育用品产业在目前的市场中正不断细分。消费者已经不满足于一套装备做完所有运动,针对不同运动类型发展出不同的专业运动装备、提供特殊的使用性能,是未来体育用品市场持续发展的动力和方向。

(四)营销策略调研

1. 产品研究

产品研究是指研究企业现有产品处在产品生命周期的哪个阶段,应采取的产品策略;研究产品的设计和包装,产品使用的原料,产品的销售技巧以及产品的保养和售后服务等。

2. 价格研究

价格对产品的销售量和企业赢利的大小都有着重要的影响。价格研究的内容包括:哪些因素会影响产品价格？企业产品的价格策略是否合理？产品的价格是否为广大消费者所接受？价格弹性系数如何？等等。

3. 分销渠道研究

分销渠道研究的内容包括：企业现有的销售力量是否适应需要？如何进一步培训和增强销售力量？现有的销售渠道体系是否高效快捷？如何正确选择和扩大销售渠道，减少中间环节，以利于扩大销售，提高经济效益？等等。

4. 促销策略研究

促销策略研究的内容包括：如何正确运用人员推销、营业推广、公关等促销手段，以刺激消费、创造需求，吸引用户竞相购买？如何对企业促销的目标市场进行选择研究？企业促销策略是否合理、效果如何、是否被广大用户接受？等等。

5. 广告策略研究

广告策略研究的内容包括：如何运用广告宣传作为推荐商品的重要手段？如何正确选择各种广告媒介、投放时机？如何制定广告预算？怎样才能以较少的广告费用取得较好的广告效果？如何确定今后的广告策略？等等。

(五)企业内部状况调研

"知己知彼，百战不殆"是句古训，但它同样适用企业营销，即经营者对于企业内部各方面情况也应十分清楚，使其能为决策提供有效依据。

企业内部状况调查具体包括：企业资源情况分析，产品竞争力（质量、技术含量、成本、价格、服务能力、研究和开发新产品能力）分析，财务能力、综合管理能力、价值链活动分析（供、产、销），企业文化（企业形象、行为规范、共同的价值观）分析，产品市场占有率（反映竞争力及市场地位）、市场上同类商品的供求调查（主要是供求缺口）、商品销售情况调查（产品销售曲线、产品处于生命周期的哪个阶段）分析等。

四、确定调查样本

大多数的市场调查是抽样调查，即从调查对象总体中选取具有代表性的部分个体或样本进行调查，并根据样本的调查结果去推断总体。抽样方法按照是否遵循随机原则分为随机抽样和非随机抽样。

1. 随机抽样方法

随机抽样是按照随机原则进行抽样，即调查总体中每一个个体被抽到的可能性都是一样的，是一种客观的抽样方法。随机抽样方法主要有简单随机抽样、等距抽样、分层抽样和分群抽样。

案 例 ANLI

分层随机抽样的运用

例如，调查某地商业企业销售情况。该地区有商店10 000个，即要调查的母体总数，其中分层母体为：大型百货商店1 000个，中型百货商店2 000个，小型百货商店7 000个。如果确定样本数为200个，采取分层比例抽样法，则各层应抽取的样本数目是：

大型百货商店应选取样本数：

$$S_{大} = \frac{1\ 000}{10\ 000} \times 200 = 20(个)$$

中型百货商店应选取样本数：

$$S_{中} = \frac{2\ 000}{10\ 000} \times 200 = 40(个)$$

小型百货商店应选取样本数：

$$S_{小} = \frac{7\ 000}{10\ 000} \times 200 = 140(个)$$

2．非随机抽样方法

非随机抽样方法主要有任意抽样、判断抽样、配额抽样等方法。

任意抽样也称便利抽样，是纯粹以便利为基础的一种抽样方法。街头访问是这种抽样最普遍的应用。这种方法抽样偏差很大，结果极不可靠，一般用于准备性调查，在正式调查阶段很少采用。

判断抽样是根据样本设计者的判断进行抽样的一种方法，它要求设计者对母体有关特征有相当的了解。在利用判断抽样选取样本时，应避免抽取"极端"类型，而应选择"普通型"或"平均型"的个体作为样本，以增加样本的代表性。

配额抽样与分层抽样类似，要先把总体按特征分类，根据每一类的大小规定样本的配额，然后由调查人员在每一类中进行非随机抽样。这种方法比较简单，又可以保证各类样本的比例，比任意抽样和判断抽样样本的代表性都强，因此实际中应用较多。

五、市场调研的方法

市场调研方法按获取资料的方式可以分为直接调研法和间接调研法。

直接调研法是市场调研人员通过面访、电话、网络等方式从被调查者处直接获取信息数据资料的一种方法，如访问法、观察法、实验法、网络调研法、专题讨论法等。直接从被调查者那里搜集到的资料通常被称作一手资料。

间接调研法主要是市场调研人员通过图书、报纸、杂志或市场调研人员通过搜索引擎搜集整理消费者、竞争对手和营销环境等信息资料的一种方法。利用间接调研法搜集到的数据资料通常被称作二手资料。

（一）访问法

访问法是调查人员向被调查对象询问，根据被调查人员的回答来搜集信息资料的方法。它可分为口头询问和书面询问，具体包括问卷调研法、深度访谈法、小组座谈法、投射法几种。

（二）观察法

观察法是现场对被调查者的情况直接进行观察、记录，以取得市场信息资料的一种调研方法,如神秘购物法、伪装购物法、垃圾分解法等。这种方法的最大优点是可以客观地搜集、记录被调查者的现场情况,调查结果较真实可靠。不足之处是观察的是表面现象,无法了解被调查者的内心活动、购买动机、收入状况等信息资料。

(三)实验法

实验法是研究人员通过设计一定的实验条件,将调研项目置于实验环境中搜集信息的一种方法。实验法应用范围很广。凡是某种商品投入市场,或是商品改变品种、包装、价格、商标等,均可应用这种方法进行小规模的实验、试销,由此了解消费者的反应和意见。这种方法的优点是可以有控制地观察和分析某些市场变量之间的内在联系,并且这种调查所取得的资料、数据较为客观、可靠。其缺点是影响销售的因素很多,可变因素难以掌控,测试结果容易出现误差,实验所需时间长,费用开支较大。

(四)网络调研法

1. 网上观察法

网上观察法的实施主要是利用相关软件和人员记录网络浏览者的活动。相关软件能够记录网络浏览者浏览企业网页时所点击的内容,浏览的时间;在网上喜欢看什么商品网页;看商品时,先点击的是商品的价格、服务还是其他人对商品的评价;是否有就相关商品和企业进行沟通的愿望等。

2. 网上实验法

网上实验法可以通过在网络中所投放的广告内容与形式进行实验。设计几种不同的广告内容和形式在网页或者新闻组上发布,也可以利用 E-mail 传递广告。广告的效果可以通过服务器端的访问统计软件随时监测,也可以通过客户反馈信息量的大小来判断,还可借助专门的广告评估机构来评定。

3. 在线问卷法

在线问卷法即请求浏览其网站的每个人参与企业的各种调查。在线问卷法可以委托专业公司进行。调查问卷的基本结构一般包括三个部分,即标题及标题说明、调查内容(问题)和结束语。

标题及标题说明是调查者向被调查者写的简短信,主要说明调查的目的、意义、选择方法以及填答说明等,一般放在问卷的开头。

问卷的调查内容主要包括各类问题,问题的回答方式及其指导语,这是调查问卷的主体,也是问卷设计的主要内容。问卷中的问答题,从形式上看,可分为开放式、封闭式和混合型三大类。封闭式问答题既提问题,又给若干答案,被调查者只需在选中的答案上打"√"即可。开放式问答题只提问题,不给具体答案,要求被调查者根据自己的实际情况自由作答。混合型问答题,又称半封闭型问答题,是在采用封闭型问答题的同时,最后再附上一项开放式问题。至于指导语,也就是填答说明,用来指导被调查者填答问题的各种解释和说明。

结束语一般是一些简短的感谢语,主要强调本次调查对被调查者的谢意。

任务2　设计调研问卷，采集营销信息

在制订好调研方案之后，就要实施调研。实施调研的过程实际上是营销信息搜集与整理分析的过程。为了将调研方案落到实处，需要设计调研问卷或调查表，调研工作一线人员要能够合理运用多种调研方法，认真负责地完成调研任务。本任务就是要通过开展问卷设计、信息采集等相关教学活动，使学生熟悉实施调研阶段的工作内容，学会采用多种方法、途径和手段组织实施营销调研活动，搜集到尽可能及时、真实、有价值的营销信息。

一、问卷设计的总体要求

任何调研问卷的作用都是提供营销决策所需的信息，不能提供营销决策所需重要信息的问卷都应该放弃或加以修改。因此，一份有效的问卷必须具有逻辑性，这样才能更清晰地表达出问卷设计者的要求，最终达到搜集有效信息的目的，具体表现为：能够提供营销决策信息；考虑到被调查者的情况；能够满足调研信息汇总的要求；问题要具有针对性。

因此，调研问卷设计要点包括：明确调研的目的和内容；分析被调研人群的特点，问卷设计的语言措辞得当；协同工作；在问卷设计中，为数据统计和分析提供方便；问题数量适当、结构合理、语言文明规范。

调研的目的即"调研究竟是为了什么"，一般而言，调研是为营销提供准确市场信息，为决策提供依据。只有调研的目的明确，企业才能够真正地进行有效的调研。

二、设计调研问卷

(一)问卷中的提问形式

调研问卷中的提问形式主要有两种：封闭式问题、开放式问题。

1. 封闭式问题

封闭式问题是指问卷设计者罗列出所有可供选择的答案，被调查者只能从中选择答案的问题。这样的问题有利于统计，但它的局限性是无法获知同一问题的其他信息。封闭式问题有以下几种回答方式：

(1)两项选择法：被调查者只能二选一。例如：

> 您现在的肝功能是否正常？
> A. 正常　B. 不正常

(2)多项选择法：一种情况是，一个问题有多个答案，但被调查者只能选择一个。例如：

> 您在过去的一年中，为美容花了多少钱？
> A. 两千以下　B. 两千到五千　C. 五千到一万　D. 一万以上　E. 其他

另一种情况是，一个问题有多个答案，被调查者可以选择两个或两个以上。例如：

> 您主要是通过什么途径获得美容信息的？
> A.电视　　B.报纸　　C.广播电台　　D.宣传小册子　　E.传单
> F.别人推荐　G.网络　　H.其他

（3）程度评定法：对提出的问题给出不同程度的答案，被调查者从中选择一个自己认同的答案。例如：

> 您对自己病情治疗的想法是怎样的？
> A.积极治疗　B.如果不发展，就不治疗　C.没有症状，就停止治疗

（4）语意差别法：问题的答案语意表达相反或者是递进式的表达，让被调查者选择一个。例如：

> 现在有"甲流能够彻底治愈"和"甲流不能治愈"两种说法，您的看法是什么？
> A.能彻底治愈　B.不能彻底治愈　C.应该不能彻底治愈　D.肯定不能治愈
> E.说不清

（5）递进应答法：后一个问题和前一个问题有一定的关联性。

2. 开放式问题

开放式问题是指提出的问题没有明确的答案，被调查者根据自己的情况自由回答。此方式适宜于访谈型调研，调研现场需要有一个和谐的气氛，要能够让被调查者打开心扉，谈出自己真实的想法。此种提问方式的答案不唯一，更适宜新产品开发阶段的调研。例如，您对现在使用的护肤品的效果有什么看法？您曾经使用过哪些护肤品？又如，作为一名学生，如果你现在有100万元可以自由支配，你最想做什么？

开放式问题的优点是它能够给调研者提供大量、丰富的信息。缺点是信息太杂，不易统计。

（二）调查问卷中问题的用词要精心设计

调查问卷中的问题能否表达得清楚明了，是被调查者能否真实回答问题的关键所在。在设计问题时，尽量少用专业术语，不能有含糊其辞的表达。同时，要避免一个句子有两个问题出现，例如，您认为H护肤品的包装和颜色如何？这样的问题回答时容易出现偏差。因此，最好是一个问题阐明一个方面的内容。在设计问题的过程中，需征求调研小组各成员的建议，力争把问题表达清楚，为被调查者的回答创造有利条件。

（三）确定问题的逻辑顺序

在整个问卷的问题排序上，要遵循一个原则，即对于一般性问题，要先提问，因为这些问题相对简单，被调查者易于回答。同时，这些问题也是让被调查者在回答其他问题前的一个热身。思考性问题放在中间，敏感性问题放在最后。这样的顺序，符合人的逻辑思维。当把这些问题按顺序排列完后，重新思考每一个问题的必要性，并且力求把问题减少，同时检查这些问题是否涵盖了调研目标所需的信息。当确认这些问题足以回答所有需调研的信息时，才能够最后定稿。

(四)问卷的平面设计及排版

在整个问卷的平面设计中,避免看上去杂乱,要对每一部分的问题进行区隔,力求排版整齐,有层次感,增强被调查者的心理感受。

(五)问卷问题设计应注意的问题

在设计问卷问题时应注意,避免一般性的问题,避免诱导性的问题,避免不确切的词汇,避免提出可能令人难堪的问题,避免问时间太久远的事情。

调查问卷在整个调研过程中的作用重大,一份有效的调研问卷是经过调研人员及公司主管多次讨论、修正的结果。在问题设计过程中,要进行多次研究,并最终形成问卷。形成问卷的过程,也是对所调研的问题进行梳理的过程,只要能达到调研目的的问卷就是合理的问卷,当然,运用科学的方法设计的问卷会更有效。

(六)采集商务信息的途径

信息采集阶段,工作人员要注重通过多种途径、方法搜集最新、最有价值且全面的信息。将实地调研与网上调研、直接调研和间接调研相结合,可以获得真实、全面且有价值的商务信息。

三、信息采集

信息资料的来源有两个:第一手资料,即调研人员通过现场实地调研搜集到的未经分析、整理的资料;第二手资料,即他人搜集并经过整理的资料。市场营销调研收效如何,主要取决于是否很好地掌握了现有资料,但有时仍需实地调查,取得原始资料。这就先要确定调查方法,即明确是搜集第一手资料,还是第二手资料;用什么方法来调查;由谁提供资料;在什么时候、什么地方调查;要调查多少次等。

任务3　整理、分析营销信息

面对从网上搜集的海量信息及问卷调研、访谈等方式搜集到的大量信息,要进行分类、筛选及整理分析。调研分析所得结论会直接影响整个企业营销策略的成败,需要调研工作人员能够合理运用分析方法,认真负责地进行商务信息整理分析。本任务就是要对采集的信息进行科学处理,使学生熟悉数据处理阶段涉及的方法、工具,学会采用合理的方法、工具科学地显示企业营销活动的现状、问题、特色及趋势等,妥善处理调研信息,为营销决策提供数据支持。

一、常用的数据分析方法

(一)时间序列分析法

(1)移动平均法,是指从时间序列的第一项数值开始,按一定项数求序时平均数,逐项移动,边移动边平均。这样,就可以得出一个由移动平均数构成的新的时间序列。它把原有历史统计数据中的随机因素加以过滤,消除数据中的起伏波动情况,使不规则的线型大致上规则化,以显示出预测对象的发展方向和趋势。移动平均法又可分为简单移动平均法、加权移动平均法、趋势修正移动平均法和二次移动平均法。

(2)指数平滑法,又称指数修正法,是一种简便易行的时间序列分析方法。它是在移动平均法基础上发展而来的一种分析方法,是移动平均法的改进形式。

(二)回归分析法

时间序列分析法仅限于分析一个变量,或一种经济现象,而我们所遇到的实际问题,往往涉及几个变量或几种经济现象,并且要探索它们之间的相互关系。回归分析法也就是根据系统观测到的时间序列数据,通过曲线拟合和参数估计来建立数学模型的理论和方法。如成本与价格及购买力与收入等数量上都存在着一定相互关系,质量和用户满意度之间存在着一定的因果关系。对客观存在的现象之间的相互依存关系进行分析研究,测定两个或两个以上变量之间的关系,寻求其发展变化的规律性,从而对市场进行推算和预测,称为回归分析。回归分析是通过规定因变量和自变量来确定变量之间的因果关系,建立回归模型,并根据实测数据来求解模型的各个参数,然后评价回归模型是否能够很好地拟合实测数据。如果能够很好地拟合,则可以根据自变量做进一步预测。

(三)相关分析法

对于测定两个或两个以上相关现象之间的因果关系,我们通常考虑运用相关分析、回归分析和方差分析。其中,相关分析和回归分析适于因变量和自变量均为连续变量的情况,如"质量"和"用户满意度"之间的相关关系。相关分析研究的是现象之间是否相关以及相关的方向和密切程度,一般不区别自变量和因变量。

(四)方差分析法

在相关分析和回归分析中,往往要求自变量和因变量均为连续变量,而对于因变量为连续变量、自变量为分类变量的情况,一般要使用方差分析的方法。例如,如果我们要分析不同年龄或不同收入的被调查者对产品的满意情况是否有明显的差异,或者说年龄或收入对用户满意度有没有影响,就不能用上面提到的相关分析或回归分析,而只能用方差分析方法。又如,要测定高收入、低收入和中等收入的被调查者对某品牌的用户满意度是否有显著性差异,如果对高收入和低收入、低收入和中等收入、中等收入和高收入的被调查者进行两两比较,这样会十分烦琐,因此,我们常用综合性更强的方差分析法进行分析。

(五)聚类分析法

聚类分析是"物以类聚"的一种统计分析方法,适于对事物类别的面貌尚不清楚,甚至在事前连总共有几类都不能确定的情况的分析。聚类分析法又分为系统聚类法、分解聚类法、动态聚类法、有序样品聚类法等。

二、常用的数据分析工具

对搜集来的数据进行处理和分析,常用 EXCEL 或 SPSS 软件。这里利用 EXCEL 对搜集来的数据进行处理、分析,并插入到 WORD 文档或 PPT 中。

(一)曲线图

曲线图是用一个单位长度表示一定的数量,根据数量的多少,描出各点,然后把各点用线段顺次连接起来,即利用线段的升降来说明现象的变动情况的图形。曲线图主要用于表示现象在时间上的变化趋势、现象的分配情况和两个现象之间的依存关系。曲线图不但可以表示出数量的多少,而且能够清楚地表示数量增减变化的情况,可分为简单曲线图和复合曲线图。简单曲线图用于描述一段时间内的历史状况及发展趋势,复合曲线图用于描述两个或两个以上变量一段时间内的历史状况及发展趋势。某市某年 1~12 月份房产交易走势如图 3-1 所示,该曲线图即为简单曲线图。

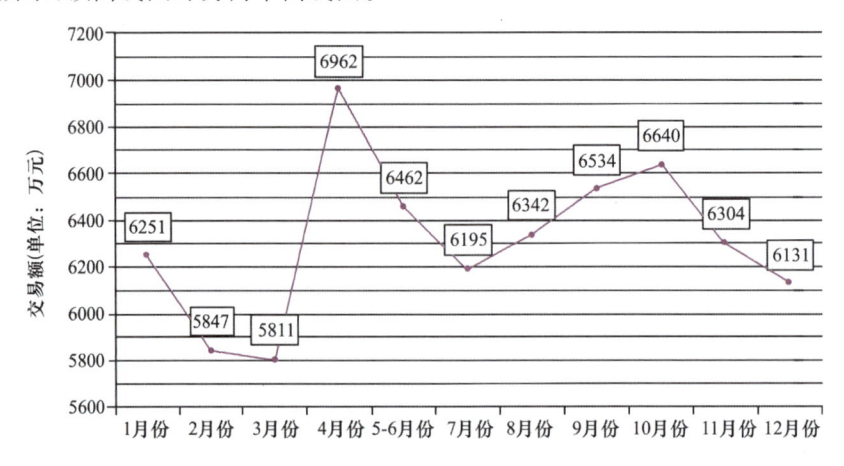

图 3-1 某市某年 1~12 月份房产交易走势

某产品近 6 年的销售情况统计见表 3-1,将表中的数据录入到新建的 EXCEL 工作表中,并选用相应的图形。图形参数设置调整好后,复制、粘贴在相应的 WORD 文档及 PPT 文档中,其结果如图 3-2 所示。

表 3-1　　　　　某产品近 6 年的销售情况统计　　　　　(单位:万元)

地区	2016 年	2017 年	2018 年	2019 年	2020 年	2021 年
西安	300	350	456	420	587	654
上海	512	620	750	852	870	960
北京	410	450	480	460	420	450
重庆	480	560	680	870	890	1 020
武汉	450	480	520	510	580	620

图 3-2 某产品近 6 年销售情况分析

(二)饼图

在工作中如果需要分析市场份额或市场占有率,一般都是通过各个部分与总额相除来计算,这种比例表示方法很抽象。现在我们可以使用一种饼形图表工具,直接显示各个组成部分所占比例,效果更加形象、直观。

某区域 2021 年饮料市场各品牌市场占有率见表 3-2,将表中的数据录入到新建的 EXCEL 工作表中,并选用相应的图形,图形参数设置调整好后,复制、粘贴在相应的文档中,如图 3-3 所示。

表 3-2　某区域 2021 年饮料市场各品牌市场占有率

品　种	交易额(万元)	市场份额
汇源	360	17%
可口可乐	512	24%
百事可乐	410	19%
娃哈哈	680	33%
其他	150	7%
合　计	2 112	100%

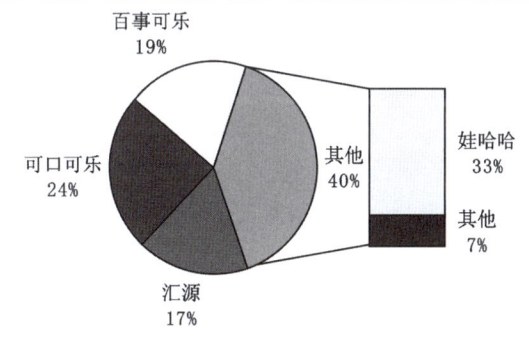

图 3-3　某区域 2021 年饮料市场各品牌市场占有率

(三)柱形图

柱形图是利用相同宽度的条形的长短或高低来表现数据的大小与变动。柱形图可以清楚地表现各种不同数值资料相互对比的结果,常用于经营业绩成果的比较,或发展趋势的比较。柱形图可分为简单柱形图(图 3-4)和复合柱形图(图 3-5)。简单柱形图适用于说明一段时间内一个变量的变化情况,复合柱形图适用于说明两个或两个以上变量的对比关系。

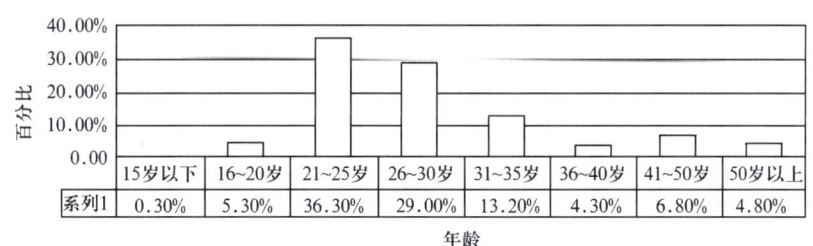

年龄	15岁以下	16~20岁	21~25岁	26~30岁	31~35岁	36~40岁	41~50岁	50岁以上
系列1	0.30%	5.30%	36.30%	29.00%	13.20%	4.30%	6.80%	4.80%

图 3-4　某年 11 月某化妆品用户年龄的分布情况

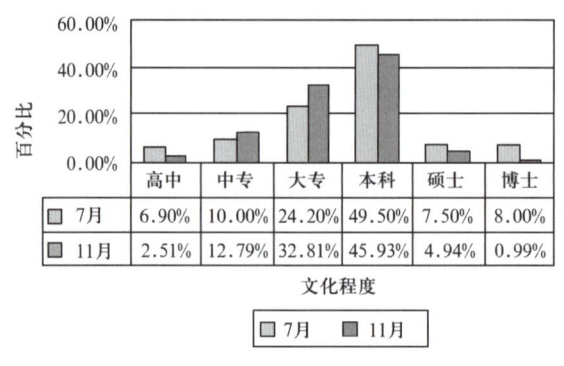

	高中	中专	大专	本科	硕士	博士
7月	6.90%	10.00%	24.20%	49.50%	7.50%	8.00%
11月	2.51%	12.79%	32.81%	45.93%	4.94%	0.99%

图 3-5　某年 7 月和 11 月某化妆品用户文化层次分析

(四)其他图形

此外,还有一些其他常用的图形,如散点图、面积图、高低图、控制图、雷达图、箱图等,这里不再详细介绍。

三、信息资料处理

调查资料的处理过程可以进一步细分为资料的验收、资料的编辑、资料的编码、资料的转换和资料的分析几个步骤。

(一)资料的验收

资料的验收是对资料进行总体的检查,发现资料中是否出现重大问题,以决定是否采纳此份资料的过程。在资料的验收过程中,验收人员应检查的主要内容包括:被调查者的资格,即被调查者是否属于规定的抽样范围;资料是否完整清楚;资料是否真实可信;资料中的关键问题是否做出回答;资料中是否存在明显的错误或疏漏以及调查员的工作质量、有效资料的份数是否达到调查设计的要求比例。

在资料的验收过程中,对不同的资料的处理方法和原则是:接受基本正确的资料;将问题较多的资料作废;对某些问题较少的资料,可责成调查人员进行补救调查。

(二)资料的编辑

资料的编辑是对资料进行细致的检查,发现资料中是否出现具体的错误或疏漏,以保证资料正确性和完整性的过程。

在资料的编辑过程中,资料编辑人员应解决的主要问题包括:有无错误的回答;有无疏漏的回答;有无不一致的回答;有无所答非所问的回答;有无不确切、不充分的回答。对资料中出现的问题,所有资料编辑人员应使用红笔统一标记。一般为保证资料的真实性,资料编辑人员应尽量避免直接修改资料的内容,经过编辑的资料应妥善保管,以便对照复查。

(三)资料的编码

资料的编码就是使用一个规定的数字或字符代表一个种类的回答。对资料进行编码是为了便于进行统计分析,进一步方便计算机存储和分析。在资料的编码分类时,编码人员应着重把握以下原则:正确掌握分类的尺度;为保证每一类回答都有类可归,又避免分类过细,可设置一个"其他"的分类;每一个问题中的分类要含义明确,避免与其他分类产生交叉;错误或疏漏的回答可作为特殊的分类,并指定一个特殊的数字或字符代表,如用0或1等表示,而不应将其归入"其他"类中。

确立以上编码原则后,就可对全部资料进行逐份编码处理,并可获得一定格式的编码资料。为进一步清楚地了解资料的分类内容及编码的含义,可制作一份编码说明书,见表3-3。

表3-3　　　　消费者对某种商品评价的调查编码说明

问题序号及内容	数据所在列	编码及说明
1.性别	第1～2列	1.男　2.女
2.职业	第3～10列	1.工人　2.农民 3.军人　4.机关干部 5.学生　6.公司职员 7.教师　8.其他
3.年龄	第11～14列	1.18岁以下 2.19～30岁 3.31～45岁 4.46岁以上
4.评价	第15列	根据评价情况给予1～10分

(四)资料的转换

将经过编码的资料输入并存储在计算机中的过程称为资料的转换。使用计算机统计分析软件进行资料的处理分析可极大地提高资料分析的质量和效率。将资料输入计算机一般可使用计算机卡片、光电扫描仪等设备,但最常见的还是使用计算机键盘直接输入。

存储在计算机中的一份可供统计分析软件直接处理的资料称为一个文件,每一个文件都有一个文件名,它是存取资料的依据。文件中的每一列数据称为一个变量,都有一个变量名,它们是存取处理某列数据的依据。文件中的每一行数据称为一个记录(样本、案例),某行或某列中的一个数据称为一个变量值。

(五)资料的分析

1.单变量统计量分析

单变量统计量分析可计算某一列数据的基本统计量,这些统计量反映了此列数据的总的特征。这些统计量主要包括平均数、标准差等。

(1)平均数又称平均值或均值(Mean),是一个表示某变量所有变量值集中趋势或平均水平的统计量,其计算公式为

$$X = \left(\sum X_i\right)/N$$

其中,N为某列变量值的个数,X_i是各个变量值。例如,消费者对某商品的评价平均分为8分,则说明消费者对此商品的评价大多集中在8分左右。反映变量平均水平的统计量还有众数、中位数等。

(2)标准差是一个表示某变量所有变量值离散趋势的统计量,其计算公式为

$$S = \sqrt{\frac{\sum(X_i - \overline{X})^2}{N-1}}$$

其中,N 为变量值的个数,X_i 是各个变量值。

2. 单变量频数分析

单变量频数分析用于计算某个变量下各个变量值出现的次数。通过计算某个变量各变量值的频数分布,可以帮助我们掌握这些变量的总体分布特征。

使用 SPSS 统计分析软件对消费者年龄进行频数分析,结果见表 3-4。

表 3-4　　　　　　　　消费者年龄的频数分析

变量值	频数	累积频数	频率	累积频率
18 岁以下	400	400	26.7%	26.7%
19～30 岁	400	800	26.7%	53.4%
31～45 岁	400	1 200	26.6%	80.0%
46 岁以上	300	1 500	20.0%	100.0%
合计	1 500	—	100.0%	—

表 3-4 中,频数是相应变量值出现的次数;累积频数是当前以上行频数的合计;频率是相应频数所占总数的百分比;累积频率是当前以上行频率的合计。

从表中可以看到,31～45 岁的被调查者有 400 人,占全部被调查者的 26.6%;45 岁以下的被调查者有 1 200 人,占全部被调查者的 80%。

四、撰写调研报告

通过调研活动的实施,市场营销调研人员已将调研信息进行了分析处理,找到了解决问题的方法。最后,就要将分析得到的结果用合适的书面语言总结出来,形成文字材料,呈交给决策层,作为未来营销决策的依据。

(一)调研报告的格式与内容

调研报告一般由标题、目录、概述、正文、结论与建议、附件等几部分组成。

1. 标题

标题和报告日期、委托方、调查方一般标注在扉页上,同时把被调研单位、调研内容明确而具体地表示出来,如"关于哈尔滨市家电市场的调研报告"。有的调研报告还采用正、副标题形式,一般正标题表达调研的主题,副标题则具体表明调研的单位和问题。

2. 目录

如果调研报告的内容、页数较多,为了方便读者阅读,应当使用目录或索引形式列出报告的主要章节和附录,并注明标题、有关章节号码及页码,一般来说,目录的篇幅不宜超过一页。例如,目录可以包括:调研设计与组织实施;调研对象构成情况简介;调研的主要统计结果简介;综合分析;数据资料汇总表;附录。

3. 概述

概述主要阐述课题的基本情况,它是按照市场调研课题的顺序将问题展开,并阐述对调

研的原始资料进行选择、评价、得出结论、提出建议的原则等,主要包括三方面内容:

(1)简要说明调研目的,即简要地说明调研的由来和委托调研的原因。

(2)简要介绍调研对象和调研内容,包括调研时间、地点、对象、范围、要点及所要解决的问题。

(3)简要介绍调研方法。介绍调研方法,有助于使人确信调研结果的可靠性,因此对所用方法要进行简短叙述,并说明选用方法的原因。例如,是用抽样调研法还是典型调研法?是用实地调研法还是文案调研法?另外,在分析中使用的方法,如指数平滑分析、回归分析、聚类分析等也应做简要说明。如果内容很多,应有详细的工作技术报告加以补充说明,作为市场调研报告的附件。

4. 正文

正文是市场调研分析报告的主体部分。这部分内容必须准确阐明全部有关论据,包括问题的提出到引出的结论,论证的全部过程,分析研究问题的方法等,还应当有可供决策者进行独立思考的全部调研结果和必要的市场信息,以及对这些情况和内容的分析评论。具体来讲,市场调研报告的主要内容包括以下八方面:

(1)说明调研目的及所要解决的问题。

(2)介绍市场背景资料。

(3)分析的方法,如样本的抽取,资料的搜集、整理、分析技术等。

(4)调研数据及其分析。

(5)提出论点,即摆出自己的观点和看法。

(6)论证所提观点的基本理由。

(7)提出解决问题可供选择的建议、方案和步骤。

(8)预测可能遇到的风险及提出对策。

5. 结论与建议

结论与建议是撰写综合分析报告的主要目的。这部分包括对引言和正文部分所提出的主要内容的总结,提出如何利用已证明为有效的措施解决某一具体问题可供选择的方案与建议。结论和建议与正文部分的论述要紧密对应,不可以提出无证据的结论,也不要没有结论性意见地论证。

6. 附件

附件是指调研报告正文包含不了或没有提及,但与正文有关,必须附加说明的部分。它是对正文报告的补充或更详尽说明,包括数据汇总表及原始资料、背景材料和必要的工作技术报告。例如,为调研选定样本的有关细节资料及调研期间所使用的文件副本等。

(二)撰写调研报告应注意的问题

1. 要尊重事实,不能先入为主

调查研究一般都有明确的目的。到哪里去,调查什么,事先都要有设想和调查提纲。撰写调研报告时,不能以主观设想的调查提纲为依据,只能依据调查所得事实。事实怎样就怎样写,不允许用调查之前设想的结论去套用或改造客观事实,更不能虚构。

2. 要善于抓住问题本质

调研所得信息是各种各样的,甚至会有截然相反的意见。因此,撰写调研报告时要善于抓住那些最能说明问题的材料,不要眉毛胡子一把抓,堆砌很多材料还说明不了问题。有些材料很好,但与调研主题无关,也不能用,可以作为副产品加以使用,或写成另外的调研报告。

3. 定性分析与定量分析相结合

定量分析有大量数据做支撑,能增强说服力,定性分析能发挥人的主观能动性,把握市场发展的趋势和方向,二者应有效地结合使用。

4. 多用群众的生动语言

调研报告可以而且应当对调查所得材料进行加工提炼,集中概括,但是对于群众的生动语言,要尽量采纳,并保持其原来面貌,使文章既说明问题,又令人爱看。

案例 ANLI

2021 年男性消费调查结果

1. 运动潮流:年轻男性用户引领运动潮流,同时也逐渐向更多元人群扩展;消费力不输女性。2021 年 4 月典型运动潮流类 APP 用户画像如图 3-6 所示。

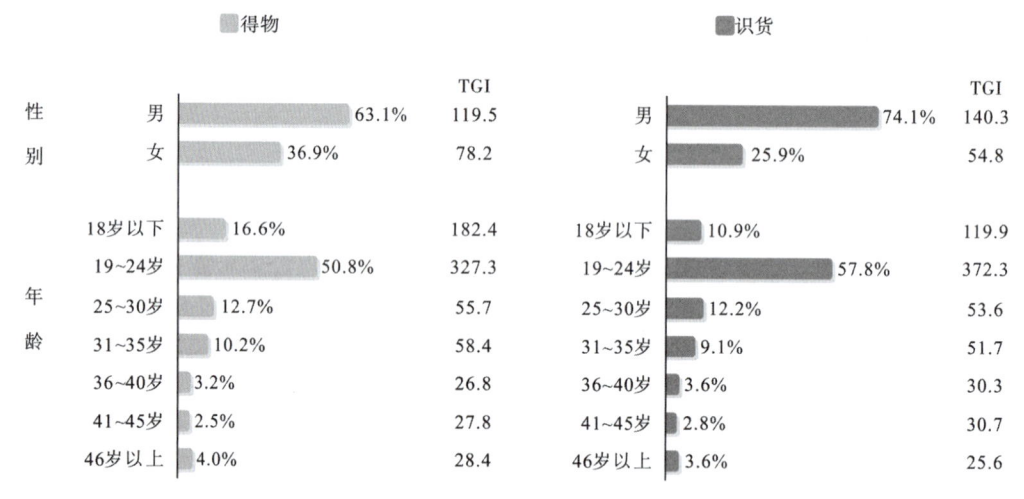

		得物	TGI		识货	TGI
性别	男	63.1%	119.5	男	74.1%	140.3
	女	36.9%	78.2	女	25.9%	54.8
年龄	18岁以下	16.6%	182.4	18岁以下	10.9%	119.9
	19~24岁	50.8%	327.3	19~24岁	57.8%	372.3
	25~30岁	12.7%	55.7	25~30岁	12.2%	53.6
	31~35岁	10.2%	58.4	31~35岁	9.1%	51.7
	36~40岁	3.2%	26.8	36~40岁	3.6%	30.3
	41~45岁	2.5%	27.8	41~45岁	2.8%	30.7
	46岁以上	4.0%	28.4	46岁以上	3.6%	25.6

注:TGI=目标 APP 某个标签属性的活跃占比/全网具有该标签属性的活跃占比×100
来源:QuestMobile GROWTH 用户画像标签数据库,2021 年 4 月

图 3-6 2021 年 4 月典型运动潮流类 APP 用户画像

2. 随着短视频、直播等传播媒介的发展,美妆类 KOL 的影响正在向男性用户渗透,驱动男性美妆护肤及医美的发展。2021 年 4 月美妆 KOL 行业男性受众用户年龄分布如图 3-7 所示。

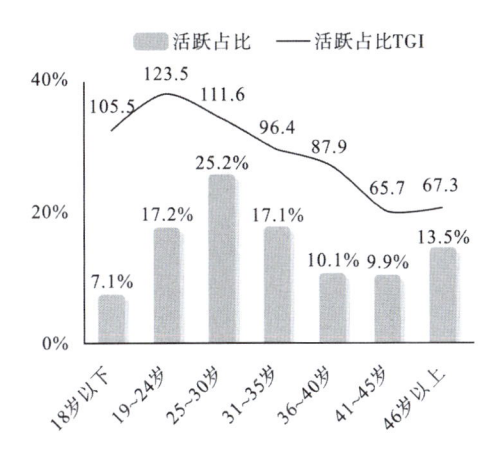

项目 3　调查研究市场，把握商业机会

图表数据：
- 18岁以下：7.1%，TGI 105.5
- 19—24岁：17.2%，TGI 123.5
- 25—30岁：25.2%，TGI 111.6
- 31—35岁：17.1%，TGI 96.4
- 36—40岁：10.1%，TGI 87.9
- 41—45岁：9.9%，TGI 65.7
- 46岁以上：13.5%，TGI 67.3

注：1.活跃占比：在统计周期内，目标 KOL 行业男性受众中某个标签属性的活跃用户数占 KOL 行业活跃用户数的比例；

2.活跃占比 TGI＝目标 KOL 男性受众中某个标签属性的活跃占比／全 KOL 平台男性受众具有该标签属性的活跃占比×100

来源：QuestMobile GROWTH 用户画像标签数据库，2021 年 4 月

图 3-7　2021 年 4 月美妆 KOL 行业男性受众用户年龄分布

3.潜力巨大的男性美妆市场吸引众多品牌入场，国货对男士吸引力不输国外经典美妆品牌，新兴国产男性美妆品牌迎来发展机遇。2021 年 4 月男性用户美妆品牌关注度占比 TGI TOP10 如图 3-8 所示。

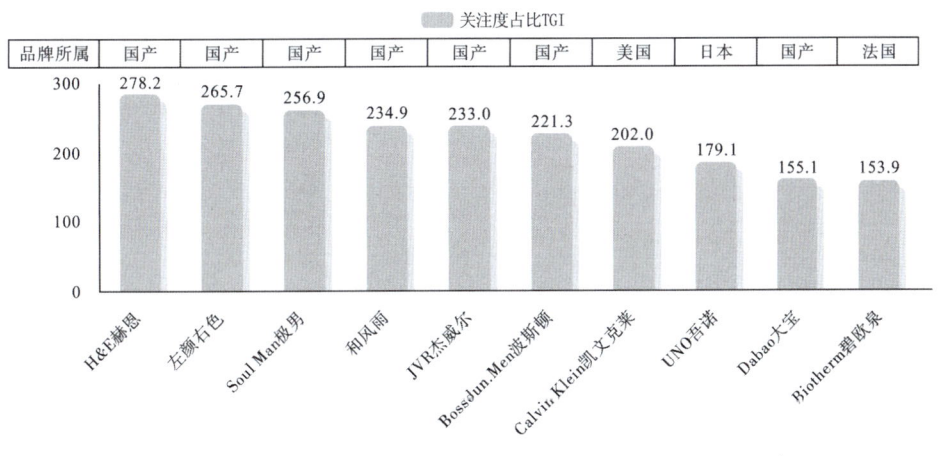

品牌	所属	关注度占比TGI
H&E 赫恩	国产	278.2
左颜右色	国产	265.7
Soul Man 男	国产	256.9
和风雨	国产	234.9
JVR 杰威尔	国产	233.0
Bossdun.Men 波斯顿	国产	221.3
Calvin Klein 凯文克莱	美国	202.0
UNO 吾诺	日本	179.1
Dabao 大宝	国产	155.1
Biotherm 碧欧泉	法国	153.9

注：1.关注度：在统计周期内，关注某品牌的用户数占关注该品类所有品牌用户数的比例；

2.关注度占比 TGI＝目标人群某个标签属性的月活跃用户数占比／全网具有该标签属性的月活跃用户数占比×100

来源：QuestMobile NEW MEDIA 新媒体数据库，2021 年 4 月

图 3-8　2021 年 4 月男性用户美妆品牌关注度占比 TGI TOP10

4.随着男性也越来越重视自己的外表，男性医美市场日益崛起，男性更加关注面部及头部医美，如祛眼袋、治疗粉刺、植发等。2021 年 4 月男性用户医美项目关注度占比 TGI 如图 3-9 所示。

67

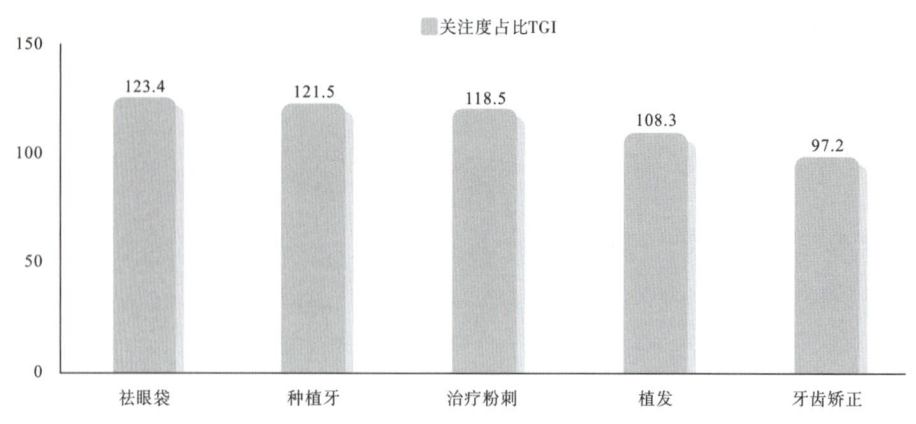

注：关注度占比 TGI=目标人群某个标签属性的月活跃占比/全网具有该标签属性的月活跃占比×100
来源：QuestMobile GROWTH 用户画像标签数据库，2021 年 4 月

图 3-9　2021 年 4 月男性用户医美项目关注度占比 TGI

5.经典 IP 情怀：英雄属性的经典 IP 齐天大圣与奥特曼成为多年龄段男性共同的童年偶像，也成为众多品牌打入男性市场的重要联名选择。2021 年 4 月典型 IP 关键词关注用户画像如图 3-10 所示。

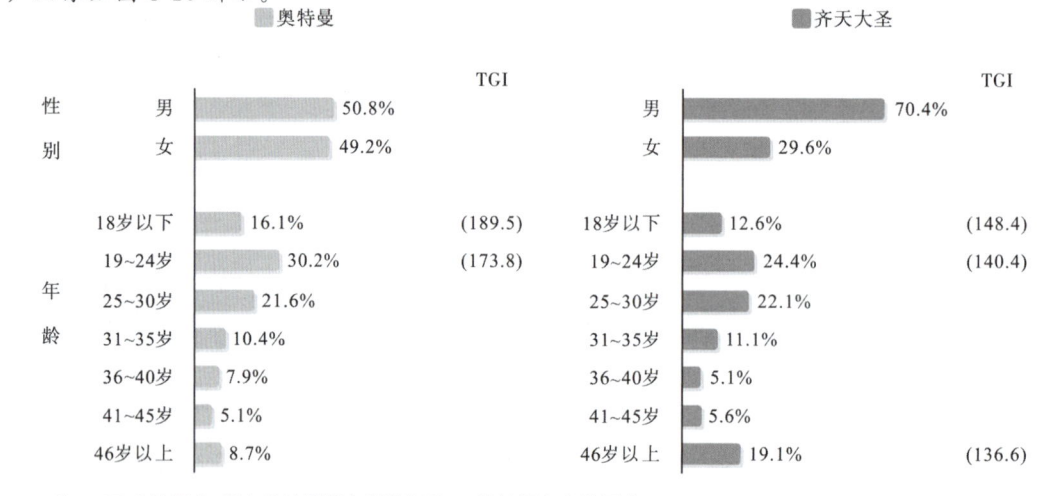

注：1. IP 关注用户：指在统计周期内浏览相关 IP 关键词内容的用户；
　　2. TGI=目标 IP 关注用户某个标签属性的活跃占比/全网具有该标签属性的活跃占比×100
来源：QuestMobile GROWTH 用户画像标签数据库，2021 年 4 月

图 3-10　2021 年 4 月典型 IP 关键词关注用户画像

任务 4　开展市场预测

一、市场预测的含义和作用

市场预测，就是在市场调研的基础上，利用一定的方法或技术，预测未来一定时期内市

场供求趋势和影响市场营销的因素的变化,从而为企业的营销决策提供科学的依据。市场预测的内容包括市场需求预测、市场供给预测、市场价格与竞争形势预测等,对企业来说,最主要的是需求预测。

市场预测的作用主要表现为:

(1)市场预测是企业制订营销计划的前提。通过市场预测,企业能够了解竞争对手的情况,掌握市场需求特点及发展变化趋势,从而制订出更科学合理、有针对性的企业营销计划和策略,不断巩固和开拓市场。

(2)市场预测是企业做出经营决策的依据。通过市场预测,企业可以更有效地了解和掌握市场购买力和消费水平、消费结构,对未来时期企业的购销情况、本行业的竞争状况做到心中有数,从而更好地帮助企业做出正确的经营决策,减少失误和盲目性。

(3)市场预测是企业改善经营管理、提高经济效益的手段。通过市场预测,企业可以将营销总目标层层分解到各部门、各岗位、各人员,促进企业加强内部管理,改善外部环境,提高经济效益。

二、市场预测的方法

(一)定性预测方法

定性预测方法是依靠预测者的知识、经验和对各种资料的综合分析,来预测市场未来的变化趋势。定性预测方法的主要优点是:简便易行,一般不需要先进的计算设备,不需要高深的数学知识储备,易于普及和推广,但因其缺乏客观标准,往往受预测者的认识、经验局限而带有一定的主观片面性。定性预测方法主要有以下几种:

1. 专家调查预测法

专家调查预测法是企业根据市场预测的目的和要求,向企业内部或外部的有关专家提供一定的背景资料,请他们就市场未来的发展变化进行判断,做出估计。专家调查预测法的基本形式有两种:专家会议预测法和德尔菲法。

2. 推销人员估计法

推销人员估计法是一种常用的定性预测方法,主要依据企业推销人员丰富的实践经验以及他们对市场动态和顾客心理的把握,对未来市场需求做出估计。在某些情况下,推销人员的判断可以比较准确地反映需求的发展趋势。

3. 预购调查法

预购调查法是根据需求者的预购订单和预购合同来测算需求量。这种方法主要适于制造商和中间商在进行微观的短期预测时采用,不宜用做长期的预测。对于制造商而言,可以用这种方法来测算新产品、特需商品及高值产品的需求量;对中间商,尤其是零售商而言,宜用这种方法来确定新产品、高档耐用品的销售量,以便决定进货量和进货时间。

4. 用户调查法

用户调查法又叫购买者意向调查法,是预测者直接向潜在用户了解在下一个时期中需要购买本企业产品的品种数量。同时,调查用户的意见,分析用户需求的变化趋势,参照市场的变动,预测下一时期的销售量。

5. 展销调查法

展销调查法是通过实地小规模市场试验调查,根据所获得的第一手资料,对未来需求的发展趋势做出估测。它通过展销这一手段,直接调查消费者的需求状况和购买能力,同时还调查消费者对产品质量、价格、花色、品种等方面的要求。展销这一形式为消费者提供了现场接触产品的机会,而产品实体展示传达的信息要比其他任何方式来得直接和具体,可以给消费者较为直观和深刻的印象。企业根据消费者的现实感觉而做出的分析判断,就可能有效地避免因某些不确定因素的影响而产生的偏差,从而提高预测结果的准确度。

(二)定量预测方法

定量预测方法是依据充足的统计资料,借用数学方法特别是数理统计方法,建立数学模型,用以预测经济现象未来数量表现的方法的总称。这类方法适用于历史统计资料丰富、准确、详尽,预测对象变化发展的客观趋势比较稳定的对象的预测。常用的方法有以下几种:

1. 简单平均法

简单平均法是把以往几个时期的实际值相加进行简单平均,其平均值作为下一个时期的预测值。其计算公式为

$$y_t = \bar{x} = \frac{x_1 + x_2 + \cdots + x_n}{n} = \frac{\sum_{i=1}^{n} x_i}{n}$$

式中　y_t——第 t 期预测值;
　　　x_i——第 i 期实际值;
　　　n——资料期数;
　　　$\bar{x}$——算术平均值。

2. 加权平均法

加权平均法是根据不同时期的实际值对预测值影响程度的差异,分别给予不同的权数(一般来说,近期实际数据的权数大些,远期实际数据的权数小些),然后进行加权平均,所得的加权平均数作为下一期的预测值。加权平均法的计算公式为

$$y_t = \bar{x} = \frac{x_1 f_1 + x_2 f_2 + \cdots + x_n f_n}{f_1 + f_2 + \cdots + f_n} = \frac{\sum_{i=1}^{n} x_i f_i}{\sum_{i=1}^{n} f_i}$$

式中　y_t——第 t 期预测值;
　　　$\bar{x}$——加权平均值;
　　　x_i——第 i 期实际值;
　　　f_i——与 x_i 相对应的权数。

3. 平滑预测法

对于市场营销的短期预测,可以采用指数平滑的时间序列预测法。平滑预测法的计算公式为

$$\hat{y}_{t+1} = a y_t + (1-a) \hat{y}_t$$

式中　$\hat{y}_{t+1}$——下期预测销售额;
　　　a——平滑常数($0 \leqslant a \leqslant 1$);

y_t——t 期销售额；

$\hat{y}_t$——t 期的平滑销售额。

4. 一元回归预测法

分析一个自变量与因变量之间的关系，可以采用一元回归方程进行预测。例如，根据居民货币收入的变化预测某种耐用消费品的需求量。一元回归预测法的计算公式为

$$y_t = a + bx$$

式中　y_t——第 t 期预测值；

　　　a、b——回归系数；

　　　x——影响因素。

回归系数 a、b 的计算公式为

$$b = \frac{n\sum_{i=1}^{n} x_i - \sum_{i=1}^{n} x_i \sum_{i=1}^{n} y_i}{n\sum_{i=1}^{n} x_i^2 - (\sum_{i=1}^{n} x_i)^2}$$

$$a = \bar{y} - b\bar{x}$$

式中，$\bar{y} = \dfrac{\sum_{i=1}^{n} y_i}{n}$，$\bar{x} = \dfrac{\sum_{i=1}^{n} x_i}{n}$。

知识巩固

一、营销术语解释

市场调研　描述性调研　因果调研　分层随机抽样　一手资料　二手资料　回归分析　定量预测

二、选择题

1. 在制订调查实施计划时，(　　)是为了取得资料而设置的，它通常依据调查目的主题分为调查提纲和调查细项。

　　A. 调查项目　　B. 调查方法　　C. 调查形式　　D. 调查费用

2. 根据市场调查的实践经验，市场调查的首选是(　　)。

　　A. 文案调查　　B. 实地调查　　C. 面谈调查　　D. 邮寄调查

3. 下列有关信息，可通过实验调查法获得的是(　　)。

　　A. 国民收入的变动对消费的影响

　　B. 物价指数的变动对消费行为的影响

　　C. 股价对房价的影响

　　D. 改变包装对消费行为的影响

4. 在访问调查法中，获得信息量最小的方法是(　　)。

　　A. 面谈调查　　B. 邮寄调查　　C. 电话调查　　D. 留置调查

5. 要降低抽样误差，必须注意的问题是(　　)。

　　A. 必须正确地确定抽取样本的方法，使样本对母体有充分的代表性

　　B. 恰当地确定样本数目

C. 加强抽样调查的组织工作,提高工作质量

D. 选择好的总体进行调查

E. 适当地增加样本数目

三、简答题

1. 市场预测的作用主要表现在哪些方面?
2. 市场调研的方法有哪些?
3. 访问调查形式有哪些?各有何优缺点?
4. 定性预测的方法有哪些?

案例分析

咖啡杯的市场调研

美国某公司准备改进咖啡杯的设计,为此进行了市场实验。首先,他们进行咖啡杯选型调查,设计了多种咖啡杯子,让500个家庭主妇进行观摩评选,研究主妇们用干爽的手拿杯子时,哪种形状好;用潮湿的手拿杯子时,哪一种不易滑落。调查结果显示,选用四方长腰果形杯子比较合适。然后他们对产品名称、图案等也同样进行调查。接着他们利用各种颜色会使人产生不同感觉的特点,通过调查实验,选择了颜色最合适的咖啡杯。方法是,首先请了30多个人,让他们每人各喝4杯相同浓度的咖啡,但是咖啡杯的颜色分别为咖啡色、青色、黄色和红色。试饮的结果是,使用咖啡色杯子的人认为"太浓了"的占2/3,使用青色杯子的人都异口同声地说"太淡了",使用黄色杯子的人都说"不浓,正好",而使用红色杯子的10人中,竟有9个人说"太浓了"。根据这一调查,公司咖啡店里的杯子一律改为了红色。该店借助于颜色,既节约了咖啡原料,又使绝大多数顾客感到了满意。结果这种咖啡杯投入市场后,与市场上的通用公司的产品展开激烈竞争,并以销售量比对方多两倍的优势取得了胜利。

思考:

1. 本案例中应用的是什么调查方法?这种方法有什么优缺点?
2. 这个调查结果可信吗?
3. 如果让你设计调查方案,你有什么好建议?

项目实训

【实训1】

选择某一主题进行市场调研

1. 实训目的

(1) 能够熟练陈述市场调研的基本内容和步骤。

(2) 能够根据实际调研课题制订一份可行的调研计划以及相关的调研问卷或调研表。

2. 实训内容(提示)

调研计划书的内容主要包括:调研目的;调研内容;调研对象;调研范围与样本量;调研方法(抽样方法、信息采集方法和信息处理方法);调研工具;调研团队与任务分配;调研进度

安排;调研经费预算。编制调研方案的提示如下:

(1)选题并命名。例如,"迪欧咖啡营销策略调研""宝洁公司营销策略调研""海尔集团营销策略调研"等。

(2)调研内容提示(可参照历年中国市场学会组织的市场营销大赛指南):①公司概况;②企业的产品结构、产品的卖点;③目标市场消费群、市场定位、餐饮连锁店服务程序;④价格体系;⑤促销策略;⑥品牌策略;⑦企业的主要竞争对手;⑧企业分公司的数目扩张情况。

(3)调研方法。主要采用网上调研,如果条件允许可利用课余时间进行实地调研。

3. 实训要求

(1)应分组实施该项任务,每组由3~5人组成,各组应选出一名组长,负责本组任务的组织实施,指导教师全程监控调研准备阶段的工作。

(2)各组需完成书面调研计划书。

(3)调研计划书的格式完全按照每年中国市场学会组织的市场营销大赛指南的要求设计。

用 WORD 文档打印,标题为"××企业××(营销问题)调研计划"。

正文部分排版要求:五号宋体,16 开纸,行高固定值 18 磅,默认页边距。

正文部分序号要求:

一级标题为:一、二、三……

二级标题为:(一)、(二)、(三)……

三级标题为:1、2、3……

凡引用资料、数据需注明出处,并列出参考文献(文献题目、作者、期刊名、网址)。

(4)调研方案一定要具有可操作性。评价指标可从以下几个方面考虑:

①是否具备计划的要素[包括时间、地点、任务分工、完成形式(成果)、验收等]?

②是否符合"SMART 原则"?

③是否具有可操作性(选题合理性;调研目的明确性;调研内容设计与调研目的对应性;调研对象、方法、工具选择的合理性;调研任务分配、进度安排、经费预算的可行性)?

(5)完成期限:××月××日,交电子稿,发到指导教师的邮箱中。

(6)小组对调研方案进行陈述答辩。小组对编写的调研方案进行陈述答辩时,其他小组可以提问,主要考察以下几方面内容:

①选题是否恰当、适中[包括调研目的、调研内容、调研对象、调研范围与样本量、调研方法(抽样方法、信息采集方法和信息处理方法)、调研工具、调研团队与任务分配、调研进度安排、调研经费预算等内容]?

②是否具备计划的要素[包括时间、地点、任务分工、完成形式(成果)、验收等]?

③是否符合"SMART 原则"?是否具有可操作性?

4. 实训成果

小组形成一份标题为"××企业××(营销问题)调研计划"的书面作业,以 WORD 电子文档形式提交并保存。

【实训 2】

撰写调研报告并陈述答辩

1. 实训目的

(1)能够熟练陈述营销调研报告的基本格式、内容和注意事项。

(2)能够根据实际调研课题撰写一份条理清晰的营销调研报告。

2. 实训要求

(1)根据实训1中的调研题目完成该技能训练。

(2)各组将得到的最终数据和图表公布给所有组员,每位组员都要写一份调研报告。

(3)调研报告格式完全按照中国市场学会组织的市场营销大赛作品的要求设计。

(4)指导教师全程指导学生调研报告的撰写过程。

(5)该技能训练应贯穿在市场营销课程学习中。

(6)调研方法采用网上调研和实地调研相结合的方式。网上调研可以安排一次,实地调研主要放在课外进行,不占用课时。

3. 陈述答辩

(1)各组组员将调研报告制作成幻灯片,在班级内进行交流陈述。

(2)组织班级内部交流陈述,各组选派一名发言人陈述自己的调研报告,其他组可以就调研得出的主要观点、结果、意义等方面进行提问,发言人进行答辩。

(3)指导教师参与提问、指导,并进行点评。

4. 实训成果及评价要点

(1)撰写一份标题为"××企业营销策略分析或市场分析"的书面调研报告,在限定的时间范围内递交书面材料,修改完善后,以WORD电子文档形式提交并保存。

(2)评价要点:选题恰当;符合格式要求;条理清晰;原创;有一定实用价值。凡引用的数据需注明出处。

5. 项目任务评价

内容			评价
学习目标		评价项目	得分(0~100分)
知识 (30分)	应知应会	调研程序	
		调研方法	
		调研计划的格式与内容	
		调研问卷的设计	
		调研报告的格式与内容	
专业能力 (60分)	调研方案的编写;调研报告条理清晰;陈述能阐明重点	选题恰当,题目简明扼要;调研方案可操作	
		调研方案的陈述、答辩	
		调研报告的撰写	
		调研报告的陈述、答辩	
态度 (10分)	态度认真	守纪律,积极主动完成任务	
	合作意识	能够完成团队分配的任务	
合计得分			
个人努力方向与建议		对自己喜欢的行业、企业、产品展开研究,为就业积累知识	

成长日记

结合项目3所学的知识和实践,撰写一篇1 000字左右的个人成长日记。挑选部分学生的日记公开交流。

项目 4

选择目标市场，明确市场定位

教学导航

<table>
<tr>
<td rowspan="8">教</td>
<td rowspan="3">教学目标</td>
<td>知识目标：
• 掌握市场细分的主要标准和方法
• 明确目标市场选择的主要因素
• 正确理解市场定位的主要方法和步骤</td>
</tr>
<tr>
<td>技能目标：
• 能够针对市场需求，选择细分标准，完成市场细分
• 能够对细分市场进行有效的评估并根据企业的资源状况进行目标市场的选择
• 能够针对目标市场的特点进行恰当的生产定位，形成企业的特色形象</td>
</tr>
<tr>
<td>思政目标：
• 在解读客户、识别客户需求的基础上，创新市场竞争策略；树立"客户至上"的营销与服务理念
• 培养学生专一、勇于担当、务实的企业家精神
• 树立正确的就业观，正确地进行自身定位，实现自身价值</td>
</tr>
<tr>
<td>授课重点与难点</td>
<td>• 市场细分、目标市场的选择、市场定位</td>
</tr>
<tr>
<td>授课方式</td>
<td>• 知识讲授、案例分析、角色扮演与体验、小组讨论与陈述汇报、细分市场分析与训练</td>
</tr>
<tr>
<td>授课场所</td>
<td>• 多媒体教室、市场营销实训室
• 超市、商场、零售平台等零售机构</td>
</tr>
<tr>
<td>建议学时</td>
<td>• 4 学时（课堂）、4 学时（课外）</td>
</tr>
<tr>
<td>考核方式</td>
<td>• 过程性考核占 50%（含课堂展示、汇报、小组作业）
• 终极性考核占 50%（含知识点、技能训练、营销日记等）</td>
</tr>
<tr>
<td rowspan="3">学</td>
<td>学习方法</td>
<td>• 大量阅读企业营销故事、市场细分案例
• 课堂互动，积极参与小组讨论与陈述汇报
• 角色扮演与体验
• 总结归纳，撰写成长日记
• 参与技能训练活动</td>
</tr>
<tr>
<td>营销训练</td>
<td>• 市场调查与细分、超市商品细分调查
• 案例分析、营销沙龙</td>
</tr>
<tr>
<td>项目任务分解</td>
<td>• 市场细分、目标市场选择、市场定位</td>
</tr>
</table>

任务 1　进行市场细分

一、认知市场细分

(一)市场细分的提出

市场细分是在1956年由美国著名市场学家温德尔·斯密在一些企业市场营销经验中总结出来的。随着"卖方市场"逐渐转化成"买方市场"，那种只靠推销单一产品的策略已很难奏效。许多企业开始注意适应消费者的需求差异，有针对性地提供不同的产品，并运用不同的分销渠道和广告宣传形式，开展营销活动。如美国宝洁公司发现它的顾客由于需要洗涤不同质地的织物，要求用性能不同的肥皂，于是改变了原来经营单一肥皂的做法，推出三种不同性能、不同牌号的洗衣皂，从而满足了不同消费者的需要，提高了竞争能力，取得了很高的市场占有率。市场细分的概念应运而生。

案例 ANLI

成功的市场细分案例

1. 日本手表的市场细分

日本某手表厂商分析美国手表市场后发现，美国手表市场大体有三类不同的消费群体：第一类，约有23%的消费者对手表的要求是能计时，价格低廉；第二类，约有46%的消费者对手表的要求是计时基本准确、耐用、价格适中；第三类，消费者追求高价值，要求手表名贵，计时准确，此类约占总数的31%。瑞士、美国钟表商一向注重第三类消费群体，前两类约69%的消费者的需求未得到充分满足。于是，日本钟表商选定前两类细分市场，开拓电子表新市场，取得了良好效益。

2. 宜家的家具细分

传统的家具商场试图将家具卖给所有的人，而瑞典的宜家，却把目标定位于那些追求风格又图便宜的年轻人身上，从而赢得了自己的市场。如果宜家也趋向于传统的消费者家居需求的全面满足，就很容易陷入恶性竞争的泥潭。

3. 通用汽车公司的汽车细分

通用汽车公司是因产品线不同而实行差别营销活动的典型。在早期，公司决定开发一条高档产品线(凯迪拉克)，一条经济产品线(雪佛兰)，以及几条填补两者之间空白的产品线。这样一来，公司便覆盖了整个市场，并同时巧妙地将这些市场加以细分，针对每一个细分市场又有与其相适应的产品。

(二)市场细分的含义

市场细分是指企业在调查研究的基础上，依据消费者的需求、购买动机与习惯爱好等的差异性,把市场划分成不同类型的消费群体。这样,市场就可以分成若干个细分市场,每个细分市场都由需求和愿望大体相同的消费者组成。在同一细分市场内部,消费者的需求大致相同;在不同的细分市场之间,则存在着明显的差异性。

案例 ANLI

面食细分市场的大赛道,拌面凭什么突围?

面,起源于中国,目前面已是中国消费者的一大刚需,在中国人的餐桌上扮演着不可替代的角色。面的需求量非常大,各个细分领域的面食门店数量也不少。

面食品类,看起来平平无奇,但却是一个生命周期超长的品类,而中国人最爱吃的十款面条中,大多都是以拌面为主的。近几年来,火锅、螺蛳粉、小龙虾、川湘菜等品类和菜系火热,这与年轻人的口味变更关系很大,越来越多的年轻人偏向于追求重口味的菜品。拌面相比传统的汤面,料更足,味更浓,这种料足味浓的特点恰恰贴合了年轻人口味的发展趋势和流行趋势。这也是拌面能够迅速打开年轻人市场的主要原因。

(三)市场细分的依据

(1)市场需求的差异性,以及由此决定的购买者动机和行为的差异性。每个消费者由于个性、年龄、地理位置、文化背景、职业等方面的不同,在购买商品时的动机、欲望和需求方面也存在着一定的差异。例如,购买手机,不同的消费者对手机的造型、功能、颜色等的需求是不同的。由于有这种差异性,企业就可以把需求大体相似的消费者划分为同一群体,以相应的商品去满足他们的需求。

(2)市场需求的相似性。人们的消费需求各有差异,但这种差别之中又包含某种共性。例如,我国消费者的需求千差万别,但独生代有相似的消费特征:独立、个性、酷自我;追求时尚;喜欢旅游,追求感觉和体验;讲究情调、品位、审美;喜欢独特的产品。这种相似性又使不同消费者需求再次聚集,形成相类似的消费群体,从而构成了具有一定个性特征的细分市场。

(3)企业营销能力的限制。无论哪个企业,其经营能力、经营范围总归有限,不可能为消费者提供所需的全部商品,而只能根据企业的优势,去生产和经营某一方面或几个方面的商品,满足某一部分或若干部分消费者的需要。这就要求企业必须将复杂多变的整体市场细分,在共性中求个性,在个性中求共性,发挥企业优势,更好地满足消费者的需要。

(四)市场细分的意义

(1)市场细分有利于企业分析、发掘新的市场机会——未满足的需求,从而制定最佳的营销战略。市场细分不仅可以使企业了解市场的总体情况,还可以较具体地了解每一个细分市场的实际购买量、潜在需求量、购买者满足程度,以及市场上的竞争状况。企业对每一个细分市场推销机会的大小加以比较,就能进一步找出市场营销的好时机,从而采取相应的市场营销策略;使企业可以选择最能发挥自己优势的市场作为目标市场;使企业的资金和物质资源得到最有效的应用,迅速取得市场的优势地位。

案例

溜溜梅发现"酸"大陆

商务部发布的《消费升级背景下零食行业发展报告》显示：中国人一年吃掉 2 万亿元零食，市场规模有望在未来 10~15 年占到我国消费者食品支出的 20%。

事实上，由于零食行业准入门槛低，CR5（头部五品牌）占比还不到 20%，市场集中度不高，导致产品同质化非常严重。以休闲零食三巨头为例，良品铺子的 SKU（库存量单位）超过了 1 000 种，来伊份超过了 800 个，三只松鼠超过了 500 款，产品品类存在大量重合。而在渠道上，曾经高度依赖线上流量的休闲零食企业，随着互联网红利的消失正在陷入深深的焦虑。

如何解决同质化成了整个休闲零食行业的共同问题。当下，这一问题有了答案——细分市场。

事实上，近年来，随着消费的不断升级，消费者的口味要求也发生了变化，酸、甜、苦、辣、咸每个口味都有巨大的"拥趸"。而在这之中，溜溜梅以青梅品类为突破口，20 多年来深耕"酸味"食品赛道，已然是"青梅食品专家"。

首先，在食品品类的选择上，溜溜梅选用无添加又自带健康属性的青梅。青梅在中国的种植历史接近 7 000 年，食用历史约 3 000 年，一颗小小的青梅承载了中国人言之不尽的情感。兼具文化底蕴和营养价值的青梅品类，将会成为消费群体的"心头好"，这是溜溜梅能实现"破圈"的前提。

其次，"掌握核心锁酸技术"的溜溜梅不断在产品研发上做精"酸"，开发不同类型、不同酸度的青梅食品，激发消费者对"酸"的各种需求。

最后，溜溜梅通过线上与当代主流消费人群和年轻人群的民族情绪同频，线下通过"六感式"体验站传递青梅价值，线上线下"共振"传递国味酸潮文化。溜溜梅新品国风版无核青梅，满足了国风爱好人群的需求，又将"酸"潮文化进行了直观的表达。

溜溜梅不仅获得了品类也获得了品牌的成功。如今消费者只要提及"酸"味食品就想到了溜溜梅。

(2) 市场细分有利于企业针对市场开发适销对路的产品。市场细分为企业按市场的需求改良现有产品和设计、开发新产品提供了有利条件，企业的营销目标与市场的需求更加协调一致，产品更加适销对路，从而增加销售量，获得更高的利润。美国宝洁公司通过市场细分，开发了去头屑的"海飞丝"、使头发柔顺的"飘柔"、营养发质的"潘婷"、超乎寻常呵护的"沙宣"，供不同顾客选择，从而使公司一直保持洗发水市场的领先地位。

(3) 市场细分促使企业针对目标市场制定适当的营销组合策略，增强竞争优势。市场细分以后，在细分市场上竞争者的优势和劣势就会显现出来，企业只要看准市场机会，利用竞争对手的弱点，同时有效地开发本企业的优势资源，就能用较少的资源把竞争者的顾客和潜在顾客转变为本企业的顾客，提高企业的市场占有率，增强竞争能力。

案例

烘焙品类再细分，吐司品牌爸爸糖脱颖而出

近年来，烘焙市场格局生变，吐司、软欧包等细分品类崛起，产生以爸爸糖为代表的一批连锁品牌，获得了不少资本的青睐。爸爸糖手工吐司强劲的品牌势能，除了得益于品类

项目 4　选择目标市场，明确市场定位

和市场红利外，也离不开它独树一帜的商业模式。

1. 坚持技术创新，自主研发手工吐司

对于吐司品类，消费者向来看重品质，基于此，爸爸糖手工吐司主打手工现做，并在手工制作的基础上进行了技术创新，推出了一系列独具一格的产品。比如，招牌奶酥吐司、巧克力吐司、焦糖巴旦木吐司、藤椒鸡肉吐司等。爸爸糖与国内一流的食品学院——江南大学食品学院成立"健康烘焙研发中心"，共同研发符合国民健康早餐需求的产品品类。

2. 主打"前店后厂"模式，力保新鲜

爸爸糖采用的是"前店后厂"的模式，手工吐司现做现卖，每天以小数点为单位计算产品的新鲜程度，从配方、工艺流程等各个方面进行管理和控制，将产品的新鲜口感保留到极致。这种"前店后厂"的模式强调现做，明厨亮灶打造出的新鲜制作氛围吸引经过的路人驻足，让人看到后台的制作过程，对商品感到安心。

如今，糖爸爸、小糖果、糖妈妈一家三口的形象，已经被广泛运用于爸爸糖的各种场景。通过品牌IP文化和内容渗透，爸爸糖成功向消费者传播了重视家庭亲子、父子关系的品牌愿景，打造了人格化且个性鲜明的品牌形象。

(4) 市场细分有利于企业制订最佳的营销方案。市场细分是企业制定营销战略和策略的前提条件。企业通过市场细分，可以更好地了解不同消费群体对市场营销措施的反应及其差异，从而选择自己的目标市场；也可以研究和掌握某个特定市场的特点，有针对性地采取各种营销策略。

案例 ANLI

舒适达立足产品功能细分

舒适达抗敏感牙膏自1961年上市销售至今已有60多年历史。舒适达始终致力于提供有效治疗牙齿敏感症状的方法，成为全球口腔专家推荐的抗敏感牙膏。市场调查显示，在市场占有率方面，Top10品牌的销售占整个抗敏感牙膏市场的87.97%左右，销售额前三的品牌分别是舒适达、冷酸灵、艾美适，分别占抗敏感牙膏市场的67.55%、9.08%、3.28%。舒适达抗敏感牙膏能保持这样的市场占有率，离不开它独特的市场消费者定位。

舒适达抗敏感牙膏将主要消费者定位为牙齿敏感、需要修护牙齿的消费群体，并将潜在消费者定位为20~30岁的中青年消费群体。这类消费者收入稳定，且开始对生活品质有所要求。舒适达精准定位于抗敏感牙膏市场，在中国市场填补了功能型牙膏的空白，并最终在市场上热销。

(五) 市场细分的要求

市场细分是企业选择目标市场进行的战略步骤，因而对不同行业、不同类型的企业来说，实行市场细分必须满足一些基本要求或具备一定的条件，否则，细分难以达到效果，不能有效地细分市场。

1. 差异性

细分市场之间客观存在着对某种产品购买和消费上明显的差异性,不同的细分市场对营销组合应该有不同的反应。如果不同的细分市场顾客对产品需求差异不大,行为上的同质性远大于其异质性,此时,企业就不必费力对市场进行细分。另外,对于细分出来的市场,企业应当分别制订独特的营销方案。如果无法制订出这样的方案,或其中某几个细分市场对是否采用不同的营销方案不会有大的差异反应,则不必进行市场细分。

2. 可衡量性

企业选定细分市场的依据应该是可以定量化的,如市场的需求规模、购买力等。有时一些心理、行为等因素很难用数字衡量,这要求企业在细分依据的选择上要有创造性,并且掌握一些定量化的技巧。

3. 可营利性

市场在很多情况下不能无限制地细分下去,从而造成规模上的不经济。但对很多工业市场和某些特殊消费品,这种彻底的细分也是可行的。掌握的标准应该是,细分的最终程度应保证各细分市场有足够的需求水平,保证企业有利可图。

4. 可进入性

可进入性是指企业本身的人力、物力和财力可以通过不同的渠道进入细分市场,市场营销因素也能通过各种途径进入该市场。具体地说,企业能够将产品和信息送达市场,而消费者也能在市场中买到企业的产品,了解相关的信息。

案例 ANLI

细分市场建奇功

日本泡泡糖市场年销售额约为740亿日元,其中大部分被劳特所占据。但江崎糖业公司专门研究劳特产品的不足和短处,寻找市场的缝隙,结果发现劳特有四点不足:第一,以成年人为对象的泡泡糖市场正在扩大,而劳特却仍旧把重点放在儿童泡泡糖市场上;第二,劳特的产品主要是果味型泡泡糖,而现在消费者的需求正在多样化;第三,劳特多年来一直生产单调的条板状泡泡糖,缺乏新型式样;第四,劳特产品的价格是110日元每盒,顾客购买时需多掏10日元的硬币,往往感到不便。通过分析,江崎糖业公司决定以成人泡泡糖市场为目标市场,并制定了相应的市场营销策略,不久便推出功能性泡泡糖四大产品:(1)司机用泡泡糖——提神醒脑;(2)交际用泡泡糖——洁口除臭;(3)体育用泡泡糖——消除疲劳;(4)轻松性泡泡糖——减少不良情绪。江崎糖业公司还精心设计了产品的包装和造型,制定了合理且方便的价格。这样,功能性泡泡糖问世后,像飓风一样席卷全日本。江崎糖业公司不仅挤进了由劳特独霸的泡泡糖市场,而且占领了一定的市场份额,从零猛升至25%,当年销售额达175亿日元。

二、选择细分标准

市场细分的前提是差异性,企业要区分不同消费群体,首先就要找到造成差异性的原因,而这些原因即构成了消费者细分的依据。

(一)消费者市场细分标准

最终消费者市场的细分标准很多,一般按地理、人文、心理和行为四类划分,每个方面又包含了一系列的细分因素,见表 4-1。

表 4-1　　　　　　　　　　消费者市场细分标准

标　准	具体变数	举　例
地理细分	所在地区	北方市场、南方市场
	城市规模	大城市、中等城市、小城镇
	地区人口密度	城市、郊区、乡村
	气候	热带气候市场、海洋气候市场
人文细分	年龄	婴儿市场、老年人市场
	性别	男性市场、女性市场
	婚姻状况	独身、已婚
	家庭规模或生命周期	1人家庭、2人家庭、3人家庭
	社会阶层、收入	≤4 000元/月、4 001~5 000元/月……
	职业	公务员、教师、白领、蓝领、灰领
	受教育程度	初中、高中、大学
心理细分	生活方式	朴素型、时髦型、享受型
	个性	创新型、冲动型、谨慎型
	态度	积极主动、消极被动;乐观、悲观
	追求利益(动机)	性价比、服务、质量、经济实惠、名望
行为细分	购买动机	基本生活、生活享受
	购买频率	每月购买、每年购买
	品牌偏好	高档品牌、中档品牌

市场细分不能仅靠一种模式,营销人员必须尝试各种不同的细分变量或变量组合,以便找到分析市场结构的最佳方法。

1. 地理细分

地理变数包括国家和地区、城市和乡村、山区和平原、人口密度、气候差别(气温、湿度、季节差异)、交通运输条件等。例如,因气候的不同,南北方消费者对服装的需求有明显差异。

2. 人文细分

人文细分是指根据各种变量,如年龄、性别、家庭人口、家庭生命周期、收入、职业、受教育程度、宗教、种族、国籍等,把市场分割成不同的消费群体。人文因素对于细分最终消费品市场是一个十分重要的标准,因为消费者的欲望、偏好和使用频率与人文变数存在着一定的因果关系,而且人文变数比其他变数更易测量。例如,服装、化妆品、理发等行业长期以来一直按性别细分市场;汽车、旅游等行业的企业一直按收入细分市场。然而,更多的企业则采用"多变数"细分市场,即把两个或两个以上的人文变数结合起来。例如,同时以性别(男、女)、年龄(老、中、青、儿童)和收入(高、中、低)三个变数细分市场。

3. 心理细分

心理细分是指按社会阶层、生活方式、个性等,把消费者分成不同的群体。

(1) 社会阶层是指在一个社会中具有相对同质性和持久性的群体,他们是按等级排列的,每一阶层成员具有类似的价值观、兴趣爱好和行为方式。

(2) 生活方式又称生活格调,是指消费者对自己的工作、休闲和娱乐的态度、特定习惯和倾向方式。不同生活方式的群体对产品和品牌有不同的需求。

(3) 个性是一个人特有的心理特征,具有稳定性。个性导致人们对自身所处环境具有相对一致和连续不断的反应。

案例 ANLI

国货品牌劲霸男装

新国货浪潮愈演愈烈,中国消费者对国货品牌的感知正不断增强。其中,中高收入群体是支撑消费增长的主要力量。中产阶层重视创新和潮流,注重品牌和品质。他们的消费更加情感化,商品变成了抚慰心灵的东西。也正是这群人引领着国货品牌进入了以消费者为主导的时代。

以消费者需求为核心的劲霸男装,提前布局匠造"高端新国货",展现中国品牌硬核实力。在品牌战略层面,劲霸男装确定了"多品牌,多品项"时尚集团发展之路:

1. 劲霸男装高端系列"KBHONG",以更高阶的时尚与品质引领男士卓尔不群的审美风尚。
2. 轻时尚商务品牌"随简",为年轻都市职场人提供品质一流的一周7天适穿探享。
3. 劲霸的精品配饰线"KBXNG",延伸时尚男士的穿着体验。
4. 童装品牌"LITTLEHONG",通过含有艺术基因的产品及美育体验,输出具有现代社会价值的美育童装产品。

轻时尚商务品牌"随简"是劲霸男装正式推出的第一个子品牌,与其他面向年轻消费群体的男装品牌不同,"随简"产品设计简约,适合职场新青年的多元化穿着场景。

4. 行为细分

行为细分是指按照购买者对产品的购买时机、寻求的利益、了解程度、品牌态度、使用状况、频率、忠诚程度等行为变量,把购买者分割成不同的群体。许多营销人员认为,行为变量是建立细分市场的最佳出发点。行为细分变量见表4-2。

表4-2　　　　　　　　　　　　行为细分变量

行为细分变量	说　明
购买时机	能够帮助企业促进产品的销售。例如,在我国,不少公司利用春节、元宵节、中秋节、劳动节等节日大做广告,以增加销售量
利益细分	根据顾客从产品中追求的不同利益分类,是一种很有效的细分方法。如人们都在使用牙膏,但所追求的利益却各有不同:有的是为了清洁牙齿,有的是为了清新口气,有的是为了预防疾病
使用者地位	按照使用状况可以将消费者划分为曾经使用者、潜在使用者、初次使用者和经常使用者四类。一般来讲,实力雄厚的大公司多对潜在使用者这类消费群体产生兴趣,而着重吸引的是经常使用者

(续表)

行为细分变量	说　明
使用率	根据使用率可将市场划分为偶尔、一般和经常使用者。经常使用者通常只是市场的一小部分,但在总购买量中却占了很高的百分比。例如,啤酒的经常使用者为中青年人,化妆品的经常使用者为成年女性,玩具的经常使用者为儿童等。企业往往把经常使用者市场作为自己的目标市场
消费者待购阶段	消费者的待购过程可分为知晓、认识、喜欢、偏好、确信、购买六个阶段
品牌态度	品牌忠诚度的高低,可以用顾客重复购买次数、顾客购买挑选时间、顾客对价格的敏感程度等标准来衡量。按照消费者对品牌的忠诚程度来细分,可以把所有的消费者细分为四类:铁杆品牌忠诚者、几种品牌忠诚者、转移的忠诚者、非忠诚者

总之,消费者市场细分的依据大致有以上几种,但究竟以哪个变量为主,还要根据具体情况灵活运用,以便获得最好的营销机会。

(二)生产资料市场细分标准

细分生产资料市场的变数,一部分与细分消费品市场的变数相同,即可按地区以及行业变数细分,如追求利益、使用者情况、使用程度、对品牌的依赖程度、待购阶段、品牌态度等。另外,还有以下标准:

1. 最终用户的需求

由于不同使用者的要求不同,因此要制定不同的营销策略。例如,晶体管市场可分为军用、工业、商业三个子市场。军用买主重视质量,价格不是主要因素;工业买主重视质量和服务;商业买主重视价格和交货期。企业就应该根据上述用户需求特点,组织生产和营销。

2. 顾客规模

许多企业分别建立联系和接待大顾客与小顾客的制度。例如,有一家办公室家具制造商,就将其顾客分成两类:一类是大顾客,如商用机器公司、标准石油公司等,由全国性客户经理会同现场区域经理负责联系;另一类是小顾客,则由外勤销售人员会同特约经销商负责联系。

3. 产品因素

工业品的购买决策大多取决于产品的性能、质量、服务、交货、价格等购买因素。根据用户对上述因素的不同选择进行细分,企业可获得较大的市场优势。

(三)中间商市场细分标准

消费者及商业营销人员采用许多相同的变量来细分市场,因此,中间商也可以按照地理、利益、用户状况、使用率和忠诚程度来分类。此外,商业营销人员还可采用一些附加的变量,如商业顾客人口统计(行业、企业规模)、经营特点、购买方法、形势因素和个人特征等。

任务2　选择目标市场

目标市场是指企业决定要进入的市场,由目标顾客(消费者)组成,也就是说,通过市场细分后,企业要决定准备以什么样的产品和服务满足消费者需要的一个或几个子市场。

阅读资料

营销就是占领目标顾客的心智

神州租车2010年开始做租车的时候，前面已经有两个先行者，一嗨租车拥有1 200辆车，至尊租车拥有1 000辆车，当时神州租车大概有600辆车。神州租车为什么后来取得很大的成功，最重要的原因是它是第一个抢占消费者心智的。

当神州要做专车的时候，滴滴已经在消费者心目当中等于专车。神州专车要做"专业司机，专业车辆，更安全的专车"，要找一个特性才能拥有一席之地。

雅迪跟爱玛竞争的时候，雅迪是400万辆车，爱玛是200万辆车。最初雅迪性价比优势更明显，但当爱玛也做到两千块钱，每年促销两次的时候，雅迪的优势不在了。后来雅迪做了什么？更高端的电动车，直接翻到3 500元，最后赢得了巨大成功。雅迪为什么会赢得胜利呢？特劳特先生讲过一个非常重要的观点，对付价格战最好的方法是什么？是涨价。价格涨起来之后，可以把价格形成的毛利资源投入到更好的工艺和技术中，投入到更好的广告中，投入到更多的经销商的门头上去。

老板油烟机与竞争对手西门子比技术、比品质显然没有优势，西门子是德国企业、世界五百强，消费者的认知不会被改变。但中国厨房炒菜油烟大，老板大吸力油烟机更满足中国消费者的需求。从与竞争对手相反的点切入占据特性，等到西门子转型做大吸力油烟机的时候，这个词、这个特性已经被老板占了。

一、目标市场的选择因素

企业可以在细分的市场中选择一个或几个子市场作为自己的目标市场。但究竟如何选择目标市场呢？在选择目标市场时要考虑哪些因素呢？

（一）细分市场的规模和增长潜力

企业进入某一市场是期望有利可图，如果市场规模狭小或者趋于萎缩状态，企业进入后难以获得发展，此时，应审慎考虑，不宜轻易进入。当然，过度竞争的细分市场也是需要认真考虑的。

（二）细分市场的吸引力

行业吸引力评价指标包括：市场规模、年市场增长率、历史利润率、竞争强度、技术要求、能源要求、环境影响、社会政治和法律因素等。

案 例

屈臣氏的目标消费群选择

在竞争日益同质化的零售行业，只有为消费者提供合适的产品选择和优质的购物体验才能赢得市场。而实现这一切的首要基础就是正确锁定目标消费群。屈臣氏将目标消费群锁定在18岁至35岁,月收入在2 500元以上的时尚女性。它为何偏爱的是这一人群呢?原来年龄更长一些的女性大多早已有了自己固定的品牌和生活方式,很难做出改变。而40岁以下的人群则富有挑战精神,比较注重个性,喜欢体验优质新奇的产品,同时,又是女性中收入增长最快的一个群体,有较强的消费能力,但通常时间紧张,不太喜欢去大卖场或大超市购物,追求的是舒适的购物环境。这些消费者特征都与屈臣氏的商品定位非常吻合。

(三)细分市场的竞争优势

企业选择的目标市场,应该是没有完全被竞争者控制的市场。一般来说,有两种可能性:一是竞争尚不激烈,有进入的余地;二是表面上完全控制,但实际上仍有缝隙可钻。竞争优势分为相对竞争优势和绝对竞争优势两种。相对竞争优势是相对竞争对手而言的优势;绝对竞争优势是企业长期努力积累形成的优势。企业竞争力评价指标包括:市场占有率、市场占有率增长情况、产品质量、品牌信誉、商业网点、促销能力、生产能力、生产效率、单位成本、原料供应、研发能力、管理人员的素质等。

案例 ANLI

中国潮玩第一股泡泡玛特

说起泡泡玛特,很多人脑海里可能会立马浮现出那个撅着嘴、蓝眼睛的金发小女孩Molly,或者想到那个摆着各式各样卡通人物和盲盒的零售商店。

泡泡玛特为自己织了一张辐射范围广阔的经销网——线下实体体验店、机器人商店、展会、线上天猫旗舰店、葩趣(潮玩互动社区)、泡泡抽机盒(微信小程序),几乎涵盖了所有主流消费渠道,每一个渠道都发挥着自身独特的作用。

根据弗洛斯特沙利文报告,潮玩市场的主要消费者年龄分布在15~45岁,占总人口的35%以上。泡泡玛特的核心消费群体更为精细:集中在18岁到35岁、75%为女性、分布在一二线城市,这部分经过细分的目标客户的显著共性是有一定的消费能力,对新事物充满热情、注重精神满足。

(四)企业的目标和资源能力

某些细分市场虽然有较大吸引力,但不是企业的主要目标,这样的细分市场应考虑放弃,否则容易造成企业精力的分散。另外,企业的资源条件是否适合在某一细分市场经营也是重要的考虑因素,企业应选择有条件进入并能充分发挥其资源优势的细分市场作为目标市场,这样才能立于不败之地。

二、目标市场的选择策略

企业确定细分市场作为经营和服务目标的决策,称为目标市场策略。目标市场策略是市场定位策略和营销组合策略的有机结合。企业确定目标市场的方式不同,采取的营销策略也就不一样。一般来说,可供企业选择目标市场的策略有三种:无差异性营销策略、差异性营销策略和集中性营销策略(图 4-1)。

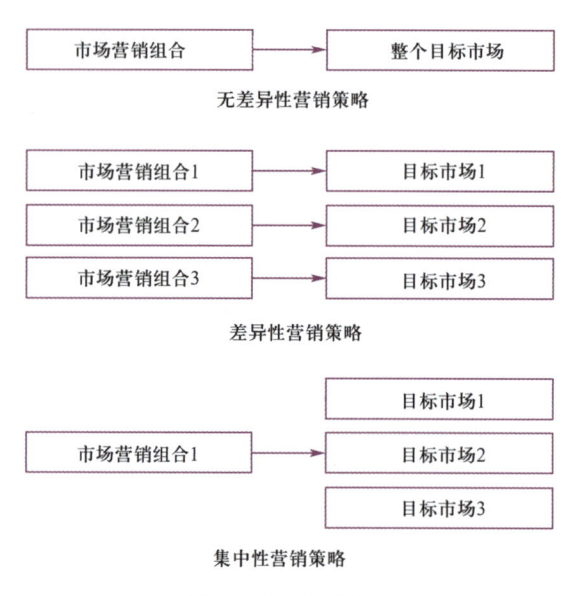

```
市场营销组合 ──→ 整个目标市场
         无差异性营销策略

市场营销组合1 ──→ 目标市场1
市场营销组合2 ──→ 目标市场2
市场营销组合3 ──→ 目标市场3
         差异性营销策略

                    目标市场1
市场营销组合1 ──→ 目标市场2
                    目标市场3
         集中性营销策略
```

图 4-1 目标市场策略

(一)无差异性营销策略

无差异性营销策略是企业把整个市场作为自己的目标市场,是一种整体化进入的市场定位策略。这种策略忽视需求的差异性,使用大规模的生产方式生产同种单一的产品,利用广泛的销售渠道、单一的广告宣传等促销方式进行营销。其优点在于树立企业形象,通过大规模经营取得赢利,而成本支出较低;缺点在于适用范围不是很广,经营风险很大,因为追求整体市场的企业很多,所以竞争也非常激烈。消费者有差别的需求得不到满足,市场营销的理念在这里也就未得到彻底的贯彻。

(二)差异性营销策略

差异性营销策略是指企业把整体市场中的部分甚至所有细分市场作为目标市场,企业为不同的目标市场生产不同的产品,运用不同的定价方式和促销方法,力求满足所有目标顾客。它的优点是充分地满足了所有消费者的需求,使他们对企业更为偏爱;多样化经营减少了市场风险,增强了竞争能力。它的缺点是生产与经营管理成本相对增大,对企业的管理能力和资源提出了更高的要求。当企业资金雄厚,产品与市场的同质性较大,产品处于生命周期的成熟阶段,竞争对手采取差异性营销策略时,企业使用这一策略是极为有效的。

案例

国货之光——完美日记

2016年,来自哈佛大学的完美日记品牌创始人和英国时尚设计师在伦敦相遇,希望有机会把欧美彩妆风尚带回亚洲,在视觉形象上有所突破。完美日记从T台获取灵感,提炼时装周等元素和色彩,为年轻女性提供彩妆产品和美丽方案。

完美日记的品牌含义是"Unlimited beauty",即"美不设限"。完美日记品牌理念倡导年轻一代不被外界标签束缚,而是努力地突破自我,积极地探索人生更多的可能性,遇见更优秀的自己。完美日记仅用3年时间,就成为国货彩妆的代表,且不断出现爆款,这些都是综合实力的体现。

完美日记善于运用数字化技术工具,根据需求人群的差异,打造了多种类型的产品,用来满足学生、上班族、宝妈等不同人群的需求,价格也针对不同人群做了调整,使完美日记成为名副其实的国货之光。

(三)集中性营销策略

集中性营销策略是指企业把整体市场中的一个或几个细分市场作为目标市场,集中企业的资源在有限的几个目标市场中占有较大的市场份额。这种策略可以使企业很好地满足消费者需求,降低成本,但风险比较大,适合于中小企业。当企业资源和实力不足,产品和市场同质性较低,产品处于生命周期的投入阶段时,这种策略可以变通使用。

案例

心雨——户外婚礼专家

时下,多数商家为新人们策划在大酒店举行婚礼,而上海女孩心雨却推出户外婚礼,且在不到一年的时间里获得了非同小可的成功。如今,心雨已成为上海小有名气的户外婚礼专家。

鲜花和绿叶做成的拱门衬托着热闹的婚礼现场,洁白的婚纱把新娘装扮得无比娇媚,孩子们在草地上尽情嬉闹,亲朋好友在蓝天下享受着大自然的气息,五彩缤纷的气球在这热闹的氛围中放飞。这就是心雨给新人们策划的户外婚礼的一幕。

心雨陆续推出了十多种独具匠心的户外婚礼主题方案,其中水上婚礼、竹海婚礼、雨中婚礼等主题方案备受青睐。她认为,年轻人喜欢户外婚礼的原因主要是户外风景优美,利于游玩和摄影留念,更容易营造浪漫氛围。心雨还认为,自己的婚庆方式充分迎合了当下年轻人追求个性化的心理需求,跟上了时代潮流,而做到这一点,赚钱便成了水到渠成的事。

三、目标市场的选择依据

以上三种市场营销策略各有利弊,它们各自适用于不同的情况。企业在具体运用时,必

须全面考虑各种因素,权衡得失,慎重选择。这些因素主要有:

(一)企业实力

企业实力包括企业的人力、物力、财力和生产、技术、营销能力等。如果企业实力强,就可以采取差异性营销策略;如果企业实力较弱,则宜采取无差异性营销策略或集中性营销策略。

(二)市场差异性

市场差异性也就是市场是否"同质",如果市场上所有消费者对某些产品的需求欲望、兴趣爱好相同,且对营销刺激的反应相同,则可视为"同质市场",宜采取无差异性营销策略;反之,市场需求差别大,消费者挑选性又强,即为"异质市场",则宜采用差异性营销策略或集中性营销策略。

(三)产品差异性

产品差异性指产品在性能、特点等方面的差异大小。如米、面、食盐、油、白糖等生活日用消费品,虽然由于原材料和加工方法不同,使得产品质量上存在差别,但这种差别不十分明显,因此可视为"同质产品",可采取无差异性营销策略;反之,对于家用电器、服装、照相机等商品,因品质差异较大,消费者选购时十分注意商品的特性、功能、价格等,常常要反复比较、评价,然后选择,对售后服务要求也很高,这类产品应实行差异性营销策略或集中性营销策略。

(四)产品生命周期的阶段

产品生命周期有导入期、成长期、成熟期、衰退期等阶段。对处于不同生命周期阶段的产品,应采用不同的营销策略。处于导入期和成长期的新产品,营销的重点是启发和巩固消费者的偏好,不宜提供太多的品种,可采取无差异性营销策略;对已进入成熟期的产品,市场竞争加剧,消费者需求日益多样化,无差异性营销策略则完全失效,可改用差异性营销策略以开拓新市场,满足新需求,延长产品生命周期;对进入衰退期的产品,应采用集中性营销策略,以维持和延长产品的生命周期,避免或减少企业损失。

(五)市场竞争状况

一般来说,如果竞争对手实力强大,并实行无差异性营销策略时,无论企业本身实力大小,都应采用差异性营销策略或集中性营销策略;如果竞争对手采用了差异性营销策略,而本企业采用无差异性营销策略,则无法有效地投入竞争,很难赢得较大的市场份额。因此,企业也必须采取集中性营销策略。诚然,这只是一般原则,并没有固定模式可循,营销者在实际工作中应根据竞争双方的力量对比和市场具体情况灵活运用。

任务3　进行市场定位

在现代营销里仍让不少企业津津乐道的铺货率、强力促销等"制胜法宝",在残酷的市场竞争过程中,很快变得稀松平常,乏善可陈。这些技巧只不过是每个企业生存下来的必备条件而已,而制定正确的品牌定位战略才是企业制胜的根本。

一、市场定位的认知

奔驰尊贵而稳健,海尔售后服务周到细致,劳力士手表是成功人士的象征,万宝路香烟与粗犷、豪气的美国牛仔形象紧密相连,谈起沃尔玛就有"低价"这样的概念闪现……这说明它们在消费者的心目中已经拥有了一定的位置,已经有了最能说明它们形象特点的印象。这种留在消费者心目中鲜明的、有别于其他竞争对手的相对竞争优势就是市场定位。

> **案例**
>
> **Manner：大众精品咖啡**
>
> Manner是近年来发展较快的大众咖啡品牌,以基于整个产业的产品开发,包括开发电商产品,给其他门店做咖啡豆代工等方式保持营利,以支持低价优质咖啡的供给,Manner也许是目前国内将"便宜、好喝、规模"结合得较完美的咖啡品牌。
>
> Manner也将环保作为自己的社会责任,给每个携带非一次性纸杯来门店享用咖啡的顾客提供自带杯减5元的服务,旨在与顾客一起为环保做出自己的贡献。Manner用的是半自动式咖啡机,更能提供有层次的口感,为有频繁咖啡需求的人士解决了选择的困难。

(一)市场定位的含义

市场定位是指营销组织在了解购买者的价值取向和认同标准以及竞争者的产品与营销策略的基础上,为自己的产品赋予特色,树立形象,从而在目标市场的消费者心中确定与众不同的价值地位。这种地位、形象和特色既可以是实物方面的(外形、成分、构成、性能等内在质量和外在质量等),也可以是心理方面的(豪华、品牌等),还可以二者兼而有之(如质优价廉、服务周到、技术超群等)。

(二)市场定位的本质

1. 市场定位的基点是竞争

市场定位的过程就是识别差别、发现差别、显示差别的过程。企业通过调查研究市场上相互竞争的各个品牌的地位、特色和实力,可以进一步明确竞争对手和竞争目标,发现竞争双方各自的优势与劣势,在目标市场与竞争者相区别,从而树立企业形象,取得有利的竞争地位。

案例

小米 Civi 手机：女性手机

2021年5月,小米推出了一款女性手机——Civi,虽然在官方宣传口径上见不到"女性手机"四个字,但主打的粉嫩配色,强调再三的美颜功能,还有那句标语"天生好看",都似在大声疾呼"姐妹看过来"。

不管是从外表,还是发布后的软文宣传来看,小米 Civi 比两年前更加"女性"了。手机厂商让自己变美、让用户变美,以争取女性用户。

2. 市场定位的目的在于吸引更多目标顾客

消费者不同的偏好和追求都与他们的价值取向和认知标准有关。企业只有通过了解购买者和竞争者两方面的情况,从而确定本企业的市场位置,进一步明确企业的服务对象,才能在目标市场上取得竞争优势和更大效益。企业在市场定位的基础上,为企业确立形象,为产品赋予特色,从而对相应的顾客群体产生吸引力,是当代企业的经营之道。

3. 市场定位的实质是设计和塑造产品的特色或个性

企业通过市场定位,可以确认现在所处的地位,即产品、品牌能在多大程度上对应市场需求;比较和评价竞争者与本企业的产品和品牌在市场上的地位;抢先发现潜在的重要市场位置;了解和掌握应该追加投放新产品的市场位置,以及现有产品重新定位或放弃的方向等;设法在自己的产品、品牌上找出比竞争者更具竞争优势的特性或者创造特色,从而使产品、品牌在市场上占据有利地位,取得目标市场的竞争优势。

案例

麻辣烫品牌小蛮椒

小蛮椒2015年成立于上海,以外卖为切口打开麻辣烫市场,后期逐渐发展出"堂食＋外卖"双渠道运营。定位于"大牌平价",小蛮椒用较低的装修成本打造"国潮大牌"的门店风格,贴近年轻人的品位,同时人均消费26元左右,保持较为平价的消费水平。

小蛮椒与其他品牌的差异化,是回归川渝地区经典的麻和辣,在符合大部分消费者口味辣度的底料基础上,提供川椒麻辣、麻辣拌等口味选择,同时即将推出剁椒麻辣口味,更聚焦麻辣口味。

(三)市场定位的作用和意义

1. 定位是制定营销策略的依据

定位工作做好了,才能更准确地实施营销组合策略,即围绕所要树立的形象,设计相应产品,制定合适的价格,选择最有效的分销渠道和有针对性的广告宣传。以产品设计为例,一种在欧美流行的儿童香水,因其定位为儿童用香水,所以其包装瓶上印有卡通或动物造型,颜色柔和娇美,产生了良好的促销效果。设想没有明确的定位,包装设计就没有针对性,也就无助于顾客的选择。

2. 定位能引起消费者的特别注意

人的一生中时刻面临着许多刺激物,以商业广告来说,西方人平均每天见到的广告超过1 500条,不可能都引起注意,绝大多数一闪即逝,留不下什么印象。而通过定位,给产品描绘一个鲜明的、有别于竞争对手的形象,再把定位信息传递给消费者,就使差异性清楚地凸现在消费者面前,引起消费者注意,并产生联想。若定位正符合顾客的需要,那么品牌就可以长驻消费者心中。

3. 定位能够形成竞争优势

市场竞争日益激烈,企业单凭提高质量或降低价格已难以获得竞争优势。在定位时代,企业重点不应是对一件产品本身做些什么,而是在消费者心目中做些什么。成熟品牌的竞争主要来源于定位。

案 例

小罐茶,全品类高端中国茶品牌

"茶,是我创业的终极梦想。""让世界重新认识中国制造。""不是因为年轻人不爱中国茶,是因为中国茶老了。不是世界人民不爱中国茶,而是因为中国茶没有跟上世界变化。这几十年来,中国茶的目光都在山上,不在用户的生活空间里。"——小罐茶创始人如是说。

小罐茶是中国文化复兴和消费升级趋势下,诞生的一个全品类高端中国茶品牌。它以极具创造性的手法整合中国茶行业优势资源,独创小罐保鲜技术,打造大师级的中国茶(6大茶类的8位制茶大师首度联手坚持原产地原料,坚持大师工艺、大师监制),为中国高端茶树立标杆。

二、市场定位的步骤

市场定位的关键是企业要设法在自己的产品上寻求比竞争者更具有竞争优势的特性。竞争优势一般有两种基本类型:一是价格竞争优势,即在同样的条件下比竞争者定出更低的价格。这就要求企业采取一切努力,力求降低单位成本。二是偏好竞争优势,即能提供确定的特色来满足顾客的特定偏好。这就要求企业采取一切努力,在产品特色上下功夫。因此,企业市场定位的全过程可以通过以下几个步骤来完成。

(一)确认本企业的竞争优势

这一步骤的中心任务是要回答以下三个问题:竞争对手的产品定位如何?目标市场上足够数量的顾客欲望满足程度如何?针对竞争者的市场定位和潜在顾客真正需要的利益要求,企业应该和能够做什么?要回答这三个问题,企业市场营销人员必须调动一切调研手段,系统地设计、搜索、分析并报告有关上述问题的资料和研究结果。通过回答上述三个问题,企业就可从中把握和确定自己的潜在竞争优势。

(二)准确选择相对竞争优势,完成初步定位

相对竞争优势表明企业具有胜过竞争者的能力。这种能力既可以是现有的,也可以是潜在的。选择相对竞争优势就是企业各方面实力与竞争者的实力相比较的过程。比较的指标应是一个完整的体系。通常的方法是分析、比较企业与竞争者在经营管理、技术开发、采购、生产、市场营销、财务、产品等方面哪些是强项,哪些是弱项。

(三)显示独特的竞争优势

这一步骤的主要任务是企业要通过一系列的宣传促销活动,将其独特的竞争优势准确地传播给潜在顾客,并在顾客心目中留下深刻印象。为此,企业首先应使目标顾客了解、熟悉、认同、喜欢和偏爱本企业的市场定位,在顾客心目中建立起与该定位相一致的形象。其次,企业通过一切努力保持对目标顾客的了解,稳定目标顾客的态度和加深目标顾客对企业的感情,来巩固与市场相一致的形象。最后,企业应注意目标顾客对其市场定位在理解上出现的偏差或由于企业市场定位宣传上的失误而造成目标顾客对企业印象的模糊、混乱和误会,应及时纠正与市场定位不一致的形象。

(四)重新定位

微课:宝马轿车告诉你品牌为什么还要重新定位

重新定位是指企业变动产品特色,改变目标顾客对其原有的印象,使目标顾客对其产品的新形象有一个重新的认识过程。在出现下列情况时也需考虑重新定位:一是竞争者的市场定位在本企业产品的附近,侵占了本企业品牌的部分市场,使本企业品牌的市场占有率有所下降;二是消费者偏好发生变化,从喜爱本企业某品牌转移到喜爱竞争对手的某品牌。

案例 ANLI

东方既白转型包子铺

在百胜中国鼎盛的餐饮王国里,东方既白一直是个尴尬的角色。定位模糊,产品不出彩,扩张乏力。近日,品牌升级后的东方既白低调开业,彻底改头换面,以包子铺的形象示人。这个曾被寄予厚望的中式快餐连锁品牌,在走过了自己暗淡的15周年之后,似乎迎来了新的转机。

用了15年的Logo换了,变成了一只国画写意风格的大包子,古朴有趣。招牌上的"包子小馆"也显示了定位的大转变。店内外都用明显招牌展示着自己的主打产品——肉多多金陵大肉包。

东方既白在品牌定位、品类选择、爆品塑造上都深陷内部思维的陷阱,把西式快餐的运营思维简单复制到中式快餐上,殊不知,复制一个成功的系统和创立一个成功的品牌,是完

全不同的思维、不同的战略和战术、不同的起点。

一个新的中式快餐发展高峰已经形成,巨头百胜的出手,更加印证这股势头的汹涌。如今的时代需要怎样的中式快餐?乡村基创始人表示,当下的中式快餐,已经进入了3.0时代,要满足顾客日益追求极致口感和多种选择的需求。

三、市场定位的方法

(一)差异化定位

(1)产品差异化。这是指关注重点是产品实际的、看得见的、可感觉到的差别,这是顾客理解和认同定位诉求的基石,但出发点依然是顾客的心理需要。

(2)服务差异化。这是指"附加产品"的差别化,主要从送货服务、顾客培训服务、安装服务、咨询服务、修理服务等几个方面寻求与竞争者的差异。

(3)形象差异化。这是指企业通过树立独特的形象,显示与竞争者产品的不同。如都是纯净水,娃哈哈以情感人,一句"我的眼里只有你",深深打动消费者的心;而农夫山泉强调"有点甜"。

(4)人员差异化。人员差异化对服务性企业尤其重要。企业可以通过雇用和培训出比竞争对手更优秀的员工,来赢得强大的竞争优势。例如,麦当劳的员工十分有礼貌,IBM的员工技术水平很高,迪士尼公司的员工非常乐观、热情。

案 例 ANLI

柠季,被资本青睐的"黑马"

近些年,柠檬茶品类越来越火,越来越多头部茶饮品牌推出了柠檬茶产品,市场也频出柠檬茶爆款单品。2021年8月,字节跳动出人意料地投资了一家长沙本土的柠檬茶品牌——柠季,投资金额达数千万元,引发行业热议。

柠檬茶,已然成为大热的茶饮细分品类。然而,值得一提的是,柠檬茶虽然火,但是市场痛点也很明显。比如品牌大都集中在广东地区,产品同质化严重,壁垒低易于复制,严重依赖供应链,难以实现高度标准化……柠季是如何突围的呢?那就是差异化打法。

1. 制作工艺:挤压代替手打,保留柠檬香气

柠季在"打"上做出了一些微妙的改变。店员在制作柠檬茶的时候,并不是采用爆打的方式,而是用一个小汤勺一样形状的工具,避开柠檬皮,在柠檬中心用力挤压多下,再加茶底制成饮品。这样的工序,让柠檬的香气得以较好地保存下来,也因此,柠季的柠檬茶放多久都不会散发苦味。

2. 出品口味:清甜为主,根据地域不断改良创新

柠季特别根据湖南人的心智认知和口味习惯,做了一系列的调整和改良。在长沙这种吃辣的内陆城市,较淡、较甜的饮品则更受青睐,所以柠季的口味以清甜为主。

3.门店运营:改进运营效率,提升单店营利能力

据了解,柠季的门店单店营利能力非常强,离不开其高效、标准化的运营,包括极简的菜单、细水长流的营销策略、私域流量运营等。

4.布局打法:"错峰竞争",直营+加盟两条腿走路

不同于茶颜悦色的纯直营,柠季是直营+加盟两条腿走路,直营店和加盟店的比例为1∶9,扩张的速度更快。

(二)迎头定位

迎头定位是指企业选择靠近于现有竞争者或与现有竞争者重合的市场位置,争夺同样的顾客,彼此在产品、价格、分销及促销等各个方面差别不大。

案例 ANLI

对决星巴克,Manner 胜算几何?

说起 Manner 的咖啡,大家的第一印象就是性价比高。在人们的固有印象中,精品咖啡意味着更高的单价。但是,不妨来看看 Manner 的菜单:意式浓缩、美式咖啡和限量手冲咖啡的单价分别在 10 元、15 元和 20 元,且如果消费者使用自带杯的话,还能每杯立减 5 元。Manner 着力于打造单杯咖啡的性价比,从而舍弃了诸如会员系统、优惠券等附加模式,营销的方式可谓直截了当。

为什么 Manner 的咖啡这么便宜呢?究其原因,是反其道而行之,走了和星巴克的"第三空间"完全不同的小门面模式。星巴克的营业场所大多门面开阔,适合人们坐下来聊天商谈。而 Manner 以"螺蛳壳里做道场"著称——全国首店仅有 2 平方米,窗口式的街边小店,随买随取,全靠跑流量。星巴克的"第三空间",尽管付出了相对更高的成本,但同时也赢得了强烈的社交属性。

目前,Manner 的门店 80% 都集中在上海;剩下的 20% 坐落于北京、深圳这样的一线城市,或是成都这样的新一线城市。从现阶段来看,这样的发展模式无疑是小而美的,不过,在可预见的未来,发展的瓶颈也将随之而来。

(三)回避定位

回避定位是指企业回避与目标市场上的竞争者直接对抗,将其位置定在市场"空白点",开发并销售目前市场上还没有的某种特色产品,开拓新的市场领域。

案例 ANLI

小核桃烤肉馆:中式烤肉缔造者

小核桃烤肉馆是 2018 年创立的烤肉品牌,在市场定位方面一直走差异化之路,已迅速

占领国内一线及超一线市场。

追求品质生活的一群人,希望能在日常找到一个轻松惬意的氛围,但烟火气浓重的路边烧烤摊,往往无法满足他们的需求。小核桃因此而创立,并力图打造一个"升级版大排档"——食材有品质,但又不失轻松惬意的氛围。

模式选择上,小核桃不想模仿别人,做日式或韩式烤肉,想"向内看",挖掘中国悠久的火烹文化,做中式烤肉缔造者。

小核桃营造出一个极致的线下用餐的场景,让目标客群能够在这里舒服地吃上一顿饭,和朋友开心地聊聊天,不被打扰,没有压力。同时这个环境不是浮夸或者奢侈的,有点小情调,有文化氛围。这种营造的消费场景与目标客群的一致性,也是小核桃快速发展的关键。

除此之外,市场定位的方法还有:根据属性和利益定位、根据价格和质量定位、根据用途定位、根据使用者定位、根据产品档次定位、根据竞争局势定位,以及各种方法组合定位等。

案例

雅迪电动车,用"更高端"抢占龙头

雅迪电动车如今已经是电动两轮车行业的龙头企业。2020年艾媒咨询发布的数据显示,雅迪市场占比为23.1%,占据国内电动两轮车市场第一位,爱玛市场占比为16.8%,占据第二位。

几年前,雅迪与爱玛的地位还是颠倒的。直到2017年,雅迪以13%的市场占有率完成了对爱玛的反超,此后一直保持市场占有率第一的位置。

雅迪之所以能反超爱玛,"更高端的电动车"这一口号功不可没。2015年,雅迪喊出"更高端的电动车"这一口号,进军高端电动车市场。"更高端"战略能成功有以下两点原因:一是抓住消费者心中的"锚定效应"和攀比心理。"骑起来比邻居家更好一些、更有面子一些的电动车"是许多消费者心中的渴望,"更高端"的口号,恰好符合消费者需求。二是符合当时国内的消费趋势。随着经济的发展和人们收入水平的提升,雅迪电动车打出"更高端"的口号,符合国内消费升级的趋势。

案例

蜜雪冰城,填补低价空位

3块钱的冰激凌、4块钱的柠檬水、7块钱的烧仙草……产品价格与品牌的定位密切相关,正如蜜雪冰城的品牌定位是"省钱"一样。

当新产品或者品牌进入市场时,往往很难找到空白的心智,品牌如何在细分领域争取一席之地呢?"定位"之父特劳特曾在《定位》一书中提到了四种定位方法,帮助品牌寻找空位进行定位。低价空位就是其中之一。非人人都能高价制胜,80%下沉市场需要物美价廉的东西,商品可以从"薄利多销"战略中获利。蜜雪冰城就是采用低价空位的方式取得差异

化优势。市场上,像喜茶、奈雪的茶客单价基本上是30元左右,CoCo、一点点等茶饮品牌客单价则在15元左右。蜜雪冰城填补了低价的市场空白,以平均6元左右的客单价抢占三四线下沉市场。它在市场竞争异常激烈的茶饮赛道占领了一席之地,成为门店较多、受众较广的品牌。

知识巩固

一、营销术语解释

市场细分 目标市场 市场定位 无差异营销 集中营销 差异营销

二、选择题

1. 企业决定生产各种产品,但只向某一顾客群供应,这是(   )。

A. 产品/市场集中化 B. 产品专业化
C. 市场专业化 D. 选择性专业化
E. 市场完全覆盖

2. 市场细分的有效条件是(   )。

A. 可衡量性 B. 可进入性 C. 可获利性 D. 长期稳定性
E. 可行动性

3. 确定目标市场需要考虑的因素有(   )。

A. 企业资源 B. 产品同质性 C. 市场同质性 D. 产品生命周期
E. 竞争对手战略

4. 企业将整体市场作为目标市场,推出一种商品,实施一种营销组合,以满足整体市场某种共同需要的目标市场策略是(   )。

A. 集中性营销策略 B. 聚焦策略
C. 无差异性营销策略 D. 总成本领先策略
E. 多元化战略

5. 生产者市场细分最常用的标准是(   )。

A. 购买者的经营规模 B. 购买者的行业特点
C. 产品最终用户 D. 购买者追求的利益

6. 差异化市场定位战略包括(   )。

A. 产品差异化战略 B. 人员差异化战略
C. 服务差异化战略 D. 形象差异化战略

三、简答题

1. 选择目标市场时应该考虑的因素有哪些?
2. 什么是无差异性营销策略、差异性营销策略和集中性营销策略?这三种营销策略各有什么优缺点?
3. 列举知名品牌的定位方法。

案例分析

维密天使成历史，性感营销何去何从？

美国女性内衣与睡衣品牌维多利亚的秘密一直采用的"性感营销"，与其最初的品牌定位不无关系。1977年，当时的美国商人Roy Raymond为了避免男性给异性买内衣的尴尬，创办了维多利亚的秘密。

随着女性独立意识的觉醒，女性消费者的消费观念发生了改变，她们购物更多地关注自身的需求和感受。体现在内衣品牌的选择上，尽管传统的钢圈、海绵垫内衣可以让身材更性感，但却是对胸部的束缚和压迫，应运而生的无钢圈、无尺码内衣则让女性感受到了"解放胸部"的快乐，从而大受欢迎。

如今市场上销售名列前茅的爆款内衣，无一不是靠着产品的"舒适"脱颖而出。在营销上，这些品牌也在"去性感化"，不再强调内衣对身材的调整、塑造效果。

品牌要做的其实就是转变固有的偏见，不从身材、外貌等角度物化女性，而是从谈吐、内涵去肯定女性的价值和成就。

问题：
1. 试描述维多利亚的秘密品牌的目标消费群体及其需求特征。
2. 为维多利亚的秘密设计一则广告语，反映其市场定位。
3. 你认为维多利亚的秘密重新定位的原因是什么？

项目实训

【实训1】

针对某市场进行细分，选择并描述目标市场及定位

1. 实训内容

联系某商场或超市，认识市场细分，进行目标市场描述。

2. 实训过程与要求

(1) 联系某商场、超市或便利店，实地考察行业划分、产品分类、消费者分类、商品及价格档次。
(2) 认真观察商场、超市、便利店的布局和各种产品的吊牌。
(3) 适当做些记录，尤其是较大超市的布局及商品类型。
(4) 分组讨论并撰写"××的商品类型及布局，目标市场及市场定位概述"，并在班上交流。
(5) 提交实训成果：某商场的商品类型、布局，目标市场及市场定位概述。

【实训2】

职业定位

1. 实训内容

从班上选取男、女同学各3名，各自分析生理、个性、学习、特长等方面的特征，提出未来

的职业方向和工作岗位,教师、同学帮助分析、点评。

2. 实训目标

运用市场定位原理进行职业规划。

3. 实训组织

学生个体分析,教师启发,全班同学参与互动。

4. 实训成果

既结合实际梳理从市场细分到市场定位的知识,又引导学生树立正确择业观,胸怀远大理想。

5. 项目完成情况评价

内容			评价
学习目标		评价项目	得分(0~100分)
知识 (30分)	应知应会	市场细分、目标市场、市场定位、无差异性营销策略、集中性营销策略、差异性营销策略	
专业能力 (60分)	具备一定的营销分析能力和书面写作能力	市场细分的标准	
		能够描述目标市场	
		学会市场细分、目标市场选择、市场定位的方法	
态度 (10分)	态度认真	积极参与各项活动	
	合作意识	集体观念强,有竞争意识	
合计得分			
个人努力方向与建议			

成长日记

结合项目4所学的知识和实践,撰写一篇1 000字左右的个人成长日记。挑选部分学生的日记公开交流。

项目 5

分析市场购买行为，洞悉客户需求

教学导航

<table>
<tr><td rowspan="9">教</td><td rowspan="4">教学目标</td><td>知识目标：
• 了解消费者需求的一般规律
• 正确理解消费者需求、动机、行为之间的关系
• 理解消费者市场购买行为的基本特点及其决策过程
• 理解组织市场购买行为的特点及其决策过程</td></tr>
<tr><td>技能目标：
• 能够分析消费者购买产品的基本心理和动机并采取有效的销售方式
• 能够针对消费者的购买行为特点进行营销策划
• 能够分析工业客户购买决策过程并进行有效的销售
• 能够针对中间商客户采取有效的销售方式</td></tr>
<tr><td>思政目标：
• 融入我国经济发展、人民消费需求变化的特点和趋势、招标采购等内容，进一步强化学生对社会主义核心价值观的认知
• 培养学生要有正确的"三观"，理解需要的无限性，有效控制自身的欲望；树立起"幸福是奋斗出来"的价值观
• 组织市场要有为人民群众谋福利的情怀，正确处理个人利益和集体利益的关系</td></tr>
<tr><td>授课重点与难点</td><td>• 消费者购买动机与决策；生产者市场购买行为分析
• 中间商市场购买行为分析；政府市场购买行为分析</td></tr>
<tr><td>授课方式</td><td>• 知识讲授、案例分析、角色扮演与体验
• 小组讨论与陈述汇报、消费者调查与心理测试训练</td></tr>
<tr><td>授课场所</td><td>• 多媒体教室；市场营销实训室；居民小区、商场等消费者场所</td></tr>
<tr><td>建议学时</td><td>• 4 学时（课堂）、6 学时（课外）</td></tr>
<tr><td>考核方式</td><td>• 过程性考核占 50%（含课堂展示、汇报、小组作业）
• 终极性考核占 50%（含知识点、技能训练、营销日记等）</td></tr>
<tr><td rowspan="3">学</td><td>学习方法</td><td>• 大量阅读消费心理学书籍
• 课堂互动，积极参与小组讨论与陈述汇报
• 角色扮演与体验；总结归纳，撰写成长日记
• 参与营销素质拓展活动</td></tr>
<tr><td>营销训练</td><td>• 消费者需求调查、案例分析、营销沙龙</td></tr>
<tr><td>项目任务分解</td><td>• 分析消费者市场购买行为
• 分析组织市场购买行为</td></tr>
</table>

任务1　分析消费者市场购买行为

一、消费者市场的特点

消费者市场,即最终消费者市场,也称生活资料市场,是指为满足生活需要而购买产品和服务的全部个人或家庭。消费者市场具有以下特点:

1. 多样性

消费者是个人或家庭,市场易受消费者个人因素(如文化修养、欣赏习惯、收入水平等)方面的影响;商品的花色多样、品种复杂,商品的生命周期长短不一;替代品多,价格需求弹性大。

2. 广泛性和分散性

从交易的规模和方式来看,消费者市场广阔,购买者人数众多,但比较分散。同时,交易次数频繁但每次交易数量不多,绝大多数商品都是通过中间商销售,以方便消费者购买。

3. 可诱导性

从购买行为和动机看,消费者在决定购买行为时,具有自发性;消费品市场的购买大多属非专业性购买,消费者容易受广告宣传、商品的包装和形象、推销方式、服务质量影响。

4. 发展性

从市场动态看,消费者的需求复杂多变,而且随着我国市场的不断发展,消费者的购买力也随之加强。

案例 ANLI

长沙本土茶饮品牌茶颜悦色

长沙是一座热爱茶饮的城市,除了强势的本土品牌茶颜悦色,部分全国知名的茶饮店在这里都有布局。比如Coco都可和1点点在长沙有上百家门面,数量略少的蜜雪冰城也有80家左右。但在长沙,它们都无法和茶颜悦色媲美。

凭什么茶颜悦色可以非常密集地开店?这与长沙人独特的消费心理和生活习惯有关。对于本地食物的钟爱和专一,可能是深入长沙老百姓骨髓的一种城市性格。湖南米粉、口味虾、小炒肉和臭豆腐堪称长沙人非常喜爱的几种食物。而在这座城市的街头巷尾,也总能密密麻麻地出现围绕这些美食的小店。长沙人习惯并喜欢这样的模式。而茶颜悦色在此基础上,还有"仅此一地"的特点。地域上的稀缺性让茶颜悦色赢得了本地人的认同,茶颜悦色自然也就成了长沙的特产之一。来自外地游客对茶颜悦色的好评,也会被长沙人视作游客对这座城市的认可。

二、消费者购买角色分析

消费者是进行生活消费的实体,泛指现实生活中的人们。由于研究的角度不同,对消费者含义的理解也有不同的表述方式。作为动态过程的消费活动,会涉及多种角色和不同的人。所以从营销的角度研究消费者时,不应仅研究购买商品的人,而应包括所有与购买活动

相关的人。营销中的消费者是指实际参与消费活动的任何一项或全部过程的人,包括以下五种角色:

(1)发起者:首先提出或有意购买某一商品或劳务的人。

(2)影响者:他们的需要、动机或看法、建议对购买有一定影响的人。

(3)决策者:在是否购买、为何购买、购买什么、如何购买、购买多少、何处购买等方面做出全部或部分决策的人。

(4)购买者:实际购买商品或劳务的人。

(5)使用者:实际使用或消费商品或劳务的人。

在一个消费活动过程中,这五种角色可以是一个人,也可以是不同的人。例如,购买一台空调,提出这一要求的可能是孩子,但是否购买则由夫妻共同决定,而丈夫对空调的品牌做出决定。这样空调公司就可以对丈夫做更多有关品牌方面的宣传,以引起丈夫对本企业生产的空调的注意和兴趣;妻子在空调的造型、色调方面有较大的决定权,公司则可设计一些在造型、色调等方面受妻子喜爱的产品。

三、影响消费者购买行为的主要因素

(一)消费者需要

消费者需要是指在一定的社会经济条件下,消费者对商品表现出来的愿望、意向、兴趣、理想等。消费者需要既是营销活动的出发点,又是营销活动转化为购买活动的中介。当某种主观需要形成后,在其他相关因素的刺激下,就会激起消费者的购买动机,从而使其产生购买行为。

消费者需要具有发展性、差别性、周期性和可诱导性等特征。营销人员要不断发现消费者未被满足的需要,然后想方设法、最大限度地去满足他们,在分析消费者特性后,将促销方式、广告、宣传集中于多层次消费者需要上,以获得最大效果。

消费者需要主要表现在哪些方面呢?美国心理学家马斯洛提出了著名的需要层次理论,如图5-1所示。他认为,人的需要在不同的生活时期表现为不同的层次,并且逐步向高层次发展。生理需要是人类最基本的需要;当人们的生理需要得到基本满足后,就会产生为避免生理及心理方面受到伤害所要求的安全需要;社交需要是人类希望给予和接受别人的友谊、关怀、爱护以及得到某些社会团体的重视与容纳的欲求;尊重需要来源于外部,即他人的尊重及自我尊重;自我实现的需要是个人希望自我潜能和才能得到最大限度的发挥,取得一定成就、受到社会的承认等方面的需要。

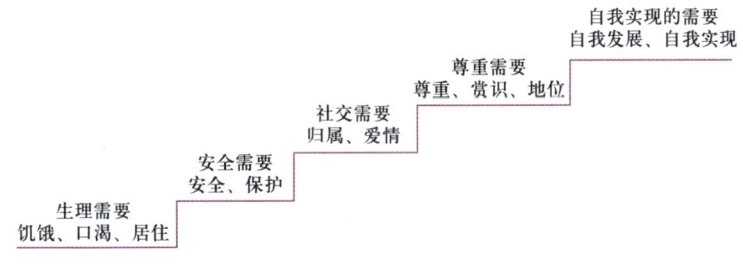

图5-1 马斯洛的需要层次理论

案例

Zara 三大姐妹品牌中国市场大撤退

2021年1月,Zara母公司Inditex确定关闭旗下Bershka、Pull&Bear和Stradivarius三个品牌在中国的所有实体门店,仅保留官网和天猫旗舰店等电商渠道。

这三大快时尚品牌,均瞄准青年消费者,相比Zara,价格较低。然而,这三个品牌无论是风格、设计还是定价都比较相似,同质化比较严重。而相比市场上同类型品牌,这三个品牌的个性风格也不突出。

随着消费水平的提高,年轻人的审美标准与对时尚的要求也不断地变化与提升。当今的年轻人更看重品牌的个性、产品的品质与设计,以及购物的场景体验。而带着"当季、平价"等标签的快时尚品牌,显然不再是年轻人的购物首选了。

(二)消费者购买动机

需要一经唤醒,便可以促使消费者为消除匮乏感和不平衡状态采取行动,但它并不具有对具体行为的定向作用。在需要和行为之间还存在着中间变量——动机,三者之间的关系如图5-2所示。所谓动机就是对特定对象将产生行为的内在动力,它在主观上是以愿望、欲望和对目的的意向等的间接体验形式显露出来的。动机与行为有着直接的因果关系,动机导致行为,消费者行为的直接原因是动机。

图 5-2 消费者需要、动机与行为的关系

1. 消费者购买动机的特征

(1)公开与内隐的并存性。在消费者多种多样的购买动机中,有些是公开的,有些是不告诉他人而隐藏着的。内隐性有两种现象:一种是消费者出于某种原因而不愿意让别人知道自己真正的购买动机;另一种是消费者自己也不知道究竟何种动机在发挥作用。

案例

气味营销:面包新语等设计开放式烘焙橱窗

奥利奥曾做过一个杂志内页广告,广告纸经摩擦后竟会散发蛋糕的香甜味道,调研显示有80%的人都表示很想吃。

面包新语、卡玛王子、鲍师傅等设计一览无余的开放式烘焙间,有助于拉近顾客和食物的距离,让大家能够亲眼看见面包的制作过程,增加产品出品的透明度,向消费者承诺吃到的每一口面包都是当天新鲜现做的。

最重要的是,面包所散发的香味本身就是一种隐性的广告,是传递产品信息的有效手段。当消费者一走到门口就能被面包的香味所诱惑,激发他们的食欲和购买欲,从而被吸引进店。

(2)学习性。动机的指向(或欲望的对象)和强度是可以通过学习来改变的。例如,某个消费者在家庭装修和购买家具前,可能只有一些简单或普通的想法,但在看过高档家具城的家具、经过设计师的说明和推荐之后,其想法可能大为改变,对某种装饰效果、某些高档次的名牌家具形成强烈的购买欲望。在这个过程中,名牌家具本身、家具的陈列展示、产品宣传图片、设计师的意见及其提供的装修效果图等都成了消费者学习的有效工具。

(3)冲突性。在一次购买活动中,通常是多种动机并存,而且这多种动机之间往往是相互冲突或抵触的,从而使消费者在购买商品时内心出现矛盾、左右为难。

2. 消费者购买动机的形成条件

动机的产生有内外两类条件,内在条件是达到一定强度的需要,外在条件是诱因的存在。诱因是指使个体产生行为的外在刺激。通常当个体的需要达到一定强度并有诱因存在时才会产生动机。如当消费者热到一定程度并且商店有空调出售时,才会产生购买动机。但内外两类条件并不总是必需的,有时即使缺乏内在的需要,单凭外在的刺激,也能引起动机,产生购买行为。如有时虽然无饥饿感,但若遇到美味佳肴也可能会使人产生一饱口福的动机。

3. 消费者购买动机的类型

消费者的购买动机受到经济、社会、文化、个性、心理等多方面因素的影响,表现极不相同。最常见的购买动机有以下几种:

(1)求实购买动机。这种动机的核心是"实惠""实用"。在这种动机驱使下,顾客选购商品特别注重功能、质量和实际效用,不过分强调商品的式样、色调等,几乎不考虑商品的品牌、包装及装潢等非实用价值因素。收入不高的家庭主妇以及相当一部分农民购买者具有此种购买动机,他们是中低档商品和大众化商品的主要购买者,对高档商品、非生活必需品的购买持慎重态度。

(2)求新购买动机。这种动机以追求商品的新潮为主要特征,其核心是"时髦"和"奇特"。这种顾客选购商品时特别注重商品的款式、造型等是否新颖和流行,而对商品的质量、实用性和价格不十分在意。具有这种购买动机的消费者多为经济条件比较好的青年消费者,对社会时尚反应敏感,是时装、时尚商品和新产品的主要购买者。

(3)求名购买动机。这种动机以追求名牌为主要特征。在这种动机驱使下,顾客购买几乎不考虑商品的价格和实际使用价值,只是通过购买、使用名牌来显示自己的身份和地位,从中得到一种心理上的满足。具有这种购买动机的顾客一般都具有相当的经济实力和一定的社会地位。此外,表现欲和炫耀心理较强的人,即使经济条件一般,也可能具有此种购买动机。他们是高档名牌商品的主要消费者。

(4)求优购买动机。这种动机以追求商品的质量优良为主要特征。这类顾客选购商品时注重内在质量,对外观式样以及价格等不过多考虑。具有这种购买动机的人多是经济条件较好的老年顾客。

(5)求美购买动机。这种动机以追求商品的艺术欣赏价值为主要特征。这类顾客在购买商品时最关注的是商品的审美价值和装饰效果,注重商品的造型、色彩、图案等,商品的实际使用价值是次要的。具有这种购买动机的多为中青年女性顾客以及文化界人士,他们是妇女时装、化妆品、首饰、工艺品、家庭装饰用品的主要购买者。

(6)求廉购买动机。这种动机以追求商品的价格低廉为主要特征。这类顾客选购商品时最注重的是价格,对商品的花色、式样及质量等不太计较,喜欢购买削价处理品、优惠价商品。具有这种购买动机的多为经济收入较低的顾客,也有部分经济收入较高,但节俭成习的顾客,他们是低档商品、残次品、积压品、削价处理品的主要推销对象。

(7)求便购买动机。这种动机以追求购买过程简便、省时为主要特征。这类顾客的时间、效率观念很强,希望尽可能简单、迅速地完成交易过程,不能容忍烦琐的手续和长时间的等候,但对商品本身却不太挑剔。具有这种购买动机的人大多是事业型的男性顾客。

(8)嗜好购买动机。这种动机以满足个人兴趣爱好为主要特征。人们由于兴趣爱好、生活习惯或职业需要等原因,往往对某些商品表现出特别的兴趣,成为这类商品的经常性购买者。他们的购买行为取决于个人的购买嗜好,一般不受广告宣传的影响,具有集中性、稳定性和经常性的特点。有些人喜爱养花、养鸟、摄影、集邮,有些人爱好收集古玩、古董、古书、古画,还有人喜欢喝酒、饮茶。在嗜好动机支配下,消费者选择商品往往比较理智,比较挑剔,不轻易盲从。

(9)攀比购买动机。这种动机以争强好胜、不甘落后为主要特征。这类顾客在购买商品时不是出于对商品的实际需要,而是为了与别人比较,向别人炫耀。他们的购买行为很大程度上取决于归属的社会群体,具有较大的盲目性。电视广告中经常出现某些歌星、影星、体育明星使用某种产品的画面或镜头,目的之一就是要刺激受众的模仿动机,促进产品销售。

(三)消费者特征

1. 消费者的年龄和家庭

消费者的需求和购买能力,往往会因年龄不同而发生变化。如1岁的婴儿和3岁的儿童,对玩具的要求会大不相同。同一个消费者年轻时与步入老年阶段后,对食物、服装的爱好及社会交往的方式也会有所不同。家庭对其成员的消费有着极其重要的影响。一个人从父母那里学习到许多日常消费行为,即使在长大离家后,父母的教导对其仍然会有明显的影响。

2. 消费者的生活方式和自我形象

生活方式是一个人在生活中所表现出来的活动、兴趣和看法的整体模式。不同的人追求不同的生活方式,所以人们对产品的喜好和追求也就不同。如妇女的生活方式有"简朴的妇女型""时髦的妇女型"和"有男子气的妇女型",则妇女服装制造商就要为她们分别设计不同服装。在现实社会中,每个人都在追求自我形象塑造,会驱使消费者有意或无意地寻求与其自我形象相一致的产品、品牌,采取与自我形象相一致的消费行为。

案例 ANLI

Rever,打造专属"乐我时刻"

达成一个目标就奖励自己一顿大餐,心情不好就给自己买一束鲜花,这已经成为很多年轻人的日常生活方式。这种"悦己消费"的观念逐渐成为主流。近年来,品牌们也围绕年轻人的痛点展开新的对话和沟通方式,"悦己"也成为当下的营销主流。

"悦己时代"的来临,推动着品牌营销也逐渐将"沟通消费者情绪"作为重点。精油个护品牌 Rever 精准洞察消费者需求,以用户情绪为突破口,将场景锁定在浴室,强调"悦己"是拥有专属自己的"乐我时刻"。

区别于酒吧、音乐节等公共场所,独处是个人情绪有效的排解方式,这也是为什么很多人在洗澡时能够卸下所有压力,享受真正的放松时间。

Rever洞察到人们的这种私密性情绪,将场景对话放在浴室,将沟通用户心智语言浓缩在品牌主张"乐我时刻"中,很难不引起共振。5.25"我爱我"悦己日,Rever以一场音乐会的形式向大家传递"乐我时刻"品牌主张。

3. 消费者的经济条件、性别以及职业

消费者通常要"量入为出",依据收入的多少、负担的大小等条件做出消费和购买决定。与此同时,性别、职业也会影响消费者的消费模式。工人、农民、军人、教师、学生、职员及干部、企业家等,对同一商品也会产生不同偏好。

(四)消费者所处的社会环境

1. 文化

文化是知识、信念、艺术、法律、伦理、风俗和其他由一个社会的大多数成员所共有的习惯、能力等构成的复合体。每个消费者都生活在一定的社会文化中,其消费行为也必然带有其生活中文化环境的烙印。文化对消费者行为的影响是多方面的、非强制性的。

(1)价值观念。价值观念是人们对社会生活中各种事物的态度和看法。不同的文化背景下,人们的价值观念相差很大。

(2)风俗习惯。风俗习惯是在一定的社会物质生产条件下长期形成并世代相传的约束人们思想、行为的规范,影响消费者的购买行为。

(3)审美观。不同的消费者往往有不同的审美观。审美观不是一成不变的,往往受到社会舆论、社会观念等多种因素的影响,并制约着消费者的欲望和需求的取向。

2. 亚文化

亚文化是不占主流的或某种局部的文化现象。一种亚文化可以代表一种生活方式,不仅包括与主流文化共通的价值观,还包括自己独特的价值观念。如中国人用筷子吃饭是主流,而一部分人用刀和叉吃饭则是亚文化现象。一般认为,亚文化赋予个人一种可以辨别出来的身份,对其成员的影响比主流文化还要强,因而对消费者的购买行为有着更为直接的影响。

(1)民族亚文化。同一个民族一般具有相同的语言、类似的生活方式等,这就是民族亚文化。不同民族的人分属不同的民族亚文化,在宗教信仰、节日、崇尚爱好、图腾与禁忌和生活习惯方面都有其独特之处,因而各个民族在消费心理、习惯等方面有着天壤之别。

(2)宗教亚文化。世界上有许多种宗教,如基督教、佛教、伊斯兰教、天主教等,不同的宗教有不同的文化倾向和戒律,深刻影响着人们认识事物的方式以及对待客观世界的态度、行为准则和价值观念,影响着消费行为。

(3)地域亚文化。这是以人口的行政区域分布为特色的亚文化。如生活在城镇、市郊、农村的消费者在生活方式和消费习惯上存在着较大的差异。"都市文化""乡村文化"等名词反映了这种差异;我国饮食文化中的南甜北咸、东酸西辣,节日文化中北方的逛庙会、南方的逛花会等都是地域亚文化差异的表现。

除此之外,还有职业亚文化、性别亚文化、年龄亚文化等。

案 例

杭州狗不理包子店为何无人理

杭州狗不理包子店是天津狗不理集团在杭州开设的分店,地处商业黄金地段。正宗的狗不理包子以其鲜明的特色(薄皮,水馅,味鲜美,咬一口汁水横流)而享誉神州。但当杭州南方大酒店创下日销包子万余个的纪录时,杭州的狗不理包子店却将楼下三分之一的营业面积租让给服装企业,依然"门前冷落车马稀"。其实当狗不理包子店一再强调其鲜明的产品特色时,却忽视了消费者是否接受这一"特色",那么受挫于杭州也是必然。

首先,狗不理包子馅比较油腻,不合喜爱清淡食物的杭州市民的口味。其次,狗不理包子不符合杭州人的生活习惯。杭州市民将包子作为便捷快餐,往往边走边吃,而狗不理包子由于薄皮、水馅、容易流汁,不能拿在手里吃,只能坐下用筷子慢慢享用。再次,狗不理包子的馅多半是蒜一类的辛辣刺激物,这与杭州这个南方城市的传统口味相悖。

3. 参照群体

参照群体是指任何会成为个人在形成其态度、价值或行为上的参考或比较对象的个人或群体。消费者会观察这些参照群体的消费行为,并加以学习,同时也会受到该群体的意见影响,而采用相类似的标准来形成自身的消费行为决策。参照群体的存在,可以为其成员展示各种可供选择的消费方式,如引起成员的仿效欲望,形成一种无形的压力,从而促使成员的行为趋于一致。参照群体对消费者购买行为的影响主要有:

(1)认同影响。当一个人购买某种产品主要是因为此种产品可以帮助他和其他人形成某种高度类似时,认同影响便产生了。研究发现,消费者会倾向于接受那些与他们类似性较高的同辈群体的信息。同样,愈是和消费者类似的产品广告代言人对于消费者的影响也愈大。

(2)规范影响。参照群体规范消费者的行为,消费者要遵从其他人的期望或某一群体的规范而改变自己的行为。

(3)信息影响。当一个消费者认为群体是一个可信赖的信息来源或该群体所提供的信息具有专业性时,他会认为该信息能够增加他对于产品的判断和知识的选择。

(4)示范作用。参照群体中的"意见领袖(或意见领导者)"有时会起到很强的示范作用。如对于"追星族"来说,明星的一举一动无不在他们身上引起巨大反响。

根据与消费者的关系密切程度,可以将参照群体分为直接群体与间接群体。

(1)直接群体又称成员群体,就是参照群体和被影响的对象都是具有同样身份的人,可进一步分为初级群体与次级群体。初级群体是指和消费者互动比较密切的成员群体,包括家人、亲友、往来较为密切的邻居和同事等。次级群体是指相对互动不那么密切的成员群体,如围棋社的社员,见面次数和来往密切程度远不如初级群体。

(2)间接群体是指和消费者不是具有同样身份,但却会影响消费者行为的参照群体,包括渴望群体和厌恶群体。渴望群体是指消费者所想要加入的群体,如公司的领导群体、明星群体。消费者的行为会受到渴望群体所表现出来的行为的影响,如模仿明星的穿着打扮,消费偏好也会强烈地受到所崇拜的偶像的影响。厌恶群体是指消费者试图保持距离的群体,如吸毒者等,消费者不希望被视为其中的一员,刻意地回避与厌恶群体相同的行为。

女孩子会模仿歌星、影星;男孩子会模仿著名的运动员;成年人也会模仿某些有影响人物的发型、服饰和生活环境。崇拜性群体对消费者的行为影响是间接的,但由于这种影响与消费者的内在渴望相一致,因此效果往往是很明显的。

4. 社会阶层

社会阶层是指某一社会中根据社会地位或受尊重程度的不同而划分的社会等级。从最低的地位到最高的地位,社会形成一个地位连续体。不管愿意与否,社会中的每一个成员,实际上都处于这一连续体的某个位置上,由此形成高低有序的社会层级结构。划分阶层的标准主要有三类:一是经济变量,包括职业、收入和财富;二是社会变量,包括个人声望、社会联系和社会化;三是政治变量,包括权力、阶层意识和流动性。同一阶层的消费者在行为、态度、感觉和认知等方面具有同质性,不同阶层的消费者在这些方面存在较大的差异。不同社会阶层的消费行为的差异表现在以下四个方面:

(1)信息接收和处理方面的差异。如特定媒体和信息对不同阶层的消费者的吸引力和影响力不同,电视媒体对越上层的消费者影响越小,印刷媒体则正好相反;不同社会阶层的消费者所使用的语言也各具特色,一般越是上层消费者,使用的语言越抽象,越是下层消费者,使用的语言越具体,而且更多地伴有俚语和街头用语。

(2)购物方式的差异。研究发现,消费者所处的社会阶层与某商店的社会阶层定位相距越远,他光顾该商店的可能性越小。一般而言,上层消费者喜欢单独购物,重视购物环境和商品品质,对服务要求高,乐于接受新的购物方式;中层消费者比较谨慎,对购物环境有着较高的要求,但也经常在折扣店购物;下层消费者对价格特别敏感,多在中、低档商店购物。

(3)支出模式的差异。不同社会阶层的消费者选择和使用的产品存在差异,尤其是在住宅、服装和家具等能显示地位与身份的产品购买上,不同阶层的消费者差别非常明显。

(4)休闲活动的差异。一个人所偏爱的休闲活动通常与同一阶层或临近阶层的其他个体所从事的某类活动相似,他接触新的休闲活动往往也是受到同一阶层或较高阶层成员的影响。以美国为例,马球、壁球和欣赏歌剧是上层社会的活动;桥牌、网球、羽毛球在中层和上层社会中较为流行;玩老虎机、拳击、职业摔跤被认为是下层社会的活动。

四、消费者购买决策过程分析

研究和了解消费者的需要及其购买过程,是市场营销成功的基础。营销人员通过了解消费者做出购买决策的全过程,可以获得许多有助于满足消费者需要的有用信息。同时,营销人员通过了解购买过程中的各种参与者及其对购买行为的影响,就可以为目标市场制订有效的市场营销计划。

阅读资料

消费者购买决策的诱饵效应

所谓诱饵效应,是指当人们在两个不相上下的选项中进行选择时,因为第三个新选项的加入,会使某个旧选项显得更有吸引力。比如,某些网站的会员,当你点进去之后会看到3个选项,分别是初级会员、高级会员和旗舰会员。初级会员功能很少,高级会员功能可以满足日常使用,旗舰会员功能特别全面。你会发现初级会员虽价格低,但功能少,不适合自己。旗舰会员虽然功能全面,但太贵了,最终你选择了高级会员。因为在对比之下,高级会员更适合自己,而初级会员和旗舰会员,就是"诱饵"。

1. 投放高价诱饵

在客户的认知当中,价格的高低是相对的。如果客户觉得一款产品贵,那么我们可以引入更贵的产品,通过对比,让客户觉得这款产品其实也没那么贵。比如你是开酒吧的,分别卖18元、28元、38元的啤酒,你会发现28元的啤酒是最好卖的,这里不光是因为18元和38元的啤酒起到了"诱饵"作用,也有"折中消费"的心理作用。

2. 投放标杆诱饵

标杆诱饵能够打造企业形象,突显品牌价值,因为人们在判断一个品牌的实力时,会直观地寻找这个品牌最高价的产品是什么,如果这家企业敢做最高价的产品,就会让人觉得这家企业的实力一定很强。比如,某蛋糕品牌的几乎所有线下店的显眼位置,都会有两个标价奇高的蛋糕,这些蛋糕真的有人买吗?其实那两个蛋糕是用来充当标杆诱饵的。

消费者的购买决策过程可以分成五个连续的步骤,即确认需求、寻求信息、评价比较、购买决策、购后评价。需要注意的是,并不是所有的购买决策都必须经历这五个步骤,有些简单的购买行为会跳过一些步骤。例如,家里没盐了,买盐的决策过程只有确认需求(没盐了)、寻求信息(楼下小店卖盐)、购买决策(去买盐)这三步。

(一)确认需求

消费者进入市场后的第一步是确认自身需要解决的"问题",即存在的某种需求。消费者需求的来源很多,一般有:缺货;对正在使用的产品或现实情境不满意;由于生活中的变化导致新的需要和欲求;由对一种产品的购买引起的对相关产品的购买意向;新产品;企业的营销因素引起的需求等。

(二)寻求信息

当消费者意识到一个问题需要通过对某种产品或服务的购买才能得到解决,便开始寻找制定购买决策所需要的信息。最开始的搜索通常是对储存在记忆里的信息进行扫描,回忆过去有关购买选择的经验和知识,这称为内部搜寻。对于一些日常用品的重复性购买,对储存在记忆里的以前所获得的信息进行比较就可以做出决定了。如果内部搜寻没有获得足够的信息,消费者便可以通过外部搜寻搜集新的信息。信息的外部来源主要有以下四个方面:

(1)个人来源,指通过家庭成员、朋友、同学或者同事等关系获得的信息。

(2)商业来源,指通过企业的广告、展览会、推销员介绍等途径获得的信息。

(3)公共来源,指通过社会公众传播得到的信息,如消费者协会、政府有关部门提供的信息等。

(4)经验来源,指消费者通过直接使用商品得到的信息。

消费者决定使用外部信息来源的数量和方式取决于购买决策的重要性、获取信息的难易程度、过去相关经验的积累、同购买决策相联系的风险感知程度以及可支配的时间等。

项目 5　分析市场购买行为，洞悉客户需求

案 例

小红书，"种草"容易"拔草"难

"我已经习惯买东西之前都先上小红书上搜一下了。甚至在疫情期间几乎每天都会使用小红书来研究菜谱。"95后女生静静(化名)是小红书的资深用户。平时只要涉及消费决策的事情，她都会到小红书寻找答案，小到粉底、口红的色号，各个季节的衣服穿搭，大到出行旅游、家居装饰、婚礼安排等。

小红书正在褪去根植于人们心中的小众、女性、种草的标签，变成了一座分享生活方式的城池，并不断抢占其他垂直类平台的流量。

从"种草"到"拔草"，看似水到渠成，但小红书在打造电商闭环这条路上努力多年，一直在为别人作嫁衣。用户的常态是，在小红书完成"种草"，再跳转到其他平台"拔草"。目前价格优势在小红书不是特别明显，消费者也在进化迭代。当小红书面临着一群对价格敏感、对消费更理性的年轻用户，却没有提供相应的价格价值，用户自然"种草"之后就会走掉。

当快手、抖音、B站快速抢占用户时长和心智，小红书只能加速狂奔，用尽全力追赶短视频、直播的前沿风口。小红书未来的商业增长潜力主要取决于两点：一是能否在克制的商业化下，不断拓展内容生态的变现价值；二是能不能真正从一个流量平台变成一个商业平台，深入人与货、人与服务交易的核心链条。作为积累了大量用户和内容的综合性社区平台，小红书的未来依然充溢着向上的希望。但前提是，必须在维持内容生态和加速商业化变现的矛盾点上，尽快给出解答。

(三)评价比较

当消费者从不同的渠道获取到有关信息后，便会对可供选择的品牌及产品进行分析和比较，并对各种品牌的产品做出评价，最后确定购买决策。消费者对搜集到的信息中的各种产品的评价主要从以下几个方面进行：分析产品属性；建立属性等级；确定品牌信念；形成"理想产品"；做出最后评价。企业应不断开发出满足消费者不同需求的产品，并使产品的商标、特点给消费者留下印象，以便于消费者选择与比较。

阅读资料

评价比较时的"锚定理论"

所谓"锚定理论"，说的是我们在做决策时，很容易受到初始信息(先接收到的信息)的影响，并不自觉地以它们作为参考。比如，大家在超市买东西时，看到某矿泉水瓶上写着"建议零售价2元"，但超市的标价为1.5元，就会觉得很便宜。这是为什么？因为消费者先看到的是"建议零售价2元"，内心已经把2元当作参照物，此时实际售价只有1.5元，这种建议零售价与实际售价的价差，会让客户觉得很实惠，有一种占便宜的感觉，于是就会愉快地购买。

1. 价值锚

营销中一个现实的真理就是：客户感受到多少价值，他就将为这个产品支付多少

钱。所以,在成交之前,我们需要给客户种下一个价值锚,让客户清晰地感知到产品的价值。比如,小米插线板被赋予价值锚,类似"27W MAX 快速充电""30 分钟为手机充电60%""3 个 USB 接口,可为多个设备同时充电,无需充电器插头""设备含过载保护,使用更安全"等文案,把一个普通插线板打造成了高级产品,让客户有一种"我买值了"的感觉。

2. 价格锚

所谓价格锚,就是先告诉客户原价是多少,用这个原价,在客户脑海里形成锚定值。原价越高,客户的锚定值就越高。

3. 制造"参照锚"

所谓"参照锚",就是设定一个客户所熟知的参照物,用这个参照物突显产品的性价比。利用对比,让客户觉得产品物超所值。比如,很多咖啡厅会摆放价格较高的矿泉水,原因就在于让客户感受到,一瓶水都要卖 28 元,对比起来,一杯咖啡 30 元,价格显得就没那么高了。

(四)购买决策

1. 购买决策的影响因素

经过评价比较阶段,消费者可能会形成某种购买意图。然而,在购买意图形成之后,有两种因素会影响消费者的购买决策:

(1)他人的态度。其他人如果在消费者准备进行购买时提出反对意见或提出了更有吸引力的建议,可能导致消费者推迟购买或放弃购买。

(2)出现了未预料到的情况。在消费者准备进行购买时所出现的一些意外变故也可能使消费者改变或放弃购买决策。如消费者家中出现意外急需资金,消费者突然失去工作或稳定的收入来源等都有可能导致消费者改变购买决策。购买决策的影响因素如图 5-3 所示。

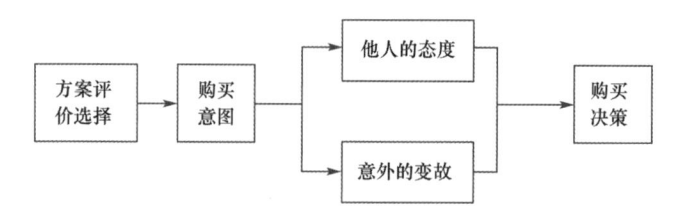

图 5-3 购买决策的影响因素

2. 决策风险

消费者决定购买时,都会面临一些问题,即购买某商品给自己带来了满足的同时,也会带来他不愿意、不希望看到的现象或潜在危害,甚至会带来一些现实的危害。这些潜在的或现实的损失和危害就是决策风险。决策风险是由于消费者不能完全预测到购买决策的结果而担心的一些问题,包括以下几种类型:

(1)功能风险,即购买的商品的使用价值是否能满足消费者的需求。

(2)安全风险,即购买的商品可能本身具有潜在危险,会给消费者的身体带来伤害。

(3)经济风险,一方面购买的商品的价值低于消费者付出的货币量,另一方面购买后不久商品就会打折或降价。

(4) 社会风险，即消费者的购买决策可能会给消费者的社会关系带来损害和危险，如商品的消费会带来环境污染或损害邻里关系。

(5) 心理风险，即消费者的消费决策可能会给消费者本人的形象带来损害和危险，如受到周围朋友、同事的嘲笑。

(6) 时间风险，即消费者在制定购买决策时投入了大量时间和精力，若决策结果令消费者不满意，就会造成时间和精力的浪费。而重新搜集信息、制定决策，又需要花费很多时间，此时消费者就会面临决策的时间风险。

案例 ANLI

精致早餐桃园眷村

主打精致早餐的桃园眷村，早期以开在国际大牌隔壁，售卖"高价"豆浆、油条、烧饼和饭团为卖点，吸引了不少消费者去尝鲜，成为红极一时的店铺。

然而，开业快6年，虽然品牌也会陆续推出一些新品，如小笼包、牛肉面等，但始终没有打造出有别于其他早餐店的爆款产品。如果没有让人记住且愿意回购的单品，消费者也就找不到继续光顾的理由。

众所周知，桃园眷村的门店几乎都选在核心商圈、热门商场里的好位置。虽然商场为了引流，初期也会给予品牌一定程度上的优惠。然而，核心的位置、精致的装修，加上全时段运营等，一个店铺算下来所需的运营成本和开销还是非常大的。再加上目前该品牌已经没有了昔日排队就餐的辉煌，无法为商场带来流量，换位置或者关店将成为最后的结果。

此外，随着桃园眷村的走红，市场上也出现了类似的早餐品牌，和桃园眷村不同的是，它们大多选址在街铺或者社区，因此定价也没那么高。当两个品牌摆在消费者面前，如果产品差别不大，大多数人显然会选择性价比更高的品牌。

3. 降低决策风险的措施

一般来说，消费者降低决策风险的措施主要有：

(1) 加强信息获取。风险产生的根源是掌握信息不充分，为此，消费者应加强信息搜寻工作，努力获取尽可能多的消费信息。随着信息量的增加，购买决策的风险会相应降低。获取的信息越多，风险也就越低。

(2) 保持品牌忠诚度。消费者如果坚守品牌忠诚，只购买自己以前购买过的品牌，由于对其效能和质量等有深入了解和亲身体验，遭受损失的风险就会大大降低。

(3) 购买知名度高的品牌。品牌知名度高的厂商为了维护自己的产品信誉、市场份额和企业形象，通常会向消费者提供质量和服务保证。万一产品出现质量问题，消费者可得到厂商相应的赔偿，从而可以在很大程度上降低损失。

(4) 从信誉高的零售商处购买商品。信誉高的零售商与品牌知名度高的厂商一样，为了维护自己的信誉，提供的商品一般可靠性强，风险程度较低。

(5) 购买价格较高的商品。一般来说，商品的质量同价格成正比。对于收入比较高、对商品价格不敏感的消费者，为了降低购买风险，可挑选价格较高的商品。

(五)购后评价

消费者购买了商品并不意味着购买行为过程的结束,因为其对于所购买的商品是否满意,以及会采取怎样的行为等,对于企业目前和以后的经营活动都会带来很大的影响,所以重视消费者的购后感觉和行为并采取相应的营销策略同售前服务一样是很重要的。图5-4展示了消费者的购后感觉和行为。

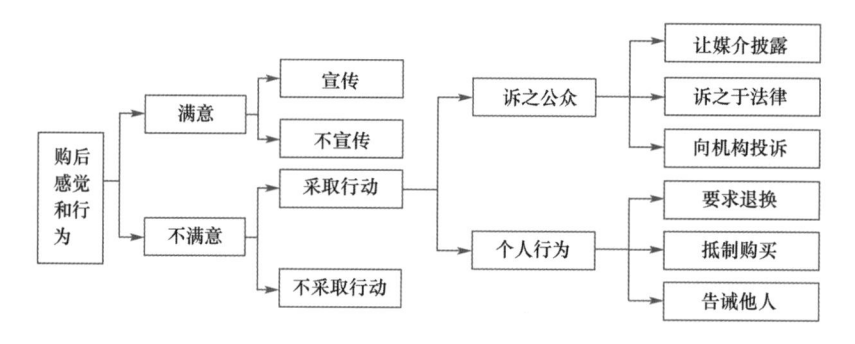

图5-4 消费者的购后感觉和行为

消费者购买产品之后的评价主要有以下两种表现:

(1)购后满意与不满意。消费者购买产品后,通过自己的使用和他人的评价,会对自己购买的产品产生某种程度的满意或不满意的评价。满意或不满意的评价会影响购买者及其周围人群的未来购买行为。满意与否与期望水平有关,当产品的实际表现满足或超过期望水平,消费者就会感觉满意;当实际表现低于期望时,消费者就会感觉不满意。因此企业要提高满意度、减少不满意,就要降低消费者的期望水平,如企业在做广告和推销产品时,要实事求是,不要过分夸大。

(2)购后认知失调。所谓认知失调,是指当消费者做出某项艰难的购买选择之后,体验到的一种心理倾向或购买后的怀疑的感觉。当消费者必须在相近的备选方案中选择并做出重要决策时,这种认知失调就可能出现,尤其是当未入选的方案具有被选方案所不具备的令人满意的特点时,购后认知失调感会更强烈。

当消费者感觉购后认知失调时,可能会使用一些策略来降低这种感觉。他们可能会从其他人那里寻找意见或观点以确认自己的购买决策是英明的,或寻找支持他们所做决策的信息。广告就是这种支持性信息的一个来源,所以,当消费者购买某个产品(选购品)后,会更关心该产品的广告。因此,利用广告巩固消费者的购买决策,对于企业而言十分重要。

坚定消费者对已做出的购买决策的信心,除了利用广告外,企业还可以采用开通消费者热线、回访、寄追踪信件等方式。

五、消费者购买行为类型分析

在错综复杂的因素影响下,消费者的购买行为会有很多类型。从不同角度进行研究,可以将消费者购买行为划分为不同的类型。

美国心理学家阿萨尔根据参与者时间、精力等的介入程度和所购产品品牌间的差异程度,将消费者购买行为分为四种类型:复杂的购买行为、寻求多样化的购买行为、化解不协调的购买行为和习惯性的购买行为,具体见表5-1。

表 5-1　　　　　　　　　　消费者购买行为类型

品牌差异	介入程度	
	高度介入	低度介入
品牌差异大	复杂的购买行为	寻求多样化的购买行为
品牌差异小	化解不协调的购买行为	习惯性的购买行为

(一)复杂的购买行为

当消费者购买一件贵重的、不常买的、有风险的产品时,如购买汽车,由于产品品牌差异大,消费者对产品缺乏了解,因而需要一个学习过程,广泛了解产品性能、特点,从而对产品产生某种看法,最后决定是否购买。

对于销售这种需要高度投入购买的产品的营销员来说,他们必须懂得搜集信息并评估这类消费者的购买行为。他们应采取有效措施帮助消费者了解产品性能及其相对重要性,使其了解本企业品牌在重要属性上的优势及其给购买者带来的利益;他们还可以通过各种促销手段(如印刷产品说明书)和激励商店一线销售人员的办法,来共同影响购买者的最终选择。

(二)寻求多样化的购买行为

有些产品品牌差异明显,但消费者并不愿花太长时间来选择和估价,而是不断变换所购产品的品牌。这样做并不是因为对产品不满意,而是为了寻求多样化。例如,购买饼干、点心、糖果等小食品时,人们往往只是为了换换口味而转变品牌。

针对这种购买行为类型,市场领导者可采用销售促进和占据有利货架位置的办法,保障供应,鼓励消费者购买;其他企业可利用价格优惠、免费试用和强调产品特色的广告,来吸引顾客寻求不同特点的品牌。

(三)化解不协调的购买行为

有些产品品牌差异不大,消费者不经常购买,而购买时又有一定的风险,所以消费者一般要比较、看货,只要价格公道、购买方便、机会合适,消费者就会决定购买。购买以后,消费者也许会感到有些认知失调或不够满意,但在使用过程中会了解更多情况,并寻求种种理由来减轻、化解这种不协调,以证明自己的购买决定是正确的。经过由不协调到协调的过程,消费者会有一系列的心理变化。

针对这种购买行为类型,市场营销者应注意运用价格战略和人员的推销战略,选择最佳销售地点,并向消费者提供有关产品评价的信息,营销员应该重视售后信息沟通,使消费者在购买后相信自己做了正确的决定,尽量避免或尽快消除购后认知失调感。

(四)习惯性的购买行为

对于价格低廉、经常购买、品牌差异小的产品,消费者不需要花时间进行选择,也不需要搜集信息,因而其购买行为最简单。消费者只是被动地接收信息,是出于熟悉而购买,也不一定进行购后评价。最典型的就是油、盐、酱、醋等常用消费品的购买。

对于这类习惯性购买的产品,营销员可以用价格优惠、电视广告、独特包装、销售促进方式鼓励消费者试用、购买和续购其产品。由于消费者并不重视品牌,企业广告宣传上要特别重视突出本企业品牌的视觉符号和形象特征,力图给顾客留下深刻印象,以便引导顾客对本企业产品实现习惯性购买。

营销员还可以尝试将低投入产品转换成某种中高投入的产品,如可将相关论点或观念与这类产品联系起来,引起顾客注意,也可能收到较好的效果。例如,宝洁公司将佳洁士牙膏与保持牙齿健康联系起来,雀巢公司将雀巢咖啡与消除疲劳联系起来等;或者可在普通的产品中加入一个重要的特征,如一种普通的饮料中加入维生素的成分等。

案例 ANLI

场景营销,培育年轻人的购买习惯

随着"Z世代"成为新兴消费市场的主力军,追求个性的他们,对于品牌的要求越来越挑剔。玩转场景营销,成为很多品牌突出重围的方式。比如,从豆浆机起家的家电品牌九阳,发现年轻人越来越追求下厨的乐趣和仪式感,推出了各种造型可爱、功能多样的厨房小家电,营造出健康潮流的下厨氛围,引发了年轻消费者的抢购。老字号东阿阿胶也开启了不一样的营销新玩法,引领了养生潮流,不断焕新品牌形象。

近年来,年轻消费者对健康养生的关注度持续提升。再加上疫情催生出全民养生的氛围,使得健康消费成为年轻人的刚需。为了满足年轻人随时随地的养生需求,东阿阿胶发布了新产品"健康小金条"东阿阿胶粉。东阿阿胶在微博联合多位来自健康养生、生活方式等领域的大V,发起了"惜命如金的样子有多努力"的话题以及"限时领取健康小金条"的抽奖互动,用趣味的方式引发年轻人对养生的讨论,吸引了大量用户的自发参与。在小红书上,东阿阿胶和时尚博主、白领等不同身份的达人合作,邀请他们创作真实的种草笔记,内容形式多样,包括体验分享、翻包记、美食食谱等。

有着深厚文化内涵、承载着大众情感的各种节日,成为品牌借势营销的好机会。东阿阿胶已经连续举办13年冬至阿胶滋补节。在冬至滋补节前夕,东阿阿胶发布了创意条漫"站队啦!养生也分派别,你是哪一派?",以生活化、趣味化的方式刻画了当下年轻人对待冬季养生的不同态度和做法。从年轻人熟悉的生活场景出发,以简单易懂、轻松幽默的方式剖析各种养生误区,并进行科普,瞬间拉近了和年轻人之间的距离。

任务2　分析组织市场购买行为

组织市场是由生产企业、中间商、政府机构和一些非营利性的社会团体、组织形成的对企业产品和服务需求的总和。

一、生产者市场购买行为分析

生产者市场又称产业市场,指采购产品或服务,以用于生产加工出其他产品或服务,然后销售或提供给购买者的市场。换言之,这个市场

微课:组织市场消费者行为

购买的目的是通过加工来赢利,而不是个人消费。

(一)生产者购买行为的特点

生产者购买行为的模式、影响因素以及购买程序与生活资料消费者的购买行为既有很多相同之处,也有明显的差别。生产者购买行为的特点具体表现为:购买者少;交易量大;区域相对集中;需求受消费品市场的影响(所谓的"派生性需求"或"引申需求");需求缺乏弹性;需求受社会影响较大;专业性采购;直接采购;品质与时间的要求高;由多数人影响购买决定等。

案例 ANLI

华为转型面对的客户差异

华为公司崛起于通信行业,最初靠卖通信设备和解决方案取得成功,并在国际上打开市场,成为全球通信行业有影响力的巨头之一。华为之前根据所针对的客户属于B2B领域,而做手机属于B2C领域,这是两种不同的业务模式,相应需要两种不同的能力。

1. 运营商注重耐用性——质量、稳定性

运营商客户,特别是针对通信设备,最注重的是耐用性、质量,毕竟通信设备一旦投放出现问题,那就不是小事情,涉及一个区域大面积的通信安全、故障率。同时服务要好,一旦出现问题,就要快速响应、进行处理。

在行销模式上,工业品与大众品有一个典型区别,就是相对而言广告投放少。华为在做通信设备时很低调,基本上很少投放广告,因为它需要直接面对通信运营商客户。

2. 消费者注重产品设计、功能

消费者客户对产品的关注点,特别是时尚属性产品的关注点,与工业品完全不同,产品外观设计、样式很重要。

今天,手机行业逐渐成为具有时尚属性的快消品(更换频率变快),注重样式、功能。特别是款式新颖、外观炫酷的产品更受消费者青睐,相对产品的溢价能力也高。

针对消费者客户,企业往往要采用大众消费品的行销方式——媒体广告、渠道覆盖、终端拦截等形式。

(二)生产者购买行为的类型

生产者购买行为的复杂程度和采购决策项目的多少,取决于采购业务的类型。采购业务一般有三种类型:直接重购、修正重购和全新采购。

1. 直接重购

直接重购是指企业采购部门为了满足生产活动的需要,按惯例进行订货的购买行为。企业采购部门根据过去和供应商打交道的经验,从供应商名单中选择供货企业,并连续订购采购过的同类产品,这是最简单的采购。在这种情况下,原供应者应尽力提高产品质量和服务水平,为客户提供各种便利,巩固供应关系;新的供应者竞争机会较少,可从零星小量交易开始,逐步扩大,以争得一席之地。

2. 修正重购

修正重购是指企业的采购人员为了更好地完成采购任务,适当改变采购产品的规格、价格和供应商的购买行为。这类购买情况较复杂,参与购买决策过程的人数较多。原来的供应商必须做好市场调查和预测工作,积极开发新的品种规格,努力提高生产效率,降低成本,满足修正重购的需要,设法保护自己的既得市场。对于新的供应商来说,则会有较多的竞争机会。

3. 全新采购

全新采购是指企业第一次采购某一产品或服务的购买行为,这是最复杂的采购行为。新购买产品的成本越高,风险就越大,决策参与者的数目就越多,需搜集的信息也就越多,完成决策所需时间也就越长。这种情况对供应商是最好的竞争机会,可派出专业推销人员携带样品或样本上门推销,尽量提供必要的信息,帮助用户解决疑问,减少顾虑,促成交易。

在这三类采购业务中,直接重购最简单,全新采购最复杂。全新采购的决策必须包括以下内容:产品规格、价格变动幅度、交货条件和时间、服务条件、支付条件、订购数量、可考虑的供应商、选定的供应商等。

(三)生产者市场采购的角色

在任何一个企业中,除了专职的采购人员外,都还有一些其他人员也参与购买决策。所有参与购买决策的人员构成采购组织的决策机构,也称为采购中心。企业采购中心通常包括五种成员:

1. 使用者

使用者是实际使用欲购买的某种产品的人员。使用者往往首先提出购买某种所需产品的建议,并提出购买产品的品种、规格和数量。

2. 影响者

影响者是企业内部和外部直接或间接影响购买决策的人员。他们通常协助决策者决定购买产品的品牌、品种、规格。企业技术人员是最主要的影响者。

3. 采购者

采购者是在企业中具体执行采购任务的专业人员。在较为复杂的采购工作中,采购者还包括那些参与谈判的公司其他人员。

4. 决定者

决定者是企业中拥有购买决定权的人。在标准品的例行采购中,采购者常常是决定者;而在较复杂的采购中,企业领导人常常是决定者。

5. 信息控制者

信息控制者是在企业外部和内部能控制市场信息流到决定者和使用者那里的人员,如企业的采购代理商、技术人员和秘书等。

企业营销者必须注意了解生产者购买的具体参与者,尤其要了解谁是主要的决策者,以便采取适当措施,影响最有影响力的重要人物。

(四)影响生产者市场采购决策的主要因素

我们可以把影响生产者市场采购决策的因素归为四类:环境因素、组织因素、人际因素和个人因素(图5-5)。

项目 5　分析市场购买行为，洞悉客户需求

图 5-5　影响生产者市场采购决策的主要因素

1. 环境因素

环境因素包括政治、法律、文化、技术、经济和自然环境等。

2. 组织因素

组织因素包括企业的目标、政策、业务程序、组织结构、制度等，这些都会影响生产者购买决策。

3. 人际因素

生产者购买决策过程比较复杂，参与决策的人员较多，这些参与者在企业中的地位、职权、说服力以及他们之间的关系都会影响到企业的购买决策。

4. 个人因素

生产者市场的购买行为是组织行为，但最终还是要由若干个人做出决策并付诸实践。每个参与购买决策的人，在决策过程中难免会掺入个人感情，从而影响参与者对要采购的产品和供应商的看法，进而影响购买决策。

案例 ANLI

德力西电气，工业品牌也可以细腻有温度

与快消品不同，工业行业的广告语焦点也往往集中于业务端，多是数据的呈现、理性的表达。反观当下社交媒体大环境，有情绪、有态度、有审美的表达，更能引发共鸣，亦与宏大叙事共振。

德力西电气率先打破了制造企业的传统角度，以"看见看不见的力量"为主题，发起全面的品牌形象传播战役，其"言说式品牌诗"系列影片令人耳目一新。首先，在关键词选择这一细节上，德力西电气反复锤炼推敲，展现不同行业背后的信念与坚持——澎湃的电力，即是强盛的国力，以"担当"为电保驾护航；带着暖的温度的家居产品，用"热爱"打开更好的家；创新研发新系列产品，用"超越"建构明天的力量；"进取"开拓，实现工控人的中国制造梦；用行动诠释与经销商强大的命运共同体，让"承诺"的力量被看见。

（五）生产者市场购买决策过程

各行业、各企业的采购决策过程并没有统一的固定程序。一般认为，生产者市场购买者决策过程可分为八个阶段，但并非每项采购都要经过这八个阶段，还要依据采购业务的不同类型而定。表 5-2 说明了各个阶段的各类采购业务是否有必要。由此可见，直接重购的决策阶段最少；修正重购的决策阶段居中；全新采购的决策阶段最长，一般要经过八个阶段。

117

表 5-2　　　　　　　　　　生产者市场购买决策过程

购买阶段	购买类型		
	全新采购	修正重购	直接重购
提出需要	是	可能	否
确定总体需要	是	可能	否
详述产品规格	是	是	是
寻找供应商	是	可能	否
征求供应信息	是	可能	否
供应商选择	是	可能	否
发出正式订单	是	可能	否
履约评估	是	是	是

1. 提出需要

企业内部对某种产品或劳务提出需要,是采购决策过程的开始。提出需要一般是由于以下两方面刺激引起的:一个是内部刺激,包括企业决定推出新产品,需要购置新设备或原材料;企业原有的设备发生故障,需要更新零部件;已采购的原材料不能令人满意,企业正在物色新的供应商;另一个是外部刺激,如展销会、广告或供应商推销人员的访问等,促使有关人员提出采购意见。营销者应当主动推销,经常开展广告宣传,派人访问用户,发掘潜在需求。

2. 确定总体需要

提出了某种需要之后,就要把所需产品的种类与数量,从总体上确定下来。复杂的采购任务,由采购人员同企业内部的有关人员共同研究确定;简单的采购任务则由采购人员直接决定。在此阶段,营销者可向购买者描述产品特征,以协助生产者确定其需求。

3. 详述产品规格

总体需要确定后,接下来还要对所需产品的规格、型号等技术指标做详细的说明。这要由专业人员运用价值分析法进行。价值分析是一种降低成本的分析方法,目的是在保证不降低产品功能(使用价值)的前提下,尽量减少成本,以取得更大的经济效益。经过价值分析后,要写出详细的书面材料说明技术要求,作为采购人员进行采购的依据。供应商尽早地参与产品价值分析,可以影响采购者对产品规格的确定,以获得中选的机会。

4. 寻找供应商

采购人员通常利用工商名录或其他资料查询供应商,有时也通过其他企业了解供应商的信誉。供货企业应想方设法提高自己的知名度,以便于买方查找。

5. 征求供应信息

企业有了备选的供应商后,一般会要求他们尽快寄来产品说明书、价目表等有关信息资料,特别是较复杂和贵重的项目,必须要有详细的资料才能做出决策。这时,营销者要注意整理、编写好产品目录、说明书、价目表等资料,在这些资料中应对产品进行详细介绍,并包含促销的内容。

6. 供应商选择

采购者在做出最后选择之前,还会与选中的供应商就价格或其他条款进行谈判。采购中心和供应商应该是双赢的合作模式,而不是一方利益的增加建立在另外一方利益的减少上。此外,采购者还必须确定供应商的数目。许多采购者喜欢采用多种渠道进货,这样一方面可以避免自己过分地依赖于一个供应商,另一方面也使自己可以对各供应商的价格和业绩进行比较。需要强调的是,供应商的数目未必越多越好,这主要是由企业对供应商管理成本的限制决定的。

7. 发出正式订单

采购者选定供应商之后,就会发出正式订货单,写明所需产品的规格、数目、预期交货时间、退货政策和保修条件等项目。通常情况下,如果双方都有着良好信誉,那么一份长期有效合同可以建立一种长期的关系,以避免重复签约的麻烦。在这种合同关系下,供应商保证在特定的时间之内根据需要按协议的价格条件持续供应产品给买方,存货由卖方保存,因此,该种方式也被称为"零库存"。

8. 履约评估

用户购进产品后,其采购部门就会主动与使用部门联系,了解所购产品的使用情况,询问使用者的满意程度,并考察各个供应商的履约情况,以决定今后对各供应商的态度。因此,供应商应认真履行合同,尽量提高买方的满意程度。

总之,生产者市场是一个富有挑战性的领域,营销者应调查研究产业用户的需要和采购决策过程,了解其不同阶段的特点,拟订出有效的营销方案,才能获得营销的成功。

阅 读 资 料

To B 运营,内容营销是一个绕不开的话题

提到 To B 运营,内容营销是一个绕不开的话题。在客户认知、考虑、偏好、初次使用、持续使用、续费等生命周期的各个阶段,内容营销都起着很大的作用。

罗兰贝格在其《B2B 销售的数字化未来》报告中提到:B2B 买家在首次接触销售人员之前,会独自完成整个购买流程的近57%。90%的 B2B 买家会在线上搜索相关品牌、产品或者功能等关键词,70%的 B2B 买家会在线上观看相关视频内容。

二、中间商市场购买行为分析

中间商市场也称为转卖者市场,指组织或个人以盈利为目的而购买产品或服务后将之转卖所形成的市场,包括批发商、零售商、代理商。

(一)中间商购买行为的特点

中间商在地理分布上比生产商分散,比消费者集中。生产者市场的特点中间商市场大部分也具有,二者都属于组织市场,有许多相似之处。中间商购买行为同生产者购买行为也有许多相似之处,如中间商的采购决策也有若干人参与;其决策过程也是从确认需要开始,以决定向谁进货告终;购买者行为同样受环境、组织等因素的影响。此外,中间商市场还具有以下特点:

1. 派生需求

中间商对商品的需求是由消费者对商品的需求引发而来的,所购商品的品种、花色、规格、数量、价格和交货日期等受到消费者需求的制约和影响。

2. 挑选性较强

中间商进货时讲究商品组合配置,品种齐全、花色丰富,以满足消费者的多样化需求,从

而提高购买效益。

3. 需求弹性较大

中间商购买商品是为了再转售,对购货成本(中间商市场的价格变化)较为敏感,其需求量随价格的变化而变化。

4. 批量购买,定期进货

中间商大都有固定的进货渠道,一次性购买的数量较大,且有较规律的进货时间。

(二)中间商购买行为的类型

中间商购买行为可以分为以下几个类型:

1. 新品种的购买

这与前述的生产者的全新采购不同,生产者出于生产需要,非买不可;而中间商对某种新产品的需求取决于市场需求,由市场需求来决定是否购进。

2. 选择最佳供应商

中间商需要经营的产品确定后,经常要考虑的是如何选择最佳的供应商,即向谁进货。如美国零售商西尔斯公司和A&P公司经营的商品,绝大部分是自己的品牌,因此它们采购工作中的主要问题就是如何选择最佳合作者。

3. 寻求较好的供应条件

有些中间商不需要更换供应商,但希望从原有的供应商那里获得更有利的供应条件。

(三)中间商购买决策

如前所述,中间商是其顾客的采购代理。因此,它们必须按照顾客的需求来制订购买计划。中间商购买计划包括三个主要决策:

1. 商品搭配战略

商品搭配战略是最主要的决策,它决定着中间商的市场地位。批发商和零售商等可选择的搭配战略有以下四种:

(1)独家产品。只经营一家厂商制造的产品,如专门经营"松下"电视机。

(2)深度搭配。经营各厂家制造的同类产品,如经营"松下""日立""长虹""厦华"等许多厂商制造的各种型号的电视机。

(3)广泛搭配。经营范围十分广泛,但并没有超越企业既定的类型,如不仅经营各种型号的电视机,而且还经营DVD、组合音响、磁带、唱片等各种音像设备。

(4)混合搭配。经营各种无连带关系的商品,如不仅经营各种音像设备,而且还经营电冰箱、洗衣机、微波炉、吸尘器等。

2. 供应商的选择

中间商在决定是否采购某种产品或选择某家供应商时,通常要考虑的主要因素是:商品价格和利润率;商品的独特性和受顾客欢迎的程度;供应商对该产品的市场定位及营销策略;供应商为该产品提供的广告和促销补贴;供应商的声誉和企业形象等。

3. 采购的价格和条件

随着市场竞争的加剧,中间商在采购时特别注重价格谈判,这也是营销者必须予以注意的。尤其是当中间商的经营成本上升或消费者需求突然下降导致边际利润减少时,更要注意进货价格。

案例

宜家采购的低成本模式

宜家全球23%的产品采购来自中国。在中国成本飞速上涨的时代,为了实践这句宣言,宜家的团队不放过每一个可能降低成本的方法。

宜家一个产品的诞生需要经过设计、采购、制造、物流、终端零售五个过程。"具有竞争力的价格"是宜家提供消费者可接受的产品价格的方法之一。全产业链的掌控使得宜家从源头就有可能对成本进行控制。宜家拥有自己的设计团队,在产品开发设计阶段就可以根据原材料的价格浮动以及代工厂的生产能力选择"正确"的技术和材料,制订不同的设计方案。

全产业链中,采购环节对于成本控制以及终端产品质量好坏来说非常重要,宜家也需要从日益上涨的中国采购成本中省下每一分钱。中国的550个员工负责从玻璃、蜡烛到办公椅和板式家具等17个品类的采购,如何和他们共同发展生意变得尤为重要。

喜临门甚至参与宜家一款床垫的设计。这款名为EISDAL的床垫是为了适应中国人的需求而特意开发的。中国人相比欧洲人喜欢睡比较硬的床垫,长期在床垫行业中积累了经验的喜临门非常了解中国人的类似喜好,和宜家花了6个月开发了这样的床垫。宜家把这样与供应商合作生产的产品称为free range系列。由于在中国销售情况超过了预期,目前宜家计划在东南亚、日本等国进行市场推广和销售。

宜家正在供应商之间推行"卖方管理的补货措施"的项目。这个项目希望达到的理想目标是,宜家向供应商开放其动态库存,每卖出一张床垫,喜临门都能获得相关的信息。这样能够使整个物流供应链的反应时间缩短,从而达到降低成本的目标。这个项目考核的重点是供应商供货的保障能力。原来供应商是接到订单来做,而现在是自己要去判断,去和宜家一起分析会有什么订单,分析会有什么样的销售发展趋势。

(四)中间商购买决策过程和影响因素

中间商购买决策过程与生产者类似,这里不再赘述。由于科学技术的发展,企业大量采用电子计算机和电子通信设备来处理采购业务,如控制库存量、计算合理的订购量、处理订单、要求卖方报价等。有些产品还实行无库存式的采购,即采购者利用电子计算机系统向供应者发出订货通知,供应者根据订货通知随时供货,中间商特别是零售商不用建立自己的仓库即可随时得到产品供应,这对加速资金周转和降低经营费用有重要意义。

中间商的采购者同生产者一样,也要受到环境因素、组织因素、人际因素和个人因素的影响。此外,采购人员的采购风格,中间商也要予以考虑。

案例

百安居低价的秘密

连锁经营、规模采购是实现低价优势的坚实基础。门店数量的快速增加,采购规模的不断放大,使得百安居与供应商价格谈判时的筹码不断加重。百安居凭借自身的实力与优势,跳开中间商的繁复环节,从生产厂家直接进货。据测算,产品的直接采购成本比中间商供货下降 25% 以上。

更引人注目的是,百安居率先完成了国内采购与国际采购的整合与互动,百安居的母公司——英国翠丰集团的亚洲采购中心总部落户上海。"翠丰亚洲采购中心代表的是其全球 700 家店的采购量,与原先国内 18 家百安居门店的采购量相比,规模扩大了将近 40 倍。因此,凭借这一庞大的采购量,百安居的价格优势将大大增强。"百安居中国区总裁表示。全球的产品订单(全球 2 929 家店)降低了采购成本,直接向生产商订货,取消了中间环节,找大供货商从源头入手。

采购成本和价格的降低还包括:采取经销而不是代理作为压低价格的谈判筹码、对部分单品进行买断以及下订单、渗入生产企业,传授成本管理模式,降低供应商的生产成本、给供应商提供最合适超市而不是华而不实的包装建议和产品设计建议。

三、政府市场采购行为分析

政府市场指各级政府为执行其主要职能而采购或租用商品所形成的市场。也就是说,政府市场上的购买者是国家各级政府的采购机构。各级政府通过税收、财政预算等,掌握了相当大的一部分国民收入,形成了一个规模很大的市场。政府市场的规模往往是消费者市场规模的几倍,所以政府市场一直是企业十分关注的市场。

(一)政府市场采购行为的特点

同私人购买或企业购买相比,政府采购具有以下特点:

1. 行政性

政府采购决策是一种行政性的运行过程,要严格遵守行政决策的程序,代表政府的意志,遵循组织原则,并非将经济利益作为唯一的评价标准。

2. 社会性

政府要承担社会责任和公共责任,其中包括采购行为在内的所有行为不能只对政府机构负责,而必须对全社会负责。所以采购行为必然要综合考虑对诸如环境、就业以及国家安全等各方面的影响。同时,政府采购行为的本身也要接受社会的监督。相比私人采购要接受董事会和股东的监督而言,政府采购接受监督的范围要大得多。

3. 法治性

在法治国家中,政府行为的基本特征是必须在法律允许的范围内运行,所有行为必须符合法律的规范和原则。所以政府采购的对象、程序和操作都必须用法律的形式加以规定并严格执行。

4. 广泛性

政府是对国家和社会实行管理和服务的机构,其涉及的事务范围极其广泛,政治、经济、军事、教育、医疗卫生、资源开发、环境保护,几乎无所不包。所以其采购的领域必然也十分广泛,涉及的货物、工程和服务会和众多的产业有关,从而也给各行各业创造了市场机会。

(二)政府采购组织

政府市场是由各种为执行政府职能而采购或租用商品的中央、省区及基层的政府单位组成的。在美国,政府已经成为全美国最大的采购组织,政府采购约占国民生产总值的

20%。在我国,社会主义市场经济体制下的政府将成为一个新的采购主体,政府采购市场潜力巨大。关于这一点,所有的企业都应予以足够的重视。

(三)政府采购决策过程

政府采购建立在政府机构为实现国家及公众目标所必须得到的产品或服务的基础上。政府采购同其他组织的采购一样,需要就购买什么、购买多少、在什么地方购买、何时购买、要支付多少款项以及需要哪些相关服务等内容做出决策。这里需要提及的有两点:一是政府采购会很注重那些能满足要求的最低出价者;二是企业需要了解政府究竟要采购哪些产品。以美国政府为例,它们要购买工艺品、教育设施、家具、卫生设施、衣服、材料搬运设备、灭火器、汽车以及燃料等,还要在邮政建设、太空研究、住宅及城市改造等方面形成少量支出。政府采购流程如图 5-6 所示。

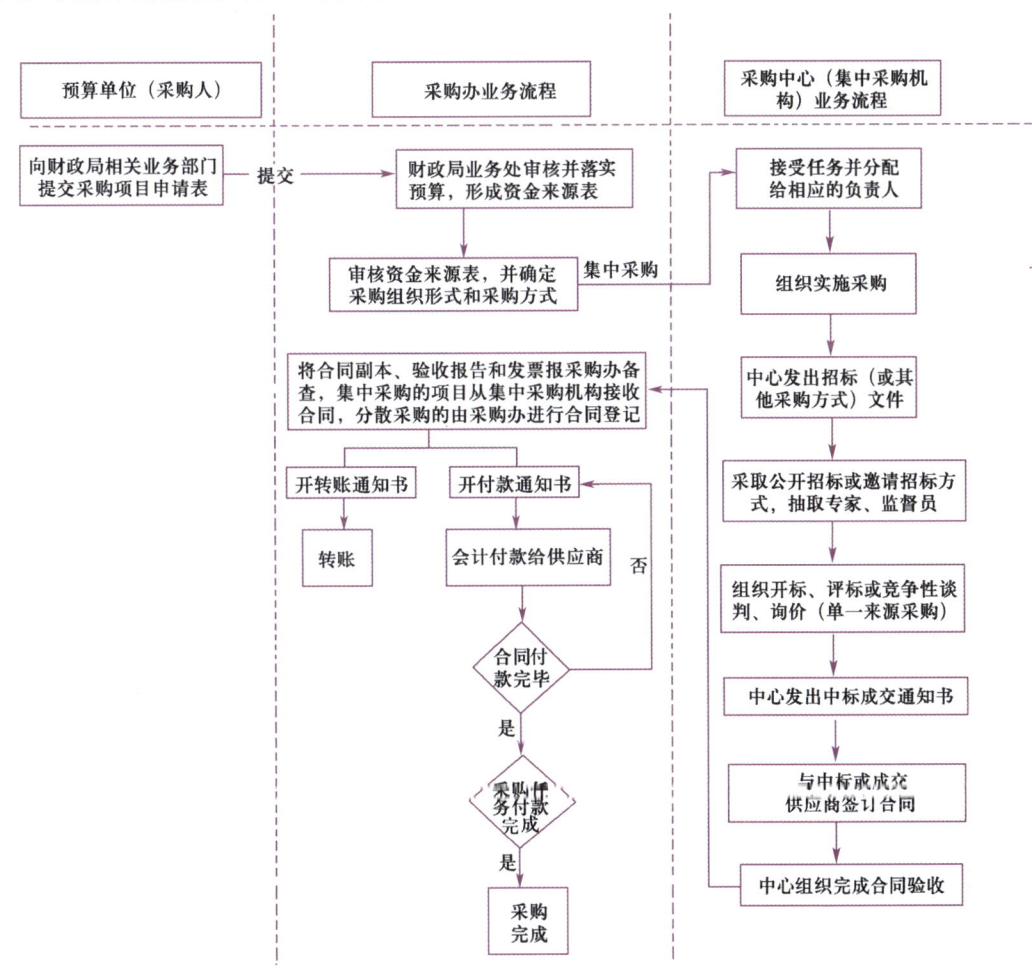

图 5-6 政府采购流程

(四)政府采购方式

政府采购主要受两个方面因素的影响:一是财政预算,其有规定金额、指定购买方向以及检查的作用;二是由于政府采购规模大且属非私人性购买,因此要受到廉政建设的监督和公众的评论。政府的采购方式主要有两种类型,即公开招标和协议合同。

1. 公开招标

公开招标是指政府采购办事机构邀请合格的供应商对政府的购买项目进行投标。一般来说,中标者是出价最低的供应商。除了日用品和标准品之外,对非标准品来说,供应商必须考虑产品的规格要求及政府能够接受的条件。在某些情况下,如按时或提前高质量完成任务,政府部门会给予供应商一定的奖励或折扣。

2. 协议合同

协议合同是指采购机构同一家或多家供应商接触,并就项目和交易条件进行谈判,最后达成采购协议。这种采购方式主要用于复杂项目的交易。供应商如果能将成本降下来,就可以获得巨大利润;但供应商的利润过高时,合同就有可能公开复审或重新谈判。

大公司获得的政府合同能给小公司带来足够的分包机会,但是,得到分包合同的小公司必须与主体大公司共担风险。可见,政府的采购活动能为生产者市场创造出很多的延伸性需求。

知识巩固

一、营销术语解释

消费者市场　组织市场　化解不协调购买行为　消费者需要层次　消费者购买动机　生产者市场　中间商市场　参照群体　文化　亚文化　政府市场　公开招标

二、选择题

1. 广告中的裸体画面会令人震惊,然而瑞士航空公司的一则裸体广告则收到了意想不到的成功。但有关人士认为这则广告不适合在我国播放,其主要影响因素是(　　)。

　A. 政治/法律因素　　B. 经济因素　　C. 社会/文化因素　　D. 自然因素

2. 王某正在购买一套三室两厅的单元房,其购买行为属于(　　)。

　A. 习惯性购买行为　　　　　　　B. 寻求多样化购买行为
　C. 化解不协调购买行为　　　　　D. 复杂购买行为

3. 影响消费者购买行为的个人因素主要有(　　)。

　A. 动机　　B. 收入　　C. 民族　　D. 家庭

4. 按照马斯洛的需要层次理论,最高层次的需要是(　　)。

　A. 生理需要　　B. 安全需要　　C. 自我实现需要　　D. 社会需要

5. 所谓"相关群体"是指对某个人的态度或行为有着影响的群体。下面不是相关群体的是(　　)。

　A. 同学　　B. 同事　　C. 象棋俱乐部　　D. 马路上的一群人

6. 下面哪个不是影响生产者购买决策的因素(　　)。

　A. 心理因素　　B. 组织因素　　C. 人际因素　　D. 环境因素

三、简答题

1. 简述需要、动机、行为三者之间的关系。
2. 简述消费者购买决策过程。

3. 在生产者市场采购的不同阶段,营销人员可以开展哪些营销活动?
4. 简述中间商市场采购的影响因素。

案例分析

面对年轻人,五芳斋改变了自己

五芳斋可以说是个不折不扣的"老品牌",不只在年龄上,核心产品粽子更是中国传统美食。随着新消费的崛起,背后是新人群、新场景和新体验的合力。对年轻人来说,可能爸爸妈妈买的粽子,他会吃,但他不一定自己去买。因此,必须给年轻人一个购买五芳斋粽子的理由。

面对这种现状,五芳斋率先改变了自己,在稳固原有的消费群体之外,五芳斋开始调整自己来适应新的消费群体,适应他们的一些特征和喜好。

五芳斋以用户思维做营销,从消费者视角出发,尝试 KOL、短视频、B 站、小红书、H5、快闪店等许多新鲜玩法与渠道和年轻人沟通。2018 年端午节,五芳斋推出了广告片《白白胖胖才有明天》;2020 年端午节,五芳斋量身打造了广告片《朋友们"蘸"起来》。无论是端午节的粽子广告,还是中秋节的月饼广告,五芳斋都用奇特、夸张、冷幽默的故事内容,在年轻人心目中逐渐构筑起其在社交媒体上的品牌风格——反传统、反套路、反差萌,从"老字号"摇身一变成为网感极佳的"新青年"。

2019 年的端午节,五芳斋打造了一个奇幻大片,围绕糯文明,影片化身时光机以从古至今的纬度,以充满国风的视觉呈现,展示从米食起源到端午由来,再到五芳斋发展的历程,向消费者展示品牌的一糯百年心。

为了让品牌保持年轻,五芳斋选择在品牌营销上与各大品牌 IP 跨界合作,展现品牌的活力,拓展在年轻消费者当中的知名度。比如,与迪士尼的跨界合作,和 AcFun 联合推出"AC 五芳流心巧克力月饼",和拉面说、AKOKO 等一大批新消费品牌展开跨界合作,通过产品的品质感、话题性吸引追求新鲜感的年轻消费群体。

思考:
1. 五芳斋是如何利用消费者的购买心理的?
2. 作为老字号品牌,五芳斋应当如何开展品牌的年轻化?

项目实训

借助选购、赠送礼物感受消费者的心理活动过程

1. 实训内容
借助选购、赠送礼物感受消费者的心理活动过程。

2. 实训要求与步骤
(1) 分组设计角色,如拜访顾客、拜访上司、结交男(女)朋友、节日看望父母送礼物(虚拟的)等。
(2) 分组选定礼物(虚拟的),感受设计、制作、购买一份别出心裁的礼物的心理活动过程。

(3)感受送礼物(虚拟的)的心理活动过程。

(4)感受接受礼物的心理活动过程。

(5)小组讨论设计、制作、购买礼物以及送礼物、接受礼物的整个心理活动过程。

3. 项目完成情况评价

<table>
<tr><th colspan="3">内　容</th><th>评　价</th></tr>
<tr><td colspan="2">学习目标</td><td>评价项目</td><td>得分(0~100分)</td></tr>
<tr><td rowspan="2">知识
(30分)</td><td rowspan="2">应知应会</td><td>消费者的心理活动过程</td><td></td></tr>
<tr><td>消费需求发展的趋势</td><td></td></tr>
<tr><td rowspan="5">专业能力
(60分)</td><td rowspan="2">观察体验消费者购买决策的过程</td><td>语言表达清晰</td><td></td></tr>
<tr><td>观察细致</td><td></td></tr>
<tr><td>动机、需要、行为之间的关系</td><td>网络消费书面体会</td><td></td></tr>
<tr><td>沟通能力</td><td>注重互动交流</td><td></td></tr>
<tr><td>创新能力</td><td>角色扮演到位</td><td></td></tr>
<tr><td rowspan="2">态度
(10分)</td><td>态度认真</td><td>守纪律,积极参与</td><td></td></tr>
<tr><td>合作意识</td><td>善于与人相处,重视集思广益</td><td></td></tr>
<tr><td colspan="3">合计得分</td><td></td></tr>
<tr><td colspan="2">个人努力方向与建议</td><td colspan="2"></td></tr>
</table>

成长日记

结合项目5所学的知识和实践,撰写一篇1 000字左右的个人成长日记。挑选部分学生的日记公开交流。

项目 6

制定产品策略，打造一流品牌

教 学 导 航

教		
	教学目标	知识目标： • 通过学习，使学生认识整体产品的概念 • 熟悉产品组合分析的方法 • 深刻认识品牌战略及精细化服务的重要性 技能目标： • 能够把握产品的卖点，完成精品商品推介 • 根据产品市场周期制定相应阶段的营销策略 • 能够解析品牌标志的组成及内涵 思政目标： • 以产品质量为核心的经营理念，达成客户满意目标 • 融入我国品牌企业案例，培养学生树立自强、奋斗、勇于创新的企业家精神；树立以发展民族品牌为己任，争创世界一流的职业理想 • 通过小罐茶、故宫文创产品、百雀羚敦煌系列等文化营销成功案例，引导学生树立文化自信
	授课重点与难点	• 产品的整体概念、产品生命周期、品牌解析
	授课方式	• 知识讲授、案例分析、角色模拟 • 小组陈述汇报、产品推介训练
	授课场所	• 多媒体教室、市场营销实训室 • 商场、超市等实习场所
	建议学时	• 6学时（课堂）、4学时（课外）
	考核方式	• 过程性考核占50%（含课堂展示、汇报、小组作业） • 终极性考核占50%（含知识点、技能训练、营销日记等）
学	学习方法	• 阅读品牌故事、商品相关书籍 • 课堂互动，积极参与小组讨论与陈述汇报 • 角色扮演与体验 • 总结归纳，撰写成长日记 • 参与营销素质拓展活动
	营销训练	• 精品商品推介训练、品牌解读训练、案例分析 • 营销沙龙
	项目任务分解	• 商品整体概念分析 • 产品生命周期分析 • 品牌与包装策略解析

任务 1　理解整体产品概念

产品策略是整个营销组合的基础。市场营销的其他策略都是围绕产品策略展开的,产品策略在很大程度上决定着市场营销的成败。

作为营销人员,应该熟悉所经销产品的属性、特色、结构,针对不同类型的顾客恰当地进行产品演示推介;理解并掌握商场、超市门店营销过程中商品陈列的艺术、常见的沟通情景、问题及其产生的原因。最优秀的推销大师,面对低劣的产品,也无能为力。要制定出正确的产品策略,必须先理解产品整体概念。

案例 ANLI

公牛插座,凭什么这么牛?

质量和安全是公牛企业创业的初衷。公牛插座以结构设计为突破口,以"用不坏"为目标,专注品质,克服了插座使用过程中常见的松动、接触不良和非正常发热等问题。公牛成立了课题组,专门研究产品使用的方便性、安全性和可靠性,还建立了产品设计中心、电子设计中心和工程工艺中心。大到插头、电线、外壳和开关,小到内部铜片甚至螺丝,每一个公牛插座,都要经过27道全方位安全设计。公牛产品一问世,就广受欢迎,虽然价格比同类产品贵了一倍多,但使用安全,质量有保证,公牛逐渐在消费者中建立了口碑。

公牛在每一家卖公牛插座的店面广告牌上打上公牛的标识,而卖插座的地方大多为五金店。因此公牛积极抢占全国各地五金店,免费安装带有公牛标识的广告牌,打造"有公牛的地方就有五金店,有五金店的地方就有公牛"。

一、整体产品概念

(一)整体产品概念的内涵

人们传统思想中的产品概念是狭义的,即指通过劳动而创造的有形物品,是一种看得见、摸得着的东西。市场营销中关于产品的概念要广泛得多,是指提供给市场的能够满足人们需要和欲望的任何有形和无形物品。从销售方来说,产品就是货,是能变成钱的东西,包括实物、服务、场所、点子、思想、品牌等。以消费者购买空调为例,他不仅希望购买到一定品牌、一定款式、价格合理、一定质量的空调,同时也希望企业能免费提供安装维修服务,并定期进行检测。因此,我们对产品的思考必须超越有形产品或服务本身,从消费者的角度来认识和理解产品概念,也就是说,应该明确消费者欲购买什么产品,想从中获得什么。

整体产品概念从现代营销观念来看,是指企业销售给顾客的不仅仅是产品本身,还是一个产品体系,它由核心产品(Core Product)、形式产品(Actual Product)和延伸产品(Stretching Product)三个层次构成(图6-1)。

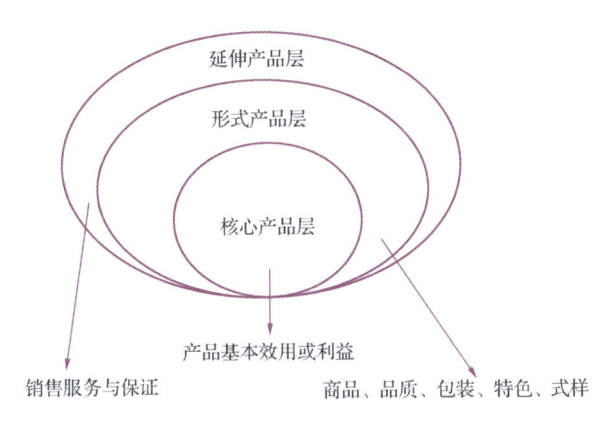

项目6 制定产品策略，打造一流品牌

```
                延伸产品层
            形式产品层
        核心产品层

                产品基本效用或利益
销售服务与保证          商品、品质、包装、特色、式样
```

图 6-1 整体产品概念

1. 核心产品——内在质量

核心产品位于整体产品的中心，指产品能够给顾客提供的基本效用或利益，是埋藏在产品之内，隐藏在消费行为背后的东西。它回答的是"购买者真正需要的是什么"这一问题。每一种产品实质上都是为解决问题而提供的实物或服务。例如，女士购买口红并不是为了获得口红本身，而是要满足爱美的需求；人们购买电脑是为了满足学习、获取信息、交流和娱乐等需要。

案例 ANLI

飞鹤奶粉的终极秘密

目前，奶粉的主要消费者是"90后""95后"妈妈，她们对奶粉价格并不敏感，却对品质要求比较高。在她们看来，配方技术含量高的奶粉更值得青睐。并且，随着信息越来越透明，消费者购买行为趋于理性，这就要求国内企业加强技术研发。

在婴幼儿奶粉领域有着丰富经验的飞鹤意识到，要生产出更适合中国人的奶粉，就必须对中国母乳做深入研究。高端化、新品化是永恒不变的主题。无论是从营养成分，还是科技化、人性化、便捷化的角度来寻找新的增长空间，做法都是不断细分，寻找消费者需要的产品，设计能满足消费者新需求的产品。"90后""95后"新一代妈妈们更注重一站式、专业性的服务，而飞鹤作为本土品牌更了解、更尊重中国消费者，以快、准、狠三部曲制胜领跑。

2. 形式产品——外在质量

形式产品是指产品的本体，是核心产品借以实现的各种具体形式，如质量、形状、款式、颜色、包装、品牌、商标等，是消费者得以识别和选择产品的主要依据。由于同类产品的基本效用大体都是相同的，因此，企业要获得竞争优势，吸引消费者购买自己的产品，必须在形式上多动脑筋。在设计产品时，应着眼于消费者所追求的基本利益，还要注意以独特的形式将这种利益呈现给消费者。如通过改良外观，在满足消费者基本需要的同时，满足其审美需要；通过提高质量，延长使用寿命来满足消费者的经济性需要等。

案例

重新定义高端速食标准，白象食品携鲜面传惊艳来袭

在传统的大众印象中，速食食品似乎代表着对"营养"的妥协，意味着"方便"与"营养"两者不可得兼。但是，白象食品在鲜面传产品的研发中，采用创新科技和优质原料，以"中式口味的足料鲜面"打造所见即所得的高端速食标准，颠覆了大众对速食产品的印象。

秉承着白象食品对高品质原材料、健康营养饮食体验的严苛追求，鲜面传创新采用半干工艺，制作添加≥4%鲜鸡蛋的半干鲜面，并搭配真材实料熬制自然鲜香、无香精味的原炖高汤和浓酱。3分钟快烹，完美还原一碗料全、面鲜的高品质好面。

白象鲜面传依托寻找更适合国人口味的"中华味型"，用鲜面、鲜汤、鲜料还原中国各个城市正宗的面食，使得食客可以在"一城一面"中寻找地域好面，足不出户领略各个城市的面食文化。

3. 延伸产品（附加产品）——服务质量

延伸产品，又叫附加产品，是指购买产品时随同产品所获得的各种附加服务与利益，包括产品的品质保证、技术培训、送货上门、安装调试、维修、融资等服务带来的附加利益以及由产品的品牌与文化、企业形象、员工技能与形象带来的价值等。

案例

雅迪：践行电动车行业标杆服务

随着市场的瞬息万变，电动车行业用户也由最开始关注产品的功能、价格转变为对优质服务和舒适体验的高度关注。作为行业领航者的雅迪，始终以消费者为中心，通过过硬的科技创新和标杆级服务，赢得了全球消费者的好评。

当前，雅迪已在多个城市试点"24小时救援、15分钟快修"的服务模式，并且通过率先在全国各地升级终端门店、开创性导入汽车4S级售后服务标准，创新"人车全保，丢车包赔""暖橙服务行动"等服务方式，满足用户的多样化需求，打造电动车行业的极致服务标杆。

阅读资料

做好用户体验是产品成功的密码

体验经济时代，只有真正做好了用户体验，才能产生价值。

用户体验包括三层：感官层、行为层、情感层。

感官层，就是人的五感——视觉、听觉、嗅觉、味觉、触觉。外观好不好看、材料手感好不好等，这些都是感官层的体验。

行为层，就是用户跟一个产品接触的整个过程中做了哪些动作。能用三步解决，就不要用四步；能用单手，就不要用双手。文字说明能简单就简单，能没有就没有。这就是给用户创造良好的行为体验。

情感层，就是要考虑这个产品设计能不能引起人的情感共鸣，让人感到激动、快

乐、振奋、温暖,等等。

用户体验的五点:健康、方便、便宜、好看、文化。

第一点,健康。现在人类开始追求自然和人类社会的和谐共处,特别是新冠肺炎疫情发生之后,健康、环保成了新的主题。

第二点,方便。方便一定是底层的、朴实的需求,没有人希望想要使用产品(服务)的时候,获取十分麻烦。

第三点,便宜。人们大多追求极致性价比。

第四,好看。好看的产品更容易获得用户的青睐。

第五,文化。产品是有时间和空间脉络的,没有一个产品是脱离时间和空间的。例如,北京西站,非常有中国文化的特色。

所以,要想打造真正的好产品,三层、五点是需要关注的,是基础。

在商品竞争日益激烈的现代社会,延伸产品已成为企业竞争的重要手段。正如美国著名市场营销专家李维特所言,"未来竞争的关键不在于工厂能生产什么产品,而在于该产品提供的附加价值:安装、维修、用户咨询、购买信贷、及时交货和人们以价值来衡量的一切东西。"

重视产品的附加部分,一方面可以为消费者带来附加利益,另一方面还有利于引导、刺激消费者的购买欲望,同时帮助企业完善和开发产品,增强企业的适应力、竞争力,从而获取高附加值。认识到这一点,有助于企业提高对消费者的服务意识,提高企业的竞争力。

案例 ANLI

餐饮品牌的基因——产品主义

为什么众多餐饮企业都在用过度服务、过度装修等来博取食客眼球,却又往往在食客尝鲜的劲头过去之后黯然收场?造成这种现象的根源是对产品本身的忽略。没有极具市场竞争力的产品,没有有生命力、有内涵、有文化、有价值的产品,其他都是空谈。

餐饮与人的关系,是由产品、环境、服务、氛围等多个维度的点滴感受堆积而成的。在这一系列的关系中,产品是打造餐饮品牌的原点。

品牌要始终用产品说话,用产品做代言,永远以产品为介质和顾客发生关系。就像提到麦当劳会想到汉堡,提到星巴克会想到咖啡,餐饮品牌都是以产品为入口,经过强大的体系传达和表达,让品牌和产品实现了共通。

(二)产品属性

产品属性包括性质(工业品、农副产品、信息及各种服务,主要考虑有形、无形)、质量(竞争的基础)、式样(应具有时代特色)、品牌(长远发展的问题)、包装、技术水平、产品价格等。其中,产品的品牌问题要特别引起重视,本书后面会单独进行讲述。

(1)产品质量对企业的重要性:如果把企业比作大树,产品质量就是企业的根,是企业间竞争的基础。

(2)包装是为了便于运输、装卸、储运和销售,采用适当的材料制成与商品相适应的容器,并加以标志和装潢的活动和措施。销售包装又称内包装,有美化和宣传商品的作用,其类型很多,有透明、半透明、开窗式等易于识别商品的包装,也有手提式、易开式、礼品式、配套式等方便携带的包装。

案例 ANLI

卫仕——更适合中国宠物

卫仕是上海宠幸宠物用品有限公司旗下的主力子品牌。卫仕最初从宠物营养品切入,针对中国宠物饲养环境及健康问题,推出覆盖犬猫全生命周期的专属营养品,继而推出膳食平衡系列犬猫主粮。

宠物给了我们很多人情感陪伴及慰藉,像养孩子一样去照顾这些小天使们,从饮食、营养入手,"让爱宠相伴的幸福更长久",是卫仕的产品价值观。

(三)产品分类

不同类型的产品有其各自不同的属性与特征,宜采取不同的营销策略。要制定科学有效的营销策略,就必须对产品进行分类。

1. 按消费产品的有形性和耐用性划分

(1)非耐用品。非耐用品是指使用一次或少数几次的有形产品,例如,啤酒、肥皂和食盐等。这些产品消费很快,购买较为频繁。

(2)耐用品。耐用品一般指使用时间长,且价格比较昂贵或者体积较大的有形产品,通常有多种用途,例如,空调、冰箱、机械设备等。消费者在购买耐用品时都很谨慎,重视产品的质量以及品牌,对产品的附加利益要求较高。因此,企业在生产此类产品时,应注重产品的质量、销售服务和销售保证等方面,同时选择有一定信誉、有名的大型零售商进行产品销售。

(3)劳务。劳务通常是指为出售而提供的活动、利益和满足感等,如法律咨询、交通运输、旅馆等服务。劳务的特点是无形、不可分、易变和不可储存。一般来说,它需要更多的质量控制、供应商信用以及适用性。

案例 ANLI

西西弗书店的经营之道

在零售行业,开书店被公认为是较难做的一门生意。但西西弗这些年却一直靠主营业务"卖书"营利。西西弗的营利模式也一直被业界拿来探讨、效仿,但最后都以失败告终。

在选址上,西西弗会选在人群密集的地方。要解决高租金问题,西西弗一般采取与地产商合作的方式,其租金掌控在成本的10%以内。

面对图书电商难以动摇的价格优势,专业化、细分化才是线下书店的方向,西西弗用服务体现这种专业性。面对网购书目的性强的顾客,本不是西西弗的目标客户,其主要客户群为随机购买者。

西西弗通过数据推导的市场趋势反向定制图书及文创产品。比如,对经典书籍的重新包装和解读。又如,定制版的《我是猫》《月亮与六便士》《小王子》等。而《月亮与六便士》

《小王子》也曾掀起人们对人生价值观的重新审视。

卖书、文创、咖啡是西西弗营收的三个组成部分。据统计,咖啡销售利润占整体利润的40%,尽管如此大的诱惑存在,西西弗依旧坚持以"卖书"为主营业务。

如今的实体书店都在努力打造高颜值复合型体验空间,而不仅仅是售卖书籍的地方。一方面,"颜值经济"正当时,实体书店也要跟上消费者审美趋势,坚持用高颜值的门店设计来吸引年轻人,以满足他们的拍照打卡和社交需求。"高颜值"等成为实体书店出现频率较高的形容词。另一方面,为了满足读者的多元化需求,以及提高运营销售,不少实体书店都通过规划多业态来刺激消费。其中,较为典型的就是"书店+咖啡"。更有不少实体书店同时融合艺术体验、生活美学、人文价值等多方面元素,让读者在选书、买书、读书之余,还能享受美学生活、展览空间、服饰时尚、艺术沙龙、音乐盛宴等。

2. 按消费者购买习惯划分

(1)便利品。便利品是指顾客频繁购买或需要随时购买的产品,消费者希望一需要即可买到,并且只花最少精力和时间去比较价格,例如,香烟、纸巾等。便利品可以进一步分成常用品、冲动品以及救急品。常用品是顾客经常购买的产品,如洗发液和牙膏;冲动品是指消费者没有经过计划和比较而购买的产品,如我们在收银台旁直接购买的口香糖;救急品是当顾客的需求十分紧迫时购买的产品,如突然下雨时所购买的雨伞。

(2)选购品。选购品是指消费者为了物色适当的产品,在选购过程中,对适用性、质量、价格和式样等基本方面要做认真权衡、比较的产品,例如,家具、电子产品等。选购品挑选性强,消费者不知道哪家的最合适,且因其耐用程度较高,不需经常购买,所以消费者有必要和可能花较多的时间和精力去多家商店选择合适的物品。

(3)特殊品。特殊品是指消费者能识别哪些牌子的商品物美价廉,哪些牌子的商品质次价高,而且许多消费者习惯上愿意多花时间和精力去购买的消费品,例如,特殊品牌和式样的汽车、立体声音响、男式西服、供收藏的特殊邮票和钱币等。特殊品的购买者都是品牌忠诚者,经销特殊品的销售商不必过多地考虑顾客购买的便利性。

(4)非渴求品。非渴求品指消费者不知道,或者虽然知道却没有兴趣购买的物品,传统的非渴求品有:人寿保险、墓地、墓碑以及百科全书等。要让消费者购买非渴求品,企业必须付出大量的营销努力,诸如广告和人员推销等。

产品根据不同的角度,还有多种划分形式,如根据产业用品进入生产过程的程度以及其相对成本,可分为原材料与零件、资本项目与物料及服务三类,这里不再一一赘述。

阅 读 资 料

品牌价值

品牌价值代表着什么?一般指产品功用之外的价值。可以比照的是,消费者明白,奢侈品品牌排除成本后依然有着惊人的溢价,但是仍然愿意为之买单。因为奢侈品品牌意味着地位、品位,代表着更精致、更优雅的生活。

在新消费领域也有成功的案例,比如星巴克一直强调自己卖的是空间和生活方式,喝星巴克意味着一种生活态度,而很少有人会去在意一杯星巴克咖啡的成本是多少。

在瞄准健康需求上,新消费品牌都是个中好手。拉面说强调其高端健康的品牌定位,声称选用半干生鲜面,只需稍微烹煮便能更健康,配料中的汤底也不添加防腐剂。

"生活方式""文化符号"等也都是装载品牌故事的好"容器"。

奈雪的茶瞄准星巴克的"第三空间",希望为年轻人提供适合聚会的场所的同时,也构建起围绕茶饮的生活方式。

花西子则通过设立"文化传播官"、在产品外观上复刻"古方"等,紧密地与民族文化绑定。在新一代年轻人有着前所未有的文化自信这一背景下,花西子的文化故事讲得恰是时候。因此,品牌卖的不再是产品,而是以产品为载体的更多附加价值。

二、产品组合

企业为了满足目标市场的需要,扩大销售,分散风险,增加利润,往往生产经营多种产品。在整体产品概念的指导下,企业必然会对其产品进行开发、改进以满足消费者多样化的需求。但企业所生产经营的产品并非多多益善,这就需要对产品组合进行认真研究和选择。

案例 ANLI

娃哈哈等长盛不衰的启示:敢放弃,做真正的长期主义者

无论是初创品牌,还是已经有一定规模的大品牌,只要希望品牌可以永久创新、迭代、发展、壮大下去,"追求长远利益"就是必经之路。

娃哈哈曾为了"长远利益",承受了高达企业3年净利润的负债;巴奴曾为了"长远利益",砍掉80%以上的门店和70%以上的SKU;麦当劳曾为了"长远利益",敢于和整个美国消费者的消费习惯"对着干"。

麦当劳刚刚成立的19世纪四五十年代,美国正是"汽车餐厅"的天下。麦当劳的创始人制定出了核心竞争战略:把顾客的等餐时间从30分钟缩短到30秒。为了达到这"30秒",放弃了很多同样重要的东西。客户体验重不重要?菜品口味重不重要?菜品丰富程度重不重要? 重要,但在"30秒战略"下,就要舍弃,这些斟酌、取舍,才有了如今的麦当劳。

(一)产品组合的概念

产品组合又称产品搭配,是指一个企业提供给市场的全部产品的结构,即企业的产品线和产品项目的有机组合方式,也就是其业务经营范围。不恰当的产品组合可能会造成产品的滞销积压,甚至引起企业亏损。产品组合一般包括若干产品线,每条产品线内又包括若干产品项目,具体见表6-1。

表6-1　　　　　　　　　　产品组合

产品线	产品组合宽度=?				
	A产品线	B产品线	C产品线	D产品线	E产品线
产品线总长度=?	A1	B1	C1	D1	E1
	A2	B2	C2	D2	
	A3	B3		D3	
		B4		D4	
				D5	

项目6 制定产品策略，打造一流品牌

产品线是指企业提供给市场的所有产品中，在技术上密切相关，具有相同的使用功能，满足同类需要的一组产品。通常按产品的品种、类别、型号划分产品线。

产品项目是指同一产品线中具有不同品种、规格、质量和价格等属性的具体产品。如雅芳的产品组合包括四条主产品线：化妆品、珠宝首饰、时装和家居用品。每条产品线又包含许多单独的产品项目，如化妆品包括口红、粉饼、护肤品等。

(二)产品组合的宽度、长度、深度、关联性

产品组合的宽度是指企业的产品组合中产品线的数目。如某企业有5条产品线，其产品组合的宽度就是5。超市经营的产品线很多，专营商场经营的产品线较少。

产品组合的长度是指企业的产品组合中产品项目的总数。如表6-1中，该企业产品组合的总长度为15，平均长度为3。

产品组合的深度是构成企业产品组合的产品线中每一产品项目所包含的产品品种数。如某种商品有2种花色，3种规格，那么这种产品的深度就是6。

产品组合的关联性是指企业的各条产品线在最终用途、生产条件、销售渠道或其他方面相互关联的程度。如宝洁公司生产洗涤剂、牙膏、香皂、方便尿布和纸巾等，这些产品线都属于日用消费品，具有相同的销售渠道，因此产品组合的关联性强。

企业增加产品组合的宽度，可以扩大经营范围，实现多元化经营；增加产品组合的长度和深度可以提高核心竞争力；增强产品组合的关联性可以提高产品在某一地区及行业的声誉。

案例

母婴品牌 Babycare 的产品组合

作为一个母婴品牌，Babycare 的突出特点是品类齐全、价格亲民。上百个 SKU 覆盖了几乎所有婴儿孕产用品，用户可以一站式购买。但其在每个细分品类上又是精细化打造明星单品，单品及全品牌都在天猫母婴销量排名靠前。

短短几年，Babycare 就跻身天猫母婴品牌亿元俱乐部，和苹果、华为、耐克、雅诗兰黛等世界知名品牌共同成为亿元俱乐部 Top50 品牌。

随着新母婴时代的到来，Babycare 以极佳的产品力不断积累年轻新父母的极好口碑，成为很多人母婴品牌的首选。

案例

奈雪的茶，丰富品类满足消费者需求

2015年11月，奈雪的茶首店在深圳卓越世纪店开业。奈雪的茶首创"茶＋软欧包"的模式，结合欧式面包的健康、日式面包的口感，做出更符合中国人口味的茶饮品类，受到无数年轻消费者的青睐。据了解，奈雪的茶饮品＋面包产品多达70余种，有奈雪樱花季、宝藏鲜奶茶、奈雪软欧包等系列。除此之外，还有春日樱花宝藏茶等新品，持续为顾客提供新鲜口感。

案例

五芳斋,打造年轻化的产品

五芳斋以用户思维为出发点,通过不断的产品创新满足年轻人的消费需求,以粽子为主体,多种产品共同研发,逐渐从昔日的"粽子大王"蜕变成今日的"米制品行业的领导者"。

五芳斋基于系统的产品战略规划提出"糯+"战略,聚焦粽子主品类,开辟了包含粽子、月饼、汤圆、糯米糕点等数个细分品类在内的大品类;并以"糯米食品专业品牌"的角色进入糯米制品市场,扭转非专业的产品品牌印象,重塑产品竞争优势。

除了在口味上大胆创新之外,五芳斋还借鉴了每日坚果的小包装,将粥米的消费从家庭大包装转为个人小包装,主打白领阶层。另外,曾经搭配端午粽子销售的咸蛋,现在已经成为日常产品,类似的还有绿豆糕和月饼,覆盖日常与传统节假日消费。

2021年端午节,五芳斋推出全新系列产品,共分为百年系列、传世系列、FANG粽系列以及经典系列四大系列,以多元产品创新满足新生代的消费需求。

(三)产品组合策略

1. 拓展产品组合策略

扩展产品组合策略着眼于向顾客提供所需要的所有产品。这一策略的主要特点是:能够提高设备和原材料的利用率,避免企业生产能力与资源的浪费,从而达到提高企业经营效益的目的;能够降低风险;能够适应用户多方面的需要,从而提高市场占有率,增强企业的竞争力。但是企业的投入将增加,成本提高,利润可能减少。

案例

卫龙的产品组合策略

卫龙95.0%的消费者是35岁及以下的人群,55.0%的消费者是25岁及以下的年轻人,即卫龙的购买主力是年轻人。自黑、玩梗、跨界、借势,卫龙用出其不意的创意内容,俘获了一大批年轻受众,最大化释放品牌的魅力。

1. 口味升级,打造网红爆品

通过市场调研发现,除了湖南、四川一带偏爱辣食,中国更多地区的人们并不太能接受食品过于辛辣,因此卫龙降低了原先辣条的辣度,将其从"麻辣"调整为"甜辣",更符合大众口味。除了甜辣味,卫龙还研发出了多个口味,诸如烧烤味、香辣味、泡椒味、五香味、鸡汁味、五香卤汁味、麦辣鸡汁味等十余种口味,满足当下年轻人多元化的口味需求。

2. 品类多元化,持续重塑品牌力

卫龙意识到,市场表现不能太依赖明星产品——辣条。毕竟,单一产品会造成消费人群单一,发展空间受限,很难支撑上市后的规模化的发展。因此,通过明星单品撬动市场后,卫龙由"辣条单品"驱动向"全品类"突围,开始拓展产品线以实现多元化增长,陆续推出了辣条之外的肉食、膨化零食、海味零食、方便速食等产品线。通过产品力的升级,卫龙持续重塑品牌力,拓展了品牌的想象空间。

2. 缩减产品组合策略

缩减产品组合策略是指降低产品或组合的宽度或深度，剔除那些获利少的生产线或产品项目，集中资源生产那些获利多的产品线或产品项目。这种策略一般是在市场不景气或原料、能源供应紧张时采用。

企业采用这种策略时，可以使企业避免战线过长，造成精力分散，从而集中精力对少数产品改进品质，使企业生产经营专业化，减少资源占用，降低成本，便于提高劳动生产率和加强售后服务。

案例

小仙炖燕窝，一切从简

凭借着一碗鲜炖燕窝，成立于2014年的小仙炖已经在中式滋补赛道占据了一席之地，在2021年的"双11"，小仙炖天猫销售位列健康、滋补及燕窝行业第一。

2013年，小仙炖的两位创始人决定做鲜炖燕窝，就是由经验丰富的一位创始人炖完，另一位创始人亲自配送，当日炖当日送。

小仙炖的服务优势主要体现在：燕窝行业内率先引入C2M模式，用户直接跟工厂下单，下单现炖，保证产品的新鲜和体验感；周期滋补模式，消费者按年、按月购买，工厂按周给顾客冷鲜配送；微信有私域流量管理，每位顾客都有自己专属的滋补管家，随时解答滋补问题。

2016年，小仙炖进行了一场大刀阔斧的改革，把产品线从六个口味直接砍到一个口味，只保留了冰糖鲜炖燕窝。两位创始人发现，坐在家里为顾客想出来的福利完全是多余的，燕窝不同于饮料、彩妆，消费者不需要由多口味、多种新品来寻求新的刺激。哪种模式更适合燕窝行业最终还是消费者说了算。因此，在这之后的2017年，小仙炖回归最简单的初心——为用户提供一碗新鲜、营养又好吃的燕窝。

3. 延伸产品线策略

(1)向下延伸：在高档产品线中增加中、低档产品项目。如美国的西尔斯公司有一条产品线，专门生产一种廉价的缝纫机来吸引买主。

(2)向上延伸：在现有产品线中增加高档产品项目。其做法是用较高级的产品项目作为诱饵，来提高整条产品线的地位，从而吸引消费者。

(3)双向延伸：将原定位于中档市场的产品线向上、下两个方向延伸，一方面增加高档产品，另一方面增加低档产品，扩大市场阵地。这种策略在一定条件下有利于扩大市场占有率，增强企业的竞争能力。

案例

派克的品牌延伸失误

早年，美国派克钢笔质优价高，是身份和体面的标志，许多社会上层人物都以带一支派克笔为荣。然而，1982年公司新总经理詹姆斯·彼特森上任后，盲目延伸品牌，把派克品牌用于每支售价3美元的低档笔。结果，派克在消费者心目中的高贵形象被毁坏，竞争对手则趁机进入高档笔市场,使派克公司几乎濒临破产。派克公司欧洲主管马克利认为,派克公司犯了致命错误,没有以己之长攻人之短。鉴于此,马克利筹集巨资买下派克公司,并立即着手重塑派克形象,从一般大众化市场中抽身出来,竭力弘扬其作为高社会地位象征的特点。

任务 2　分析产品生命周期

一、认知产品生命周期

产品生命周期是指产品从投放市场到被淘汰退出市场的整个生命历程。任何一种产品在市场上的销售情况和获利能力都不是一成不变的,而是随着时间推移发生变化。如同人一样,产品也有出生、成长、成熟、衰退的过程。随着这种周期性的变化,企业的营销策略也要做相应的调整,以维持并延长产品在市场上的寿命。由此可知,产品生命周期(PLC)表示的是一种新产品开发成功并投入市场后,从鲜为人知,到逐渐被消费者了解和接受,然后又被更新的产品所代替的过程,如图 6-2 所示。

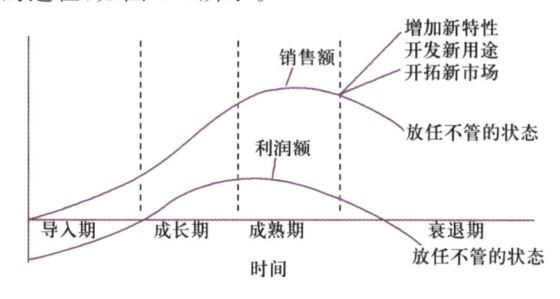

图 6-2　产品生命周期曲线

案例

周黑鸭改变产品策略

2021 年,周黑鸭的定位调整为:"没滋味?就吃周黑鸭。"看似平平无奇的一句话,却为周黑鸭打开了年轻人对于卤味消费场景的无限想象空间。周黑鸭洞察到,现在年轻人吃卤味很少为了饱腹,而是为了"滋味"。

"滋味"有两层含义:味觉的满足和生活的趣味。由此延展出的场景是无穷无尽的,嘴里没味道了,聚会单调了……很明显,周黑鸭在率先引领卤味品牌持续向年轻化、时尚化蜕变,让卤味变成一种"好玩"的休闲食品。

周黑鸭近年来一直在试图打破消费者在口味上的藩篱。周黑鸭相关人士介绍,他们的理念是在聚焦头部口味的同时,体现个性化。比如,宝藏山胡椒系列,是对小众人群的专享福利,升级版的新藤椒口味,会带来舌尖震颤的麻感。

周黑鸭在加速创新的同时,并没有一味贪大求全,而是根据销售数据及反馈,及时优化产品结构,为潜力新品腾空间。周黑鸭陆续下架了卤鹅、秘制黑鸭及部分小规格装产品,并非因为"水土不服",而是作为红极一时的爆款品类,在新的产品策略下及时"让贤",给新品铺路。

产品生命周期一般以产品的销售量和所获的利润额来衡量。典型的产品生命周期曲线是抛物线。根据销售增长率的变化情况,可以把产品生命周期分为四个阶段:导入期(Introduction Stage)、成长期(Growth Stage)、成熟期(Maturity Stage)和衰退期(Decline Stage)。

1. 导入期(又称介绍期)

新产品刚刚投入市场,人们对其缺乏了解,销售量小,销售增长缓慢;产品还有待于进一步完善,产品生产成本和营销费用较高,一般没有利润或只有极少利润;竞争者很少或没有。

2. 成长期

新产品逐渐被广大消费者了解和接受,销售量迅速增长,利润也相应增加,但也因此使新的竞争者纷纷加入。

3. 成熟期

大部分消费者已购买了此产品,销售增长趋缓,市场趋向饱和,利润在达到顶点后开始下降;由于要面对激烈的竞争,企业需要投入大量的营销费用。

4. 衰退期

销售量显著减小,利润大幅度下降,竞争者纷纷退出市场,原产品被更新的产品所取代。

二、制定产品生命周期阶段营销策略

(一)导入期的营销策略

1. 导入期的特点

销售增长率小于10%,销售增长缓慢;产品技术、性能不完善;价格偏高;分销渠道未建立或不健全;促销费用高;竞争未出现;利润少,甚至亏损。

2. 营销策略

在导入期,企业应致力于扩大产品的知名度,促销重点在于介绍产品及其性能,使产品尽快被顾客接受从而进入成长期。

(1)快速撇脂策略:以高价格、高促销(双高策略)推出新产品。

(2)缓慢撇脂策略:在采用高价格的同时,进行很少的促销活动,高价格可以使企业获取利润,而低促销则降低了促销费用,使企业获得更多的利润。采用这种策略的市场条件是:大多数消费者已经知道了这种产品;购买者愿意出高价购买产品;潜在的竞争者威胁不大。

(3)快速渗透策略:采用低价格和高水平的促销活动来推销新产品,以使产品迅速进入市场,取得尽可能多的市场份额。采取这种策略的目的是在导入期以最快的速度提高市场占有率,以便在后期获得较多的利润。实施这一策略的条件包括:一是该产品市场容量很大;二是潜在顾客对该产品不了解,且对价格十分敏感;三是市场的潜在竞争较为激烈;四是产品的单位生产成本会随生产规模和销量的扩大而迅速下降。

(4)缓慢渗透策略:采用低价格和低水平的促销活动来推销某种新产品。低价格是鼓励消费者迅速接受新产品,促销水平低则可以节省促销费用,增加企业赢利。采用这种策略的市场条件是:市场容量很大;大多数消费者已了解了这种产品,但对价格反应敏感;存在着水平相当的潜在竞争者。农用生产资料销售多用此策略。

阅读资料

新品牌爆品共性 3F

1. 速度快(Fast)

通过研究爆品企业发现,它们大多数从成立到成为爆品都需要4年左右时间,这里的速度快是指快速引爆、快速迭代、快速增长。

例如,王饱饱2017年成立、Ubras 2016年成立、完美日记2017年成立,这些产品从调研、研发、测试和推向市场,都在短期内完成了蜕变。

2. 强聚焦(Focus)

这些新品牌在进入市场时,往往聚焦某一类单品、某一个卖点、某一类人群、某一类平台、某一个时段,以非常快的速度,完成亿元销售突破,继而再进行品类延伸。

例如,完美日记最初聚焦在口红、眼影等彩妆,主打大牌平替卖点,以18~30岁年轻人为主流人群,以小红书为引爆平台,以"双11"和"618"为契机,集中资源打透打穿。

3. 高颜值(Fashion)

新品牌通过打造高颜值的产品吸引年轻人的注意力。

包装设计大师笹田史仁在《0.2秒设计力》中曾说:"购物的客人在经过货架前,让商品映入眼帘的时间只有0.2秒。想要让顾客在这个瞬间惊叹一声'哇!',并且愿意驻足停留,那就必须靠抢眼的包装。"

根据尼尔森的数据,64%的消费者会购买包装更吸引人的产品。产品仅仅是实用已经不够,还要"好看"。例如,完美日记与大都会和Discovery的联名款外观设计都是令人惊艳叫绝的。

案例 ANLI

元气森林导入期的策略

2020年,一个饮料品牌成为关注的焦点,它就是元气森林。产品上,元气森林可以用三个"新"字来形容,那就是——新包装风格、新品类概念、新口味。

1. 新包装风格醒目,成功突围终端

元气森林用简洁、醒目的包装,直接抓住消费者眼球,让消费者感兴趣,尝试消费。

2. 新品类概念,有新颖特点

元气森林的气泡水,也算是一个国内市场中新的品类。伴随着元气森林的火热,气泡水成了一个热门的品类,它成功带动了一个品类的热度。

3. 新口味,新口感

相对而言,元气森林属于碳酸饮料的一种,但又与之前的碳酸饮料在口味上略有区别。元气森林的口感很好,能让人有持续消费的兴趣。

(二)成长期的营销策略

新产品经过市场导入期以后,消费者对该产品已经熟悉,消费习惯也已形成,销售量迅速增长,这时产品就进入了成长期。

1. 成长期的特点

销量大增,销售增长率大于10%;产品技术成熟;价格有下降趋势;渠道已建立;促销稳定或略有提高;竞争日益激烈;成本下降,利润大增。

2. 营销策略

在成长期,企业应致力于在迅速扩张的市场中最大限度地提高市场占有率。

(1)提高产品质量,增加产品的花色和品种;从质量、性能、式样、包装等方面努力加以改进,这样可以提高产品在市场上的竞争力,满足顾客更新、更高的需求,从而促成顾客更多的购买。

(2)巩固现有渠道,开辟新渠道。

(3)改进广告宣传,把重心从建立产品知名度转移到树立产品形象上来。

(4)充分利用价格手段,选择适当的时机调整价格,以争取更多顾客。由于生产成本开始下降,企业可以适当地降低产品的价格。初期采用高价格者,更可以大幅度地降价,以吸引更多的购买者,排挤竞争者,牺牲目前的短期利润来争取市场占有率的扩大,从而为长期获利打下基础。

阅 读 资 料

爆品关键模型

1. 选赛道/爆品类(Bigmarket)

打造爆品的第一步就是选赛道(选品类),这也是较难的一步,赛道选不好,再努力也事倍功半。

例如,王小卤第一次创业,选择了卤味猪蹄熟食品类,最后没能成为爆品。改换卤味鸡爪,聚焦在零食品类后获得重生机会。完美日记的赛道就选得非常好,它选择了化妆品中的彩妆,彩妆中又选择了口红和眼影。我国彩妆占比很低,有很大的增长空间,所以完美日记选择了彩妆小赛道。彩妆中,口红又是女性妆容中的畅销款,无论购买频率和使用场景都具有很大优势。

2. 爆卖点/独特性(Outstanding)

选好品类为爆品奠定了基础,但是成为爆品一定要有爆点,这个爆点来源于消费者需求的痛点。爆点源于痛点,爆点解决购买,尖叫点解决裂变。

例如,三顿半的3秒即溶;小仙炖的"鲜"和"即食";Ubras的无尺码、无钢圈、无束缚;花西子的"东方彩妆";等等。

3. 爆渠道(Multi-Channel)

目前大多数爆品渠道突围基本上是从线上开始的,因为消费者的消费习惯已经从线下走到线上。线上主要的渠道平台包括天猫、京东等电商平台,抖音、快手、小红书等直播和短视频平台。

爆渠道选择的路径基本都是电商、直播和短视频。以花西子为例,2020年1~7月发布的6款新品中,通过直播平台销售的,月销量均达到1万笔以上。

4. 爆传播(Broadcast)

中国新品牌爆品的传播基本上采用公域流量加私域流量的做法,通过公域流量获客,用私域流量留存、复购和裂变。

公域流量是需要花钱购买的,比如抖音、快手、小红书、淘宝等,但后续需要引到私域流量,让用户沉淀下来,例如,企业的微信公众号、小程序、官网、社群等。抓好私域流量,才会避免漏斗效应。

例如,完美日记主打的传播渠道就是小红书,通过在小红书金字塔式的投放布局,包括头部、肩部、腰部网红,以及路人、素人大范围投放。成交后通过优惠、买赠等形式吸引到完美日记、完美日记宠粉联盟、完美日记体验店三个公众号,以及官方旗舰店、完子心选、完子之家三个小程序私域流量中,形成了强大的私域流量矩阵。

(三)成熟期的营销策略

1. 成熟期的特点

销售增长率下降,销售增长率大于0.1%,小于10%;部分顾客转而寻求其他产品或替代品;行业生产能力过剩,竞争达到白热化;利润在缓慢增长达到最大后将有所下降。为了维持企业的市场地位,企业应该采取进攻性的策略,积极增加具有新竞争力的因素。

2. 营销策略

在成熟期,企业要致力于维持市场占有率,获取最大限度的利润。

(1)改进市场:进入新的细分市场;开发新市场。通过发掘现有产品的新用途,促使消费者增加消费量。如把节日用品推广到日常使用,或为了取得更佳的使用效果,提倡加倍使用或多次使用某种产品。此外,也可以开发产品的新市场,即把现有产品扩大到其他细分市场上。如强生公司就曾把婴儿使用的洗发精和爽身粉推广到成年人市场,美国的众多饮料公司则把饮料从国内市场推广到国际市场。

(2)改进产品:改进包装;增加新特点、新用途。通过提高产品质量,增加新的功能,改进产品款式,提供新的服务等,可以吸引新的用户使用产品和使现有用户提高使用率。如电视机,除室内使用的外,现在又推出了可以室外使用的手提式电视机,可供野外活动时观赏电视节目,也能在汽车内使用。

(3)改进营销组合:企业的营销组合不是一成不变的,它可随着企业内外部环境的变化而进行相应的调整。产品生命周期到了成熟阶段后,各种内外部条件发生了重大变化,因而营销组合也要进行调整。企业可以通过降低价格、增加广告、改善销售渠道及提供更加完善的售后服务等方式,延长产品的成熟期。

(四)衰退期的营销策略

1. 衰退期的特点

销量迅速下降,销售增长率小于0.1%或为负值;价格降到最低水平;多数企业因无利可图被迫退出市场。

2. 营销策略

企业在确定对衰退产品应采取的策略之前,首先要正确判断该产品是否确实进入衰退期,不能因为产品的销售和利润开始下降,

微课:产品进入衰退期是维持放弃还是重塑

就认定该产品已经进入衰退期。只有那些被确认不管采取什么刺激措施都无法扭转其销售和利润下降趋势的产品,才能确定为衰退产品。

(1)维持原有的细分市场、销售渠道、营销组合。有的产品看起来是到了衰退期和被淘汰的阶段,但一旦条件发生变化,这些产品仍有机会东山再起,获得再发展。

(2)集中人力、物力、财力于最有利的目标市场,收缩广告规模、促销活动。

(3)榨取、压缩销售费用,取消广告宣传,精减推销人员,削价处理商品,以获取在被淘汰前的最后一部分利润。

(4)转移策略,指企业决定停止生产和销售处于衰退期的老产品,把企业的资源转到新产品的开发和推广上去,以新产品取代老产品,有计划地把原有的消费者转移到企业的新产品或其他产品上去,如便携式电脑、电视的开发。采用这种策略需要考虑以下几个问题:

- 将产品完全抛弃,还是予以转让?通常后者较为有利,这样可以回收部分成本,减少企业的损失,也可使利润不至于一下子完全消失。
- 产品是迅速淘汰还是缓慢淘汰?迅速淘汰可以使企业把全部精力放在新产品或其他产品的开发和推广上,而缓慢淘汰则可以使企业在剩余市场上多获取一些赢利。
- 企业是否保留一定量的零部件及服务?答案通常是肯定的,这样可以使老顾客更加信赖企业,有利于树立企业的良好形象。
- 企业职工的感情如何?一种产品的淘汰可能会引起老职工的依依不舍之情,因为这意味着要与他们亲手创造的产品永别;另一方面,产品的淘汰和生产的停止可能要涉及企业职工的去留问题,对此,企业应该认真对待,妥善处理。

三、新产品开发

在当今激烈竞争的市场上,产品日新月异,企业要想长久地占领市场,仅靠现有产品是绝对不行的,必须不断更新换代,推陈出新,这样才能适应不断变化的市场需求,以及科学技术的快速发展和产品市场生命周期日益缩短的要求。因此,开发新产品越来越成为企业生存与发展的重点问题。

企业开发新产品具有重大意义:一方面是企业生存和发展的需要,另一方面也是社会进步和发展的需要。因此,企业的营销人员需要随时关注环境变化,树立开发新产品的意识和理念。

案例 ANLI

波司登主业承压转战女装

自2017年起,波司登国际控股有限公司投入更多时间发展集团女装业务。事实上,受困于过度扩张、品牌季节性依赖较强、产品设计差异化不足等因素,国内羽绒服品牌波司登发展面临诸多阻碍,业绩持续低迷。过去几年波司登也在不断收购并逐步扩大女装业务,实行业务多元化。

女装作为服装行业里最活跃的板块,近年来竞争愈发加剧。快时尚品牌以丰富多样的款式不断占领女装市场,中高端女装则扎堆上市,谋求更大的市场份额。女装行业在展现出蓬勃生命力的同时也显示出市场已形成充分竞争。业内专家表示,未来女装行业的发展并非坦途。

波司登在女装行业布局发展已久，是其推进品牌"四季化产品"发展战略的一种选择。未来波司登要在女装行业有所作为，首先要分析市场格局，找准细分领域，突出自己的优势，更重要的是要细化市场运营，不断扩大已有的品牌价值。

(一)新产品类别

新产品是在结构、性能、材质等某一方面或几方面比老产品有显著改进和提高的产品。新产品的核心是"创新"，因此，产品研发人员首先要确定新产品的创新程度。通常，企业新产品包括以下几种类型：

(1)全新产品：指应用新的技术、新的材料研制出来的具有全新功能的产品。如电话、汽车在刚投入市场时都属于全新产品。这类产品开发难度最大，费用高，成功率低。据调查，新产品中全新产品只占10%。

(2)换代产品：指在原有产品的基础上，采用或部分采用新技术、新材料、新工艺研制出来的新产品，如普通自行车——电动自行车、模拟电视——数字电视。

(3)改进产品：指对老产品的性能、结构、功能加以改进，使其与老产品有较显著的差别的新产品，如普通牙膏——药物牙膏。

(4)仿制产品：指对国际或国内市场上已经出现的产品进行引进或模仿，研制生产出来的产品，如市场上出现的新牌号的电视机、手机等大都是模仿已有的产品生产的。

(5)重新定位产品：指对现有产品开发新用途，或者为现有产品重新寻找消费群，使其畅销起来。如20世纪40年代麦氏速溶咖啡的定位由上市时的"快捷方便"改为"美味、芳香、质地醇厚"，同时改变了包装，使其很快从滞销产品变为深受消费者喜爱的畅销产品。

在上述五类新产品中，全新产品不常出现，但是一旦出现，就意味着在一定的地域乃至整个世界都会发生产业结构的大规模调整，能够率先把握住这一时机的国家必将获取丰厚的经济果实。在现实经济生活中起重要作用的是换代产品、改进产品、仿制产品和重新定位产品，因为这几类新产品开发的难度远较全新产品低。

案例 ANLI

和其正推出"凉茶可乐"

凉茶企业和其正推出了"凉茶可乐"，不但赶上了如今饮料市场大热的"气泡＋"潮流，还和曾经的对手可乐进行融合。

和其正推出了这款号称中国"凉茶可乐"的新品"和其正"气泡凉茶。卖点上宣称采用独有的中草药现熬萃取专利技术加工凉茶，还加入了无磷酸气泡。其实这一切都源于消费者的口味变了，面对追求新鲜的年轻人，猎奇的零食、饮品层出不穷。因此，饮料品牌只能绞尽脑汁研发新品满足年轻人的消费需求。

(二)新产品开发的程序

1.征集并筛选新产品创意

企业要得到新产品，并不意味着必须由企业独立完成新产品的创意到生产的全过程。

除了自己开发外,企业还可以通过购买专利、特许经营、联合经营,甚至直接购买现成的新产品等来开发、取得新产品。

新产品创意的主要来源有:顾客、科学家、竞争对手、企业的推销人员和经销商、企业高层管理人员、市场研究公司、广告代理商等。从市场营销的观念出发,消费者需求是新产品构思的起点。企业应当有计划、有目的地通过对消费者的调查分析来了解消费者的基本要求。通过向消费者询问现行产品的缺陷是产生新产品构思的有效方法。

营销人员经常接触消费者,比较了解消费者的需求状况和消费者对产品的不满程度。有时,他们还能提出一些有价值的建议。对竞争企业的密切注意,有利于新产品构思,对有关销售渠道人员的调查,可以了解和掌握竞争企业产品的优缺点。对竞争企业产品的详细分析,也能帮助企业改进自己的产品。

创意产生后,需要采用适当的评价系统及科学的评价方法对各种创意进行比较分析,依据市场需求量、产品质量、性能、成本、价格、分销渠道、产品发展趋向、顾客反应、资金、技术水平、设备能力、营销能力、管理水平等因素,开展可行性研究,选出最佳创意。

2. 形成新产品概念

新产品概念是消费者对产品的期望。从产品构思向新产品概念的转化是抽象概念向具体概念的转化过程。企业进行新产品构思后,就应当对产品概念进行试验。所谓产品概念试验,就是用文字、图画描述或者实物将产品概念展示于一群目标顾客面前,观察他们的反应。例如,一台冰箱,从企业角度看,它是制冷剂、压缩机、箱体、制造过程、管理手段和成本核算等的总和;而消费者则考虑的是冰箱的外形、价格、控温性能、保修期等方面。

3. 商业分析

在这一阶段,企业市场营销管理者要复查新产品将来的销售额、成本和利润的估计,检验它们是否符合企业的目标。如果符合,就可以进行新产品开发。

4. 新产品设计与试制

完成以上程序,仍然还是纸上谈兵,只有进入试制阶段,构思才开始成为实实在在的产品。在这一阶段,往往需要大量的投资,消耗大量的人力和时间。实体样品的生产必须经过设计、试验、再设计、再试验的反复过程,定型的产品样品还需要经过功能测试和消费者测试,以了解新产品的性能、消费者的接受程度等。最后,企业决定新产品的品牌、包装、营销方案。

5. 市场试销

试销是将产品投放到具有代表性的市场进行销售,以了解消费者对新产品的反应态度,并进一步估计市场。通过试销,企业可获取大量的信息,如新产品的目标市场情况、营销方案的合理性、产品设计及包装方面的缺陷、新产品销售趋势等。利用这些信息,企业可进一步完善产品,选择更好的营销方案,保证大规模销售的成功。

6. 正式上市

通过试销,最高管理层已掌握了足够的信息,产品也已进一步完善,这时企业要最后决定产品的商业化问题,即确定产品的生产规模,决定产品的投放时间、投放区域、投放的目标市场、投放的方式(营销组合方案)。

案例

飞乐思的温控科技

飞乐思是一家发热理疗产品研发商,专注于厚膜技术的研发、生产和应用,主要产品包括飞乐思产品、元气恢复披肩、元气恢复腰带、高精度灵敏传感器、保密型电子芯片等。一个发热产品,只发热,没有根据人体进行温控的能力,是很危险的。飞乐思深耕技术10年,在发热产品的研发上,特别强调了温控科技。2020年11月,飞乐思和国家射击队签约,赞助国家队在国际赛场上创佳绩。这次合作,将其精准温控科技,与射击运动员的专注精准建立起强关联,对这个低调的品牌来说,是一次精彩亮相。

任务3 制定品牌策略

作为一名营销人员,要深刻认识品牌的组成及文化内涵,认识品牌的作用,能够欣赏著名品牌,自觉维护品牌及加强品牌宣传和管理。

一、品牌的内涵

(一)品牌、商标的概念

1. 品牌

品牌是一个名称、符号、象征设计或其组合,用以识别一个或一群出售者的产品或劳务,使之与其竞争者相区别。品牌本源的定义:品牌是经营者(主体)和消费者(受众)互相之间心灵的烙印,简而言之,品牌就是心灵的烙印。烙印是美丽的还是丑陋的,是深的还是浅的,决定着品牌力量的强弱、品牌资产的多寡和品牌价值的高低。

品牌包括品牌名称(Brand Name)、品牌标志(Brand Mark)两部分。品牌名称是指品牌中可以用语言表达的部分。如"茅台""五粮液""联想""长虹""海尔""索尼"等都是著名的品牌名称。品牌标志是指品牌中可被识别而不能用语言表达的部分,包括专门设计的符号、图案、色彩、艺术字体等。如凤凰牌自行车的标志是凤凰;海尔品牌中两个拥抱着的儿童形象,象征着中华文化所追求的人际间的亲情与和睦。

品牌就其本质而言,代表着卖方对交付给买方的产品的特征、利益和服务的一贯性承诺。

案例

五爷拌面的品牌密码

五爷拌面的门头和内部主题色是中国红,与"五爷拌面"这个富有国潮气息的名字相得益彰,墙面绘有五爷拌面的品牌故事。

店内的菜单也比较丰富,菜品以拌面为主,包括炸酱面、油泼面、鸡丝拌面等。此外,还

项目6　制定产品策略，打造一流品牌

有汤面、米饭、小菜、早餐等不同品类的产品。店内客单价在16元左右，大部分产品价格不超过20元，菜单上还标注着"免费加面、加饭"，性价比非常高。

五爷拌面定位"拌面集合店"，既有武汉热干面、宜宾燃面、陕西油泼面，还有新疆拉条子、中原凉面等，几乎集全国各地受欢迎的拌面于一身，这样的定位，既可以强化品牌自身的拌面赛道，也能更好地满足不同人群的需求，无论在哪里开店，都能虏获一定的消费人群。除了主打产品拌面外，五爷拌面也有汤面、饭等其他品类，产品组合较为丰富，抗风险能力也更强。

为了给消费者带来持续的新鲜感，五爷拌面研发部联合了国内一线的大厂、院校做产品调研和产品研发，确保月月上新，并且根据当地口味推出特色菜单，符合更广泛人群的口味需求。

2. 商标

商标是受到法律保护的整个品牌名称、品牌标志、品牌角色或者各要素的组合。当商标使用时，要用"R"或"注"明示，意指注册商标。品牌名称和品牌标志在政府有关主管部门登记注册后就成为商标，是受到法律保护的品牌。商标是专用权的标志，登记注册之后，便取得了使用整个品牌或品牌中一部分的专用权，其他单位或个人若要使用，需先征得商标权所有人的同意，否则就构成了侵权。

案例 ANLI

高露洁有史以来第一个全球声音Logo发布

品牌形象的塑造是一项立体的、多维的、动态的、复杂的系统工程。除了视觉系统外，越来越多的品牌开始发展声音品牌，让品牌被听到比以往任何时候都更重要。

全球家居护理与消费品品牌高露洁宣布，已开发完成其有史以来第一个声音标志。高露洁聘请伦敦的国际创意音乐机构Massive Music为其开发品牌声音，声音将简单地承载这些重要元素：强劲的节拍、明亮的声音和令人惊讶的时刻。声音混合了女性和男性的音调，以哼唱声为特色，让人听起来非常真实、亲切和自然。

乐观一直是高露洁的核心价值，多年来从未离开其宣传活动的视线。开发团队与学者、民族音乐学家和神经科学家进行了交谈和合作，最终确定了一个简单但真实的"嗯哼"声。这种声音与高露洁乐观的态度高度匹配，以高度独特和全面的方式代表品牌的乐观本质。

3. 商标与品牌的区别与联系

商标的实质是品牌，两者都是产品的标记。但是，并非所有的品牌都是商标，品牌与商标可以相同也可以不同；商标必须办理注册登记，品牌则无须办理；商标是受法律保护的品牌，具有专门的使用权。因此，品牌属于市场或经济概念，而商标属于法律范畴。品牌名称、标志或商标是公司的重要资产，许多公司都投入大量资源加以保护。

阅读资料

如何讲好品牌故事？

故事是什么？大到神话，小到"故人的事"。由神话到童话，到事实，到愿景，经过岁月洗礼，虽看似身边一切在变但内核却永远不变，就是"故事"。

如何把故事讲到用户心里去？要有共情的思维，换位思考赋能故事与意义，制造快乐，描绘远景，达成某个想象力的统一。女性护肤品海蓝之谜，在其官网上有这样一则故事，麦克斯·贺博士在实验室遭遇意外，唤起他对修护容颜的探索之旅。白天他仍是一名太空物理学家，而夜幕降临，则化身追梦者……历经12载，6 000次实验，麦克斯·贺博士终获其受益终身的顿悟。聚美优品在早些年有则宣传片叫《我为自己代言》，轰动一时，这则故事依然有人记忆犹新。

(二)品牌化(Branding)的意义

品牌是消费者识别商品的一个重要标志，它对于消费者辨别商品的来源，了解产品的质量及其他特性，保护消费者的权益，具有十分重要的作用。具体来说有以下几个方面：

1. 识别产品，便于选购

品牌代表着产品的质量、特色，消费者可以根据品牌，方便地认出他所需要的产品。同时，品牌还可以使消费者明确哪个厂家该对产品负责，便于监督产品质量，保护消费者自身的利益。例如，汽车品牌包括奔驰、沃尔沃、桑塔纳、英格尔等，每种品牌的汽车代表了不同的产品特性、文化背景、设计理念和心理目标，消费者和用户便可根据自身的需要，依据产品特性进行选择。

2. 保证质量

企业设计品牌、创立品牌、培养品牌的目的是希望此品牌能变为名牌，于是会在产品质量上下功夫，在售后服务上付出努力。知名品牌代表了一类产品的质量档次，代表了企业的信誉。消费者之所以要购买某个品牌的产品，往往是因为这种产品有着较高的质量和良好的服务。例如，一提到海尔，人们就会联想到海尔家电的高质量，海尔的优质售后服务及海尔为消费者和用户着想的动人画面。又如，耐克作为运动鞋的世界知名品牌，其人性化的设计、高科技的原料、高质量的产品已为人们所熟知，耐克代表了企业的信誉和产品的质量——企业竞争的武器。

3. 有利于促销，树立企业形象，培养顾客忠诚度

品牌是商品的代表，品牌为广告宣传提供了明确具体的对象，它是塑造产品形象及提高产品知名度的基础。良好的品牌更有利于广告宣传和商品销售。通过反复地向顾客强调品牌，容易让消费者对企业产品产生深刻的识别，同时增强消费者的品牌意识，使消费者在购买过程中能够迅速辨别出偏爱的品牌，达到促进销售，培养顾客忠诚度的目的。网上购买行为则更需要品牌形象的支持，品牌带来的信誉和保证在某种程度上能抵消虚拟环境的不安全感。

4. 维护权益

企业产品的品牌一经注册，就取得了商标的专用权，从而可防止其他企业的侵权行为。一旦发现假冒品牌或产品，可依法追究责任，保护企业的利益。消费者也可以利用产品的品牌来保护自己的权益，一旦发生质量问题，就会有据可查，消费者可以通过品牌来追查有关厂家或经营者的责任。

案例 ANLI

企业的品牌保护

老干妈近年来每年都要安排两三千万元用来"打假"的专项资金。此外,老干妈对商标保护也加强了措施。目前,该公司全部注册商标达114个,包括"老于妈""妈干老"等商标,这都是为了防止一些公司打擦边球,对老干妈品牌有所影响。资料显示,老干妈还申请注册过"老干爹""陶老干爹""陶老干爷""陶老干爸""陶老干儿"等商标,甚至连"陶华碧新干妈""陶华碧老干娘""陶华碧老亲娘""陶华碧老亲妈"等商标名也被其申请注册过。

2021年7月5日,王老吉申请"新婚大吉""新年大吉""升职大吉"等多个商标,国际分类均为啤酒饮料。据不完全统计,王老吉申请的类似商标超过20个。当然,此做法也具有品牌营销的概念,通过带"吉"字的商标注册,强化品牌辨识度,代表着市场识别企业的高度,在顾客的心里留下强记忆。

2020年,海底捞申请了"池底捞""渠底捞""清底捞""上海底捞""下海底捞""唐底捞""宋底捞"等商标信息。这是因为2020年8月,海底捞起诉一家名为"河底捞"的企业,认为"河底捞"标识与其注册的"海底捞"商标为近似商标,侵犯了"海底捞"的商标专用权。海底捞注册如此多的商标,除了配合自身业务需要,更多是一种防御性的注册。为了防止别人"蹭热度",干脆把沾边的商标统统注册一遍,避免恶性竞争;而且对所申请的商标做多类别注册,能够避免对企业产生不利影响。

(三)品牌的含义

品牌的整体含义包括六个方面:

(1)属性。属性包括性质(有形、无形)、质量(竞争的基础)、式样(应具有时代特色)、品牌(长远发展的问题)、包装、产品价格。

(2)利益。利益是品牌的基本效用。

(3)品牌价值。品牌的核心价值是指能对消费群产生物质和精神的双重满足,并形成消费群对其忠诚和依赖的产品本身和所有附加的用途和感受。也可以用可口可乐公司已故CEO罗伯托·郭思达的一句名言来形容,"我们所有的工厂和设施可能明天会被全部烧光,但是你永远无法动摇公司的品牌价值,所有这些实际上来源于我们品牌特有的良好商誉和公司内的集体智慧。"

(4)品牌文化。品牌文化是品牌最核心的部分,它蕴涵着品牌的价值理念、品位情趣、情感抒发等精神元素,是品牌价值内涵及情感内涵的自然流露,是品牌触动消费者心灵的有效载体,是现代社会的消费心理和文化价值取向的结合。

(5)品牌个性。品牌个性是企业经营理念、顾客消费理念与社会价值文化理念的辩证统一,深刻表达了品牌真正人性化、时尚化的理念。

(6)使用者。品牌暗示着购买或使用产品的消费者类型。

品牌最持久的含义是价值、文化和个性,它们构成了品牌的内涵,揭示了品牌间差异的实质。

二、品牌设计

(一)品牌设计的原则

无论是品牌命名还是品牌标志的设计,都应遵循以下基本原则:

(1)符合法律规定。法律条文规定品牌设计不得使用下列文字、图形:同中华人民共和国的国家名称、国旗、国徽、军旗、勋章相同或者近似的;同外国的国家名称、国旗、国徽、军旗、勋章相同或者近似的;同政府间国际组织的旗帜、徽记、名称相同或者近似的;同"红新月""红十字"的标志、名称相同或近似的;本商品的通用名称和图形带有民族歧视性的;夸大宣传并带有欺骗性的;有害于社会道德风尚或者有其他不良影响的。

(2)不违反文化禁忌,符合当地文化、习俗,使之富有内涵、情谊浓重,唤起消费者和社会公众的美好联想。例如,日本人视荷花为不洁之物;英国人忌用核桃做商标;而意大利人则把菊花作为商标禁忌。

(3)具有独特性,显示产品与众不同的特色,体现产品的优点和特性,暗示产品的优良属性。

(4)具有可识别性,品牌名称应与产品名称统一,简洁明快,易读易懂。

(5)能引起正面联想,使人产生愉快感受。

(二)品牌命名常用的方法——法无定法

(1)根据产品功效命名。根据产品所提供的利益或主要功能命名,其特点是直接反映产品的主要性能和用途,突出产品的本质特征,使消费者能一目了然地迅速了解产品的功效,加快对产品的认知过程。

(2)根据产品的主要成分命名,如十三香、圣桑饮料、桑果醋。

(3)根据产品产地命名。把企业产品品牌与地名联系起来,使消费者通过对地域的信任,进而产生对产品的信任,如"宁夏红"(酒)、北京烤鸭等。

(4)根据首创人命名。以发明者、制造者或历史人物等的名字来给商品命名,如"中山装""赖汤圆""王守义十三香"。这种命名方法可以给人以商品历史悠久、工艺精良、正宗独特、质量上乘的印象。

(5)根据名人或名地、名胜命名,如怀山药、藏红花。

(6)用数字命名。借用人们对数字的联想效应,突出品牌的特色,如3721网站。运用数字命名法,可以增强消费者对品牌的差异化识别效果。

(7)用企业名命名,如银桥酸牛奶、15年西凤酒。

(8)非写实命名,如 TCL、KFC。

(9)以色彩命名。这种方法多用于食品类,如"黑五类",原指黑芝麻、黑豆等五种原料,黑字突出表现原料的颜色,强调黑色食品对人体的营养功效。

(10)自创命名。有些品牌名是词典里没有的,它是经过创造而为品牌量身定做的新词。这些新词一方面具备了独特性,使得品牌容易识别,也比较容易注册;另一方面也具备了较强的转换性,可以包容更多的产品种类。自创命名体现了品牌命名的发展方向,是现今最常用的品牌命名方式,典型的有 SONY 等。

需要指出的是,无论企业采取何种命名策略和方法,都要注意使商品名称与商品实体保持某种内在联系。唯有如此,才能达到以名称吸引消费者的目的。

案例 ANLI

宝马品牌名称的来源

BMW 是英文 Bayerische Motoren Werke 的缩写,翻译成中文是巴伐利亚汽车制造厂。1916 年,两位工程师卡尔·拉普和马克斯·佛里茨在德国慕尼黑创建了巴依尔飞机公司。1918 年,公司更名为巴伐利亚发动机制造股份公司并公开上市。

1992 年之前,BMW 汽车在中国市场上被音译为巴依尔,但是,公司通过调查发现中国消费者对这一名字普遍感到陌生,于是,BMW 汽车把巴依尔改为宝马,既突出了宝马车系高贵豪华的气质,又与中国的传统称谓"宝马香车"相符合,同时发音也与 BMW 相差不大,因此受到了消费者的广泛关注。宝马的名字既契合了音译,又简洁明了、神形兼备,推动了 BMW 在中国的发展。

(三)品牌标志设计

品牌标志或商标图案是一种图案或文字图形。品牌标志设计,长久以来就受到企业管理者的重视。改革开放以来,我国的许多品牌(如李宁体育用品等)都曾登报征集商标设计。不管这些标志征集活动的意图是什么,也不管征集活动提供的奖励数额是大是小,仅这些活动本身就足以说明商标(品牌)标志设计的重要性。

发达国家比我国更加重视对企业品牌标志的设计,花重金进行品牌标志设计是常见的事。例如,泛美航空公司现用的品牌标志,就是花 58 万美元征集而来的。

认真设计并运用品牌标志的意图是配合品牌名字强化或建立品牌消费者的意识,提高品牌知名度。品牌标志是视觉性的,因而比品牌名字容易辨认,有助于产品的识别。另一个好处是它具有可变性,可以根据时代需要和文化的不同进行适当修改。

三、品牌策略

1. 品牌归属策略

品牌归属策略是指在产品上使用生产者的品牌或中间商的品牌,或生产者的品牌和中间商的品牌混合使用。有一些生产商利用现有著名品牌对消费者的吸引力,采取租用著名品牌形式来销售自己的产品,特别是在企业推广产品或打入新市场时,这种策略更具成效。

2. 品牌统分策略

(1)统一品牌,即企业对其全部产品使用同一个品牌,如娃哈哈集团、东芝公司等都是采用统一品牌。

(2)个别品牌,即对各种产品分别使用不同的品牌,如五粮液酒厂就是采用这一策略。

(3)分类品牌,即一类产品使用一个品牌。

(4)统一品牌和个别品牌相结合。一个拥有多条生产线或者具有多种类型产品的企业可以考虑采用该策略。如在新产品品牌名称前加上企业统一品牌,既可使新产品利用企业的声誉,同时,单个的品牌名称又体现出企业不同产品各自的特色。

3. 多品牌策略

多品牌策略,即企业在同类产品中同时使用两种或两种以上的品牌。美国宝洁公司首创了这种策略。多品牌策略的最佳结果应该是企业的品牌逐步挤占竞争者品牌的市场份额,或多品牌策略所增加的利润应大于因为相互竞争所造成的利润损失。

4. 品牌延伸策略

品牌延伸是指企业利用其成功品牌的声誉来推出改进产品或新产品。品牌延伸通常有两种做法:

(1)纵向延伸,是指企业先推出某一品牌,成功后,又推出新的经过改进的该品牌产品,接着再推出更新的该品牌产品。例如,宝洁公司在中国市场先推出"飘柔"洗发香波,然后又推出新一代"飘柔"洗发香波。

(2)横向延伸,是指把成功的品牌用于新开发的不同产品。例如,海尔公司先后向市场推出冰箱、空调、电视机、电脑、手机等产品。

5. 品牌更新策略

品牌更新策略是指由于某些市场情况发生变化,而对产品品牌进行重新定位。

任务 4　制定产品包装策略

一、包装的概念及分类

俗话说,"人要衣装,佛要金装""三分人才,七分打扮""货卖一张皮"。大多数产品,在从生产领域流转到消费领域的过程中,都需要有适当的包装。包装(Package)是产品实体的一个重要组成部分,在西方国家,包装一向受到生产者和经营者的高度重视,有些营销学家甚至把包装称为营销因素 4P 之外的第五个 P。

案例 ANLI

拉面说×999 感冒灵:给生活来一剂治冷良方

以"独身只身也要照顾好自己本身"为品牌暖心初衷的拉面说,和长期以来有着独特治愈特性的 999 感冒灵联手,率先于"寒意"现状下展开暖心破冰行动。

拉面说与 999 感冒灵发掘"泛大众人群"对于"暖事"的内心诉求:无论是在特殊疫情时期,承受着社会舆情下的"情绪寒冷",还是在日常生活中的爱情、职场、社交里,无论眼下的生活如何不顺心意,依然都对于美好的事有所期待。

根据这一洞察,品牌之间将食与"药"结合,以"嘘寒问暖,面面俱到"的形象,创意推出"吃货门诊"的概念,用"一碗心灵鸡汤暖人心",展现了两者品牌之间联名的高度。

在创意内容的呈现上,拉面说也由外包产品做引入,借用 999 感冒灵熟知的通用药物品牌做包装,将"吃货门诊"的概念彻底打透,以诊断"冷病"构建出"来一剂治冷良方"的大主题,传达情绪里的"寒冬"总会过去,"暖意"一定会到来。

整个传播的调性上,拉面说选择了"暖心+魔性"的形式并行,以更贴近年轻人的方式去呈现联名特色和产品卖点,结合浮夸的演绎,打击用户痛点,再现都市里的"寒冬",形成情绪共鸣,满足用户对"暖"的诉求。

(一)包装的概念

所谓包装,不仅是指保护产品质量和便于流通的容器或包扎物,而且还应具有促销的功能。包装在过去一直被认为是产品制成的最后一步而不是投入市场的第一步,这种观念一直阻碍着商品价值和使用价值的更好实现。虽然产品的核心部分是效用和内在质量,但被消费者首先感知和体会的是包装,因此,包装也是市场竞争中的一个重要手段。

包装有以下几个作用:有助于保证产品的内在质量;有助于产品运输和消费者购买;有助于美化产品,增加附加利益,提高产品的竞争能力。

案例

榨菜包装出效益

四川人在销售其"拳头"产品榨菜时,一开始是用大坛子将其商品卖给上海人;精明的上海人把榨菜装在小坛子里后,出口到日本;在销路不好的情况下,日本人将从上海进口的榨菜原封不动地卖给中国香港地区的人;而富于创新精神的中国香港地区的人,以片、丝的形式将榨菜用真空的小袋包装后,再返销日本。从榨菜的"旅行"过程中,不难看出各方商人都赚了钱,但是靠包装赚大钱的还是中国香港地区的人。

(二)包装的分类

产品包装一般包括三个层次:
(1)内包装,即盛装产品的直接容器,如牙膏的软管。
(2)中层包装,用来保护内包装和促进销售,如牙膏的纸盒,上面印有产品的商标、使用说明、生产厂家、生产日期、图案和色彩等。
(3)外包装(运输包装),其作用是便于储存、搬运和辨认商品。运输包装必须标明各种标识,如识别标识(用于表示货物名称、收货人和发货人名称、目的地及件号、体积、重量、原产地等);指示标识(用于注明注意事项,如防火、防潮、叠压程度、开启方向等);警示标识(用于表示危险性质,如有毒品、易燃品、放射性商品等)。

案例

农夫山泉的文化包装

农夫山泉在设计上拥有很多成功的案例,一般来说,其设计主要应用于包装外观上,和清宫元素的结合是其进行传统文化营销的成功尝试。

为了将这一文化的风格和样貌具体浓缩在小小的包装上,还要与自身的品牌理念相契合,农夫山泉推出了限量版"故宫瓶"的系列产品,使用的是图文形式,展现了故宫中几位皇帝、妃子的画像。由于当时的清宫剧非常火爆，借助这一热点，使用了人们感兴趣和熟悉的一些人物和宫廷风，并配上宫廷味浓厚，同时具有现代流行意味的文案，让这些在文物画卷上看起来颇为严肃厚重的宫廷人物形象变得非常接地气，并且文案非常清新文艺，如同画中人物诉说心事，让人被这些文字表达出的心情所打动，也得以进一步了解清宫中的悲欢喜乐。这一跨界营销与以往农夫山泉清新灵动的风格如出一辙，而借助清宫文化中的皇帝、妃子等家喻户晓的形象，也并非生搬硬套，而是通过文字来传达其中的意蕴情感，让画面中的人物变得鲜活起来，从而与大众产生了情感上的联系和触动。

二、包装策略

（一）类似包装策略

这是指企业生产经营的各种产品，均采用相同或相近的图案、色彩、造型等共同的特征，以使消费者容易辨认。这样，可以加强企业形象，有利于推出新产品和节省促销等费用。它适用于质量水平接近的产品，如日本三洋公司的电器产品包装都是蓝色的。

（二）等级包装策略

这是指对于同一种产品，按照其价值、品质，分成若干等级，不同的等级采用不同的包装，使包装与产品的价值相称。俗话说，"一分钱，一分货"，通过等级包装策略，可以反映出商品质量，即商品质量越高，价值越大，包装越精美，从而把商品内在质量的差别体现在包装上。例如，优质包装与普通包装，豪华包装与简易包装等。这种方式有利于消费者辨别产品的档次差别和品质的优劣，可以适应和满足不同层次消费者的购买力和购买心理。缺点是会增加包装设计成本。

（三）配套包装策略

这是指把几种相关的产品放在同一包装内销售。例如，春节时的大礼包，将各种糖果、糕点装在一起出售。这种策略不仅有利于充分利用包装容器的空间，而且有利于同时满足同一消费者的多种需要，扩大销售。但要注意防止引起顾客反感的硬性搭配。

（四）附赠品包装策略

这是指在包装里面附有赠品或奖券，以吸引消费者，扩大销售量。例如，买儿童用品送玩具；买牛奶送杯子等。这种包装策略对少年、儿童和低收入者非常有吸引力。附赠品包装策略还可以作为在国际市场上介绍新产品和进行市场调查的手段。

（五）再使用包装策略

这是指原包装的产品使用完后，其包装物还可以做其他用途。例如，装果汁的瓶子可以做茶杯。这样可以利用消费者一物多用的心理，使他们得到额外的使用价值。同时，包装物在使用过程中，也可以起到广告宣传的作用，诱发消费者购买或引起重复购买行为。

(六)性别包装策略

这是指根据性别的不同而设计不同的包装。女性用品包装体现温馨、秀丽、典雅等风格,男性用品包装追求刚正、潇洒等风格,目的在于满足不同性别消费者的需求。

(七)习惯使用量包装策略

这是指根据消费者的使用习惯来设计不同分量的包装。如茶叶,为了适应家庭消费习惯,采用大包装,为了满足外出旅游、出差的需要,采用小包装等。

三、包装设计

产品包装的设计应以包装的基本功能和作用为转移,要突出特定产品包装的主要功能。不同产品包装的功能重点不同,对包装设计亦有不同的要求。有些包装以促销功能为主,有些则以保护功能为主,并且各有不同要求。就促销功能来说,生活消费品包装的设计,应尽量适应目标市场的需要,符合以下要求:

(一)独具特色

包装应力求新颖别致,美观大方,有创意和特色,不搞模仿、雷同。尽量采用新材料、新图案、新风格,使人耳目一新。

(二)便利消费

包装应方便消费者选购、携带、使用、保存,适应不同消费者的需要,应有不同的规格。注重便携式包装、喷雾式包装、易开式包装、定量式包装的科学设计,尽可能方便消费者。

(三)安全卫生,绿色环保

包装要注意消费者安全和卫生,坚决避免用有害材料做包装,尽量减少包装材料的浪费,节约社会资源,严格控制废弃包装物对环境的污染。

(四)与质量或价值水平相适应

包装应按照高、中、低不同档次来设计。包装具有促销作用,并能增加产品的价值,但不可能也不应该成为产品价值的主要部分,否则,不是"本末倒置",就是"金玉其外,败絮其中"。一般,产品包装应与产品的价值和质量水平相匹配,包装费用不宜超过产品价值的15%。如果包装在产品价值中所占的比重过高,会使顾客产生名不副实之感,难以接受;相反,高档优质的产品,如果包装的质量低劣,将会自贬身价。

(五)尊重风俗习惯和宗教禁忌

包装的造型、图案、色彩和文字要符合当地的风俗习惯和宗教信仰。图案、颜色的含义对不同国家和地区的顾客可能是截然不同的,甚至完全相反。如中国人喜庆节日喜欢用红色,而日本人却喜欢互赠白色毛巾;乌龟在日本代表长寿,而在其他一些地区代表丑恶。

阅读资料

食品包装带你读懂年轻人的心

2021年全球食品包装设计大赛中,超过70%的作品在目标消费人群处,提及了"年轻群体""18～35岁"或"Z世代""90后、00后"等字眼。以年轻人为目标消费群体,品牌商家们都设计出了怎样的食品包装呢?我们提取出了三个折射年轻消费群心理的关键词:治愈感、高级感、纯净感。

1.治愈感

都市年轻人对治愈的追求不断升级。为了填补年轻人的心灵空缺,软乎乎、甜蜜蜜、暖融融,能带来些许治愈感的包装纷纷问世。

比如,RIO微醺美好生活系列包装以独居人群众多的居家萌宠陪伴——猫咪为创意原点,5款口味分别围绕客厅、卧室、餐厅、浴室、阳台等一居室的地点,以及猫咪的不同慵懒状态,来诠释当代年轻人的独居生活状态。在色彩上,特意使用更加温暖、饱和度较高的颜色,让人的心情顿时愉悦放松下来。

小懒放松型饮料从产品包装设计、产品配料到口味,都遵循"放松、时尚、萌趣"的产品设计理念。二次元的卡通图案,清爽又明亮的色彩设计,让品牌形象年轻、时尚、萌趣而且独特。

2.高级感

高级感象征了一种科技与时尚交界的动感和浪漫。比如,AMX 0蔗糖控感系列酸奶,主要面向"Z世代"消费者,满足消费者"健康又美味"的心理刚需。AMX在包装上强化产品零蔗糖属性,以深蓝为底色,加入烫银工艺,简洁而不失品质。"AMX"采用了无衬线体,字体线条硬朗锋利,棱角分明,配合瓶身的斜切角度,凌厉感十足。

3.纯净感

纯净感是人们内心对简约和健康的追求。天然而干净的感觉,让人感到精神上的放松,尤其是在被纷繁复杂的信息和数据包围时,清爽设计的包装,更会让人眼前一亮。比如,小吸饮无蔗糖吸管固体饮料以18岁以上有瘦身需求的女性白领为目标人群,简单的色调、白底与黑字组合,呼应"轻"和"简"的生活方式。We唏小吸饮,外包装做成了小圆筒状,携带方便;5种口味的吸管拥有专属色调的独立分装,密封包装卫生安全,防潮易撕,打开就能开启极简饮用体验。新希望"初心酸奶"包装采用时尚波点的渐变,色调以蓝白色为主,传递出素颜酸奶的干净新鲜;同时,通过自然成分表的升级吸引消费者,整体简约干净,有呼吸感、通透感。

任务5 制定服务策略

一、认知服务

美国市场营销协会于1960年将服务定义为:服务是用于出售或同物质产品一起出售的各种活动、利益或满足感。前者是指服务业出售的各种服务,后者是指伴随物质产品的出售而提供的各种服务。

(一)服务的重要性

(1)服务业的收入在发达国家中占 GDP 的 50%,在美国所占比例达 75%,这意味着其国民财富的创造主要依赖于服务业。服务业主要包括金融、保险、旅游、商贸、运输、电信、航空等 12 大部门,150 多个分支部门。

(2)业绩=1 分产品+3 分服务。当咖啡被当作"货物"贩卖时,一磅可卖 300 元;当咖啡被包装为"商品"时,一杯就可以卖一二十元;当其加入了"服务",在咖啡店中出售时,一杯最少要几十元;但如能让咖啡成为一种香醇与美好的"体验",一杯就可以卖到上百元甚至是几百元。增加产品的"体验"含量,能为企业带来可观的经济效益。

服务化经营是企业实施差别化经营战略的要求。哈佛大学著名教授迈克尔·波特在其管理学名著《竞争战略》一书中区分了三种成功的企业竞争战略:成本领先战略、差异化战略、目标集聚战略。差异化战略就是使企业提供的产品和服务在顾客重视的某一方面做到独树一帜,并因其独特性而获得稳定的高额利润。在供过于求的市场态势中,差异化战略是企业发展的最佳选择。在服务过程中,企业直接与用户接触,消费者直接感受到企业所提供服务的质量水平,这是任何竞争对手都无法效仿的。

(二)服务的基本特性

1. 无形性

无形性指服务是顾客看不见、摸不着,但能感觉到和享受到的。与有形产品不同,服务在很大程度上是无形的和抽象的。顾客在消费服务时,往往是根据自己的经验和企业的声誉购买,而并没有得到实实在在的有形物品。因此,提供服务的企业特别要注重企业品牌形象的建立,形成良好的口碑传播效应。

2. 不可感知性

不可感知性包括以下两层含义:

(1)服务与实体商品相比较,服务的特质及组成服务的元素,许多情况下都是无形的和抽象的,让人不能触摸或凭视觉感到其存在。

(2)消费者消费服务后所获得的利益也很难被察觉,或是要经过一段时间后,消费服务的享用者才能感觉到利益的存在。

服务的这一特征决定消费者在购买服务前,不能以对待实物商品的办法,如通过触摸、尝试、聆听等去判断服务的优劣,而只能以搜寻信息的办法,参考多方意见及自身的历史体验来做出判断。

3. 不可分离性

不可分离性是指服务的生产、消费和交易是同时进行的,生产过程和消费过程紧密联结。也就是说,服务人员提供服务于顾客之时,也正是顾客消费、享用服务的过程,二者在时间上具有不可分离性。

4. 差异性

服务不像有形产品那样有固定的质量标准,而是具有较大的差异性。

5. 不可贮藏性

由于服务具有无形性和不可分离性,使得服务不可能像有形产品一样贮藏起来,以备未来销售,如不能及时消费,即会造成损失。服务的不可贮藏性也为加速服务产品的生产、扩大服务的规模提出了难题。

(三)服务的种类

依据不同的划分标准,服务可以进行不同的分类。

(1)按照顾客在服务推广过程中的参与程度,可将服务分为以下三类:

①高接触性服务。高接触性服务是指在服务推广过程中,顾客参与其中全部或大部分活动的服务,如公共交通、学校等提供的服务。

②中接触性服务。中接触性服务是指在服务推广过程中,顾客只是部分参与或在局部时间内参与其中的活动,如银行、律师等提供的服务。

③低接触性服务。低接触性服务是指在服务推广过程中,顾客与服务的提供者接触较少的服务,且交往主要是通过仪器设备进行的,如信息中心、邮电通信业等提供的服务。

这种分类法的优点是便于将高接触性服务从中、低接触性服务中分离和突显出来,以便营销者采取多样化的服务营销策略满足各种高接触性服务对象的需求;其缺点是过于粗略。

(2)依据综合因素分类法,从不同的侧面可对服务进行不同的分类。

①依据提供服务工具的不同可分为:以机器设备为基础的服务和以人为基础的服务。

②依据顾客在服务现场出现必要性的大小分为:必须要求顾客亲临现场的服务和不需要顾客亲临现场的服务。

③依据顾客个人需要与企业需要的不同分为:针对个人需要的专一化服务和面对个人需要与企业需要的混合性服务。

④依据服务组织的目的与所有制分为:营利性服务(以营利为目的的服务)、非营利性服务(以社会公益服务为目的的服务)、私人服务(其所有制为私人所有的服务)和公共服务(以社会主义全民所有制和集体所有制为主体,面对全社会公益事业的服务)等。

这种分类法综合考虑了各类因素,对其客观状态进行了分类,包容性较强,但如果从服务营销管理角度考虑,则对服务业的管理不太协调。

案例 ANLI

主题餐厅如何做好体验营销?

主题餐厅将"餐饮+文化+体验"有机地结合来引起顾客的注意,除了各式菜肴的鲜明特色,也非常注重以文化为主题的深度开发,重点放在相应的环境建设上。

1."体育"类。例如,奥运会期间,以体育为主题的餐厅十分火爆,餐厅里的每种装饰都体现出人们对体育的热爱,体育巨星的雕塑和海报布满整个餐厅。

2."怀旧"类。例如,以老电影为主题的餐厅,餐厅的墙壁布满各种经典影视作品的海报,播放着各种插曲,吸引很多怀旧的人到此驻足观赏。

3."农家"类。例如,以"忆苦思甜"为主题的农家乐是一家装饰独特的餐厅,在包间里,饭桌置于炕上;墙上挂着具有浓厚年代感的宣传画,吸引人来此回忆当时的时光。

4."环保"类。例如,以"热带雨林"为主题的餐厅具有原始丛林的特色,让人仿佛身临其境,顾客可以看到森林、岩石以及各种野生动物,在"大森林"里享受用餐的经历。

5."人物"类。例如,以鲁迅先生作品中"孔乙己"为主题的餐厅,从硬件上的装饰,到软件上的服务都淋漓尽致地展现出鲁迅先生笔下所描绘的场景。

二、用精细化服务打造顾客满意

(一)提高顾客满意度

1. 顾客满意的概念

所谓顾客满意度是指一个人通过对一种产品的可感知的效果(或结果)与他的期望值相比较后形成的感觉状态。因此,满意水平是可感知的效果和期望值之间的差异函数。顾客的满意程度可分为以下三种:

(1)如果可感知的效果低于期望,顾客就会不满意。

(2)如果可感知的效果与期望相等,顾客就会满意。

(3)如果可感知的效果大于期望,顾客就会非常满意。

2. 顾客满意的重要性

美国哈佛《商业评论》杂志发表的一项研究报告指出:公司只要降低5%的顾客流失率,就能增加25%~85%的利润,而在吸引顾客再度光顾的众多因素中,首先是服务质量的好坏,其次是产品本身,最后才是价格。另据一项国外调查表明:一个满意的顾客会引发八笔潜在生意,其中至少有一笔成交;一个不满意的顾客会影响25个人的购买意愿;争取一位新顾客所花的成本是保住一位老顾客成本的六倍。

顾客的期望值是由以下因素形成的:

(1)过去的购买经验。

(2)朋友和伙伴的各种评价。

(3)厂商的广告及其承诺宣传。

可以看出,企业的宣传与承诺对顾客形成期望值起着十分重要的作用。

3. 顾客满意度的衡量

(1)顾客投诉和建议制度。一个以顾客为中心的组织应为其顾客投诉和提建议提供方便渠道,为顾客提要求和建议、发牢骚敞开大门。企业通过这些信息可以了解顾客是否满意,获得改进商品和服务的创意。

(2)顾客满意度调查。有时仅靠投诉和建议制度,企业还无法全面了解顾客的态度是满意或不满意。大多数顾客在不满意时不是采取投诉的方法,而是转向其他厂商的商品和服务。所以企业还应通过专门调查的方法了解顾客的满意程度。

(3)分析流失的顾客。对于那些已停止购买或已转向另一个厂商的顾客,公司应该及时联系他们,从而了解发生这种情况的原因:是商品的价格定得太高?还是产品质量有问题?或者是服务不周到?了解了不满意的原因,企业才可以对商品和服务加以改进。

(二)服务的技巧化——用精细化打造顾客满意

服务无形性的背后是服务的技巧。服务的技巧化,是指培养和增强服务技巧,利用服技巧来吸引和满足顾客,充分发挥技巧在服务营销中的作用。一切服务归根结底都是靠其他行业难以替代的技巧来生存和发展的。例如,现在已经有了可以诊断疾病的电脑,但它代替不了医生,因为医生的诊断中,或多或少会有一些个人的、不规范的、活的经验、诀窍和智慧,而再好的电脑也只能处理规范的信息。服务的技巧,主要包括服务的技能化、知识化、专业化、有形化、角色化和细微化。

(1)服务技能化是指服务人员用服务的熟练程度、技艺、能力等来吸引和满足顾客,充分发挥技能在服务中的作用。

(2)服务知识化是指提高服务人员的知识素养,以此来吸引和满足顾客,充分发挥知识在服务中的作用,即知识营销。如现代金融服务业需要很多甚至很高深的知识,如数学知识;又如,现在许多大城市的保姆市场开始出现"知识型保姆"走俏的趋势。

(3)服务专业化是指服务人员经过专业培训后,其服务技能、服务知识及职业道德等达到社会公认的水平,通常以获得专业或从业资格证书为标志。

(4)服务有形化是指提供服务的有形线索,以帮助顾客识别和了解服务,克服服务无形性的不利影响,比如,服务环境、服务工具、服务设施、服务人员、服务信息资料、服务价目表等。从营销角度可以分为:服务包装、服务品牌、服务承诺、服务定价、广告等。

(5)服务角色化指服务人员的仪表、语言和行为举止都达到服务机构所设定的角色规范的要求(如微笑服务)。

(6)服务细微化是指服务机构或人员从细微处关心顾客和贴近顾客,即见微知著。顾客的真实需要、欲望或偏好,往往通过细微处才能感知,而只有感知和满足顾客的这些需要、欲望和偏好,才能使服务更有效。

案例 ANLI

茶颜悦色的服务营销 7P 策略

茶颜悦色提出了"中茶西做"的新理念,西式做法中融入中国传统茶叶,由此成为"Z世代"消费群体追求国风和新潮、健康和有味、文化内涵和个性特色的一个绝佳选择。

1.产品:新中式鲜茶,迭代出精品

在茶颜悦色身上,互联网思维下的产品主义基本逻辑得到充分凸显。在原料上,茶颜悦色每个饮品都用鲜奶取代奶精,用原叶茶现泡现萃而成,强调鲜茶的质感。在文创周边的开发上,茶颜悦色挖掘自身文化属性,围绕国风、国潮、新中式等文化元素和时下热点进行产品设计,并对自主设计的文创产品不断创新。

2.定价:做一杯大众买得起的好茶

奶茶的主力消费人群,他们不仅对品质有较高的期许,而且对价格也较为敏感。茶颜悦色凭借低于市场的价格、高于预期的饮品和服务,薄利多销,是性价比较高的茶饮品牌之一。多年来,茶颜悦色饮品价格较为稳定,几乎没有涨过价,对于茶饮主要消费人群之一的学生群体来说更加容易接受。

3.渠道:密集开店不加盟

茶颜悦色的线下门店布局密集,门店一般位于繁华街道和人流密集处。茶颜悦色始终

项目6 制定产品策略，打造一流品牌

坚持直营开店、不做加盟，以期对门店经营、产品质量以及原料库存做到有效把控。茶颜悦色还上线了天猫旗舰店和微信小程序，通过更多的渠道触达顾客，在给顾客提供产品和服务的同时，建立自己的会员体系和数据资产。

4. 促销：亲密互动引流量

茶颜悦色善于选取巧妙的沟通方式和时机与顾客建立平等、用心的联系，一个产品或场景，如产品的上架或下架、节假日、二十四节气等，都能够成为和顾客之间的共鸣点。这些不仅是品牌与顾客之间的互动，也让茶颜悦色成为中国传统文化、长沙市井文化的发声人，让人感受到品牌的真诚和家国情怀。

5. 有形展示：中国风情文艺范

"越中国，更时尚"，茶颜悦色始终将传统文化引入品牌的视觉表达中，而这也为茶颜悦色带来了出色的"颜值经济"。此外，茶颜悦色的微信公众号、小程序、微博等社交媒体，同样贯彻统一的画风，欢快活泼、清新可人、充满乐趣的手绘漫画等使茶颜悦色的形象更加饱满。

6. 人：人设真实，传递温度

"身体力行，做一杯有温度的茶"一直是茶颜悦色的初心，这一初心也抓住了消费升级下"体验经济"崛起的风口，使品牌不断被赋予人格和情感，与用户一起成长，共创品牌价值文化，体现其用户思维。

茶颜悦色门店员工的服务十分规范和贴心。一杯饮品送到顾客手上，要经过五轮操作：点单、泡茶、现调、打料和出杯。从顾客进门到离开，茶颜悦色员工的口号和服务便不曾停过。

7. 过程管理：靠好服务传递温度

茶颜悦色与顾客之间的情感连接体现在许多温暖的小心思中。茶颜悦色在二十四节气中的每一个节气，都会为每一位顾客介绍该节气的传统食谱及温馨提示。下雨时，门店准备的及时伞可供顾客使用。在点单台的显眼位置，配备了装有创可贴、藿香正气水等应急用品的小药箱……茶颜悦色积极与顾客沟通，在互动中拉近与顾客的距离。

三、服务营销与创新

服务营销是一种通过关注顾客，进而提供服务，最终实现有利的交换的营销手段。作为服务营销的重要环节，"顾客关注"工作质量的高低，将决定后续环节的成功与否，影响服务营销整体方案的效果。以下就"顾客关注"介绍九项原则：

微课：服务营销及其组合策略

（1）获得一个新顾客比留住一个已有的顾客花费更大。企业在拓展市场、扩大市场份额时，往往会把更多精力放在发展新顾客上，但发展新的顾客与保留已有的顾客相比，花费更大。此外，调查资料显示，新顾客的期望值普遍高于老顾客，这使发展新顾客的成功率大受影响。

（2）除非企业能很快弥补损失，否则流失的顾客将永远失去。每个企业对于各自的顾客群都有这样或那样的划分，因而各客户可享受不同的客户政策。但企业必须清楚地认识到一点，即每个顾客都是企业的衣食父母，不管他们为公司所做的贡献是大是小，我们都应该避免出现客户歧视政策,所以不要轻言放弃客户,退出市场。

(3)不满意的顾客比满意的顾客拥有更多的"朋友"。竞争对手会利用顾客的不满情绪,逐步蚕食其忠诚度,同时在本企业的顾客群中扩大不良影响。

(4)畅通沟通渠道,欢迎投诉。有投诉才有对工作改进的动力,及时处理投诉能提高顾客的满意度,避免顾客忠诚度的下降。畅通沟通渠道,便于企业收集各方反馈信息,有利于市场营销工作的开展。

(5)顾客不总是对的,但处理方法不同会产生不同的结果。"顾客永远是对的"是留给顾客的,而不是企业的。企业必须及时发现并清楚了解顾客与自身所处立场有差异的原因,告知并引导他们。当然这要求一定营销艺术和技巧,不同的方法会产生不同的结果。

(6)顾客有充分的选择权利。不论什么行业和什么产品,即使是专卖,企业也不能忽略顾客的选择权。市场是需求的体现,顾客是需求的源泉。

(7)倾听顾客的意见,以了解他们的需求。为顾客服务不能是盲目的,要有针对性。企业必须倾听顾客的意见,了解他们的需求,并在此基础上为顾客服务,这样才能做到事半功倍,提高顾客忠诚度。

(8)企业在向顾客推荐新产品或是要求顾客配合进行一项合作项目时,必须站在顾客的角度,设身处地为顾客考虑。如果自己觉得不合理,就绝对不要轻易尝试。你的强迫永远和顾客的抵触在一起。

(9)如果企业不去照顾其顾客,那么别人就会去照顾。市场竞争是激烈的,竞争对手对彼此的顾客都时刻关注。企业必须对自己的顾客进行定期沟通和了解,解决顾客提出的问题。忽视顾客等于拱手将顾客送给竞争对手。

案例 ANLI

咕喵哩亲子餐厅:"餐饮+娱乐",赋有多重功能的亲子空间

近年来,儿童亲子行业已进入了快速发展阶段。自带娱乐和餐饮体验属性,既可实现亲子互动,又能在陪伴的同时解放父母双手的亲子餐厅,成为儿童亲子业态中备受关注的分支。

咕喵哩作为一个以"猫"为主题的亲子餐厅,700多平方米的空间内涵盖游乐区、餐饮区、休息区、光影餐区四大区域。

在这里,女孩可以在公主屋中换装化身白雪公主、冰雪女王;男孩穿上英雄制服,搭配标志性的战斗配件一起"拯救世界"。

魔法厨房是一个神奇的存在,不仅有锅碗瓢盆,冰箱、抽油烟机等仿真家具也一应俱全,旁边的"便利商超"内蔬菜、水果应有尽有,小朋友们可以在此体验柴米油盐的乐趣。

除此之外,在海洋池中自由翱翔、在积木屋中搭城堡、在木颗粒沙池中盖高楼、在滑梯上冲刺……这里丰富的游乐设施、有趣的角色扮演总是让小朋友们流连忘返。

二楼的休息区也是一个内容丰富的小天地,图书一角、益智游戏、各类医护玩具……小朋友们在这里玩得不亦乐乎,家长便可在这里好好休息,既可陪伴,也可放松。

餐饮是亲子餐厅的另一"主角",虽然菜品不及传统餐饮店丰富,但咕喵哩除了为游客提供美味比萨、意大利面、牛排、焗饭、沙拉、甜品等主食及饮料、果汁等数十种选择外,还特

别推出鲍鱼线面、银耳莲子营养粥等营养宝宝餐。

咕喵哩场内犹如魔法世界般的投影餐区更成为周岁宴、生日派对、企业团建等重要节点的首选之地，美轮美奂的场景、互动感极强的设计，加上创意十足的活动策划，总能给人留下印象深刻且不可复制的快乐时光。

咕喵哩抓住并解决了新时代父母的痛点，让他们从陪伴与自由的矛盾中得以解脱。随着服务的不断提升、内容的不断创新，相信咕喵哩将得到更多年轻父母的青睐。

知识巩固

一、营销术语解释

产品整体概念　形式产品　附加产品　产品生命周期　品牌　产品组合　快速渗透策略　产品线延伸　服务营销　客户满意度　类似包装　等级包装

二、单项选择题

1. 处于(　　)的产品，可采用无差异性营销策略。
   A. 成长期　　　B. 衰退期　　　C. 导入期　　　D. 成熟期

2. 下列各项中，(　　)不属于产品整体范畴。
   A. 品牌　　　　B. 包装　　　　C. 价格　　　　D. 运送

3. 对现有产品的品质、款式、特点或包装等做一定的改进而形成的新产品，就是(　　)新产品。
   A. 仿制　　　　B. 改进　　　　C. 换代　　　　D. 完全

4. 品牌中可以用语言称呼、表达的部分是(　　)。
   A. 品牌　　　　B. 商标　　　　C. 品牌标志　　D. 品牌名称

5. (　　)品牌就是指一个企业的各种产品分别采用不同的品牌。
   A. 个别　　　　B. 制造商　　　C. 中间商　　　D. 统一

6. 有发展前途的问题类产品线应(　　)，提高其市场占有率，增强竞争力。
   A. 收割　　　　B. 发展　　　　C. 维持　　　　D. 放弃

7. 处境不佳，竞争力小的现金牛类产品线和一些问题类、瘦狗类产品线应(　　)，减小投资，争取短期收益。
   A. 收割　　　　B. 发展　　　　C. 维持　　　　D. 放弃

三、多项选择题

1. 企业的产品组合包括(　　)三个因素。
   A. 广度　　　　B. 深度　　　　C. 产品线　　　D. 产品项目
   E. 关联性

2. 消费品按购买习惯分类，可以分为(　　)。
   A. 方便品　　　B. 选购品　　　C. 特殊品　　　D. 非渴求品
   E. 指定品

四、简答题

1. 什么是产品组合以及产品组合的宽度、长度、深度与密度？
2. 什么是产品市场生命周期？你认为产品市场生命周期理论对企业营销有何启示？

3. 什么是品牌？产品品牌的作用是什么？
4. 试述产品市场生命周期各阶段的特点、企业营销目标与营销策略。
5. 服务营销的七要素是什么？
6. 商品包装有哪些作用？包装设计应注意哪些原则？

案例分析

汇源果汁的没落

"喝汇源果汁，走健康之路。"这句曾在20世纪八九十年代风靡一时的广告词，在很长一段时间内让汇源成了不少消费者聚餐时的首选饮料。然而，此后汇源果汁逐步没落。汇源果汁为何会沦落到这般地步呢？

首先，汇源果汁拳头产品过于单一。在之前物品匮乏的年代，一款饮品其实只要质量和口感好，营销做上去，基本都能有不错的市场份额。然而汇源果汁拳头产品过于单一的短板随着消费者口味日渐多元，也越发严重了。再加上冷链不断改进、普及，消费者观念的转变，直接购买新鲜水果越来越方便，都蚕食了汇源这种果汁饮品的市场。

其次，营销缺乏创新。"有汇源，才叫过年""中秋喝汇源，健康庆团圆"，很难想象，依靠广告营销起家的汇源果汁，在之后的营销上，却明显地将产品的使用场景收缩到了节假日和"家人团圆"上。但实际上果汁的使用场景，却显然要大得多。比如其他果汁饮品，在使用场景的营销上都是聚焦于日常生活。而使用场景的错判，其实背后也恰恰是对消费市场和消费需求的错判。

思考：
1. 从营销角度分析汇源果汁产品的整体概念。
2. 在饮料市场竞争非常激烈的环境下，汇源果汁如何突围？

项目实训

把握产品卖点与品牌内涵，完成产品推介

1. 实训目的
体会产品最能够打动顾客的利益点，说清产品的卖点，或者能使顾客购买的理由。

2. 实训过程
(1) 分组通过直播间进行商品展示推介，可以是虚拟产品，也可以是实物。
(2) 每组进行商品展示推介6~7分钟，留2~3分钟与客户交流。
(3) 其他组的同学可以提问2~3个问题。

3. 实训要求
(1) 程序介绍、团队介绍、成员自我介绍及向大家问好、打招呼。
(2) 商品选得好，有独特的卖点。
(3) 内容熟练、表述清楚、团结协作。
(4) 注重与客户交流，回答问题，令客户满意。

(5)客户没有问题后谢场。

4. 实训成果

用于演示商品的PPT,以及演示活动现场的录像视频。

5. 项目完成情况评价

内　　容			评　　价
学习目标		评价项目	得分(0～100分)
知识 (30分)	应知应会	产品整体概念、形式产品、延伸产品、产品生命周期、品牌、产品组合	
		快速渗透策略、快速掠取策略、缓慢渗透策略、缓慢掠取策略	
专业能力 (60分)	具备一定的营销分析能力和书面写作能力	优化产品组合,突显产品卖点	
		产品的品牌和商标欣赏	
态度 (10分)	态度认真	按时完成任务	
	合作意识	团队配合默契	
合计得分			
个人努力方向与建议		重视研究企业和产品的特色及吸引顾客的利益点	

成长日记

结合项目6所学的知识和实践,撰写一篇1 000字左右的个人成长日记。挑选部分学生的日记公开交流。

项目 7

制定价格策略，实现营利目标

教学导航

教	教学目标	知识目标： • 明确企业的定价目标 • 掌握影响企业定价的主要因素 • 运用合适的定价方法 • 掌握营销定价的基本技巧和策略 技能目标： • 能合理运用定价方法和定价策略打动客户，从而打开市场 • 能巧妙运用定价策略刺激消费，赢得营销主动 • 能够根据市场环境的变化进行价格调整 思政目标： • 正确认识和评价价格在营销中的作用，遵守行业规制 • 融入"自由、平等、公正、法治"的社会主义核心价值观，使学生认识到在经营中要做到公平竞争、守法经营，恪守社会公德和价格伦理，维护消费者利益
	授课重点与难点	• 营销定价的基本原理、营销定价方法、营销定价的基本策略、价格调整
	授课方式	• 知识讲授、案例分析 • 小组讨论与陈述汇报、价格调查与分析训练
	授课场所	• 多媒体教室、市场营销实训室 • 超市、商场等现场教学场所
	建议学时	• 4学时（课堂）、4学时（课外）
	考核方式	• 过程性考核占50%（含课堂展示、汇报、小组作业） • 终极性考核占50%（含知识点、技能训练、营销日记等）
学	学习方法	• 阅读经济学原理中关于价格原理的章节 • 课堂互动，积极参与小组讨论与陈述汇报 • 总结归纳，撰写成长日记 • 参与营销素质拓展活动
	营销训练	• 价格调查与分析、价格模拟游戏 • 案例分析、营销沙龙
	项目任务分解	• 定价目标的确定 • 定价方法的选用 • 定价策略的运用 • 价格调整

任务 1　认知营销定价原理

作为营销工作人员，应结合企业实际情况，掌握企业定价的目标，以及影响企业定价的因素，为合理价格的制定和调整做好基础性工作。本任务就是要通过开展相关教学活动，使学生掌握企业定价的目标以及影响企业定价的因素。

一、从营销角度重新认识价格

（一）价格的含义

从狭义的角度来说，价格是对产品或服务所收取的金钱。从广义来说，价格是指消费者用来交换拥有或使用产品或服务利益的全部价值量。价格曾经是影响购买选择的主要因素。虽然近几十年来，非价格因素在买方购买行为中已经变得越来越重要，但在较贫穷的国家、理性消费群体和大宗商品的交易中，价格仍然是影响购买行为的主要因素。

（二）营销定价的基本原理

从理论上说，价格是商品价值的货币表现，以货币来表示的商品或服务的价值就称为该商品或服务的价格。一方面，价格的高低直接影响市场需求，影响产品在市场上的竞争地位和市场占有率，进而影响企业的销售收入和利润；另一方面，价格又是企业其他营销策略的函数，也是营销组合中最灵活的因素，需与营销组合中的其他策略相辅相成，才能发挥作用。

在企业的市场行为中，其产品价格的确定是供求双方力量共同作用的结果。从需求的角度看，企业的产品能否为消费者所认可，取决于以下三个方面：产品的质量、性能、包装以及服务对消费者的吸引力；企业的公众形象以及中间商、零售商的声誉；价格对目标市场消费者实际支付能力的适合程度。

从经济学的观点看，价格的形成受到供应和需求的相互影响：随着价格的上升，供应量会上升，需求量会下降。当企业的定价使得需求量与供应量相等时，市场会形成供求平衡，此时的价格 P_0 称为长期价格或均衡价格（图7-1）。

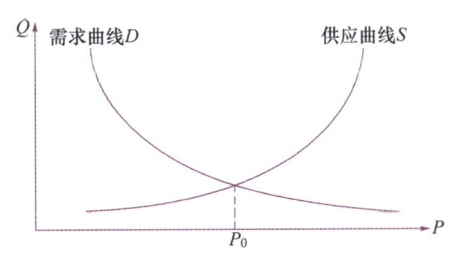

图 7-1　价格形成的基本原理

营销活动中的价格是买卖双方讨价还价的结果，是市场的温度计、营销的指南针、攻击对手的武器和利润的源泉。另外，营销活动中的价格还与品牌、技术、渠道、产品、市场定位有密切关系，如同样的商品，不同卖家可以以不同价格售出。价格如果运用得当，可以帮助企业营销制胜,获取超额利润;反之,则会导致企业陷入困境。

因此,所有企业制定价格策略时,都必须对下列问题加以研究:

(1)影响价格的主要因素是什么?

(2)企业在一定时期内所要达到的定价目标是什么?

(3)为了实现这个目标,应如何选择适当的定价方法为产品制定价格?

(4)根据市场的变化,应采取何种定价策略或定价技巧对基本价格进行修正?

(5)如何应对价格竞争?

阅读资料

定价是一种"特殊"的营销手段

著名的价格大师赫尔曼·西蒙在他的经典名作"Confessions of the Pricing Man: How Price Affects Everything"中提及,"定价"才是营销策略中最重要的一环。

定价是品牌根据市场行情、竞品价格、边际成本、产品自身价值和品牌溢价等方面,将投放到市场的产品通过价格手段来吸引消费行为的一种营销手段。

定价是提高用户黏性的手段。像肯德基、麦当劳推出的仅限早餐时段的套餐组合,就是为了提高用户的黏性,培养常态化消费习惯,增强用户的品牌忠诚度。

定价是提升品牌溢价力的营销方式。劳斯莱斯卖的不是汽车,是一种至高无上的驾乘体验;奢侈品卖的不是质量,也不是材料价格,而是奢侈品所标榜的品牌故事和文化,它的定价是为了提高品牌在同行的溢价能力。

定价是在特殊时期的营利技巧。阿里巴巴的"双11"购物节,就是以品牌周期性的运营,定时刺激消费者引发条件反射,为品牌形成"生物钟营销"。定价的营销背后,就是给品牌做促销定价一个营销由头,给消费者创造低价的理由,为品牌在节日上实现营利的增长。

二、影响定价的因素

(一)产品(或商品)成本因素

企业在实际定价中,首先考虑的是产品成本,具体包括生产成本(包括料、工、制造费用)和期间费用(管理费用、财务费用、销售费用),这是生产企业产品定价的基础。产品成本是企业核算盈亏临界点的基础,定价高于成本、税金,企业就能获利;反之则叫价格穿底,企业要扩大再生产就比较困难。如果是商业企业,则主要考虑的是商品的进价和经营费用、税金等因素。因此,产品(或商品)定价必须考虑补偿成本,这是保证企业生存和发展的最基本条件,即价格不能低于总成本和税金。

(二)市场因素

市场状况是最难把握的一个因素,往往决定着产品价格的最高临界点。

1. 市场商品供求状况

市场供求影响价格,价格调节供求。这是价格的运动形式,是商品价值规律、供求规律的必然要求。

2. 商品需求特性

商品需求特性对价格的影响主要表现在以下三个方面：

(1)时尚的商品或消费者购买时对品质、威望具有高度要求的商品，价格属次要因素。如购买工业机器设备时，产品的品质和性能往往是消费者选择的主要依据，价格并不起最重要的作用。

(2)购买频繁的日常生活用品，有很高的存货周转率，适宜薄利多销；而一些周转率低、易损、易腐商品则需要有较高的毛利率。

(3)价格弹性。消费者需求弹性较大的商品，价格的弹性也较大，价格一有调整，就会引起市场需求的变化。一般来说，需求价格弹性与顾客对商品需求强度成反向关系，而与商品之间可替代程度成正向关系。

案例 ANLI

健身房定价新模式

以卖卡、推销为主的传统健身房，不仅需要较大占地面积，而且大型固定健身器械的配置同样需要大量资金投入。重资产开店模式注定要采取预付年卡的付费方式，以保证现金流得以周转。但动辄成千上万元的年卡费用，将大批初阶健身爱好者、"轻"运动需求者拒之门外。

从付费模式来看，新型健身业态"无年卡"的设置大幅压低新用户的进入门槛，由年卡付费转为碎片化按次或按课时付费。从健身时间来看，众多24小时营业、月付费、全程无推销等理念的健身房不仅颠覆消费者过往认知，灵活选课、匹配教练、智能管理等则更贴合年轻一代的个性化需求。从健身内容来看，线上直播课、线上训练营、话题打卡训练、短视频跟练等线上形式持续激活并留存消费者，使其日渐熟悉线上化或家庭健身场景。

例如，创立于2014年的超级猩猩，以不办年卡、没有推销、专业教练、按次收费为口号，带领了业内健身模式革新。其丰富、高质量的团操课体系颇受年轻人欢迎，众多城市甚至出现"一位难求"的门店。

3. 竞争状况

价格竞争是企业经营的重要手段和内容。现实的和潜在的竞争对手的数量及竞争的激烈程度对产品价格的影响很大。竞争越激烈，对价格的影响就越大，特别是那些对资源水平要求不高或对技术、设备要求不高且容易经营的产品，企业面对的潜在威胁就更大。在充满竞争的市场中，企业定价在一定程度上要受竞争对手的左右，自主权要受到一定的限制。

案例 ANLI

蜜雪冰城，中国低价奶茶

中国的奶茶市场，这几年的火热，与喜茶密不可分。喜茶一举改变了传统奶茶路边小摊的印象，从小摊小店走向了休闲吧模式，而且具备了时尚特点，它的经营成功受到了资本的青睐,让奶茶市场再次兴隆,并出现了众多品牌。

与喜茶这些新茶饮相比,蜜雪冰城还属于传统奶茶的模式。不过,凭借超级低价策略,走传统模式路线的它,具备了超级产品竞争力。蜜雪冰城的价格是喜茶的三分之一,蜜雪冰城品牌的产品价格都在 10 元以内。

蜜雪冰城总部位于郑州,创立于 1997 年,是最早一批的茶饮品牌。产品包括冰激凌与茶、奶茶特饮、奶茶盖、原叶茶几大系列。二十几年过去了,蜜雪冰城的价格相对于竞争对手和物价变化而言,竞争优势依然非常强。例如,最初 1 元一个的冰激凌,现在 3 元一个;2012 年 3 元一杯的柠檬水,现在 4 元一杯,具备不错的低价优势。

(三)消费者心理因素

1. 预购心理

预购心理是指消费者对未来一段时间内市场上商品供求及价格变化趋势的一种预测。当消费者感到商品有涨价趋势时,就会争相购买;反之,就会持币待购。

2. 认知价值和其他消费心理

消费者面对商品,往往会凭借自己对有关商品的了解、后天学习、不断积累的购物经验以及自身对市场行情的了解,同时结合个人的兴趣和爱好,对商品价值产生一种心理上的价值估计,这种价值估计就是认知价值。消费者购买商品时,常常要将商品的价格与自己内心的认知价值加以比较,然后选择价格差距最小的商品。

认知价值是指消费者对产品价值的主观判断。如果消费者认为商品价值低于价格,就不愿意购买。消费者认知价值的形成过程及与定价的关系如图 7-2 所示。

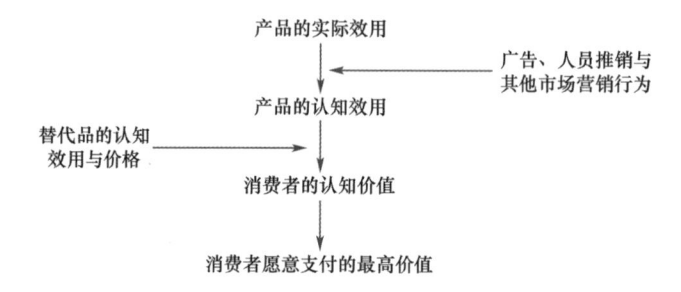

图 7-2 消费者认知价值的形成过程及与定价的关系

由图可知,产品的实际效用借助于广告、人员推销和其他市场营销行为,被转化为产品的认知效用。消费者的认知价值是在产品的认知效用基础上形成的,在这个阶段,它受到替代品的认知效用与价格的影响。消费者愿意支付的最高价格取决于他对产品的认知价值,这是企业定价的上限。

阅读资料

消费者价格的"心理账户"

"心理账户"理论指的是人在消费时,花自己劳动收入时比较节俭,花意外之财时相对铺张。如果你通过一个月的辛苦打拼赚了 2 000 元,你会花 500 元请朋友去消费吗?可能大部分人都不会。但是,如果你买彩票中了2 000元,你会请朋友去消费吗?这个时候,你请客的概率会大大增加。人们会把在现实中的收入,在心理上划分到不同的账户中。比如,我们会把每个月辛苦打工积攒下来的钱放到"勤劳致富"账户中;把年终奖视为一种奖励,放进"奖励"账户中;把彩票中的奖等款项,放进"额外收入"账户中。如何利用"心理账户"进行营销呢?

1. 变换"心理账户"

要尽量把自己的产品,放进客户最愿意花钱的"心理账户"中。比如鲜花和巧克力被放到了"情感维系"账户中;钻石、珠宝被放进了"爱情"账户中。

想让客户购买你的产品,你就要改变客户对产品与品牌的认知,让他把产品从不愿意花钱的账户,转移到愿意为此付费的"心理账户"中。人们在"情感维系"账户的影响下,是最容易被激发出购买欲望的,也是花钱最感性、最豪爽的。各种结婚纪念日、生日、情人节、春节等,都是人们维系情感的重要日子。所以我们把产品放进客户的"情感维系"账户中,卖得更快也更贵。

2. 变换计算方式

当你的产品比较贵时,你便可以尝试拆解你的产品,告诉客户你的产品等同于其他哪几种产品的功能之和,如果客户去分别购买其他几种产品,总价格要比你的产品贵得多。我们还可以通过"拆分产品价格"的方式,化整为零,把客户"心理账户"切换到零钱账户,让客户觉得,自己不是在花一大笔钱,而只是在花零钱,这些零钱仅相当于一顿早餐、一盒面膜的钱,这样客户才会直接买单。比如,将老年手机的各个功能分别报价,总价加起来要近1万元,而老年手机涵盖了以上所有功能,仅要599元;奔驰促销时宣称:奔驰SUV只需78元/500 g,小龙虾88元/500 g,少吃一斤小龙虾,你与奔驰就更近了一步。

(四)国家的有关政策、法规因素

国家在社会经济生活中扮演着极其重要的角色,国家的有关方针政策对市场价格的制定有着重要的影响。国家政府可以依据价值规律,通过物价、税收、金融等有关政策、法规对市场价格进行直接、间接的控制或干预。

企业给自己的产品定价、制定价格政策时,除了要充分考虑以上几方面的影响因素,还应综合考虑币值、货币流通以及国际市场经营和竞争状况、国际产品的价格变动等因素,即将影响价格的多种因素综合考虑、充分研究,从而制定出最合理的商品价格。

三、营销定价目标

所谓定价目标是指企业通过制定一定水平的价格所要达到的预期目的。不同企业、不同产品、同一企业在不同时期、不同市场条件下有着不同的定价目标。企业应结合自身的性质和经营状况,具体情况具体分析,权衡不同定价目标的确立依据和利弊,灵活制定自己的定价目标。企业的定价目标主要有以下几种:

(一)获取利润的定价目标

利润是企业从事经营活动的直接动力和最终目的,也是企业生存和发展的必要条件,因此,利润目标为大多数企业所采用。由于企业的经营哲学以及营销总目标不同,这一目标在实践中具体有两种形式:

1. 以追求最大利润为目标

一般来说,企业追求的应该是长期的、全部产品的综合最大利润,这样,企业就可以取得较大的市场竞争优势,占领更多的市场份额,有更好的发展前景。当然,对于一些中小型企业、产品生命周期较短的企业、产品在市场上供不应求的企业来说,也可以谋求短期最大利润。

但是,企业追求最大利润并不等于追求最高价格。产品价格太高,会导致销售量下降,利润总额可能因此会减少。有时,高额利润是先采用低价策略,待产品占领市场后再逐步提价来获得的。此外,企业还可以采用招徕定价策略,对部分产品定低价,赔钱销售,以扩大影响,吸引顾客,从而带动其他产品的销售,谋取最大的整体效益。以最大利润为目标,从理论上来讲十分完美,也很诱人,但企业在实际运用时常常会受到各种限制。

案例

Gucci(古驰)定价策略陷"短期逐利"困局

奢侈品牌Gucci近期在华进行全面调价,调价幅度为10%。据悉,Gucci已经在欧洲市场对全线产品进行调价,涨幅在10~30欧元,远低于国内的涨幅水平。值得一提的是,Gucci提价的做法,与目前奢侈品大牌降价策略大相径庭。

在定价策略方面Gucci一直不走寻常路,2015年Gucci是奢侈品打折促销最为凶猛的品牌,在北京、上海等地进行5折促销。时过境迁,随着Gucci业绩一路凯歌,打折救市的策略摇身变成了提价树立品牌。然而,在业内人士看来,Gucci这种卖得好就涨价、卖得不好就降价的定价策略,短期内或许可以收获营业额,但是对于品牌的长期价值而言百害而无一利。

2. 以获取适度利润为目标

适度利润目标是指企业在补偿社会平均成本的基础上,加上适度利润作为商品价格,以获取正常情况下合理利润的一种定价目标。以适度利润为目标可以使产品价格不会显得太高,从而有效阻止激烈的市场竞争,而且企业又能同时获得长期的利润。有时企业为了协调投资者和消费者的关系,树立良好的企业形象,也以适度利润为目标。

由于以适度利润为目标确定的价格比较适中,消费者比较愿意接受,而且它还符合政府的价格指导方针,因此它是一种兼顾企业利益和社会利益的定价目标。但是,适度利润的实现,必须充分考虑产销量、投资成本、竞争格局和市场接受程度等因素,否则,适度利润只能是一句空话。

(二)扩大销售额的定价目标

以扩大销售额为定价目标是指企业在保证一定利润水平的前提下,争取销售额的最大化。某种产品在一定时期、一定市场状况下的销售额由该产品的销售量和价格共同决定,销售量的最大或价格的最高都不能保证销售额的最大化。一般情况下,价格提高,销售量会减少,而价格降低,销售量会上升,因此,销售额的增减并不能确定。销售额是否最大化主要看二者中一个因素数值上升带来的利益是否能补偿另一个因素数值下降而导致的损失,即需求价格弹性大小。对于需求价格弹性较大的商品,降低价格而导致的损失可以由销售量的增加得到补偿,因此企业宜采用薄利多销策略;反之,若商品的需求价格弹性较小时,降价会导致收入减少,而提价则使收入增加,企业应采用高价、厚利限销的策略。

采用销售额目标时,确保企业的利润水平非常重要。这是因为销售额增加,成本也在增加,因此,并不一定给企业带来利润的提高。有些企业的销售额达到一定程度,利润就很难上升,甚至销售额越大,亏损越多。企业是以获利为经营宗旨的,所以必须同时考虑销售额和利润,在两者发生矛盾时,一般应以利润为先。

(三)提高市场占有率的定价目标

作为定价目标,市场占有率与利润有很高的相关性,从长远来看,较高的市场占有率必然带来高利润。因此,在经营管理实践中,许多企业采用这种定价目标。企业往往要相对地降低产品的价格水平和利润水平,通过较长时间的低价来吸引消费者,扩大销售量,增强企业竞争力。同时根据竞争对手的价格水平不断调整自己的产品价格,以保证自己的竞争优势,并力争从竞争者手里夺取更大的市场份额,以达到扩大企业销售市场乃至控制整个市场的目的,从而使自己的产品市场占有率得到保持和提高。

但是,企业选择这一定价目标,必须具有较雄厚的经济实力,可以承受一段时间的亏损,并且要对竞争对手的情况有充分的了解,有夺取市场份额的绝对把握,否则,企业不仅不能达到目的,反而有可能遭受损失。

(四)稳定价格的定价目标

保持价格稳定,是企业获得一定投资收益和长期利润的重要途径,也是稳定市场、保护消费者利益的重要举措。稳定价格目标的实质是通过本企业产品的定价来左右整个市场价格,避免不必要的价格波动。按这种目标定价,可以使市场价格在一个较长的时期内相对稳定,减少企业之间因价格竞争而发生的损失。

为达到稳定价格的目的,通常情况下是由那些拥有较高市场占有率、经营实力较强或竞争力和影响力较强的行业领导者先制定一个价格,其他企业的价格则与之保持相对稳定的比例。对大企业来说,这是一种稳妥的价格保护政策;对中小企业来说,由于大企业的价格比较稳定,市场竞争性较低,其利润也可以得到保障。在钢铁、采矿、石油化工等行业中,稳定价格目标应用比较广泛。

(五)应付和防止竞争的定价目标

随着市场竞争的加剧,许多竞争性较强的企业也以应付或避免竞争作为自己的定价目标。在定价之前,企业要对同类产品的质量和价格资料等进行分析比较,从有利于竞争的目标出发制定价格,视竞争者的情况以低于、等于或高于对手的价格出售产品。一般来说,竞争能力弱的企业,大都采取跟随强者或稍低于强者的价格;竞争能力强、具备某些优越条件的企业,可采取高于竞争者的价格出售产品。

(六)维持企业生存的定价目标

有时企业由于经营管理不善、市场竞争过于激烈或消费者的需求偏好发生了变化,会造成产品严重积压,资金难以周转,陷入生存的困境。为了避免破产,出清存货使生产继续,企业必须制定较低价格,只要能收回变动成本或部分固定成本即可,即以保本价或亏本价出售产品,使企业可以维持下去以寻求新的转机。但这种定价目标只是一种权宜之计,企业必须进一步调查市场,做出经营策略的其他调整,才能从根本上走出困境。

案例 ANLI

周黑鸭的定位

不同于绝味定位休闲、煌上煌定位餐桌,周黑鸭的初始定位是高端休闲,从后面发展来看,也正是因为高端,限制了其发展。

从产品包装来看,不同于其他两家的散装为主,周黑鸭采取的是锁鲜包装方式,但是固定的重量降低了顾客的购买灵活性,且锁鲜装的价格明显高于散装。定位高端的周黑鸭在产品定价方面,也明显高于其他两家。日常价32元/250克的价格是绝味和煌上煌39.8元/500克的1.6倍左右。

从门店布局来看,周黑鸭的前期店面选址多以高铁、机场、综合购物超市等为主,基本符合公司礼赠/高档休闲卤味的品牌调性。但是,这些地段的高租金也给公司带来了较大的成本压力。

受制于高端品牌的定位,周黑鸭依靠品质无法满足消费者对于物美价廉产品的期待,而直营门店模式,限制了门店开拓和市场下沉,由此造成的规模上的差距也是导致周黑鸭业绩持续下滑和行业地位退步的主要原因。

任务2　选择定价方法

明确定价目标及影响定价的因素之后,营销工作人员接下来要做的就是采取合理的方法和策略制定价格,从而实现多赢。本任务就是要通过开展相关教学活动,使学生能够利用合理的方法与策略为企业产品定价。

根据前面的分析,我们知道,营销定价的影响因素主要有三个方面:需求、成本、竞争。企业定价不得高于消费者的需求,也不能低于成本,在最高值和最低限之间哪个位置则取决于市场竞争的状况。相应的,企业的定价方法可以分为三种:成本导向定价法、需求导向定价法和竞争导向定价法。

一、成本导向定价法

成本导向定价法是以产品单位成本为依据,加上预期利润分别从不同角度来确定对企业最有利价格的方法。这种价格的计算方法比较简便,是企业最普遍、最基本、最常用的定价方法。

(一)成本加成定价法

成本加成定价法是成本导向定价法中应用最广泛的定价方法。所谓成本加成就是在单位产品成本上附加一定的加成金额作为企业赢利的定价方法。其计算公式为

单位产品价格(不含税)＝单位产品成本＋单位产品目标利润

这是不含税(增值税)的价格,但我国增值税法规定,零售环节实行价税合一,因而还必须掌握含税价格。其计算公式为

单位产品价格(含税)＝单位产品成本＋单位产品目标利润＋税金

案例 ANLI

某企业生产 LED 台灯,该产品的单位变动成本(料工费)为 100 元,每年所需固定成本为 40 万元,每年产销量 4 万件,假设该企业属于增值税一般纳税人,增值税销项税率为 16%,成本利润率为 30%,请计算台灯的不含税价格以及含税价格。

采用成本加成定价法确定价格的过程如下：
①单位产品成本＝单位变动成本＋单位固定成本＝100＋400 000÷40 000＝110(元)
②单位产品目标利润＝110×30%＝33(元)
③单位产品不含税价格＝110＋33＝143(元)
④单位产品含税价格＝110＋33＋(110＋33)×16%＝165.88(元)

成本加成定价法的缺点是忽视了市场需求和竞争,实际上,定价的高低将因需求和竞争而直接影响企业产品的销售量。但是成本加成定价法却是首先估计出产销量以确定单位成本,然后附加一定的加成(成本利润率)确定售价,因此很有可能确定售价后的实际销售量和估算单位成本时的预期销售量并不相符。如果实际销售量低于预期销售量,则单位成本上升,实际加成就会下降。因此,只有在以加成价格销售能达到预期销售量的条件下,成本加成定价法才是有效的。

(二)目标收益定价法

目标收益定价法又称为投资收益定价法,是企业根据产品生产总成本和计划的总销售量,加上按投资收益率确定的目标利润额作为定价基础的一种方法。其计算公式为

单位产品价格(不含税)＝[总成本×(1＋成本利润率)]÷总销售量
单位产品价格(含税)＝[总成本×(1＋成本利润率)×(1＋税率)]÷总销售量

案例 ANLI

假设上个案例中该厂的投资回收期为 5 年,设增值税销项税率为 16%,则采用目标收益定价法确定价格的基本步骤为：
①目标收益率＝1/投资回收期×100%＝1/5×100%＝20%

② 变动成本总额＝100×40 000＝4 000 000(元)
③ 总成本＝4 000 000＋400 000＝4 400 000(元)
④ 单位产品价格(不含税)＝[4 400 000×(1＋20％)]÷40 000＝132(元)
⑤ 单位产品价格(含税)＝[4 400 000×(1＋20％)]÷40 000×(1＋16％)
　　　　　　　　　＝153.12(元)

与成本加成定价法类似,目标收益定价法也是从保证生产者的利益出发来制定产品的价格。这种方法有利于加强企业管理的计划性,可较好地实现投资回收计划。但这种方法要求较高,企业必须有较强的计划能力,测算好销售价格与预期销售量之间的关系,避免出现确定了价格而销售量达不到预期目标的被动情况。目前,市场上需求量比较稳定的大型制造业、产品价格弹性小且供不应求的企业或市场占有率高、具有垄断性的一些行业,如大型公用事业、劳务工程和服务项目等,经常采用目标收益定价法制定产品的价格。

(三)边际贡献定价法

边际贡献是指企业每多出售一单位商品而增加的总收益,它可以用总销售收入减去变动成本后的余额来计算。其计算公式为

单位产品价格＝单位变动成本＋单位产品边际贡献

案例 ANLI

某企业的年固定成本为90 000元,每件产品的单位变动成本为50元,计划边际贡献为50 000元,当预期销售量为2 500件时,其价格(不含税)应定为:

50＋50 000÷2 500＝50＋20＝70(元)

边际贡献定价法一般是在市场竞争激烈时,企业为迅速开拓市场,而采用的较灵活的定价方法。如果面对特殊的市场状况,企业采用成本加成定价法必然使价格太高而影响销售,出现产品积压。而企业在自己的产品必须降低价格出售时,利用边际贡献计算价格就显得比较简便,因为只要售价不低于变动成本,那么生产就可以维持;如果售价低于变动成本,则生产越多,亏损越多。

(四)盈亏平衡定价法

盈亏平衡定价法是在预测商品销售量和已知固定成本、变动成本的前提下,通过求出商品盈亏平衡点来制定商品价格的方法。其计算公式为

盈亏平衡点价格＝固定总成本÷销售量＋单位变动成本

案例 ANLI

某企业的年固定成本为80 000元,每件产品的单位变动成本为40元,如果销量为2 000件,其盈亏平衡点的价格(不含税)应是:

80 000÷2 000＋40＝40＋40＝80(元)

项目 7　制定价格策略，实现营利目标

但是，以盈亏平衡定价法确定价格只能使企业的生产耗费得到补偿，而不能得到收益。因此，企业在实际经营中只能将盈亏平衡点价格作为价格的最低限度，然后再加上单位产品目标利润作为最终的市场价格。这种定价方法较适用于工业企业产品定价。

二、需求导向定价法

在市场经济条件下，企业定价是否合理，最终还是要由消费者来判断。因此，企业有时要根据市场需求状况和消费者对产品价值的认知程度来确定产品的价格，这种定价的方法叫作需求导向定价法，即灵活有效地运用价格差异，对平均成本相同的同一产品，采取价格随市场需求的变化而变化的策略，且不与成本因素发生直接关系。

（一）理解价值定价法

理解价值也称感受价值，是指消费者对某种商品价值的主观判断。理解价值定价法是指企业以消费者对商品价值的认识和理解为定价依据的价格制定方法。理解价值定价法的关键和难点是企业要确定出产品在市场上的认知价值，即获得有关消费者对商品理解价值的准确资料。为此，企业必须进行市场调查和研究，找到准确的市场理解价值，制定出商品的初始价格，在此基础上，进一步预测产品可能的销量，分析目标成本和销售收入，计算企业能否在这样的价格水平下赢利及能获利多少，从而确定该定价方案的可行性，并制定最终价格。

案 例
ANLI

1 个杯子，8 种不同的营销方案，价格翻了 700 倍！

一家红酒公司为了达到更高的销售额，请了产品策划公司来进行包装策划。在制定定价策略时，该公司与策划者发生了激烈争论，原因是定价太高了，每款产品比原来高了将近一倍。

这时，策划者对该公司负责人说："如果你只想卖原来的价格，那就用不着请我们来做策划。策划最大的本事就是将好产品卖出好价钱。"策划者向公司负责人举了个例子，"一个杯子到底能卖多少钱？"，不仅说服了负责人，更充分证明了策划对产品价值创新的意义。

1. 卖产品本身的使用价值，只能卖 3 元/个。
2. 卖产品的文化价值，可以卖 5 元/个。
3. 卖产品的品牌价值，就能卖 7 元/个。
4. 卖产品的组合价值，卖 15 元/个没问题。
5. 卖产品的延伸功能价值，卖 80 元/个绝对可以。
6. 卖产品的细分市场价值，卖 188 元/对也不是不可以。
7. 卖产品的包装价值，卖 288 元/对卖得可能更火。
8. 卖产品的纪念价值，可以卖 2 000 元/个。

（二）需求差异定价法

需求差异定价法是指企业根据不同的市场需求制定不同的产品价格的方法。这种定价方法是对同一商品在同一市场上制定两个或两个以上的价格，或使不同商品价格之间的差额大于其成本之间的差额。其好处是可以使企业定价最大限度地符合市场需求,促进产品销售,有利于企业获取最佳的经济效益。其定价的基础是:消费者具有不同的购买心理、不同的购买力,以及不同的购买时间和地点等。

(三)逆向定价法

这种定价方法不以实际成本为主要依据,而是以市场需求为定价的出发点。逆向定价法的计算公式为

$$批发价 = 零售价格/(1+零售商毛利率)$$
$$出厂价 = 批发价格/(1+批发商毛利率)$$

显然这一方法仍然是建立在最终消费者对商品认知价值基础上的。它的特点是:价格能反映市场需求情况;有利于加强与中间商的良好关系,保证中间商的正常利润,使产品迅速向市场渗透;可以根据市场供求情况进行及时调整,定价比较简单、灵活。这种定价方法特别适用于需求价格弹性大、花色品种多、产品更新快、市场竞争激烈的商品。

三、竞争导向定价法

在激烈竞争的市场上,企业竞争对手的价格往往对自身产品价格有直接影响。竞争导向定价法是指企业通过研究竞争对手的生产条件、服务状况、价格水平等因素,依据自身的竞争实力,参考成本和供求状况来确定同类产品的价格。其特点是:产品价格与生产成本和市场需求不发生直接关系,而与竞争者的价格密切相关,如果市场上竞争者的价格发生变动,企业则相应地调整其产品价格。竞争导向定价法主要有随行就市定价法、密封投标定价法、拍卖定价法等几种形式。

(一)随行就市定价法

随行就市定价法是指将平均定价水平作为本企业定价标准的一种定价方法。这种方法适用于企业难以对顾客和竞争者的反应做出准确的估计,自己又难以另行定价的情况。随行就市是依照现有本行业的平均定价水平定价,这样就容易与同行业和平共处,并且易于集中本行业的智慧,获得合理的收益,少担风险。随行就市定价法主要应用于品质相同或相近的产品的定价。

(二)密封投标定价法

密封投标定价法是一种竞争性的定价方法,又称招标定价法。在国内外,许多大宗商品、原材料、成套设备和建筑工程项目的买卖和承包等,往往采用发包人招标、承包人投标的方式来选择承包者,最终确定承包价格。一般来说,招标方只有一个,处于相对垄断地位,而投标方有多个,处于相互竞争地位。标的物价格由参与投标的各个竞争者在相互独立的条件下确定。买方通常选择报价最低的投标者,中标价就是承包价格。这种定价方法,包括以下三个主要步骤:

(1)招标。由买方发布招标公告,提出征求什么样的商品和服务及其具体条件,引导卖方参与竞争。

(2)投标。卖方根据招标公告的内容和要求,结合自己的条件,考虑成本、赢利以及其他竞争者可能的报价,向买方密封提出自己的书面报价。

(3)开标。买方在招标期限内,积极选标,审查卖方的投标报价、技术力量、工程质量、信誉、资本、生产经验等,从而选择承包商,到期开标。

当然,参加投标企业的定价也是有一定限度的。即使是一个迫切希望中标的企业,底价也不能低于边际成本,同时企业也不能只图赢利,底价过高,反而不能中标。因此,参加投标的企业应当计算期望利润,然后根据最高期望利润确定底价。期望利润可以根据不同方案估计的中标率和利润来计算。

(三)拍卖定价法

拍卖定价法是由卖方预先发布公告,公布时间、地点、拍卖物、拍卖起步价等,经买方看货后,卖方通过拍卖市场公开叫价,买方相互竞争,最后将商品卖给出价最高者的一种定价方法。拍卖定价法主要用于品质不易标准化的商品(如各类藏品、土地、房屋、企业)或不能长期保存、季节性强、淘汰周期短的各类商品的定价。

任务3　运用价格策略

定价策略是为实现企业定价目标,在特定的经营环境下采取的定价方针和价格竞争方式。企业必须善于根据市场状况、产品特点、消费者心理和营销组合等因素,正确选择定价策略,保持价格的适应性。

一、新产品定价策略

新产品价格是指处于导入期的产品价格。新产品定价是否合理,关系到新产品的开发与推广。这种定价的难点在于预先无法确定消费者对新产品的理解价值。如果价格定高了,消费者就会难以接受,影响新产品顺利进入市场;如果价格定低了,则会影响企业效益。常见的新产品定价策略主要有以下三种形式:

(一)撇脂定价策略

撇脂定价策略即高价策略,是指新产品进入市场时,竞争对手少,企业有意将产品价格定得较高,力求短期内获取厚利,尽快收回投资,然后随着销量的扩大、成本的降低,再逐步降低价格。一般来说,市场上的全新产品、受专利保护产品、需求价格弹性小的产品、流行产品以及未来市场形势难以测定的产品等,都可以采用撇脂定价策略。

案例 ANLI

高端牙膏单价贵过白银,75 克牙膏售价 500 元

宝洁推出了一款牙膏,75 克牙膏价格竟达 500 元。而记者在购物平台发现,目前国内高端牙膏单价多在 30～40 元,但也有海外购牙膏价格远超 159 元/支,有卖家称其为"牙膏中的爱马仕"。

宝洁大中华区口腔护理品类总经理表示,希望借此款由宝洁旗下口腔护理品牌欧乐B推出的牙膏,帮助更多追求高品质生活的中国消费者实现专业口腔护理的国际化和日常化。其新推出的专业护龈双管牙膏主要是针对中国的高端消费人群和都市精英阶层,宝洁方面宣传称:"睡前刷牙后,第二天醒来感觉像刚刷完牙一样干净。"

随着牙膏从单一的清洁型产品发展成为类型多样的功能型产品,中国口腔清洁护理产品市场高端化趋势明显,高端牙膏无疑又成为各大品牌争夺市场份额的"新战场"。

(二)渗透定价策略

渗透定价策略即在新产品上市之初将价格定得较低,甚至低于产品成本,吸引大量的购买者,以迅速占领市场,取得较高的市场占有率。这种定价策略适用于需求价格弹性较大、生产和分销成本随产量和销量的扩大而降低、有潜在市场规模的产品。

企业采取渗透定价策略时需具备的条件是:市场需求对价格极为敏感;低价会刺激市场需求迅速增长;低价格不会引起实际和潜在的竞争;企业的生产成本和经营费用会随着生产规模的扩大而扩大。

案 例 ANLI

汽车的撇脂与渗透定价

就价格策略而言,广州本田汽车有限公司采用的是典型的渗透定价策略,而一汽-大众汽车有限公司采用的则是典型的撇脂定价策略。我们不得不承认,国内这两大汽车企业在这场价格战中可谓各取所需,都成了现实的赢家。尽管奥迪A4上市以来曾存在压库现象,但对广州本田汽车而言,它们所渴求的市场扩张已成囊中之物;一汽-大众的奥迪A4则通过撇脂定价策略,不仅捍卫了奥迪品牌的高端性,而且使既定的目标客户想逃也无处可逃。但同样原理,同样的上市时机,长安福特嘉年华和福建东南菱帅却成了路人皆知的输家。

(三)温和定价策略

温和定价策略又称为满意定价策略或君子定价策略,指新产品上市后,按照企业的正常成本、国家税金和一般利润,制定出中等价格,从而使企业既能获得一般利润,又能吸引顾客购买,赢得顾客的好感。

二、心理定价策略

市场上每一件产品都能满足消费者某一方面的需求,其价值与消费者的心理感受有着很大的关系,这就使得企业在定价时可以利用消费者的心理因素,采取不同的定价技巧,获得最大效益。常用的心理定价策略有以下几种形式:

(一)整数定价策略

商品的价格不仅仅标明商品价值,有时也代表着商品的质量。对于市场上那些无法明确显示其内在质量的商品,如高档商品、奢侈品、流行品或礼品,消费者往往通过其价格高低来判断质量的好坏,这时,企业可以"0"做尾数进行整数定价。例如,精品店的服装可以定价为1 000元,而不定为998元。这样定价的好处是:省去了找零钱的麻烦,方便企业和顾客结算;满足消费者追求地位、名牌及精品的虚荣心,迎合消费者"一分价钱一分货"的购买心理。

(二)尾数定价策略

尾数定价策略又称"非整数定价"策略,是指企业利用消费者求廉的心理,制定非整数价格,而且常常以奇数做尾数,尽可能让尾数不进位。如宁可定为2.97元,也不定为3元;宁可定为19.90元,也不定为20元。这在直观上可以促使消费者对价格产生认同,激发消费者的购买欲望,促进产品销售。

总体上说,使用尾数定价可以使价格在消费者心中产生以下几种特殊效果:一是便宜,标价99.96元的商品和100.06元的商品,虽然仅差0.1元,但前者给消费者的感觉是还不到"100元",而后者却使人产生"100多元"的想法。二是精确,带有尾数的价格会使消费者认为企业定价是非常认真、精确的,连零头都算得清清楚楚,进而会对商家或企业的产品产生一种信任感。三是中意,由于民族习惯、社会风俗、文化传统和价值观念的影响,某些特殊数字常常会被赋予一些独特的含义,企业在定价时如果能加以利用,其产品就会因此而得到消费者的偏爱。

(三)声望定价策略

消费者一般都有追求名望的心理,根据这种心理行为,企业将有声望的商品制定比市场同类商品高的价格,即为声望定价策略。其高昂的价格也能使顾客产生"一分价钱一分货"的感觉,从而有效地消除购买心理障碍,使顾客对商品或零售商形成信任感和安全感,顾客也从中得到荣誉感。

这一策略适用于一些传统的名优产品,具有历史地位的民族特色产品,以及知名度高、有较大市场影响、深受市场欢迎的驰名品牌。如我国景泰蓝瓷器的国际市场价格为2 000多法郎,就是成功的声望定价的典范。

(四)招徕定价策略

一般来说,顾客都有以低于一般市价的价格买到同质商品的心理要求。企业抓住顾客这一心理,可特意将商品价格定得略低于同行生产者和经营者的价格,以招徕顾客,引导其好奇心理和购买行为,并带动其他价格比较正常的商品的销售,这种定价策略称为招徕定价策略。这一定价策略常为综合性百货商店、超级市场以及高档商品的专卖店所采用。但是用于招徕的降价品,不同于低劣、过时的商品,"招徕"的商品必须是品种新、质量优的适销产品,而不能是处理品。否则,不仅达不到招徕顾客的目的,反而会使企业声誉受损。

采用招徕定价策略时,必须注意以下几点:

(1)降价的商品应是消费者常用或者畅销的,最好是适合于每一个家庭应用的物品,否则没有吸引力。

(2)实行招徕定价策略的企业,经营的品种要多,以便使顾客有较多的选购机会。

(3)商品的降价幅度要大,一般应接近成本或者低于成本。只有这样,才能引起消费者的注意和兴趣,唤起消费者的购买动机。

(4)降价品的数量要适当:太多,商店亏损太大;太少,又容易引起消费者的反感。

(五)习惯心理定价策略

市场上许多产品由于销售已久,已形成一种习惯价格或便利价格,消费者习惯于按此价格购买,对此类产品,任何企业要进入市场,必须依照习惯价格定价,这就是习惯定价。采用习惯定价的产品,纵使成本降低,也不要轻易降价,因为降价易引起消费者对产品质量的怀疑;若产品成本升高,也不要轻易升价,宁可在产品内容、包装、容量等方面进行调整,因为升价会导致消费者的不满。若要升价,也要尾随市场领导者之后。

阅读资料

价格心理中的"比例偏见"

"比例偏见"是指人们在很多场合,对于比例的感知,比对数值的感知更加敏感。比如,你早晨要吃早点,楼下的油条卖5元每根,而走10分钟就有家小店只卖2元每根,大部分人都愿意走10分钟去另一家店。因为省3元相当于省下了60%。而你想买一辆汽车时,同样的汽车,A店卖180 000元,B店卖179 800元,但去B店需要多走10分钟,这时候大多数人会选择在A店购买。原因很简单,200元占180 000元的比例实在是太小了,不值得搭上额外的时间和精力去节省。由于"比例偏见",人们更愿意去省那3元而不愿意去省200元。人们往往会直观地认为,比例数值越大,优惠力度越大。具体应该如何运用"比例偏见"呢?

1. 放大优惠数值

一般情况下,客户对优惠的直观判断是哪种优惠数值大,就代表哪种优惠力度大。比如你买个房子打95折,你可能会觉得优惠力度不大;但售楼经理如果告诉你可以给你优惠2万元,你会觉得优惠力度很大。所以,如果你卖的产品价格较高,就不要用折扣的方式,应该直接告诉客户你能帮他省多少钱。相反,如果你卖的产品是10元的奶茶,你应该告诉客户可以优惠20%而不是2元。

2. 突显投入回报

让客户觉得优惠力度很大的另一种方式就是"低投入,高回报"。所以在打折优惠的过程中,我们要强调此次购买行为只要极低的投入,就可以获得较高的回报。比如,你去某电器商城买洗衣机,买1 300元的洗衣机可以获赠一个价值90元的烤箱,大部分人都觉得优惠力度不大。但如果改为:买1 299元的洗衣机,加1元就可以换购一个烤箱,此时你就会觉得优惠力度很大。90元在1 300元中的占比只有不到7%,而"加1元换购",让客户觉得,1元的投入就有90倍的回报,很显然更有吸引力。

3. 增加赠送数量

买就赠的方法在营销中很常见,但赠送的方式不同,则转化率不同。依然拿买洗衣机送烤箱的例子来讲,买一个1 300元的洗衣机送90元的烤箱你可能不感兴趣,但如果买一个洗衣机送吹风机、电动剃须刀、电动牙刷、洗衣机防尘罩和洗衣机清洁剂（总价不超过90元），客户的感受是"买一送五"。这种"买一送N"的活动，N的数值越大，客户就觉得越优惠。

三、折扣与让利定价策略

折扣与让利定价策略是指企业为了调动各类中间商和其他用户购买产品的积极性，对基本价格做出一定的让步，直接或间接降低价格，以争取顾客、扩大销售的定价策略。

(一)数量折扣

卖方可以根据买方购买数量的多少，分别给予不同的数量折扣，购买数量愈大，折扣愈高，买方获利也越多，其目的是鼓励买方大量购买商品或集中向本企业购买商品。数量折扣包括累计数量折扣和一次性数量折扣两种形式。累计数量折扣是指顾客在一定时间内，购买商品若达到一定数量或金额，则按其总量给予一定折扣，其目的是鼓励顾客经常向本企业购买商品，成为可信赖的长期客户。一次性数量折扣是指顾客一次购买某种产品达到一定数量或购买多种产品达到一定金额，则给予折扣优惠，其目的是鼓励顾客大批量购买，促进产品多销、快销。

(二)现金折扣

现金折扣是对在规定的时间内提前付款或用现金交易的顾客所给予的一种价格折扣。其目的是鼓励顾客按期或提前付款，加速企业资金周转，降低销售费用，减少经营风险。采用现金折扣一般要考虑折扣的比例、给予折扣的时间限制以及付清全部货款的期限。这种定价策略适用于价格昂贵的耐用消费品，尤其适用于采取分期付款的商品。现金折扣实质上是一种变相降价赊销，鼓励提早付款的办法。如付款期限是一个月，立即付款折扣为5%，10天内付款折扣为3%，20天内付款折扣为2%，最后10天内付款无折扣。有些零售企业往往利用这种折扣，节约开支，扩大经营，卖方也可据此及时收回资金，扩大商品经营。

(三)功能折扣

功能折扣又称为交易折扣，是指根据中间商在产品分销过程中所承担的责任大小、风险差异、功能的不同而给予不同的折扣。折扣的多少，主要依据中间商在分销渠道中的地位、购买批量、完成的促销功能、承担的风险、服务水平以及产品在市场上的最终售价等。功能折扣的结果是形成购销差价和批零差价。其主要目的是鼓励中间商大批量订货，扩大销售，与生产企业建立长期、稳定的合作关系，并对中间商经营企业有关产品的花费进行补偿，让中间商有一定的赢利。

(四)季节折扣

经营季节性商品的企业给予销售淡季来购买的顾客一定价格折扣的策略即为季节折扣策略。这种定价策略可以有效地调节供需矛盾，减轻企业仓储压力，加速资金周转，使企业的生产和销售在一年四季保持相对稳定。它主要适用于一些季节性较强的商品。例如,啤酒生产厂家对在冬季进货的商业单位给予大幅度让利,羽绒服生产企业则在夏季对购买其产品的客户提供很多折扣。

(五)回扣和津贴

　　回扣和津贴是间接折扣形式。回扣是指购买者在按价格将货款全部付给销售者以后,由销售者按一定比例将其中的一部分再返还给购买者。津贴也叫推广让价,是企业为了特殊目的,对特殊顾客以特定形式所给予的价格补贴或其他补贴。例如,当中间商为企业产品提供包括刊登地方性广告、设置样品陈列窗等各种促销活动时,生产企业给予中间商一定数额的资助或补贴。对于一些进入产品成熟期的耐用品,部分企业可采用以旧换新的让价策略,以刺激消费需求,促进产品的更新换代,扩大新一代产品的销售。

　　折扣定价策略是通过减少一部分价格以争取顾客的策略,在现实生活中应用得十分广泛。用折让手法定价就是用降低定价或打折等方式来争取顾客购货的一种售货方式。

阅读资料

奥特莱斯——品牌折扣店

　　奥特莱斯是英文OUTLETS的中文直译,其英文原意是"出口、出路、排出口",在零售商业中专指由销售名牌过季、下架、断码商品的商店组成的购物中心,因此也被称为"品牌直销购物中心"。

　　奥特莱斯吸引顾客的三样法宝是:驰名世界的品牌——荟萃世界著名或知名品牌,品牌纯正,质量上乘;难以想象的低价——一般以1～6折的价格销售,物美价廉,消费者趋之若鹜;方便舒适的氛围——远离市区,交通方便,货场简洁、舒适。

　　奥特莱斯(中国)有限公司基本都是走厂家直销与折扣相结合的道路,特点有以下三个:

　　1.品牌度高。奥特莱斯不同于一般商场,它卖的是库存货和折扣货,一般的国际顶级品牌是不打折的,打折影响其形象,但是好牌子一样有库存,而奥特莱斯的特性决定了其是国际大牌消除库存的最好场所,比如上海青浦和张家港香港城的奥特莱斯都是大牌云集。

　　2.折扣低。奥特莱斯的门店一般都在城郊,离市区比较远,这样房租就比较低。而且,奥特莱斯的货品都是厂家直销,中间利润低,最终降低最后售价。北京燕莎、上海青浦、张家港香港城奥特莱斯的货品折扣都只有1～6折。

　　3.停车场大。奥特莱斯主要针对有车一族,因此需要很大的停车场,比如上海青浦奥特莱斯有1 000多个免费停车位,张家港香港城奥特莱斯有2 500个免费停车位。

阅读资料

临期折扣店经营模式

　　临期食品店这一业态,最近正式走向大众视野。由于购买场景中连带购买、冲动消费的比例颇大,能逛的线下门店是临期食品理想的销售场景。从 2019 年开始,临期食品折扣店变成了一些加盟商的"财富密码",以 1～3 折的价格进货,再以 2～5 折的价格销售,临期折扣店的利润率可达 30%～50%。虽然店里商品价格低,但利润可真不低。

在线下临期折扣店品牌出现之前,临期商品的销售渠道有三种:线上网店、超市特价区、夫妻店。但这三种渠道,都不能真正解决供货方积压货品倾销的痛点,也和临期商品消费者购物需求不匹配。

在线下折扣店中,消费者处于一种冲动消费状态,绝大部分商品都是源于连带购买。进店时,消费者大多并没有明确的购物目标,看到新奇的小众品牌也愿意尝试,毕竟几元钱的价格没有什么决策成本。这使得原本在商超中可能由于口味不佳,或由于没有位置好的货架从而产生的滞销商品,在这里,很容易被消费者接受。所以,临期商品线下折扣店的价值,是当前任何其他渠道都无法替代的。

四、差别定价策略

差别定价策略就是企业根据销售场所、时间、顾客等因素的不同情况,对同一产品采取不同的定价策略。它主要有以下几种形式:

(一)需求差异定价策略

这是指根据顾客的需求、习惯、消费模式、欲望等方面的差异性,企业按照不同的价格,将同一产品或劳务售与不同的顾客。如在同一时期,企业以 1 000 元的价格将某一产品卖给顾客 A,而以 950 元的价格卖给顾客 B。

(二)产品的款式差异定价策略

这是指企业对于不同款式的相同产品分别规定不同的价格,且不同款式产品的售价之差与其成本之差并不成比例。如企业生产两种款式的服装,款式 A 售价 95 元,款式 B 售价 80 元,两者售价之差为 15 元,而其实际成本差额仅有 5 元。

(三)地理差异定价策略

同一产品在不同地区销售,所定价格不同的策略即为地区差异定价策略。具体有两种情况:一是根据商品销售地区距离远近、支付运费的多少相应地加价,使销地价格大于产地价格;另一种是从开拓外地市场着眼,使销地价格低于产地价格,让商品在销地广泛渗透,站稳市场。

企业对处在不同场所或位置的产品或服务也可以分别规定不同的价格。例如,飞机前舱票价高,而后舱票价低;影剧院雅座票价几乎是普通座的两倍等。

(四)时间差异定价策略

企业对不同季节、不同时间的产品或服务分别规定不同的价格。例如,夏季空调器提价而冬季降价。

(五)品牌差异定价策略

同品种的商品由于品牌不同而定价有别的策略叫作品牌差异定价策略。例如,当企业的同类商品中的某一品牌已成为名牌,在消费者中已建立了信任感,其销售价格就可以定得略高于其他一般品牌的商品。

采取差别定价策略,企业的市场必须是可以细分的,而且各个细分市场需表现出不同的需求程度;差别定价的幅度不会引起顾客的反感。

五、价格调整策略

企业为某种产品制定出价格以后,并不意味着大功告成。随着市场营销环境的变化,企业必须对现行价格予以适当的调整。企业进行产品价格调整的动力既可能来自内部,也可能来自外部。倘若企业利用自身的产品或成本优势,主动地对价格予以调整,将价格作为竞争的利器,则称为主动调价。有时,价格的调整则是出于应付竞争的需要,即竞争对手主动调整价格,而企业也相应地被动调整价格。无论是主动调价,还是被动调价,其形式不外乎降价和提价两种。

(一)主动降价策略

这是定价者面临的最严峻且具有持续威胁力量的问题。企业降价的原因很多,有企业外部需求及竞争等因素的变化,也有企业内部的战略转变、成本变化等,还有国家政策、法令的制约和干预等。

1. 企业主动降价的原因

(1)生产能力过剩,库存积压严重。在企业难以通过产品改良和加强其他促销手段来扩大销售的情况下,就必须考虑通过降价来提高销售量。

(2)市场占有率下降。在强大的竞争压力下,企业的市场占有率下降,企业只好降低价格来维持和扩大市场份额。

(3)成本费用下降。企业的成本费用比竞争者低,可以通过降价,扩大销售量,提高市场占有率。

(4)市场疲软。市场需求不振,在宏观经济不景气的形势下,降低价格是许多企业借以渡过经济难关的重要手段。

(5)产品生命周期阶段变化。产品在导入期,定价一般都比较高,在进入成长期后期和成熟期后,市场竞争不断加剧,下调价格可以吸引更多顾客。衰退期降价处理产品更是非常必要的。

2. 企业主动降价的方式

(1)直接降价。产品在降价时,最好一次性完成,避免多次小幅度降价。如果企业采取多次小幅度降价策略,顾客会持一种观望等待的态度。

(2)间接降价。企业保持产品价格目录表上的价格不变,通过送货上门、免费安装、调试、维修、赠送礼品或增加各种折扣、回扣,以及为顾客购买保险等手段,在保持名义价格不变的前提下,降低产品的实际价格。

(二)主动提价策略

提价确实能够提高企业的利润率,但却会引起竞争力下降、消费者不满、经销商抱怨,甚至还会受到政府的干预和同行的指责,从而对企业产生不利影响。尽管如此,在实际中仍然存在着较多的提价现象。

1. 企业主动提价的原因

(1)成本升高。通货膨胀不同程度的发生,企业使用的原材料、燃料、动力等价格上涨,都会使产品成本上升,妨碍企业合理利润的取得,因此企业只能通过提价来转嫁负担。这是企业调高价格的最主要原因。

(2)产品供不应求。由于产品供不应求,企业必须通过提价来抑制部分需求,以缓解市场压力,同时也为企业带来可观的利润。

(3)改革产品。企业通过改进产品的质量、性能、结构来提高市场竞争力。

(4)竞争策略的需要。以高价位来显示产品的高品位。

2. 企业主动提价的方式

(1)直接提价。直接提高产品的价格。提高价格往往会遭到顾客的反对,因此企业在提价时必须慎重,尤其应掌握好提价的幅度、提价时机,利用一切沟通手段,向顾客和有关人员解释产品提价的原因。

(2)间接提价。企业采取一定方法使产品价格表面保持不变,但实际上隐性上升。如减少产品分量、使用便宜的替代原料、减少价格折让等。

产品提价后,企业应当派出推销人员经常访问顾客,征求意见,改进销售工作,尽可能消除提价给销售带来的不利影响。

案例

价格因素带来的火锅行业新格局

海底捞发布一则公告称,2019年度净利润为23.47亿元,而2020年度同比下降约90%。无独有偶,呷哺呷哺也发布公告称,2020年度纯利较2019年下滑90%以上。

事实上,中国的火锅行业还在持续增长,但为何海底捞和呷哺呷哺的营收却严重下滑?以海底捞为例,2020年4月,海底捞在没有公示的情况下直接将单品价格上提10%,此举让不少消费者抵制海底捞。而对于另外一个火锅巨头呷哺呷哺来讲,业绩下滑与其自我定位有关。资料显示,呷哺呷哺发迹于"平价",但是尝到市场甜头后就急于撕掉"平价"标签,向"高端"模式转型,近几年呷哺呷哺门店的人均消费随之大涨,由原来的平均40～50元涨至70～90元,部分一线城市的门店甚至达到80～100元。最终,失去了性价比的呷哺呷哺在激烈的火锅市场当中丧失优势。

知识巩固

一、营销术语解释

成本加成定价法　渗透定价法　撇脂定价法　招徕定价法　主动提价　价格需求弹性　认知价值定价法　差别定价法

二、选择题

1. 顾客购买某种商品100单位以下,其单价为10元,购买100单位以上,单价为9元,这种折扣属于(　　)。

　A. 数量折扣　　　B. 现金折扣　　　C. 功能折扣　　　D. 季节折扣

2. 中国服装设计师李艳萍设计的女士服装以典雅、高贵享誉中外,在国际市场上,一件"李艳萍"牌中式旗袍售价高达1 000美元,这种定价策略属于(　　)。

　A. 声望定价　　　B. 基点定价　　　C. 招徕定价　　　D. 需求导向定价

3. 某汽车制造商给全国各地的地区销售代理商一种额外折扣,以促使他们执行销售、零配件供应、维修和信息提供"四位一体"的功能。这种折扣策略属于(　　)。

　A. 现金折扣　　　B. 数量折扣　　　C. 贸易折扣　　　D. 促销折扣

4. 某手机卖场推出华为某畅销机"99元抢购"活动,该策略是(　　)。

　A. 声望定价　　　B. 渗透定价　　　C. 招徕定价　　　D. 习惯定价

三、简答题

1. 简述企业有哪些定价目标?采用这些定价目标时会受到哪些因素影响?
2. 简述降价的条件及带来的影响。

四、计算题

某企业生产A产品,该产品的单位变动成本为30元,所需固定成本为10万元,产量4万件,利润率为20%,假设该企业属于增值税一般纳税人,增值税税率为16%,请计算A产品的不含税价格和含税价格。

案例分析

呷哺呷哺小火锅回归大众,低价能否帮助其"翻身"?

创立于1998年的呷哺呷哺,以一人食、小火锅的定位,在过去数十年的中国火锅市场站稳脚跟。其获得成功的因素中,低价的亲民路线无疑是不可忽略的。

呷哺呷哺早期更偏向于低成本模式,吧台式小火锅的设计,能容纳更多顾客,同时顾客可以自己调节电磁炉、添加小料等，大部分工作都不需要服务员完成，节省了部分人力。那时候，顾客以人均不到 50 元的价格，便能吃到一顿呷哺呷哺，而其门店装修、环境无疑要胜于一般的餐饮小店，这也让其成为性价比高的代表。

但随着时间的推移，呷哺呷哺越来越贵了。2016 年其不仅开拓了小火锅的外卖业务，而且餐厅也全面升级，从快餐式火锅的定位转型为休闲正餐，以吧台座位为主的设计，转变为以四人式餐桌为主。呷哺呷哺希望以此方式贴近年轻消费者，而从当时来看，国内火锅市场的消费客单价集中在 50～70 元，中高端火锅市场尚且属于蓝海，呷哺呷哺的转型十分合理。但从结果来看，这一转型最终没能成功，反而让呷哺呷哺开始走下坡路。

在消费者眼中，呷哺呷哺不再是性价比高的代表，它变得与其他火锅品牌并无什么不同。在价格有所上涨的同时，在团购等线上平台，关于服务态度、菜品质量等来自消费者的投诉并不少见。

呷哺呷哺接下来是本着初心，做以大众消费为主的餐饮品牌，定位于 60 元左右的小火锅。呷哺呷哺希望扭转在消费者心中的形象，如其董事长所希望的那样，消费者能重新认识到，"五六十块钱能吃一个非常精致的小火锅套餐"。

思考：
(1) 呷哺呷哺提价的原因有哪些？
(2) 你认为呷哺呷哺提价给海底捞带来了什么影响？
(3) 企业调价的基础和注意点是什么？

项目实训

价格调查与分析

1. 实训内容

(1) 观看电视剧《大染坊》，讨论剧中的价格战。（备注：课堂上只看最后三集，其他部分在课余时间看。）

(2) 深入当地一家高端的商场（百货公司），了解其产品的定价策略；分析某种商品降价或提价的原因。

(3) 课堂价格游戏。

2. 讨论问题

(1) 电视剧《大染坊》中主要有几次大的价格战？以企业名和主要人物名及事件概括。

(2) 每次价格战由谁（企业名和主要人物名）发起？陈寿亭是如何应对的？

(3) 出现最多的基本定价方法是什么？典型的定价策略有几个？请简要概述。

(4) 通过课堂价格游戏，说明定价是不是越低越好。

3. 活动目的

(1) 能熟练陈述主要的营销定价方法。

（2）能够合理运用定价策略策划并实施营销活动。

（3）体会影响定价的因素，以及如何实现多方共赢。

4. 项目完成情况评价

内 容			评 价
学习目标		评价项目	得分（0～100分）
知识 （30分）	应知应会	定价目标的内容	
		定价方法的内容	
		定价策略的类型与内容	
专业能力 （60分）	具备基本的定价策略分析和应用能力	能准确分析影响企业定价的因素以及定价策略	
		能熟练运用定价方法制定价格	
		能合理运用定价策略制定和调整价格	
态度 （10分）	态度认真	积极参与各项活动	
	合作意识	集体观念强	
合计得分			
个人努力方向与建议		合理定价，实现多赢	

成长日记

结合项目7所学的知识和实践，撰写一篇1 000字左右的个人成长日记。挑选部分学生的日记公开交流。

项目 8

制定分销策略，全面拓展市场

教学导航

<table>
<tr><td rowspan="8">教</td><td rowspan="3">教学目标</td><td>知识目标：
• 理解分销渠道的概念、类型和特点
• 明确分销渠道的作用
• 掌握分销渠道系统建立和控制的方法与原理</td></tr>
<tr><td>技能目标：
• 具备分析企业分销渠道的能力
• 能够根据企业的产品特点与市场特点设计相应的分销渠道系统
• 能够制定分销渠道系统评估的指标体系</td></tr>
<tr><td>思政目标：
• 引导学生认识分销对满足人民美好生活向往的重要作用，要坚决抵制传销
• 融入"互联网+"、新零售、线上线下融合发展的元素，使学生树立创新发展理念，将个人发展与国家富强结合起来，实现科技强国梦</td></tr>
<tr><td>授课重点与难点</td><td>• 分销渠道的类型、分销渠道系统构建
• 分销渠道流程管理</td></tr>
<tr><td>授课方式</td><td>• 知识讲授、案例分析、角色扮演与体验
• 小组讨论与陈述汇报、渠道客户管理训练</td></tr>
<tr><td>授课场所</td><td>• 多媒体教室、市场营销实训室
• 企业渠道部（参观、讲座）</td></tr>
<tr><td>建议学时</td><td>• 6学时（课堂）、6学时（课外）</td></tr>
<tr><td>考核方式</td><td>• 过程性考核占50%（含课堂展示、汇报、小组作业）
• 终极性考核占50%（含知识点、技能训练、营销日记等）</td></tr>
<tr><td rowspan="3">学</td><td>学习方法</td><td>• 阅读分销渠道相关书籍、故事
• 课堂互动，积极参与小组讨论与陈述汇报
• 角色扮演与体验；总结归纳，撰写成长日记
• 参与营销素质拓展活动</td></tr>
<tr><td>营销训练</td><td>• 分销渠道系统分析、分销渠道系统管理、渠道客户角色扮演与模拟、案例分析、营销沙龙</td></tr>
<tr><td>项目任务分解</td><td>• 分销渠道分析
• 分销渠道系统构建
• 分销渠道流程管理</td></tr>
</table>

任务 1　认知分销渠道

市场营销的真谛是将产品或服务以顾客能接受的价格，在适当的时间、适当的地点，以适当的方式提供给目标市场，从而满足顾客的需要，最终实现企业的市场营销目标。那么，如何使顾客在需要的时间和地点轻而易举地获得其产品和服务呢？这就要求企业一定要建立高效、快捷、低费用的分销渠道系统。

案例

互联网零食品牌线上线下渠道分布

1. 三只松鼠

三只松鼠是国产零食品牌的领头羊。三只松鼠如今正加速从坚果品牌向食品品牌转型，推出四大新品牌：互联网婴童食品"小鹿蓝蓝"、互联网宠粮品牌"养了个毛孩"、互联网喜礼品牌"喜小雀"、互联网快食品牌"铁功基"。

2. 良品铺子

良品铺子的发展非常均衡，2021年线上收入占比为51.58%，线下收入占比为48.42%。线上线下两条腿走路，加上高端零食的差异化竞争策略，让良品铺子发展迅猛。良品铺子尽力深耕细分领域，推出子品牌"良品小食仙"，为3~12岁儿童定制研发高品质零食；推出健身零食品牌"良品飞扬"，为泛健身人群提供体重管理方案。

3. 来伊份

来伊份一直走的都是线下策略。如今来伊份将"新鲜零食"确立为未来十年的品牌战略，用原料优鲜、技术保鲜、包装锁鲜、产销争鲜、配送领鲜的五个标准，开启零食行业的下半场竞争。

4. 盐津铺子

盐津铺子的优势在于拥有自己的供应链，拥有自家工厂，可以自主研发，自主生产，自己搭建销售渠道。在线下渠道上，盐津铺子主攻大型商超，首创的"店中岛"模式强化了品牌感，已然成为超市的标配。

5. 洽洽食品

洽洽在线下渠道的布局上十分强势，无论是街边小店还是大型商超，都有恰恰瓜子的身影。快速触达就是替消费者做决策，恰恰做到了消费者在想吃的时候就能吃到，大大提升了线下渠道的转化率。洽洽食品还积极布局下沉三四线市场，推进社区团购、餐饮等渠道，取得了不俗业绩。

6. 网红品牌

以烘焙燕麦片为主打产品的王饱饱，活跃在各大社交平台上，凭借着高颜值的包装和突破传统的口味而迅速走红。把凤爪做到极致的王小卤，短短18个月就拿下天猫鸡肉类零食销量第一的位置。以控糖为核心理念的每日黑巧，健康的食材加上健康的定位，走出了差异化的垂直路线。做蛋黄酥的轩妈，做精品大鸭舌的藤桥牌，做特色肉食的郝小子，做红糖零食的云耕物作,做休闲饼干的欧贝拉等,网红新产品以后来者之势抢占消费者心智,让休闲零食赛道变得更热闹,也激发原有品牌求变求新。

一、分销渠道概述

(一)分销渠道的含义

分销渠道(Distribution Channel)是指产品或服务在从生产者向消费者或用户转移的过程中,帮助转移产品或服务所有权的企业或个人,如供应商、生产者、商人中间商(取得产品或服务所有权的企业或个人)、代理中间商(未取得产品或服务所有权,却能帮助转移所有权的企业或个人)和辅助商(便利交换和实体分销者,如运输企业、公共货栈、广告代理商、市场研究机构等)、物流公司以及最终消费者或用户。分销渠道又叫营销渠道、销售渠道。

分销渠道的起点是供应商或生产者,终点是用户或消费者。

分销渠道是联结生产者和消费者或用户的桥梁和纽带。企业使用分销渠道是因为在市场经济条件下,生产者和消费者或用户之间存在空间分离、时间分离、所有权分离、供需数量差异以及供需品种差异等方面的矛盾。产品分销是通过分销渠道或通路来实现的。分销渠道是促使产品或服务顺利地转移到最终用户或消费者手中的一系列组织或机构,其主要任务是创造购买的便利。

案例 ANLI

宠物食品的分销渠道类型

宠物食品企业在国内市场议价能力较强,主要通过三类渠道进行销售:

1. 线下商超渠道

国际宠物食品巨头有很强的商超渠道优势。比如,玛氏集团在商超渠道的资源和经验,奠定了伟嘉、宝路等大众品牌高市场占有率的基础。在中国,玛氏除了先发优势外,更多依赖的是其消费品在大商超建立的强势渠道。

2. 线下专业渠道

专业渠道主要针对消费能力较高的养宠人,专业人士的推荐是其重要消费参考。专业渠道主要是通过代理商经营分销,将品牌产品入驻各大宠物店、宠物医院等进行销售。宠物不会说话,如宠物医生的专业推荐,往往就是这些养宠人的重要采购参考。消费群体定位精准,是高端和差异化产品的推广主力。

3. 线上渠道

近几年来,随着国内社交电商崛起,宠物用品的新场景也被搬到了线上,成为主流渠道之一,包括抖音、淘宝、快手等平台。

国内宠物行业起步晚,当前行业处于迅速做大的阶段,所以,线上线下结合的双渠道协同并举将是企业必由之路。在线下打通专业渠道会更快速打开市场,在线上则会以在大B2C平台开设旗舰店为主,专业垂直平台为辅。历经变迁,国内宠物食品行业"线上电商+线下专卖店"双渠道格局已经形成,国际巨头在商超资源上的优势所起的作用越来越小,线上渠道进入壁垒低于线下渠道,本土企业迎来发展机遇。

(二)分销渠道的功能

分销渠道有如下几种功能:

(1)订货(Ordering)功能和交易谈判(Negotiation)功能。分销渠道成员与制造商(供应商)进行有购买意图的沟通,为客户提供订货服务,最大限度地降低库存,减少营销成本,尽力达成有关产品价格和其他条件的最终协议,以实现所有权的转移。

(2)结算(Payment)功能。买方通过银行和其他金融机构向消费者支付账款。结算方式包括信用卡、电子货币、网上划款等,如招商银行的"一网通"。

(3)配送(Distribution)功能,又叫物流功能。无形产品(服务、咨询、软件、音乐等)可在网上直接配送;有形产品的配送需要借助专业的物流配送体系来完成。同时,产品的所有权从一个组织或个人转移到其他组织或个人。

案例 ANLI

蜜雪冰城三位一体的供应链

蜜雪冰城能够将产品价格控制在较低水平,所依靠的是完整的供应链体系,以此来压低成本,达到"省钱"的目的。

首先,原料以自产为主。早在2007年,蜜雪冰城就有了自己的原料加工厂。到了2012年,生意越做越大,作坊式的自建工厂已无法满足前端的需求,于是河南大咖食品有限公司成为蜜雪冰城最大的原料供应商。特调乳、奶浆等几种主要原料批量生产后,生产成本自然下降。

其次,构建了以河南为中心、覆盖全国大部分区域的物流运输体系。大咖食品有限公司有河南总仓、西南仓、华南仓、东北仓、新疆仓。当加盟商需要原料时,大咖食品有限公司有覆盖全国的供应能力,可直接免运费送进门店,没有中间商赚差价。

最后,门店运营成本低。运营成本低主要体现在产品制作工序少,易操作。一个新人入职,只要培训半个月到一个月时间就可以学会店内产品制作。

(4)信息(Information)收集和传播功能。分销渠道能收集和传播营销环境中有关潜在和现行的顾客、竞争对手和其他参与者的营销信息。作为分销渠道成员的中间商或者直接接触市场和消费者,或者处在离其更近之处,最能了解市场的动向和消费者的实际状况。

(5)促销(Promotion)功能。分销渠道能对企业所提供的产品发送和传播富有说服力的材料,以达到吸引消费者的目的。

(6)融资(Financing)功能和承担风险(Risk Taking)功能。分销渠道成员之间获得和分配资金以负担渠道各个层次存货所需的费用。在执行渠道任务过程中承担有关风险(库存风险、呆账风险等)。

(7)服务(Service)功能。服务支持是渠道提供的附加服务(信用、交货、安装、修理)。

上述这些功能构成了分销渠道功能的集合。但是,分销渠道还面临着另外一个问题,即谁来执行这些功能,会使渠道流通的效率更高、更划算?制造商当然可以自己承担所有的功能,也可以将全部或者一部分功能转移给中间商。这就需要企业根据自己的实际情况做出正确的判断,选择适合自己的分销渠道。

案例

男士理容品牌 MANUP 理派

MANUP 理派成立于 2018 年,从男士理发店切入打造品质男士生活方式。MANUP 理派面向 18~50 岁品质男士,主打线下体验门店＋男性个护产品模式。

MANUP 理派抓住男性用户重体验、偏好一站式消费的特点,在线下体验店发力。门店贴合国人消费习惯做了本土化调整,提供包括理发、修面、修眉、剃须在内的标准化服务,不推卡,提升用户体验,也建立了口碑。

MANUP 理派注重铺设线下门店,以直营店为主,直营合作模式(加盟方主要提供资金,品牌方运营店铺)为辅,选址主要在购物中心、商圈底商和社区,单店面积从 50 到 150 平方米不等。MANUP 理派还和咖啡、西装等品牌合作开设异业联盟店,共享流量和数据。

(三)企业构建分销渠道系统的作用

分销渠道能够解决生产者和消费者需求之间客观存在的一系列矛盾。

(1)空间分离的矛盾。比如,荔枝盛产于南方,可是北方人也很喜欢吃。

(2)时间分离的矛盾。很多商品生产受季节限制,却常年消费。

(3)商品产需数量上的矛盾。如大批量生产、集中生产与小批量或零星购买之间的矛盾。

(4)产需结构的矛盾。商品生产专业化与消费需求结构多样性的矛盾。

(5)所有权分离的矛盾。拥有商品所有权的人并不一定就是该商品的消费者,需要该商品的人又不拥有其所有权。

这些矛盾只有分销渠道才能有效地解决,尤其是中间商介入商品流通可以为生产者和消费者带来很多好处,如图 8-1 所示。

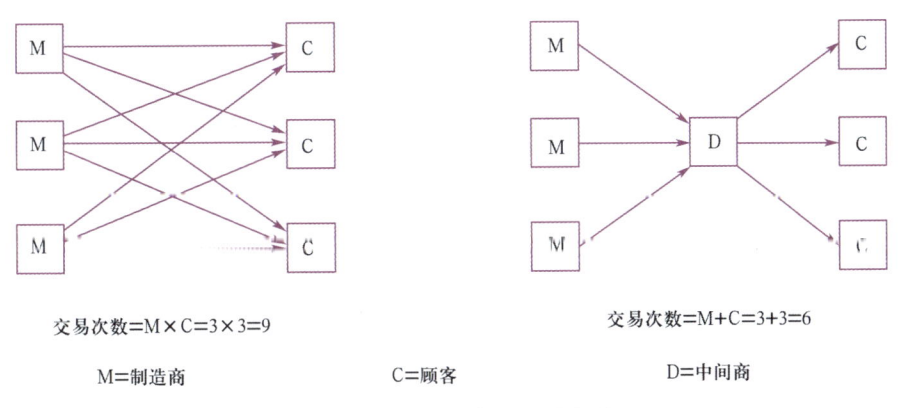

交易次数=M×C=3×3=9　　　　交易次数=M+C=3+3=6

M=制造商　　C=顾客　　D=中间商

图 8-1　中间商介入商品流通的好处

利用中间商开展企业市场营销活动,不仅能够减少商品的交易次数,提高工作效率,而且可以节省时间和人力的耗费,降低交易成本,提高经济效益。从图 8-1 中我们可以看到,如果没有中间商,3 个制造商和 3 个顾客之间将发生 9 次交易行为;而有了中间商后,交易行为只有 6 次,其效果显而易见。

因此,由中间商构成的产品销售渠道在企业经营中的主要作用可以总结为买进、分级、搭配、储存、运输、资金融通、分担风险、出售等八个方面,有的商品还需要进行加工、包装等。利用分销渠道,企业可以有效地调节生产与消费之间的各种矛盾,以满足不同客户的不同需要。通过分销渠道,企业可以进行有效的市场调查、广告宣传、产品出售以及售后服务等,这样就大大降低了交易成本,加速了企业的再生产过程。

分销渠道的作用可以概括为:

(1)结构简单化。

(2)销售产品与提供服务的途径快捷,提高工作效率。

(3)分级、搭配、储存、运输、分担风险,促进商品流通。

(4)节约交易成本。

(5)信息发布渠道。

(6)洽谈业务及开展商务活动的场所,提供培训的园地。

(四)分销渠道的流程

分销渠道的流程是指产品从生产者向最终消费者或用户流动的过程。在流动过程中存在物质或非物质形式的运动流,渠道则为这些运动流的载体。

为了实现产品从生产者向用户的转移,分销渠道中的成员执行的活动在运动中形成不同种类的流程,这些流程将组成渠道的各类组织机构贯穿起来。按菲利普·科特勒的说法,分销渠道分五大流程发生,即实体流程、所有权流程、付款流程、信息流程及促销流程。

1. 实体流程

实体流程是指实体原料及成品从生产领域向消费领域转移的过程中一系列产品实体的运动。它包括产品实体的储存以及由一个机构向另一个机构运输的过程,同时还包括与之相关的产品包装、装卸、流通加工等活动。物流活动使产品从生产领域向消费领域的转移得到了实质性保证,如图 8-2 所示。

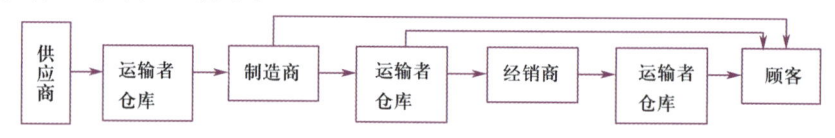

供应商 → 运输者仓库 → 制造商 → 运输者仓库 → 经销商 → 运输者仓库 → 顾客

图 8-2 实体流程

例如,在电脑市场分销渠道中,原材料、零部件等从供应商运送到仓储企业,然后被运到制造商的工厂制成电脑。电脑生产商在电脑成品出厂后,必须根据代理商订单交付产品给代理商,再运交顾客。若遇到大笔订单,也可由仓库或企业直接供应产品。在这一过程中,至少需用到一种以上的运输方式,如铁路、公路、水运等。

2. 所有权流程

所有权流程又称为商流,是指货物所有权从一个市场营销机构转移到另一个市场营销机构的过程。它包括产品从生产领域向消费领域转移过程中一系列的买卖交易活动。

在前例中,原材料及零部件的所有权由供应商转移到制造商;电脑所有权则由制造商转移到代理商,而后到顾客。所有权流程如图 8-3 所示。

3. 付款流程

付款流程也叫货币流,是指货款在各市场营销机构之间的流动过程。例如,顾客通过银

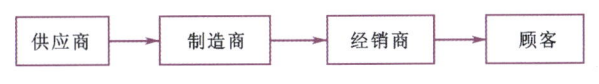

项目 8　制定分销策略，全面拓展市场

```
供应商 → 制造商 → 经销商 → 顾客
```

图 8-3　所有权流程

行或其他方式向经销商支付账单，经销商按协议价再支付给制造商，此外还需支付运输企业及仓库相关费用。一般来说，付款流程与所有权流程正好是呈相反方向流动，如图 8-4 所示。

```
供应商 ← 银行 ← 制造商 ← 银行 ← 经销商 ← 顾客
```

图 8-4　付款流程

4. 信息流程

信息流程是指产品从生产领域向消费领域转移的过程中发生的一切信息收集、传递和加工处理及利用活动。它包括制造商向中间商及客户传递有关产品、价格、销售方式等方面的信息，也包括中间商及客户向制造商传递购买力、购买偏好、对企业产品及销售状况的意见等信息，它是一种双向的流动。通常渠道中相邻的机构间会进行双向的信息交流，而互不相邻的机构间也会有各自的信息交流。互联网及单位内部局域网的广泛使用，使信息交流高效快捷，如图 8-5 所示。

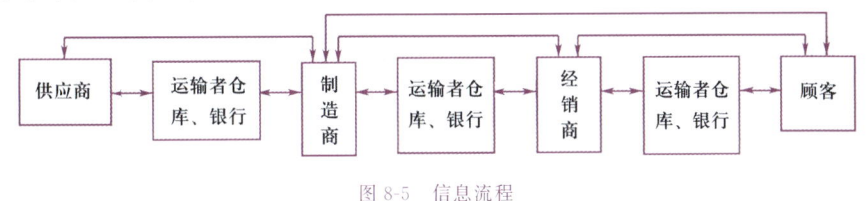

```
供应商 ↔ 运输者仓库、银行 ↔ 制造商 ↔ 运输者仓库、银行 ↔ 经销商 ↔ 运输者仓库、银行 ↔ 顾客
```

图 8-5　信息流程

阅读资料

现代信息流与物流

很多人一定都记得在超市买完东西付款时收银员手上拿的读码器。如果你买的是一台海尔冰箱，到收银员那里，他会用读码器在冰箱条形码上扫一下，发出"嘀"声后，数据便存入电脑中。完成付款后，交易就结束了。但是很多消费者不知道，这声"嘀"还有很多其他作用。

这声"嘀"通过网络，传到超市(零售商)的管理部门以及配送中心，告诉他们货物卖掉了，需要进货，他们就可以据此制订采购计划了。

更有趣的是，这声"嘀"还会传到海尔(生产商)配送中心，通过很多声"嘀"，海尔就知道了，西南地区海尔冰箱今天销售了多少台，都是什么型号，明天的配货计划也就出来了。

接下来，海尔配送中心要把这些"嘀"声传达来的信息发送给海尔车间，海尔车间接到这些信息，就会用有关软件计算出明天要生产多少产品，需要多少原料。

说话的工夫，计算机就把结果计算出来了，然后，通过一个 ERP 管理系统，原材料供应商立马就知道该送什么货，该送多少货了。

5. 促销流程

促销流程是指企业为了销售产品，通过广告、人员推销、公共关系等活动对顾客施加一系列影响的过程。所有的渠道成员都有对顾客促销产品的职责，既可以采用广告、公共关系和销售促进等针对大量促销的方法，也可以采用人员推销等针对个人促销的方法。促销流程如图 8-6 所示。

供应商 → 广告代理商 → 制造商 → 广告代理商 → 经销商 → 顾客

图 8-6　促销流程

在以上这五种流程中，实体流程和所有权流程是最主要的，也是整个产品销售活动得以实现的关键。分销渠道应保证产品实体完好无损，明确产品所有权转移交接的关键点，分清责任，明确风险，这主要反映在合同协议当中。

二、分销渠道的基本类型

企业竞争优势的重要部分是渠道优势。以用户为中心，立足于通过渠道网络或其他途径的适时顾客反馈，可以使企业实现低成本、销售最好、客户忠诚度和利润更高的分销渠道整合，确立以渠道为中心的竞争优势。

（一）直接渠道和间接渠道

按生产者与消费者之间有无中间商可将分销渠道分为直接渠道和间接渠道。

1. 直接渠道

在生产者与消费者之间没有中间商的分销渠道称为直接渠道，又称零级渠道（MC），是企业采用产销合一的经营方式。直接渠道是生产资料分配渠道的重要类型，大约 80% 的生产资料是直接销售的。新技术及网络的出现促进了消费品直销的发展，如戴尔公司。直接渠道如图 8-7 所示。

生产者 → 消费者

图 8-7　直接渠道

直接渠道的优点主要有：一是由于没有中间环节，可以减少流通费用，缩短流通周期，提高产品市场竞争力，同时便于全面周到地为用户提供服务，尤其是技术复杂的产品，生产商可以给予安装、维护、人员培训等各方面的协助；二是直接渠道不借助于中间商分销，有助于生产商实现对渠道的有效控制，方便生产商营销政策的贯彻实施。

直接渠道的缺点主要有：一是要求企业有雄厚的资金实力和资源实力，要能够大量存货，要有比较完善的仓储及零售设施，独自承担生产和分销以及售后服务等所有职责，增加负担和费用，分散精力；二是一些优秀的中间商在当地市场上通常比生产商分销经验丰富，缺乏它们的协作，凭生产商自己的力量去销售，很难迅速和全面地占领市场；三是生产商需要独自承担产品分销中的全部风险；四是直接渠道对于团队的管理、执行能力要求非常高。

2. 间接渠道

在生产者与消费者之间有中间商的分销渠道称为间接渠道。间接渠道依据中间环节的多少,又分为一级渠道、二级渠道、三级渠道、四级渠道。在生产者与消费者之间有一个中间环节,为一级渠道;在生产者与消费者之间有一级批发商再经过零售商到达消费者,称为二级渠道;以此类推,分别为三级、四级渠道,如图 8-8 所示。

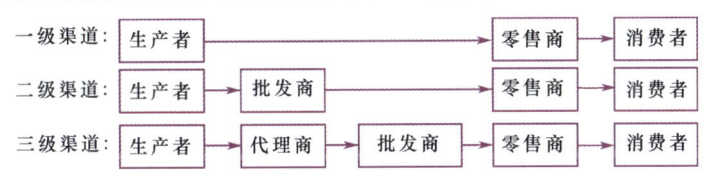

一级渠道:生产者 → 零售商 → 消费者
二级渠道:生产者 → 批发商 → 零售商 → 消费者
三级渠道:生产者 → 代理商 → 批发商 → 零售商 → 消费者

图 8-8　不同级数的间接渠道

(1)消费品销售渠道模式。消费品市场上产品销售渠道有以下五种模式,如图 8-9 所示。

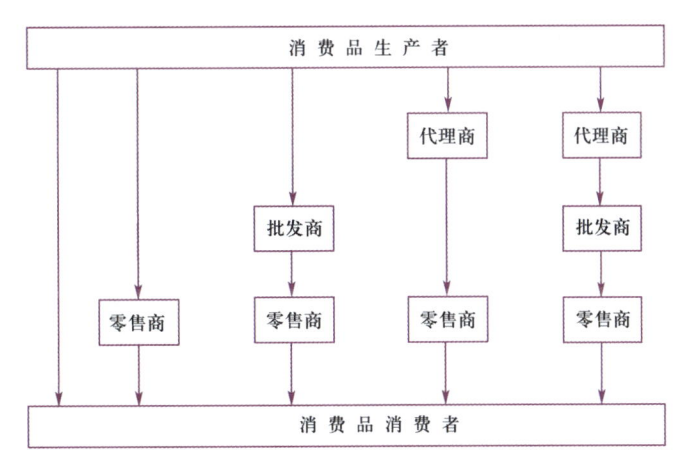

图 8-9　消费品销售渠道模式

(2)生产资料销售渠道模式。在现代市场经济条件下,生产资料企业也有多种销售渠道模式,如图 8-10 所示。

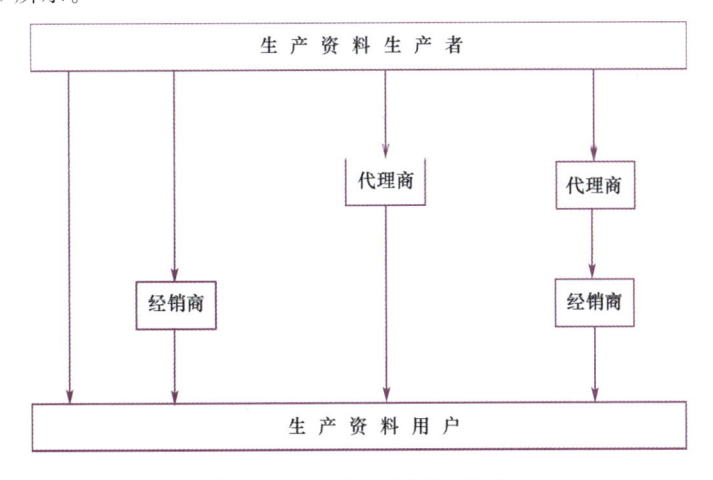

图 8-10　生产资料销售渠道模式

间接渠道的优点主要有：一是借助于中间商现有的分销渠道，生产商可以迅速占领市场，有助于产品广泛和及时的分销；二是中间商承担了分销过程中的部分职责，如仓储、配送、促销、售后服务等，可以弥补生产商在人、财、物等方面分销力量的不足；三是中间商可以承担部分市场风险，如运输、库存、资金回笼等。

间接渠道的缺点主要有：一是不便于生产商掌握消费者信息，如果与中间商协作不好，会难以及时准确地得到消费者的需求信息；二是增加中间商环节，必然增加产品成本，由此会降低产品的价格竞争力；三是增加中间商会增加渠道控制难度，当中间商实力过于强大时，往往会影响甚至左右制造商的营销政策。

案例 ANLI

卤味市场渠道分析

卤味零食是肉类零食中肉类和辣味的结合，整个市场规模大，且行业集中度低，在整个1 200亿元的市场中，前五大品牌只占到20.4%。

整个卤味市场目前也有三类企业：第一类是开线下店的，第二类是线上的，第三类是餐饮。线下部分，有周黑鸭、煌上煌、紫燕等，也有一些新企业，比如盛香亭。线上目前规模比较大的是王小卤。

卤味产品是在零食赛道里少有的适合全渠道分销的品类。卤味在线上线下都可以卖，大超市、小卖部都可以销售，能全渠道分销意味着，卤味市场足够大。

（二）长渠道与短渠道

间接渠道按照经过的流通环节或层次的多少，可分为长渠道和短渠道。企业只通过一个中间环节、在较小地区范围内销售产品的渠道，称为短渠道；企业通过一个以上中间环节销售产品的渠道，称为长渠道。这种划分有利于形成长短结合的多种渠道策略。

长渠道的优点是市场覆盖面广，借助的中间商资源多，生产商承担的分销职能少；缺点是信息传递慢，生产商对渠道的控制程度低，管理难度大，终端价格高。短渠道的优缺点正好与长渠道相反。

在实际营销活动中不能简单地认为长渠道策略好或是短渠道策略好。企业应该根据自身实力、产品特性、市场竞争等因素综合考虑，所选择的渠道类型应该具有较高的分销效率和较广的市场覆盖，并且能够给企业带来良好的经济效益。

（三）宽渠道与窄渠道

渠道的宽度取决于渠道的每个层次（环节）中使用同种类型中间商数目的多少。企业选择较多的同类型中间商销售产品，则这种分销渠道可称作宽渠道；反之，则为窄渠道。通常企业有三种可供选择的策略，即广泛分销渠道策略（密集分销）、选择性分销渠道策略（选择分销）和专营性分销渠道策略（独家分销）。

1. 广泛分销渠道策略

广泛分销渠道策略也称普遍性(密集性)分销渠道策略,是指企业尽可能通过适当的、较多的批发商(或代理商)、零售商销售产品。如日用消费品和通用程度较高的标准件,这些商品使用频繁,消费者需要迅速、方便地购买,应采用广泛分销渠道策略。

案例

晨光的渠道策略

晨光在渠道运作上,符合众多快消行业龙头的风格,注重渠道网络体系的构建,充分发挥渠道为王的特点。

1. 庞大的终端网络,近7万家零售终端

晨光在全国拥有30家一级(省级)合作伙伴,近1 200家二、三级合作伙伴,超过7万家零售终端(5万多家标准样板店、8 000多家高级样板店以及5 000多家加盟店)。此外,公司在泰国和越南拥有1 800多家零售终端,可以说晨光在渠道上构建了一个强大的网络体系。

2. 渠道品牌化、构建品牌影响力

晨光主要通过渠道形象进行传播。与得力通过媒体的拉动不同,它所采用的方式和公牛插座的方式类似——渠道中端的VI形象建设,统一为经销商、代理商更换门头,全国7万家终端,就是7万多个活的品牌广告。

3. 厂商深度协同合作

经过近二十年的耕耘,晨光和自己的渠道代理商形成了深度协同合作的关系。自2004年开始,陈昇明(晨光创始人)下决心规范渠道,通过自己的运营能力改变了经销商的看法,并逐渐形成了稳固的合作关系。晨光的经销商被称为"伙伴或者叫战略伙伴",在陈昇明看来,厂商跟代理商是一种非常脆弱的买卖关系,但双方思想高度保持一致时,这种关系就不一样了。陈昇明说:"我们的合作伙伴可以忍受前期的亏损甚至没钱赚,他付出以后可以暂时不要回报,但是你的客户不可以。"

2. 选择性分销渠道策略

选择性分销渠道策略即生产企业在某一地区仅通过少数几家经过精心挑选的、最合适的中间商推销其产品。选择性分销渠道策略适用于所有产品的分销,但相对而言,消费品中的选购品和特殊品最宜采取该种策略。

与密集性分销相比,选择性分销可以集中使用企业的资源,相对节省费用并能较好地控制渠道行为,从而获得比采用密集性分销或独家分销两种渠道更多的利益。

但是,选择性分销渠道也不是尽善尽美的,能否完美运作这一渠道取决于以下条件:中间商是否能提供良好的合作?愿意参与渠道协作的中间商数目有多少?制造商能为中间商提供多少市场畅销产品?在供货方式、价格上有多大优惠?在诸如采用广告宣传等措施所需的费用上给予多大的支持?等等。

3. 独家分销渠道策略

独家分销渠道策略又称专营性分销渠道策略,是指生产企业在一个地区仅选择一家经验丰富、信誉卓著的中间商推销其产品。生产企业与中间商签订独家经营合同,规定中间商不得经营其他竞争者的产品。使用这种渠道,企业易于控制其产品价格,易于与中间商在广告与促销活动方面取得合作,运送、结算手续简单,节约费用。

例如,海尔家电在各地设立专卖店,属于窄渠道,因为家电产品单位价值较大,有一定技术含量,购买频率小,使用周期长,需要良好的售后服务作为保证;而宝洁公司的日常洗涤用品,多数商店、超市均有销售,属于宽渠道,因为通常洗涤用品单位价值较小,购买频繁,使用周期短且使用时不需要什么专门技术。

所以,分销渠道的宽度应根据不同性质的商品及其需求使用特性进行选择,如图8-11所示。

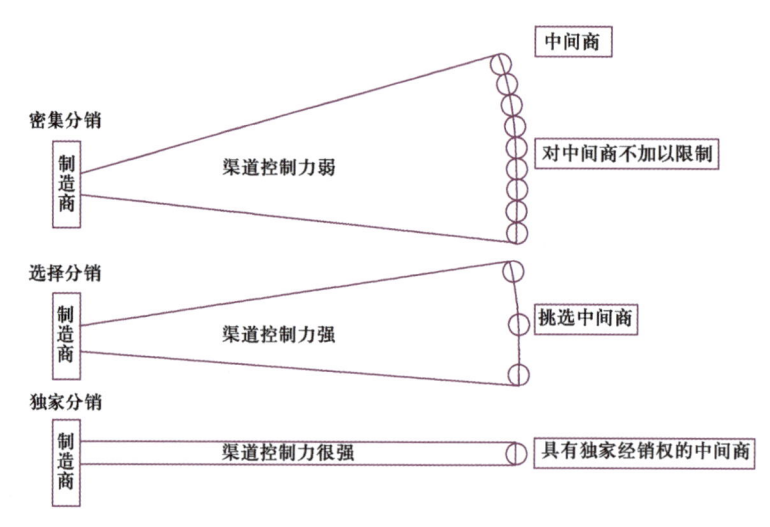

图 8-11 不同宽度的分销渠道

由于各种原因,不同的公司各显神通,各种力量相互博弈,形成我国分销渠道模式的多样性和多变性格局。从实际操作的角度来看,分销渠道的形式较多,而且不断变化。

任务 2　构建分销渠道系统

一、影响分销渠道设计的因素

在分销渠道设计过程中要考虑分销渠道设计的原则、分销渠道目标、网络成员的作用、分销渠道的风险以及分销渠道的制约因素等问题。所以分销渠道设计不是简单的决策,而是一个系统、科学的战略规划和战术设计过程。

设计分销渠道模式,即决定企业采取短渠道还是长渠道;选择不经过中间商的直接分销还是经过中间商的间接分销以及经过几道中间环节最合适;选择宽渠道还是窄渠道更有效;

是只选择一种模式的分销渠道,还是同时选择若干种分销渠道。影响分销渠道设计的因素很多,见表8-1,企业需要仔细分析,认真考虑,综合评价,然后设计出适合本企业的分销渠道模式。

表8-1　　　　　　　　　　分销渠道设计应该考虑的因素

因素		渠道长度		渠道宽度		因素		渠道长度		渠道宽度	
		长	短	宽	窄			长	短	宽	窄
产品	价值	低	高	低	高	企业	企业实力	弱	强	强	弱
	自然属性	稳定	不稳	不稳	稳定		管理水平	低	高	高	低
	体积、重量	小	大	小	大		控制欲望	弱	强	弱	强
	技术性	弱	强	弱	强	中间商	经销积极性	高	低	高	低
	通用化	高	低	高	低		经销条件	低	高	低	高
	生命周期	后期	前期	后期	前期		开拓能力	强	弱	强	弱
市场	市场规模	大	小	大	小	环境	经济形势	好	差	好	差
	市场分布	分散	集中	分散	集中		国家政策法规	依法设计分销渠道			
	购买习惯	便利	选购	便利	选购						

(一)产品因素

(1)产品的价值。一般来讲,产品的单价越低,分销渠道可以越长;反之,产品单价越高,分销渠道短一些会更经济。因此,普通的日用消费品和工业品中的标准件的销售,一般都要经过一个或一个以上的批发商,再经零售商转至消费者手中。而一些价格较高的耐用消费品和工业品中的专用设备则不宜经过较多的中间商转卖。

(2)产品的自然属性。一般来讲,对于自然属性比较稳定的产品可以考虑利用中间商销售或采用相对较长的渠道;而对易腐烂、易毁损或易过时的产品,应尽可能采用直接渠道或相对较短的渠道,如新奇玩具、时装、新鲜食品、各种陶器、玻璃、精制的工业品等尽可能采用短渠道。

(3)产品的体积与重量。体积庞大和笨重的产品应尽可能采取较短的分销渠道,以节省运输和保管方面的人力和物力,如大型设备、机械设备等;体积小或重量轻的产品,则可采取较长的渠道。

(4)产品的技术性。技术性不十分强的耐用消费品,一般可以通过中间商出售,为加强销售服务,企业应对中间商进行必要的培训和指导;对于技术性很强的工业品,企业应采取直接渠道销售,以加强销售服务工作。

(5)产品的通用化。定制品有特殊的规格要求,一般需生产者与消费者或用户直接面议规格、质量和式样等,不宜经过中间商;标准品具有一定品质、规格和式样,分销渠道可长可短;对于那些标准化、系列化、通用化程度很高的产品可以选用宽渠道和长渠道。

(6)产品所处市场生命周期阶段。企业为了尽快打开新产品销路,往往不惜花费大量资金,组成直接分销队伍直接向消费者销售。当产品在市场上已经形成高知名度与美誉度时,出于拓展市场的需要,可以逐步考虑利用间接渠道分销产品。我国许多企业在创立品牌初期走的是直接销售的路子,等品牌创立后,就采取多种方式尝试间接销售。

(二)市场因素

(1)潜在市场规模。如果潜在市场规模较小,企业可以考虑使用推销员或邮寄方式直接向消费者或顾客推销;反之,如果潜在市场规模较大,则应采取间接分销渠道。

(2)潜在市场分布。如果顾客集中分布在一个或少数几个地区,则可以考虑采用直接销售的方式,或者生产企业直接将产品卖给零售商;如果顾客分布很分散,企业则应选择间接销售和宽渠道销售的方式。

(3)消费者的购买习惯。首先,顾客购买数量越大,单位分销成本越低的产品,尽可能将批量性产品直接出售给顾客。其次,顾客购买频率高,每次购买数量很小,而且价值低的产品,则需要利用中间商进行分销,即采用长渠道与宽渠道;反之,则采用短渠道和窄渠道。最后,消费者购买之前需要充分比较研究、购买过程中需要投入较多精力与时间的产品,选用短渠道与窄渠道效果会更好;反之,则可采用长渠道和宽渠道。

案例

抖音,粘贴成功经验的"生活场"

从2020年上线的一些电影票务服务,到2021年总能刷到的美食、休闲娱乐团购,抖音正逐渐从一种娱乐方式变成一种社交方式,甚至是一种生活方式,让多种生态得以在抖音复制。进入了视频、直播营销时代后,品牌都想离用户近一点儿。所以,自带种草属性、6亿日活的抖音成为必争之地。

从2018年开始,抖音里就已经出现了各种商业模式,从视频带货到探店打造网红餐饮、网红景点甚至网红城市,从直播推荐到有规划的电商运营,不少商家和品牌都选择抖音作为自己的营销平台。特别是对于新消费品牌,抖音已经成为弯道超车的关键。例如元气森林、Ubras内衣、三顿半咖啡、空刻意面、饭乎煲仔饭、欧拉好猫、云鲸扫地机等涉及吃穿用住行的新消费品牌,都在抖音找到了增长之道。

抖音告诉企业主们,这里既能复制成功,又能帮他们找到粘贴空间,即在平台能力上,抖音短视频、直播、电商、生活服务等解决方案让商家有多种途径触达消费者,把成功的营销思路落地,每个品牌通过内容深耕、流量运营、阵地经营……都可以找到粘贴成功的"空白页"。

(三)企业因素

(1)企业实力。资金雄厚、信誉好的企业,可以自己组织分销队伍进行销售,采取直接分销渠道,也可采取间接分销渠道销售;而资金匮乏、财力较弱的企业,只能依靠中间商,分销渠道势必要长些。

(2)管理水平。企业渠道管理水平也会影响企业渠道的长度与宽度。一般来说,如果制造商在销售管理、储存安排、零售运作等方面缺乏经验,人员素质不适合自己从事广告、推销、运输和储存等方面的工作,则最好选择较长渠道与窄渠道。反之,可以选择短渠道与宽渠道。

(3)控制欲望。如果企业希望对分销渠道进行高强控制,同时自身又有控制能力,一般采取较短、较窄渠道的做法。如果采用中间商分销,一方面会使制造商的渠道控制力削弱,极可能导致制造商受制于中间商;另一方面会使制造商分销受到限制。

(四)中间商因素

(1)中间商的经销积极性。如果中间商愿意经销制造商的产品,同时不对制造商提出过多、过分要求时,会使企业更愿意利用中间商,因此企业可选择长渠道与宽渠道。

(2)中间商的经销条件。如果利用中间商的成本太高、中间商压低采购价格、中间商要求上架费太多,企业就应考虑采取较短、较窄的渠道。

(3)中间商的开拓能力。如果中间商能够帮助制造商把产品及时、准确、高效地送达消费者手中,则可以选择较长与较宽的分销渠道,否则将选择较短、较窄的渠道。

(五)环境因素

(1)总体经济形势。整个社会经济形势好,分销渠道模式选择余地就大;当经济不景气时,市场需求下降,企业必须尽量减少不必要的流通环节,利用较短的渠道。

(2)国家政策法规。国家的有关政策和法律因素对分销渠道也有重要影响,如反不正当竞争法、反垄断法、进出口规定、税法等,都会影响分销渠道的选择。我国对烟酒、鞭炮、汽油、食盐等产品的销售有专门的一些法规,这些产品的分销渠道就要严格依法设计。

二、中间商的选择与评估

(一)中间商的类型

识别中间商的类型即确定分销渠道模式,就是要公司识别有哪些类型的中间商组织可供选择。如果企业决定通过中间商分销其产品,就要决定所选用中间商的类型:选择批发商还是零售商?什么样的批发商和零售商?用不用代理商?具体选择哪些中间商?

1. 经销商(商人中间商)

商人中间商在商品流通中将商品买进后再卖出去,需要承担经营风险。根据其所处的环节不同,可以分为批发商与零售商。商人中间商主要赚取进销差价。

批发商的主要业务是批购批销、分配编配、储运服务、沟通信息、融通资金和分担风险;零售商具有广泛分销、销售服务、沟通信息、促进销售等作用。

2. 代理商

代理商是指接受委托从事商品交易业务,但不具有商品所有权的中间商。代理商主要是提供信息,收取佣金或中介费。

3. 零售商

零售商处于商品流通的最终环节,直接将商品销售给最终消费者,所以零售商面临的市场又叫终端市场。现代竞争主要集中在终端市场,相应地,人群密集的居民区极具商业价值。零售商的基本任务是直接为最终消费者服务,它的职能包括购、销、调、存、加工、拆零、分包、传递信息、提供销售服务等。在地点、时间与服务方面,它方便消费者购买,另一方面,它又是联系生产企业、批发商与消费者的桥梁,在分销渠道中具有重要作用。

零售商种类繁多,具体如图8-12所示。

4. 批发商

批发是指一切将物品或服务销售给为了转卖或者其他商业用途而进行购买的企业或个人的活动。批发商按职能和提供的服务是否完全来分类,可分为以下两种类型:

(1)完全服务批发商。这类批发商执行批发商业的全部职能,他们提供的服务主要有:保持存货、雇佣固定的销售人员、提供信贷、送货和协助管理等。他们分为批发商人和工业分销商两种。批发商人主要是向零售商销售产品,并提供广泛的服务;工业分销商向制造商而不是向零售商销售产品。

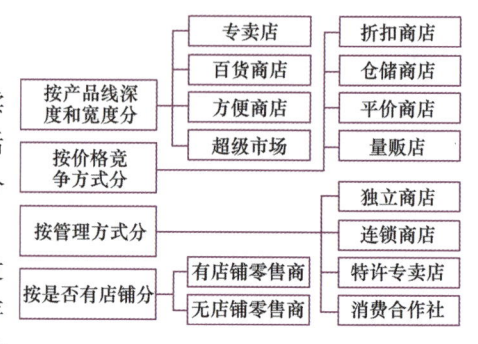

图 8-12 零售商的种类

(2)有限服务批发商。这类批发商为了减少成本费用,降低批发价格,只执行部分服务职能。

(二)中间商的选择条件

(1)中间商的市场范围。这主要考虑中间商的销售地区和销售对象是否与生产商的目标市场一致。

(2)中间商的产品政策。这主要看中间商的产品线及产品组合与本企业产品是竞争关系还是促销关系。

(3)中间商的地理区位优势,即位置优势。零售商的最理想区位是顾客流量大的地点。批发商则主要考虑其位置是否有利于商品批量存储与运输,通常以交通枢纽为佳。

(4)中间商的产品知识。选择对产品销售有专门经验的中间商会很快打开销路,所以生产企业应该根据产品特征来选择有经验的中间商。

(5)预期合作的程度。这主要应明确哪些广告由厂家负责,哪些广告由中间商负责,以及具体的合作方式,然后再确定理想的中间商。

(6)中间商的财务状况与管理水平。这主要看中间商能否按时结算,其销售管理是否规范、高效。

(7)中间商的促销政策和技术。这主要应考虑中间商是否愿意承担一定的促销费用,有没有必要的物质、技术基础和相应的人才。

(8)中间商的综合服务能力。有些产品需要中间商提供售后服务,有些产品在销售时要提供技术指导或财务帮助,所以选择中间商时要看其综合服务能力。

(三)与中间商签订代理(经销)合同

生产商与中间商之间的相关事宜应以合同的方式确定下来。生产商与中间商的关系是委托人与被委托人的关系,双方签订的合同是规定委托人授予代理人代表前者向第三者招揽生意或签订合同的一种授权协议。一个向客户公开其代表身份的代理商,在向客户销售产品时,只充当其委托人的发言人或分销渠道,其行为不得超出实际或书面的授权范围。

销售代理合同的主要条款包括:合同前文、代理商的选任与受任、代理商的义务、代理区域、代理商品、代理权限(独家代理时)、分代理商或辅助人的信任、最低代理销售额、订单的处理、佣金、商情报告、推销宣传与广告事宜、售后服务及零件储存、合同期限的规定、合同的终止、保密条款、仲裁条款、结尾条款等内容。

三、设计分销渠道方案

(一)传统分销渠道模式——松散型渠道关系

传统分销渠道模式是指一般的营销组织形态。渠道成员之间是一种松散的合作关系，各自追求自己的利润最大化，最终使整个渠道效率低下。

松散型渠道关系从严格意义上来讲还算不上一种较为定型的模式，但对于实力较弱的中小企业来说，参与其中要比单枪匹马、独闯天下强得多。它会为渠道成员提供如下几方面的好处：渠道成员有较强的独立性，不需要承担太多义务；进退灵活，进入或退出完全由各个成员自主决策，根据局势需要可以自由结成联盟；缺少强有力的"外援"，促使企业不断创新，增强自身实力；中小企业由于知名度、财力和销售力缺乏，在进入市场时可以借助这种关系迅速成长。

松散型渠道关系的主要缺点有：是一种临时交易关系，缺乏长期合作的根基；成员之间不涉及产权和契约关系，不具有长期性、战略性，无法充分利用渠道积累资源；渠道安全系数小，缺乏有效的监控机制，渠道的安全完全依赖于成员的自律性；没有形成明确的分工协作关系，广告、资金、经验、品牌、人员等渠道资源无法有效共享；缺少投身渠道建设的积极性，渠道成员最关心的是自身利益能否实现及商品能否卖得出去或者能否卖高价，而较少考虑渠道的长远发展问题。

案例 ANLI

百草味，持续深化线下布局

休闲零食的竞争力主要体现在渠道、品牌和产品三个方面，当产品研发已经不是技术门槛，品牌也逐步形成头部聚集效应，渠道在当下就显得尤为重要，线上线下融合的意义就更加凸显。一直以来，休闲零食消费就具有冲动性、即时性和便利性的特点，线下消费的门店体验、服务流程和"随想随买"的即时满足感，是线上下单、等待送货上门场景之外的补充。

在线上生意依然是大势的同时，百草味居安思危，开启线下扩张，实现全渠道发展。百草味从2017年开始通过零售通、新通路等分销渠道入驻线下门店，触达消费者，已经成功进驻50万家小店，覆盖国内20个省，累计交易金额超15亿元。

百草味直营店重点打造线下体验样本，加强消费者沟通，增强情感联结和品牌价值；分销模式让品牌与消费者有更加广泛的接触渠道；加盟模式借合作伙伴对本地的了解和资源更深入消费者，从而与消费者产生情感联结。

(二)垂直分销系统

传统分销渠道中的生产商、批发商和零售商等渠道成员分别是一个利益独立体，每个成员都在追求自身利润的最大化，即使它以损害系统整体利益为代价也在所不惜。垂直分销系统则相反,它是由生产企业、批发商和零售商所组成的一种统一联合体。某个渠道成员或者拥有其他成员的产权,或者与其他渠道成员之间存在一种特约代理关系,或者拥有相当实力,其他成员愿意与之合作。垂直分销系统可以由生产商支配,也可以由批发商或零售商支配。垂直分销系统的特点是专业化管理、集中计划,销售系统中的各成员拥有共同的利益目标,采用不同程度的一体化经营或联合经营,从而有利于控制渠道行动,消除渠道成员为追求各自利益而造成的冲突。此外,垂直分销系统能通过其规模、谈判交易费用以及重复服务的减少而降低成本,增加收益。垂直分销系统主要有如下三种形式:

1. 公司式垂直系统

公司式垂直系统指一家公司拥有和统一管理若干工厂、批发机构和零售机构,控制市场营销渠道的若干层次,甚至整个市场营销渠道,综合经营生产、批发及零售业务。这种垂直一体化既能向前一体化也能向后一体化。例如,日本松下电器公司不仅制造家用电器,在大量生产、大量销售的时代,还以合并、共同出资等形式将众多的批发商和零售商收入自己的名下,使其成为系列批发商和系列零售商,最多时前者达224家,后者达27 000家;西尔斯百货公司在它部分拥有或全部拥有的公司里销售产品的比例超过50%。

2. 管理式垂直系统

管理式垂直系统是指制造商和零售商共同协商或由某一家规模大、实力强的企业出面组织销售管理业务,涉及销售促进、库存管理、定价、商品陈列和购销活动等,如宝洁公司与其零售商共同商定商品陈列、货架位置、促销及定价等内容。

3. 契约式垂直系统

契约式垂直系统指不同层次的独立制造商和经销商为了获得单独经营达不到的经济利益,而以契约为基础结成联合体。它主要有三种形式:特许经营组织;批发商创办的自愿连锁店;零售商合作社。

(三)水平分销系统

这种系统是指在分销过程中履行同一渠道职能的两个或两个以上的企业联合起来共同开发和利用市场机会的系统。如某零售店可以通过同其他零售店合并或增加店铺来实行水平一体化。水平一体化能在采购、市场调研、广告、人事等多方面获得规模效益,但并不是改善渠道的最佳方法。如美国得克萨斯州的兰马储蓄银行与塞夫威百货公司订立协议,规定赛夫威百货公司内设置兰马储蓄银行的储蓄办事处和自动出纳机,使赛夫威百货公司对顾客提供店内取款的方便,从而使兰马储蓄银行以较低成本打入市场。

(四)多渠道分销系统

这种系统是指一个企业建立两条或更多的市场营销渠道以达一个或更多的顾客细分市场,从而可提高市场覆盖面、降低渠道成本,或更有利于销售。如美国国际商用机器公司,除自设IBM产品中心外,还与西尔斯以及其他各种计算机商店、办公用品经销商以及价值增值转卖商等签订合同销售IBM产品。

(五)网络分销渠道

将网络营销与传统零售业有效地结合起来,在资产规模、物流配送方面得以全面发展,降低成本,提高效益,是网络时代分销渠道发展的又一主流。网络分销渠道是指用户或顾客将需求信息传递给网络购物中心系统(经销商网络或直销系统),生产者或供应商从网络购物中心获取需求信息,达成交易后,通过物流配送中心或传统分销渠道将商品运送到用户或顾客手中的循环模式,如图 8-13 所示。

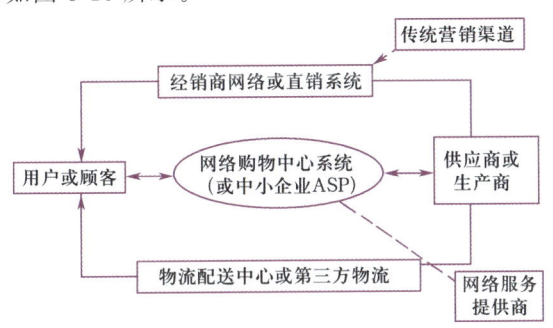

图 8-13 网络分销渠道模式

网络分销渠道模式的起点和终点均是用户或顾客,真正体现了"以顾客(市场)为中心"的现代营销理念,同时也真实地表达了网络时代企业分销渠道系统建设的目标和宗旨。其最典型的代表是戴尔公司、沃尔玛等。

随着互联网的飞速发展,企业网上销售将使传统分销渠道格局发生巨大变革。由于购买者的习惯及网络的局限性,在很长时期内,企业仍将以传统分销渠道为主,网络分销渠道为辅。企业可以利用互联网,积极抢占市场,促进产品销售。

四、分销渠道系统评估

分销渠道方案确定后,还必须对中间商加以选择和评估,并根据条件的变化对渠道进行调整。生产厂家要根据各种备选方案,进行评价,找出最优的渠道路线。通常渠道评估的标准有三个:经济性、可控性和适应性。其中,最重要的是经济性。

1. 经济性

比较每个方案可能达到的销售额及费用水平。企业对这两方面情况进行权衡,从中选择最佳分销方式。

2. 可控性

一般来说,中间商可控性小些,企业直接销售可控性大。分销渠道长,可控性小;分销渠道短,可控性大。企业必须进行全面比较、权衡,选择最优方案。

3. 适应性

如果生产企业同所选择的中间商签订的合约期限长,而在此期间,其他销售方法(如直接邮购)更有效,生产企业也不能随便解除合同,这样企业便失去了选择分销渠道的灵活性。因此,生产企业尽量不要签订期限过长的合约,除非在经济或控制方面具有十分优越的条件。

任务3　管理分销渠道

分销渠道建成后,企业还要决策如何管理分销渠道。一般来说,制造企业不可能像控制产品、定价和促销那样直接控制分销渠道,因为中间商是独立的经营者,它们有自身的利益追求,有权在无利可图或不满意时撤出。客观上,制造企业和中间商之间存在诸多矛盾,这些矛盾导致制造商和中间商相互竞争,双方都希望取得更大的控制权。但从根本上来说,两者的利益又是一致的,都只有通过将商品顺畅地卖给使用者才能获得效益,因此又要加强渠道管理,使渠道内部各成员之间协调地合作。

一、分销渠道控制

生产商控制中间商主要通过两种途径:第一种途径是在订立合同时,规定好中间商的权利与义务,即通过合同控制中间商的作业;第二种途径是在订立合同之后,继续加强对中间商的联系与沟通,注意中间商的业务经营状况,及时修订计划。

(一)通过合同控制中间商

制造商主要通过合同中的如下项目控制中间商的业务:清楚划分销售区域,防止中间商越区销售;规定最低销售额,以防中间商不积极推销产品;规定商情报告制度,以加强厂商与中间商的沟通;规定产品价格与代理佣金水平或扣点。

(二)日常业务控制

制造商不宜对中间商的业务进行过多的干涉,而主要通过市场计划的修改、对中间商的指导及对代理商的评估来达到控制中间商日常业务的目的。

(1)继续进行市场研究,并适时修改计划。企业选定中间商后,不可全盘依赖中间商统揽全部营销事务,而仍需进行市场研究来拓展市场。企业应当仔细观察市场需求的变化、分销渠道的变化;注意竞争对手有何新的行动,如是否推出了新产品及该新产品对本厂产品的影响;注意自己的中间商销售能力、销售业绩的变化。进行市场研究之后,企业制订市场营销方案,具体由中间商执行。

(2)对中间商进行指导。具体内容包括:指导中间商建立进销存报表,做安全库存和先进先出库存管理;指导中间商进行零售终端管理;指导经销商管理其客户往来业务,从而加强经销商的销售管理工作。

案　例

公牛插座的销售渠道控制力

公牛过去的成功,除了产品定位和调性的成功,相当程度要归功于其搭建的销售系统的成功。公司创新性地推行线下"配送访销"的销售模式,已在全国范围内建立了75万多家五金渠道售点、12万多家专业建材及灯饰渠道售点和25万多家数码配件渠道售点,这些渠道将销售网点拓展到城市、乡村的门店、卖场、专业市场等各种场所,形成了较难复制的线下营销网络。而且基于对自己产品质量和口碑的信心,公牛对代理商有极强的控制能力。

同时,公牛也建立了专业化的电商直销业务运营团队和具有较强实力的线上经销商体系,目前公司已全面入驻天猫、淘宝、京东、唯品会、拼多多等领先电商平台,有效开拓了数十家线上授权经销商,并积极开展数字化营销,借助各流量入口,实现"站外导流、站内销售"。

(3)对中间商进行再评估。评估中间商是为了下一阶段更好地控制中间商的业务经营。对中间商进行再评估主要是检查其销售业绩及成长率,中间商对产品推销的努力程度及服务品质的高低等。对于业务进展不佳的中间商,要进一步评估其活动区域是否过大,有无足够的时间及力量推销产品。此外,还要随时注意中间商在财务、库存等经营管理方面的能力及资金周转情况等。

例如,付给经销商25%的销售佣金,可按下列标准:保持适当存货水平(以防断档),付给5%;如能达到销售指标,再付5%;如能为顾客服务(安装、维修),再付5%;如能及时报告最终顾客购买的满足情况,再付5%;如能对应收账款进行有效管理,再付5%。

二、渠道成员评估与激励

(一)评估中间商

生产商需要定期对每个渠道成员的工作进行评估,具体包括以下内容:
(1)检查每位渠道成员完成的销售量和利润额。
(2)查明哪些经销商积极努力推销本企业的产品,哪些不积极。
(3)检查渠道成员同时经销多少种与本企业相竞争的产品。
(4)统计每个渠道成员的平均订货量。
(5)检查每个渠道成员为商品定价的合理程度。
(6)检查每个渠道成员为用户服务的态度和能力,以及是否令用户满意。
(7)计算每个渠道成员的销量在企业整体销量中所占的比重。

(二)激励渠道成员

一般来说,中间商希望从企业那里获得丰厚的利润回报、好销的产品、优惠的价格、一定数量的先期铺货、供货及时、广告支持、销售技巧培训、特殊补贴、付款优惠、充分的施展才能空间、厂家的特别青睐、市场威望等。因此,企业应该通过满足这些需要来激励中间商,让它们更好地合作。企业激励中间商的方式主要有如下几种:

(1)价格折扣。价格折扣包括现金折扣、数量折扣、功能折扣(中间商依据自身在渠道中的等级,享受相应待遇)、季节折扣(在旺季转入淡季之际,可鼓励中间商多进货,减少厂家仓储和保管压力)等。

(2)根据提货量,给予一定的返点。在产品利润越来越低的今天,靠返点挣钱是经销商的一个重要手段。

(3)提供市场基金。市场基金即市场启动基金。给经销商一个市场报销的额度,用于调动经销商在各个环节的能动性。

（4）库存保护。使经销商保持适度的库存量，以消除其断货的忧虑。

（5）开拓市场。使中间商获得广阔的发展空间，这是一种较为长远的激励措施，是中间商希望得到的。

（6）设立奖项。在渠道成员间设立奖项，如合作奖、开拓奖、回款奖、专售奖、信息奖、销货奖等。

（7）产品及技术支持。为中间商提供优质的产品和强有力的技术支持及服务，对中间商来说是最实在的，因为产品卖不出去，企业设置的奖励再多也没有用。

（8）补贴。一是协助力度补贴，针对中间商对本企业产品的陈列状况，如陈列数量、场所、位置、货架大小等，企业支付一定的补贴。二是库存补贴，包括点存货补贴和恢复库存补贴两种。点存货补贴是指促销活动开始时，中间商清点存货量，再加上进货量，减去促销活动结束时的剩余库存量，其差额即为厂家给予补贴的实际销货量，再乘以一定的补贴费。恢复库存补贴是指点存货补贴结束后，如果经销商将库存再恢复到过去的最高水平，厂家会给予一定的补贴。

（9）代理权激励。所谓代理权激励是指厂商运用变化代理权的形式与内容来激励代理商，从而使代理商更积极地工作。代理权激励有两种形式：一种是先采用多家代理再转为独家代理；另一种是先采用独家代理后转为多家代理。物质激励的方式只能起到短期激励的作用，从长期来看，代理权激励作用更大。

案例 ANLI

亿佳能的经销商管理政策

亿佳能、皇明、清华阳光、华扬曾经被称为中国太阳能行业四强。亿佳能之所以能取得如此辉煌的业绩，与其高妙的经销商管理政策分不开。

一是巨额广告支持。亿佳能每年在包括中央媒体在内的媒体投入近亿元巨额广告费用，为经销商的市场开拓扫平了一切障碍。

二是方案支持。实践检验智慧，公司制定了周密的市场推广蓝本，用于指导经销商启动市场。推广蓝本包括：整合传播方案；终端建设指南；导购人员管理手册；网络建设和管理纲要；客户档案管理条例，规范各类管理表格。

三是资金支持。资金是基础，支持是动力。公司充分考虑到经销商的资金难题，并为坚定经销商的信心特别制订了一切资源倾向市场的资金援助计划：全年在市场超前投入按地区预计销售总额一定比例计算的整体推广费用；启动市场初始，提供各种丰富的终端物料，包括各种宣传资料、DM、陈列架等。

四是样板市场支持。打造强势经销商的"黄埔军校"，公司选出 23 个样板市场，重点支持，精心打造，给经销商提供成功的楷模。在样板市场，经销商可以在如下方面得到提升：系统思考市场运作的能力、市场信息分析能力、管理能力、解决营销难题的能力。

五是人力资源支持。公司营销人员既是导师，又是士兵，公司组建市场精英团队赴市场一线和经销商一同作战。以传、帮、带的形式，最终帮助经销商建立一支最具战斗力的市场特种兵部队;协同拜访客户,协同检查终端陈列,协同市场信息搜集;进行营销专业知识的培训;举办经销商业务经理短训班,在激励业务精英的同时,对经销商的业务队伍进行知识投资。

六是服务支持。在全国范围内建立紧密的售后服务网络,让经销商毫无后顾之忧。

七是提供服务援助。对样板大区,派出市场专员,协助经销商进行市场开发、业务推进;对经销商人员进行专业知识和营销专业技巧培训。提供专业的服务热线,由专业人员对消费者的疑难问题进行解答。

八是经销管理支持。没有规矩,不成方圆。公司在制定各种奖励政策的同时,也明确规定了对扰乱市场行为的惩罚措施,并将严格贯彻,绝不姑息。

亿佳能通过与经销商建立"绿色战略伙伴"关系,改变了许多厂商间纯交易型的关系,并给经销商"授之以渔",厂家为经销商着想,商家更忠于厂家,并且以市场为中心,厂、商共同为消费者着想,形成了厂、商、消费者的"三赢"。

三、调整分销渠道

在分销渠道管理中,根据每个中间商的具体表现、市场变化和企业营销目标的改变,企业对分销渠道要进行调整。调整的方式主要有:

1. 增减分销渠道中的中间商

经过考核,对于那些推销不积极或经营管理不善、难于与之合作的中间商以及给企业造成困难的中间商,企业在必要时可与其中断合作关系。企业为了开拓某一新市场,需要在该地区物色某一中间商,经过调查分析和洽谈协商,在符合企业对中间商的要求和中间商愿意合作的基础上,可以选定其作为企业在该地区的经销商或代理商。

2. 增减某一种分销渠道

当某种分销渠道出售本企业的某种产品,其销售额一直不够理想时,企业可以考虑在全部目标市场或某个区域内撤销这种渠道类型,而另外增设其他的渠道类型。企业为满足消费者的需求变化而开发新产品,若利用原有渠道难于迅速打开销路和提高竞争能力,则可增加新的分销渠道,以实现企业营销目标。

3. 调整整个分销渠道

有时由于市场情况变化太大,企业对原有渠道进行部分调整已难于实现企业的要求和适应市场情况的变化时,企业必须对分销渠道进行全面的调整。

案 例

喜茶的数字化渠道拓展之路

近年来,喜茶积极推动数字化建设,利用信息化平台触达更多消费者,实现下单、取茶和外卖一体化。自2018年喜茶自主开发小程序"喜茶GO"以来,积累了超过3 000万的线上会员,其中80%为"90后",线上订单超过总订单量的80%。目前,喜茶已在中国以及新加坡超过50多个城市拥有600多家门店。随着喜茶门店越开越多,特别是小程序"喜茶GO"的上线,自提服务和外卖服务让顾客彻底告别排队。而现在,喜茶早已凭借超高的产品力和社交能力,成为十足的实力派选手。

知识巩固

一、营销术语解释

直接分销渠道　长渠道　密集分销　选择性分销渠道　独家分销　渠道激励　物流　垂直渠道系统

二、单项选择题

1.产品从生产者流向最终消费者的过程中不经过任何中间商转手的市场分销渠道叫(　　)。

　　A.一级渠道　　　B.二级渠道　　　C.三级渠道　　　D.零级渠道

2.原料及成品从制造商转移到最终顾客的过程称为(　　)。

　　A.实体流程　　　B.所有权流程　　C.信息流程　　　D.促销流程

3.渠道设计的中心环节是(　　)。

　　A.确定渠道限制因素　　　　　　B.明确渠道成员的任务

　　C.加强渠道的监督与控制　　　　D.确定达到目标市场的最佳途径

4.适用于奢侈品的分销模式是(　　)。

　　A.密集分销　　　B.广泛分销　　　C.选择分销　　　D.独家分销

三、多项选择题

1.构成市场分销渠道的主要流程有(　　)。

　　A.实体流程　　　B.所有权流程　　C.付款流程　　　D.信息流程

　　E.促销流程

2.根据渠道宽度决策的不同,分销模式可分为(　　)三种。

　　A.垂直分销　　　B.密集分销　　　C.选择分销　　　D.联合分销

　　E.独家分销

3.对生产商来说,激励中间商效果最长远的措施是(　　)。

　　A.设立奖项　　　B.提供技术支持　C.提供市场基金　D.代理权激励

4.在汽车生产过程中,原材料、零部件、发动机等从供应商运送到仓储企业,然后运送到工厂生产成汽车,这属于汽车生产材料分销渠道流程中的(　　)。

　　A.实体流程　　　B.所有权流程　　C.资金流程　　　D.信息流程

四、简答题

1.分销渠道构建的影响因素有哪些?

2.简述零售商的主要类型及其特点。

3.分销商的激励方式有哪些?

案例分析

"妖精的盒子"的分销渠道

随着消费意识的不断提升,健康至上观念开始大面积兴起。尤其疫情之后,大健康赛道的热潮一浪高过一浪。比如代餐、蛋白棒、植物奶、健身镜等概念的出现,更是捧红了一批新消费品牌,低卡、零糖、低脂、高蛋白已成为零食标配,沙拉、健康餐越来越成为"90后""00后"年轻消费者的餐食选择。

"妖精的盒子"便是一家以沙拉切入鲜食代餐的消费品牌。"妖精的盒子"成立于2016年,最早从设施农业切入,将即食蔬菜种植过程融入家庭场景,以无土培育的方法种植蔬菜。

"妖精的盒子"主要通过代餐餐饮化、餐饮零售化切入,推动品牌的扩张与获客。从代餐餐饮化来看,"妖精的盒子"以鲜食代餐为主,包含无蔗糖欧包系列、低碳水主食系列和三无饮品"零糖、零脂、零卡",目前已开始餐饮零售化商业实践,单店销售额超过1 000元/天。

餐饮零售化方面,首先占据本地电商流量入口,并且为合作商家提供产品、供应链服务和线上平台代运营服务;线下渠道主要通过高密度的自提点、自营店、店中店,覆盖周边500米内可触及人群,为用户实现"500米内必触手可及的便利性",实现私域流量覆盖。

思考:

(1)分析"妖精的盒子"分销渠道模式的特点。

(2)餐饮企业应如何顺应移动互联网时代的发展?

项目实训

分析分销渠道,设计分销渠道系统方案

1. 实训目的

认识分销渠道的结构,实施分销渠道设计创新。

2. 实训内容

(1)联系某一具体企业(最好是前面调研过的企业),描述其分销渠道的结构。

(2)分析企业目前的分销渠道具有的优势或存在的问题。

(3)进行分销渠道创新设计(拓展项目)。

3. 实训要求

(1)先由成员分别描述"某企业分销渠道的结构及其优势"。

(2)将各自撰写的"某企业分销渠道的结构及其优势"方案在小组内交流研讨。

(3)将各自的方案及研讨意见结合形成小组的讨论结果。

(4)将小组最终形成的"某企业分销渠道的结构及其优势"方案在班上展示交流,并接受提问或质疑。

4. 实训成果

小组撰写的"某企业分销渠道的结构及其优势"方案。

5. 项目完成情况评价

内容			评价
学习目标		评价项目	得分(0~100分)
知识 (30分)	应知应会	营销术语:直接分销渠道、间接分销渠道、广泛性分销渠道	
		分销渠道的结构	
专业能力 (60分)	具备一定的营销分析能力和书面写作能力	能够描述具体企业的分销渠道结构	
		能够进行具体企业分销渠道结构优化设计	
态度 (10分)	时间观念强	积极、主动、认真	
	能够求同存异	组内充分交流	
	能够集思广益	集体观念强	
合计得分			
个人努力方向与建议			

成长日记

结合项目8所学的知识和实践,撰写一篇1 000字左右的个人成长日记。挑选部分学生的日记公开交流。

项目 9

制定促销策略，促进信息沟通

教学导航

教	教学目标	知识目标： • 理解并掌握促销的基本方式 • 把握广告策划的步骤和内容 • 理解营业推广、人员推销以及公共关系的内容与技巧 • 把握电子商务环境下的促销策略 技能目标： • 能分析、评价一则完整的促销广告 • 能够编写小型节日促销方案 • 能熟练运用沟通技巧开展人员推销活动 思政目标： • 培养学生的创新意识、创新思维和创新能力 • 树立遵守法律法规的理念，在全媒体时代，讲好中国故事，传播中国文化，让世界更好地了解中国 • 融入公益广告、电商扶贫、社会赞助等内容，使学生树立正确的营销道德观，勇于承担社会责任，服务社会，报效祖国
	授课重点与难点	• 促销组合、人员推销策略、广告策略、公共关系策略 • 营业推广策略
	授课方式	• 知识讲授、案例分析、角色扮演与体验 • 小组讨论与陈述汇报、促销策划与实战演练
	授课场所	• 多媒体教室、市场营销实训室 • 商场、超市等促销现场
	建议学时	• 6学时(课堂)、8学时(课外)
	考核方式	• 过程性考核占50%(含课堂展示、汇报、小组作业) • 终极性考核占50%(含知识点、技能训练、营销日记等)
学	学习方法	• 阅读营销管理、营销故事、营销人物书籍 • 课堂互动，积极参与小组讨论与陈述汇报 • 角色扮演与体验；总结归纳，撰写成长日记 • 参与营销素质拓展活动
	营销训练	• 促销活动策划训练、促销活动实施 • 广告赏析、推销实战、案例分析
	项目任务分解	• 促销活动策划 • 促销活动实施

任务1　认知促销组合

一、促销的含义及作用

(一)促销的含义

促销是指企业为了实现自身的营销目标,通过人员或非人员的方法将企业的产品(或服务)信息进行传播,帮助消费者认识商品(或服务),进而引起消费者的兴趣,并激发其购买欲望,促使其采取购买行为的一系列宣传说服活动。促销的实质是一种信息的沟通活动;促销的目的是促使消费者采取购买行动;促销的方式主要包括人员促销和非人员促销两种。

(二)促销的作用

1. 沟通信息

这是促销最基本的作用。一方面,通过宣传将企业的形象、产品的性质、特点、作用等信息传递给消费者,调动其购买的积极性;另一方面,通过信息在销售渠道各个环节的层层传递,使渠道成员及时了解并掌握反馈意见和要求,强化生产企业、分销商和消费者之间的关系。

案例 ANLI

跨界营销场域中,品牌"精神"如何共振?

2021年5月,饿了么快餐与七匹狼电商联合推出了一套独特的骑手装备,旨在宣扬勇于担当、积极生活、健康向上的当代骑士精神,并为这个群体重新赋予"饿狼骑士"的称号。网络上,"饿狼骑士"身着跨界联名外套,开着哈雷摩托,头戴印第安羽冠,肩挎超小号外卖箱的照片广为流传。

一个国民男装品牌和一个本地生活外卖平台融合到了一起,是什么在背后支撑起了这场跨界合作? 其核心是对外卖骑手群体的共同关注,以及对当代年轻人身上所具有的"饿狼骑士"精神的敏锐洞察和挖掘。

"饿狼骑士"精神,汲取饿了么蓝骑士身上热血积极、认真生活的态度,同时融入七匹狼品牌所蕴含的保持好奇、敢于冒险尝试的"狼性精神",它与当下年轻人所展现的正能量相契合,因而受到广大年轻消费者的价值认同。

饿了么目前营销策略主要是:一是持续与年轻人沟通,传递"万能的饿了么"这一品牌心智;二是强化蓝骑士的符号价值,在用户心中建立更深刻的感知。

饿了么与七匹狼电商此次以"饿狼传说"为主题进行跨界合作,正是对这两大营销策略的实践与落地。开设饿狼餐厅概念店,上线"饿狼骑士"联名潮服,焕新蓝骑士形象装备,更拓展了"外卖配送服装"的新服务;以30分钟即达的方式,刷新了用户在新零售时代的购物体验,也诠释了饿了么的"爱什么,来什么"的品牌主张。

2. 扩大销售

消费者需求具有可诱导性，特别是在导入期，顾客对产品认知度低，企业可以通过开展促销将潜在的需求激发成为现实需求，从而扩大销售；当企业运用常规销售手段不能很好地实现预期效果或者遇到销售不力的局面时，也可以通过促销刺激市场需求，甚至创造需求，解决销售问题。

3. 强化定位

通过开展有效的促销活动，可以将企业和产品的市场定位更直接地宣传给顾客，突出自身的个性化特点，激发消费者的兴趣，进一步加强企业在市场中的竞争优势，巩固企业和产品的市场地位。

案例

白小纯的营销策略

随着新消费时代的到来，"Z世代"已经成为席卷消费市场的"新势力"。爱尝鲜、有个性、重互动的青少年群体成为品牌营销的主要沟通对象。

具青春活力的牛奶品牌白小纯，代表着年轻一代独有的青春朝气，也更加重视青少年的健康成长。正是在这样的背景下，白小纯选择携手河北卫视《我中国少年》第四季，因为这档节目与白小纯有共同的理念——关注青少年的健康成长，通过"花式课间操"展演，展现中国少年青春活力姿态，积极传递属于当代中国少年的正能量，打造出"体教融合"新样板。

白小纯以精准的产品定位和清晰的营销方向，瞄准"Z世代"，抢占"年轻一代牛奶"赛道，充分建立营养强化和健康优质的产品属性，成为年轻人的牛奶品牌。

二、促销组合方式

(一) 促销组合的概念

促销组合是指广告、营业推广、公共关系和人员推销四种促销方式的有机结合与综合运用，如图9-1所示。

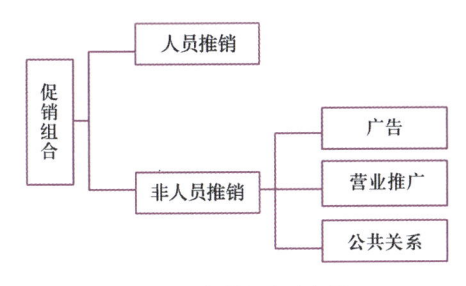

图 9-1　促销组合示意图

微课：促销组合与消费者行为

各种促销方式的优缺点比较见表9-1。

表9-1　　　　　　　　　　各种促销方式的优缺点比较

促销方式	优　点	缺　点
人员推销	机动灵活,针对性强,双向沟通便于当面解决问题	管理组织困难,费用支出大,接触面窄
广告	传播面广,形象生动,节省人力	说服力较小,针对性较差,单项信息传递,沟通性较差
营业推广	吸引力大,即时效果明显,可促成现场交易	组织过程复杂,形式使用不当,易引起客户反感
公共关系	影响面广,效果持久,可提高企业的知名度和美誉度	需花费较大精力和财力,短期效果不明显

案例 ANLI

珍爱网,用7＋100场直播玩转"七夕营销"

在2021年七夕情人节,珍爱网跟年轻人完成了一次大型互动。

B端层面,这是一次由珍爱网牵头,与巨量引擎和抖音电商三方共力,规模庞大的内容共创。不仅有明星和千万粉级别大V入场,带动众多优质达人参与♯dou来脱单吧♯、♯抖在恋爱季♯进行多元化的短视频创作,创造了近40亿的播放量洪流,还与近百位百万粉优质达人打造了一场打破直播产业常规布局版图的"直播拉力赛"。

而面向C端,这则是一场与年轻受众深度建立联系,充分调动年轻人积极性的跨域联欢,帮助年轻人打破交友壁垒和恋爱禁锢,找到对的人。通过活动品牌定制主话题♯dou来脱单吧♯和冠名官方话题♯抖在恋爱季♯两个话题产出高频优质内容,以任务模式刺激用户参与兴趣和积极性,成功激发了用户的决策热情。

珍爱网紧紧抓住了两点:一个是明星、达人效应,一个是内容引爆。此次活动邀请了抖音剧情大V首打前战,以其高流量系列相亲短剧内容为依托,拍摄"第134次相亲"深植珍爱网品牌主张相关内容,牢牢抓住了"靠谱"这个关键词,让珍爱网帮助城市优质青年脱单的定位进一步深入人心。继而综艺大咖强势加盟,不仅空降直播间深度与粉丝互动,搅热场中气氛,还续接热度将人和关注度引至直播专场,完成关注度聚焦,是一次完美的流量聚合。

(二)促销组合的选择因素

促销组合的选择因素很多,主要包括外部环境、促销目标、产品类型、产品生命周期、目标市场状况、企业的实力、消费者认知程度等。

1.外部环境

外部环境对促销组合选择的影响主要体现在社会、文化、人口、自然环境、政策法规等方面。例如,民众接触信息传播媒体频率(如报刊发行覆盖率、电视机的拥有率、网络覆盖率等)的高低,会极大地影响广告宣传效果;大型社会性活动(如运动会、节日庆典等)又为促销组合创造了良好条件;国家的政策法规,如许多国家限制或禁止做香烟广告等,对促销手段的应用也会产生影响。

2. 促销目标

促销目标作为企业营销战略的基础,对促销组合的选择也会产生巨大的影响。不同的促销目标,会催生出不同的促销组合。如果企业追求短期目标,则应以广告和营业推广等在短期内容易生效的手段为主;如果企业追求长远目标,则要注重企业和产品品牌在公众心目中的形象,宜选择以人员推销和公共关系为主的促销手段。

3. 产品类型

对于生活消费品,由于购买者众多、购买频率高、购买批量小,且消费者居住较为分散,随意性较强,采用广告手段更为有效,可以起到宣传、告知、提示的作用。对于生产资料和工业用品,往往由于技术性强,使用方法复杂,购买频率相对稳定,购买量大且消费者比较集中,人员推销的方式就比较奏效,对顾客边演示、边解释、边洽谈,比较容易促成销售。对于一些数字化商品,结合网络特性可以采取网站推广和网上公共关系的促销手段,加强与顾客之间的沟通和互动。消费品与工业品促销组合方式如图9-2所示。

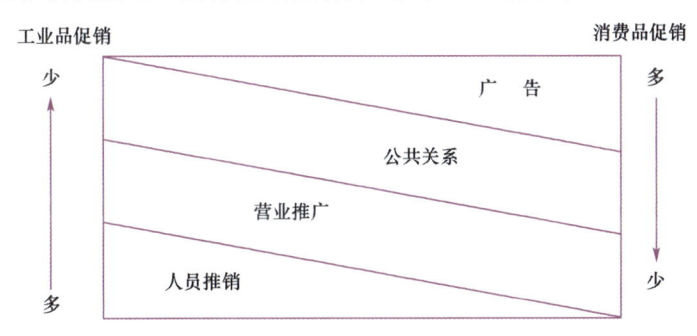

图9-2 消费品与工业品促销组合方式

4. 产品生命周期

在产品生命周期的不同阶段,消费者对产品的了解和熟悉程度不同,因此企业的促销目标和重点也不一样,企业要适当选择相应的促销方式和促销组合策略,见表9-2。

表9-2 产品生命周期各阶段的促销组合策略

产品生命周期阶段	促销重点目标	促销主要方式
导入期	认识、了解产品	广告
成长期	提高产品知名度	广告、营业推广
成熟期	增进兴趣与偏好	人员推销、公共关系
衰退期	消除不满、促进信任	营业推广

5. 目标市场状况

如果企业面对的市场目标既分散又广阔,那么广告宣传的作用就显得很重要;对购买单位少、地域分布比较集中的目标市场,宜采取以人员推销为主的促销手段。

6. 企业的实力

如果企业规模较小,实力有限,则应以人员推销手段为主;如果企业规模大,实力雄厚,则以广告宣传为主。

7. 消费者认知程度

不同的阶段消费者对产品的认知程度不同,促销组合选择也不相同。知晓阶段,广告最重要;了解阶段,广告仍然重要,可辅以人员推销;信任阶段,主要的促销手段是人员推销;而在购买和重复购买阶段,则需要利用具体的推广和公共关系活动来促成交易和巩固关系。

三、促销组合基本策略

促销组合基本策略有"推动"策略和"拉引"策略两种(图9-3)。

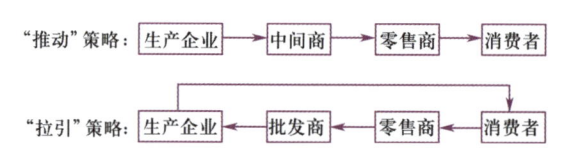

图9-3 "推动"策略与"拉引"策略进程示意图

(一)"推动"策略

"推动"策略是指企业以中间商为主要促销对象,通过人员推销,劝导中间商订货,逐级传送产品直至最终用户的一种促销策略。这种策略多用于生产资料和一些选择性强的耐用消费品,要求推销人员具有一定的专业知识和实际销售经验,并且需要中间商的理解和配合。具体的方法有:

(1)示范促销。通过各种示范活动,将产品的特性充分展现在顾客面前,引导消费,刺激消费者的购买欲望。

(2)上访促销。由推销人员携带样品或产品目录,走访顾客,掌握各种信息或巡回推销。

(3)网点促销。设立销售网点,请顾客登门选购。

(4)服务促销。售前按顾客要求设计产品,商定价格;售中向用户介绍产品,指导消费;售后坚持征询顾客意见,做好保修、维修等工作。

(二)"拉引"策略

"拉引"策略是以最终用户为主要促销对象,通过运用广告、营业推广和公共关系等非人员促销手段,向最终用户展开强大的促销攻势,促使最终用户向中间商购买产品,从而拉动中间商向企业订货的促销策略。经常采用的方法有:

(1)广告信函促销。通过广告信函、订货单等向消费者及时传递信息,以吸引顾客购买。

(2)会议促销。组织专业性或综合性的产品展览会,邀请有关企业和个人前来订货或参观。

(3)代销、试销。由生产厂家委托他人代销或试销,以尽快占领市场。

(4)信誉促销。通过创名牌、树信誉、赠送样品等开展捐赠和慈善活动,增强顾客对企业的信任感,从而促进销售。

企业特性不同,产品特性不同,市场特性不同,则选择的基本促销策略也应不同。促销组合基本策略选择见表9-3。

表 9-3　　　　　　　　　　促销组合基本策略选择

因素		类型	
		"推动"策略	"拉引"策略
产品特性	产品分类	生产资料、特殊品、选购品	便利品
	单位价值	高	低
	商品知识	丰富	一般
	产品生命周期	成熟期	导入期、成长期
	品牌	知名度低	知名度高
市场特性	市场范围	特定市场、集中	全国市场、大而分散
	购买动机	理性	感性
	购买频度	低	高
企业特性	企业规模	小	大
	资金实力	小	大

四、促销组合决策

企业的促销组合决策是将以上几种促销工具加以选择、运用与组合搭配，从而把既定的促销预算在各种促销方式之间进行合理分配。企业促销组合的制定是一种系统的思考过程。企业拟定促销组合策略可参照下列步骤进行：

1. 明确市场目标、市场策略并确定目标市场及促销对象

促销的目的是解决特定的营销问题，可能是关于消费者的，也可能是关于渠道、产品或本企业内部人员的，因此企业首先必须明确市场目标、市场策略并确定目标市场及促销对象，在确定促销对象前必须明确回答下列问题：企业的市场目标、市场策略是什么？市场的销售对象是谁？消费者为何以及如何使用企业的产品？产品的购买数量、购买频率如何及购买地点在哪里？企业的主要竞争对手有哪些？消费者对本企业品牌及竞争者品牌的评价如何？

2. 决定促销目标

经由步骤1的评估后，企业已能选择出促销希望解决的问题，接下来就可以决定促销目标了。促销目标应当清楚界定企业要达到什么目的、目标是多少以及期望目标对象做出什么样的反应等问题。例如，消费者对品牌印象模糊时，促销目标是加深消费者对品牌的认知；企业要吸引更多连锁店加入时，促销目标是吸引更多的商店加入连锁；产品处在季节性或流行性淡季时，促销目标是增加销售。所以促销的对象可能是最终消费者或经销商，也可能是企业内部员工，当然其最终目的是达成企业的市场目标。

3. 准确预算

企业的资源是有限的，因此促销预算也会受到限制，企业应在有限的预算内选择最大效益的促销策略及方案。

4. 选择促销组合策略

如前所述，为了能与消费者有效地进行信息沟通，企业应当在综合考虑各种影响因素的基础上选择适当的促销组合。

5. 执行、控制及评估

促销组合实施前一定要先规划好执行计划与控制计划。执行计划包括计划及预算的核准、目标受众的选择、促销信息的传播等。评估执行效果可用两种不同的方法来检验：一是比较促销组合实施前、实施时和实施后销售量的变化情况；二是从消费者样本中了解他们对活动的反应以及追踪他们在促销后的行为，例如，了解品牌知名度提高多少、美誉度改善多少、消费者对促销组合评价如何、对以后的品牌选择是否有影响等。

案例 ANLI

小天鹅，"卖光"行动

在以优惠、促销为主要抓手的电商竞争中，小天鹅却别出心裁卖起了场景。2021年"618"期间，小天鹅跨界途家民宿，将洗烘套装带到民宿场景之下，在旅途中打造了一场"卖光"行动。

1. 设悬念

以反差形式与消费者对话，刺激探索欲望。一连三张悬疑式海报，吸引消费者眼球。小天鹅以"日光浴、把阳光穿在身上、江南再无梅雨季"等关键词与消费者进行对话，能够瞬间勾起消费者的兴趣，让其有进一步探索的欲望。

2. 指痛点

小天鹅以三张痛点海报直指消费者当下晾衣的痛点。无论是换季衣物晾晒、梅雨季节晒衣，还是沙尘天气晾衣，无疑都是让人心烦的一件事情。小天鹅一针见血指出这些问题，痛点被赤裸裸袒露在消费者面前。

3. 诚邀请

通过全新IP品牌形象鹅小天、小天鹅品牌代言人、途家美宿家旅游博主向全民发出诚挚邀请，欢迎光临鹅家。

4. 重体验

在上海，小天鹅选取外滩和迪士尼两个知名景点，深度改造周边的花小爷民宿和朴宿花园两间民宿，让消费者了解这是一次品牌体验之旅，却丝毫不影响其真正旅行的体验，甚至通过小天鹅洗烘套装达到轻装上阵、解放阳台和心爱衣物即洗即穿的效果。

任务2 制定广告策略

微课：初步认识广告

一、广告概述

（一）广告的概念

按照美国市场营销协会的定义，广告是指由明确的发起者以公开支付费用的做法，以非人员的任何形式，对产品、劳务或某项行动的意见和想法等的介绍及推广。我们可以将广告理解为一种说服性的沟通工具，一种以人们的注意和信任为预期回报的投资。

一个完整的广告,应由以下五个要素组成:

(1)广告主体,又称广告主(Advertisers),是指广告活动的主体,将信息传递给大众当事人,包括各类企业、组织、个人以及受托代理广告的广告公司、传播公司等。

(2)广告信息(Ad Information),即广告的主要内容,包括企业、产品、销售服务等各类具有推广价值的信息。

(3)广告媒体(Ad Media),即传播广告信息的中介媒体。传统的四大媒体分别是电视、广播、报纸、杂志,现在网络作为一种新型媒体形式正在发挥着越来越重要的作用。

(4)广告费用(Ad Spending),是指广告活动的支出费用,包括媒体使用费(如播出费、刊登费)、策划费、制作费、调研费、杂费等。

(5)广告对象(Ad Recipients),是指广告信息的接收者,又称受众。

阅 读 资 料

广告文案信息常用手法

1. 概念替换

用代号代替产品名,以达到简化记忆的作用。有些代号还可以为产品赋予新的意义,令人印象深刻。比如,雅诗兰黛小棕瓶抗蓝光眼霜,全称是"雅诗兰黛特润修护精华眼霜"。以"小棕瓶"来代替产品,更利于传播。

2. 以偏概全

以产品的某项特征借代整体,通过明确的指代起到强化该部分特质的作用。比如,甲壳虫"Think Small",强化"小就是好"的概念,以"Small"指代甲壳虫汽车,让其成为产品的重要标签。

3. 意义延伸

以具体事物指代抽象概念,或以专有名词代替泛称,可以使文案超越文字本身表达更深刻的含义,让消费者更深入地了解产品或品牌。比如,张裕摩塞尔:众里寻她千百度,用"她"指代张裕摩塞尔红酒,让本来难以具体形容的红酒之妙有了具体可感知的形象,"众里寻她千百度"暗指消费者追寻的红酒就是张裕摩塞尔。

4. 夸张手法

用夸张手法突出产品特性,能够给人留下深刻印象,加深消费者对产品价值的认知,尤其适合卖点明确的品牌。

炫迈:根本停不下来。根本停不下来是"美味持久,久到离谱"更口语化、更具体的表达,配合广告画面,更方便消费者口头传播。

士力架:横扫饥饿,做回自己。从林黛玉瞬间变身运动员,凸显了士力架"快速补充体力"的产品卖点。

太平洋保险:平时注入一滴水,难时拥有太平洋。用太平洋夸张指代赔偿金额的巨大,给消费者很大的心理冲击。

脉动:随时随地,脉动回来。将品牌名作为动词,无精打采到走路都歪了,最后导致撞倒一大片,然后"脉动一下"就恢复。

5.矛盾策略

矛盾手法在广告文案中很常见。

RIO：花露水味鸡尾酒。RIO 鸡尾酒和六神花露水除了都是液体基本没有共同点，两者合在一起产生怪趣效果，让消费者在好笑之余又想试试。

Keep：自律给我自由。Keep 是运动 APP，运动需要长期"自律"，"自由"是当下年轻群体中讨论度非常高的话题，这两个词语之间有矛盾冲突，又恰巧符合产品特性，能够加深消费者对品牌的印象。

（二）广告的任务与作用

（1）引起注意。借助精彩的文字、妙趣横生的话语、美好的形象、动听的音乐等，引起广告对象的注意，这是广告最基本的功能。

（2）唤起兴趣。广告不仅能引起注意，而且可唤起广告受众对产品的兴趣，这就需要广告的内容和形式与目标对象的经验和心理需求相适应。

（3）激发购买欲望。一个成功的广告在引起目标对象的兴趣之后，还必须促使其产生购买欲望，这就要求企业对目标顾客进行进一步了解，以便投其所好，刺激购买欲望。

（4）促成购买行为。这是广告的最终功能，也是广告的目的所在。

（5）树立企业形象。好的广告是企业提高产品信誉，争创名牌、树立企业形象的一种手段。

案例 ANLI

百度的儿童节广告

如果你是生活里的奋斗者，努力奔跑的打工人，每天被大大小小的事情裹挟着，焦虑、压抑、不开心、充满压力；那么我建议你停一停，至少停下来看完这支视频……

这是百度 APP 在六一儿童节，对所有人的一次暖心关怀，希望他们在这一天忘掉生活里的累，做一个开心的大孩子。

成年人的世界里难免有压力，他们需要有人理解他们、安慰他们，他们急需一个情绪的出口，而百度 APP 正在为他们寻找或创造这样一个出口。

百度 APP 用"度熊"这样一个亲切的形象，起到了一个理解者、安慰者角色的作用，通过"度熊"的开导和提醒"大人也要过儿童节哦"，某种程度上消解了部分烦恼，唤醒了他们对于生活美好的期待。百度 APP 的标语"百度一下，生活更好"，清晰地展示了百度 APP 所有的一切都是为人服务，为生活增彩。

（三）广告的类型

1.象征广告

象征广告是借助形象或符号为企业或产品做宣传，从心理上调动和感染目标公众，使之唤起美好的联想，从而达到增强公众记忆，提高企业或产品的知名度、扩大其影响力的目的。此种策略特别适合上市初期的产品。但要注意，象征性形象选择要慎重，要与企业和产品的形象、风格、特点吻合，注意调研形象的负面影响。在广告中利用名人有两种方式：一是直接方式,就是直接邀请商界巨子、体育健将、演艺界明星、名模等社会名人来进行广告宣传;二是间接方式,即借助名人的声望来提高产品的知名度和美誉度。

2. 形象广告

形象广告是指以树立企业形象为目的,获取消费者对企业的认同,从而引导消费者购买企业的产品。如企业赞助公益广告,即利用纪念活动、比赛活动,由公司出资捐助,从中取得刊登广告的权利。用公益广告塑造企业形象,从表面上看是完全为公众服务,但实际上常常起到"不是广告,胜似广告"的作用。

3. 保证广告

保证广告是指为赢得消费者信赖而在广告中做出承诺,如海尔集团等厂家在空调销售中承诺24小时上门安装,服务到位等。此策略适用于有一定影响力的名牌产品。但企业在做保证广告之前,要认真研究操作的可行性并准确预测承诺后的结果,考虑到任何可能发生的不利情况。对承诺的内容必须保证能做到,否则会适得其反,成了"欺骗广告",从而极大地损害企业和产品形象。如天津一家空调厂因对夏季天气估计不准,对消费者空调安装需求量判断失误,致使承诺的安装服务无法兑现,引起了消费者的强烈不满,对企业形象造成了严重损害。

4. 情感广告

情感广告是指以情感打动消费者,直接建立消费者对商品的好感。此类广告的出发点往往基于对购买动机的分析。如静心口服液的电视广告将口服液和儿女用第一份薪水孝敬父母两个本不相关的事物联系起来,放入一个情景之中,促使消费者产生强烈的共鸣,使得销售量大增。

案例

加多宝品牌营销"声入人心"

加多宝在2021年的一系列春节营销中采取"声入人心"的方式,全新广告登陆央视和高铁站,将"送祝福"作为本次传播的核心概念,并把"牛气冲天"放在了宣传的中心位上,满足所有人对于2021年的一个美好期盼。

声量上的传播和产品形象的改变,一方面高度契合了加多宝凉茶有益健康的一贯品牌形象,另一方面也贴合国家政策的精神号召,为国民送上了从身体到精神的双重健康祝福。这也是品牌营销的真正内核,热度和流量都只是一时,只有正向、正能量的品牌精神和消费文化引导,才能够推动企业乃至行业向上发展。正所谓"润物细无声",长久更动人,这种温度感会慢慢渗透进每一个消费者心底,当有人想到去年的磨难,或是在今年走进车站,就会想起加多宝那一声温暖的祝福。

5. 资讯广告

资讯广告是指针对理性消费者,以真实可信的手法,让消费者获得产品的资讯信息,使其对产品产生信任,从而产生购买动机。此策略尤其适用于大件耐用消费品。通过直接指出商品的重要性,以激发消费者产生对产品购买的具体动机,如冰箱的广告,除了消费者已经清楚的目标,如容量大、省电、噪声小等外,还可以告诉消费者购买冰箱的另一些目标,如可以不打开冰箱门而直接取用冰冻的饮料等。

阅读资料

那些年，我们忘不了的广告语

都是谁在制造流行广告语？从行业角度来看，包含了农夫山泉、旺仔牛奶、可口可乐等品牌的食品/饮料行业，贡献了最多让人口口相传的广告作品。要成为一个经久不衰占领观众大脑的广告，到底应该具备什么样的特点？

"重复"是很重要的因素。"重复"通过不断强调来触发大脑的不间断片段记忆。比如蜜雪冰城的广告语，"你爱我，我爱你，蜜雪冰城甜蜜蜜"，可能在你下次打开手机准备点奶茶时，这个产品就成为你的首要选择。这就是"重复"的力量。

此外还有"简单"。"简单"往往意味着通俗易懂，简单的剧情架构，直白的文案，方便理解，也容易被记住。

"感动""真实""美好""温情"的广告，也更容易让人念念不忘。聚焦内在的喜悦，情感共鸣能给消费者留下更深的印象。

让受众明了产品的功效是首要任务，点明产品核心功能，对目标受众做到精准营销是一大派系。"怕上火，喝王老吉"就是一个很典型的例子，在火锅、烧烤等重口味饮食流行的大背景下，打出清热去火的招牌。在遇到类似的场景时，消费者立马就会想到王老吉。

着重于产品的独特闪光点也是一种方法。瓜子二手车平台强调"无中间商赚差价"；OPPO手机宣传强大的快充能力；农夫山泉坚持做山泉水……要在激烈的行业竞争中脱颖而出，就得突出自己产品别具一格的闪光点。

除语言符号外，人物符号也是广告基本符号的重要组成。从统计结果来看，在让人印象深刻的广告中，"孩子、女孩"这样的儿童角色占据榜首。不同类型的广告中，不同的人物背后都有其独特的符号意义。在汽车广告中，男人赋予汽车以威猛、理智形象，同时通过各种细节建构精英形象，一方面引发目标消费群体的共鸣；另一方面暗示广告中的汽车不仅仅是座驾，更是身份、地位的标尺，成功人士的标配。

二、广告媒体选择

微课：广告媒体的种类

广告媒体是实现广告主与广告对象之间联系的物质或工具。凡是能刊载、播映、播放广告作品，在广告宣传中起传播广告信息作用的物质都可称作广告媒体。

（一）广告媒体的种类

广告媒体的分类有多种方法，按照表现形式，可以做如下分类。

（1）电子网络媒体。它是通过电子、电波原理实现信息传播作用的媒介，是消费者接触得最多的媒介形式，具有形象、生动、变幻丰富的特点，广受大众的欢迎，如电视、电影、电子显示屏幕、电动广告牌、投影广告、灯箱等，还有网络媒介，包括移动媒体的微信、微博、专题网站、抖音、知乎等。

（2）印刷媒体。它是通过印刷发行实现信息传播作用的媒介，因为造价便宜，接近人们的生活，也是人们常接触的媒介，如报纸、商品目录、杂志、宣传册、邮寄广告、画册、票证、挂历广告等。

(3)展示媒体。它通过展示商品的形式,提高现场的气氛,从而达到信息传播,促进购买的目的,如陈列、橱窗、POP广告、活人广告、展销会等。

(4)户外媒体。它是在露天或公共场所运用一些特定的室外手段向消费者传递信息的广告形式,如广告牌、气球、霓虹灯、海报、气模、车辆、船只、旗帜广告等。

(5)流动媒体,如汽车、火车、飞机、轮船等交通工具。

(6)其他媒体。只要能实现信息传播作用的其他媒介形式,都可以尝试使用,如火柴盒、表带、月历、菜单、节目单、笔记本、赠品、手提包、购物袋、各种包装、模型、标志徽章等。

案例 ANLI

好人家火锅底料,"四个一线"为纲的品牌打造战略

2020年,复合调味品行业领军者天味食品确立了"四个一线"为纲的品牌打造战略,即"一线明星代言""一线综艺IP合作""一线广告公司合作""一线媒体广告投放"。纵观近年来好人家调味品的品牌动作,无论是代言人选择、综艺IP合作还是媒体平台策略,都牢牢将"一线"战略进行到底:牵手两大一线实力明星合作、独家冠名江苏卫视综艺节目、携手东方卫视春晚向全国人民拜年、赞助抖音和浙江卫视联合出品的创新音乐综艺,进行包括湖南卫视、江苏卫视、东方卫视等四大一线卫视在内的全面十三家卫视的硬广联投,同步整合优酷、爱奇艺、分众、框架传媒等一线媒体平台进行线上、线下广告投放的布局,以"一线"优质资源全面打造好人家品牌的高端势能,放大品牌在全国的影响力。

(二)各种广告媒体的特点

1. 报纸(Newspaper)

(1)优点:覆盖面广,影响广泛,传播迅速,反应及时,易于保存和查找,制作设计简单灵活,广告费用低廉,适用于详细介绍产品以及企业经营范围等内容。

(2)缺点:时效性短,内容繁杂,容易分散注意力,制作和印刷不够精细,创新形式受到限制。

2. 杂志(Magazine)

(1)优点:宣传对象明确,针对性强,宣传效率高,保存和阅读期长,便于扩大和深化宣传效果,印刷精致,图文并茂,吸引力强。

(2)缺点:定期发行,及时性差;受专业性限制,传播范围较窄。

3. 广播(Radio)

(1)优点:传播的空间范围广泛,次数多,传递迅速及时;形式多样,通俗易懂,富有吸引力,制作简便,价格比较低廉。广播广告适用于各类产品,尤其是以农村为目标市场的产品,受众文化层次较低,无线、有线广播较为普及,效果较好。

(2)缺点:有声无形,宣传形象不生动,易造成消费者对其印象不深,不便保存;选择性比较差。

4. 电视(TV)

(1)优点:产品形象直观生动,感染力强;娱乐性强,宣传效果好;重复使用方便,扩散范围极广且迅速。

(2)缺点:播放时间短,信息易消失;制作复杂,费用昂贵;广告对象缺乏选择性,目标不明确。

5. 网络(Network)

网络广告的优势相对于前几种传统媒体集中表现在具备先进的多媒体交互技术,拥有灵活多变的广告投放形式;覆盖面广,不受时空限制,内容容易更换,互动性更强,能够兼容

以上各种传统媒体的表现形式;对于广告的受众群体来说,接受网络广告有较强的选择性;计费方式简单,有国际通用标准,收费低廉等。

6. 户外媒体(Outdoor Media)

户外媒体是一个很大的概念,常见的有灯箱、路牌、霓虹灯、招贴、交通工具和橱窗等。

(1)优点:到达率高,视觉冲击力强,发布时段长,制作成本低,城市覆盖率高。

(2)缺点:耗费资源多,广告对象缺乏选择性,目标不明确。

(三)选择广告媒体应考虑的因素

1. 产品特性

不同的产品具有不同的特性,对媒体有不同的要求。主要体现技术性能的产品,可采用报纸、杂志做详细的文字说明,也可以用电视短片详细介绍;对于特别需要表现外观和质感的产品,比如服装、化妆品,就需要借助具有强烈色彩的宣传媒介,电视、杂志这时就比报纸、广播具有更好的视觉效果。

2. 目标对象的媒体习惯

有针对性地选择媒体,使广告受众易于接受并随手可得,是增强广告效果的有效措施。例如,生产玩具的企业若将学龄前儿童作为目标对象,则不能在杂志上做广告,更不能选择报纸,而应该选择电视媒体。若广告信息的传播对象是青年,那么微博、知乎、B站也许就是理想的广告媒体。

3. 信息类型

如果信息宣传短时期的活动,则要选择快速传递的电视、报纸等媒体;如果只是在某一地区进行促销活动,则宜选择地方性的媒体做广告。

阅读资料

2019年引爆记忆广告语盘点

1. 热门广告语

碎片化时代品牌建设越来越难,但并不阻碍拥有广泛影响力的国民性品牌的诞生。"抖音,记录美好生活""瓜子二手车,没有中间商赚差价""飞鹤,更适合中国宝宝体质"三大品牌广告语高度契合消费者的核心需求和痛点,获得回忆度最高的2019年热门广告语Top10前三名。在被访者回忆里,Top10广告语首先是在电梯广告中看到,其次是电视。

2. 口碑广告语

2019年口碑广告语前三名分别为"西贝莜面村,闭着眼睛点,道道都好吃""易车,价格全知道,买车不吃亏""妙可蓝多奶酪棒,高钙又营养,陪伴我成长真美味"。益普索调研数据显示,前十大口碑广告语的传播主要以电梯媒体为主,其次是互联网媒体。

3. 突显品牌独特性广告语

广告语本身最重要的作用就是对品牌的精准定位。"Keep,怕就对了""洽洽,掌握关键保鲜技术、每日坚果认准洽洽小黄袋""好慷,超级会做饭,就是做饭家"跻身2019年突显品牌独特性广告语Top10前三名。

4. 媒体成本

不同媒体的成本是不同的。电视的成本最高,企业要运用合适的预算方法来考虑媒体成本,不能单一地考虑数字的差异。如果按每千人成本来计算,可能出现电视广告比报纸广告更便宜的情形。

5. 竞争形势

广告商品竞争对手的有无及其选择媒体的情况和所花费广告支出的多少,对企业的媒体选择有着显著的影响。假如企业还没有竞争对手,就可以从容选择广告媒体和安排广告费用;如果竞争较小,则可以有针对性地予以重视;如果竞争对手多而且很强大,在企业财力还很雄厚的时候,可以给予反击,否则应采取迂回战术,或采用其他媒体。

三、制定广告策略

(一)确定广告目标

这是广告运作的第一步,这些目标一般是依据目标市场、市场定位和营销组合等决策确定的。广告目标的选择是建立在对当前市场营销情况透彻分析基础上的。不同的企业,在不同的阶级,广告目标也有所不同,具体见表9-4。在设定广告目标的时候应该注意,目标不要太广泛,应该有针对性地解决具体问题;不要设定不切实际的目标;应该制定统一的广告目标。

表 9-4　　　　广告目标及其范畴

广告目标	目标范畴
宣传信息	告知新产品的信息,介绍产品的新用途
	解释产品的工作原理,说明新产品如何使用
	描述所提供的服务
	告知市场产品价格的变化
	纠正错误的产品形象
	减少消费者的担心
	树立企业形象
说明购买	建立品牌偏好
	鼓励消费者进行品牌的转换
	改变消费者对产品属性的认知
	说服消费者立即购买
提醒使用	提醒消费者近期可能将有需要
	购买地点的提醒
	使消费者在淡季也能记住产品
	维护尽可能高的知名度

微课:广告策略

(二)估算广告费用

1. 广告投入应考虑的因素

(1)产品生命周期。导入期与成长期的广告预算比例要大于成熟期和衰退期。

(2)市场份额和消费者基础。市场份额高、成熟稳定的品牌,广告预算比例要小于新开发、基础弱、市场份额低的品牌。

(3)销售目标。目标越高,预算投入越高;反之,预算投入越低。

(4)竞争因素。一方面,竞争越激烈,广告投入越高;另一方面,竞争性广告策略要求的预算投入要高于防守性广告策略。

(5)投放频率。投放的时间越长,频率越高,广告费用越高;反之,广告费用越低。

2. 编制广告费用的方法

(1)销售额百分比法。根据以往的销售实绩或预测销售额,选一定百分比编制广告预算。

(2)利润百分比法。企业按照利润额(上年度利润额实绩或次年度预计利润额)的一定百分比来决定广告开支。

3. 广告费用的分配

在确定了广告投入之后,企业一般要针对广告计划的各个细化项目的要求,将其总额进行分解,具体落实到各个广告活动的项目之中。广告预算可以按所宣传商品对象进行分配,也可以按广告传播媒体分配,还可以按照广告投放地域以及广告投放时间分配。

(三)设计广告内容

设计广告内容就是确定广告要说什么以及如何说。广告信息主要来自产品,它表明产品提供的主要利益。

1. 掌握广告信息的制定标准

有效的广告信息诉求必须符合下列标准:

(1)期望性,必须表达一些人们所期待的或令人感兴趣的信息。

(2)独特性,必须说明有别于同类产品中其他品牌的特色或独特之处。

(3)可信性,必须是可信的或有能力加以证实的。强词夺理或牵强附会,会大大降低商品的可信度及顾客心理上的接受度。

案例 ANLI

滴露,专业除菌品牌打造娱乐化营销

随着"Z世代"消费者的崛起,"年轻化"一直是各大品牌竞相追逐的标签。而现在的年轻人普遍追求个性和有趣。相比于零食、饮料、美妆等品类,消毒除菌品类显得专业、严肃,在消费者眼中本就不大"有趣"。

2021年5月,滴露举办"天猫欢聚日"活动,巧妙地利用了年轻人尤为喜爱的一种表达方式——"吐槽"。而"槽点"来自品牌对于消费者日常生活现象的洞察:很多大人常常教育

孩子要讲卫生,而自己却常常不注重个人卫生——餐前不洗手、房间十天半个月都不打扫,甚至脏衣物囤到发臭发霉……对于这种常见的"双标大人"行为,滴露从孩子的视角和口吻提出了"专业除菌大人请就位"的活动主题,还请来了脱口秀演员等为活动拍摄了《滴露专业除菌大人补习社》主题短片和海报。

滴露通过"年轻化""趣味化"的创新营销策略和玩法改变了消费者对于消毒除菌品牌的刻板印象,让品牌形象以一种正向趣味的方式传播,同时也起到了很好的品类教育作用。

2. 设计并传递广告创意

广告创意是为实现促销目的而形成的创造性概念或思维。广告创意最终要依靠广告信息传递给消费者。最基本的广告信息表现就是广告标题。广告标题可以在显著位置利用特定的语气或者特别的字体将最重要的信息在最短的时间内传递出去,引起诉求对象的注意。在确定广告标题的时候要注意几个要点:首先,要紧扣创意,将创意的最巧妙之处融入标题,准确地直指核心;其次,叙述方式要突破常规,能引起消费者的兴趣;最后,语言要简洁明快,新鲜有趣。

阅 读 资 料

铁打的品牌,流水的 Slogan(广告语)

碎片化时代,一个短小精悍的 Slogan 往往能抢占消费者的心智,加强消费者对于品牌的认知。Slogan 代表了品牌的调性、理念与价值观,其重要性不言而喻。

1. 代表品牌定位

麦当劳的"I'm lovin' it"(我就喜欢),还有肯德基的"finger licken' good"(有了肯德基,生活好滋味)等耳熟能详的广告语,让品牌很快在市场中站稳了脚跟。王老吉的"怕上火,喝王老吉",农夫山泉的"我们不生产水,我们只是大自然的搬运工""农夫山泉有点甜"等,一句 Slogan 甚至带火了一个品牌。

2. 代表品牌调性

德芙巧克力相对于竞品强调了入口丝滑的口感的产品特点,所以它的口号"德芙纵享丝滑"以及"世界,从愉悦开始"的全新 Slogan,强调了品牌风格——低调、奢华、浪漫感和幸福感。

品牌总是渴望通过一句 Slogan 说出目标消费者的心声和期待。比如,苹果的"Think Different"、Keep 的"自律给我自由"、天猫的"理想生活,上天猫",益达的"吃完喝完嚼益达"和"笑出强大",特仑苏的"不是所有牛奶都叫特仑苏"……这些经典的 Slogan 总能把品牌表达得明明白白,让消费者感同身受。

3. 品牌 Slogan 的更新

随着近几年互联网的竞争越来越激烈,换 Slogan 已经变成高频事件。从最开始的"吃喝玩乐,尽在美团"到"美团 App,干啥都省钱",再到如今的"美好生活小帮手",品牌升级的背后,看得出美团在品牌层面开始向消费者的生活全面渗透了。

用了 16 年的"百度一下,你就知道"最近换成了"百度一下,生活更好"。从新的 Slogan 可以看出,百度也要进一步发力生活服务了。抖音的 Slogan 也从一开始的

"让崇拜从这里开始"变成了如今的"记录美好生活"。

更换品牌的背后是越来越多的品牌希望从迎合消费者的消费趋势到引领消费者的消费趋势。从迎合到引领,这无疑是一种更高层级的品牌哲学。而这,恰恰也从一句精炼的Slogan得到了最具象的表达。

(四)选择广告发布时机

选择广告发布时机主要包括对广告发布时机的总体安排和短期具体安排等内容。总体安排就是决定如何根据淡旺季商业周期和经济发展预期将全年的广告分配到一年内的不同季节或月份播出,可能的选择有三种:顺应季节变化安排;反季节安排;全年平均使用。一般情况下采取第一种方式。短期安排是指在短期内进行广告分配,如某月内不同的日期、一天内不同的时间段播出(包括是否在黄金段时间加播,重复播出等),以求取得最好效果。广告的播出可以连续,可以间隔,也可以集中。

(五)评价广告效果

评价广告效果主要依靠一些指标进行,主要包括:

(1)视听率,媒体的某一特定节目在某一特定时间内,特定对象占总视听人数的百分比。

(2)信息传播平均频率,每一个家庭或个人在一定时期内(如1个月)平均收到同一广告信息的次数。

(3)视听众暴露度,计算公式为

$$视听众暴露度=视听总数\times 视听率\times 刊播次数$$

(4)广告阅读效率,计算公式为

$$广告阅读效率=报纸(杂志)销量\times 每类读者的百分比/所付的广告费用$$

(5)报纸、杂志注意率,计算公式为

$$报纸、杂志注意率=看到广告的人数/阅读总人数\times 100\%$$

任务3 策划营业推广活动

作为一名营销工作者应该充分认识营业推广及公共关系活动对于促销和营销的重要性,掌握一定的方法和技巧。能够策划和执行营业推广与公共关系活动,同样是营销人员的一项基本工作。本任务就是要通过开展相关教学活动,使学生掌握营业推广的内容与技巧,能够撰写小型营业推广活动的策划文案,并组织实施该活动。

一、营业推广方式选择

营业推广又称销售促进(Sales Promotion,SP),是指人员推销、广告和公共关系以外能够迅速刺激需求、鼓励购买的各种推销形式,它是对广告或人员推销的一种辅助,是不经常、无规则的促销活动,目的是使消费者立即购买或使用产品。对于传统的营业推广,其形式主要有以下几种:

(一)针对消费者的促销工具

1. 免费样品

免费样品指免费提供给消费者的一定数量的产品或服务。成本低的产品可赠送原标准产品,成本高的产品可送小包装样品,但样品数量应足以使消费者鉴别其品质和优点。样品可以逐户派送、邮寄发送、售点赠送、附在其他产品上赠送或在广告上发布"函索即寄",关键是要保证样品能够准确有效地送到目标顾客手中,且成本低廉。

2. 赠品(或礼品)

赠品指以相对较低的价格出售或免费赠送的某一产品,以刺激消费者购买某种特定产品。赠品主要有三种形式:附送赠品,可附在商品或者包装上;免费邮寄赠品,指消费者寄来购物的证据(如包装盒盖)就可以获得一份邮寄赠品;自偿赠送,指以低于正常零售价的价格向需要此种商品的消费者出售商品。

3. 优惠券

优惠券又称折价赠券,可以抵充一定金额的购买款项。优惠券通常通过免费送、抽奖和满就送等方式进行网络派发。优惠券对鼓励消费者早期使用新产品和刺激成熟品牌的销售较为有效。

4. 奖品(竞赛、抽奖、游戏)

奖品指购买某种产品的消费者有机会赢得的现金、旅游或物品。抽奖活动实施过程中应注意以下几点:现金和实用商品是最受欢迎的奖品;获奖比例不宜太小,除了设少数具有吸引力的大奖外,应多设小奖;注重提高消费者参与的积极性,简化参与手续。

5. 退款优惠

退款优惠指在购物完毕后企业提供的价格削减,即消费者购物后寄回特定的购物证明就可获得部分退款。退款优惠主要用来鼓励消费者试用产品,适用于有限度地进行促销活动的产品,在大批量促销和促销竞争激烈状况下不宜采用。

6. 特价促销

特价促销是一种向消费者提供低于常规价格的商品的销售方法。企业可根据实际需要灵活设定特价产品、促销数量、价格、区域和时间等,切忌给消费者造成滞销、清仓处理的感觉。过多使用特价促销会影响品牌声誉,同时会形成事实上的价格上限,不利于长远发展。企业应在适当时机限量推出个别的特价产品,以吸引消费者,抵御竞争对手。

阅 读 资 料

打折,"占便宜"心理营销

平常喜欢买衣服的人,应该会发现很多品牌店常常会推出一些人减价活动,比如满三件打五折或者两三折等。这同样隐藏了商家的"营销心机"。那么,商家是怎么利用打折促销的呢?

其一,抓住顾客的捡漏心理。你本来只想买一件衣服,如果看到五折难免会产生"现在最划算,错过这次再没下次"的心理,就会选择其他衣服搭配,或者给亲朋好友顺便带一件;商家也凭借连带销售,促进整体门店的销售,可谓是两全其美。很多茶饮店新开张常做一些第二杯半价的活动,背后的原理亦是如此。

其二,利于降低库存压力。在换季这件事上,总会遇到如春装上新在即、冬装库存积压的问题,一些服饰因为未能及时销售而积压。所以借助打折活动可以及时把过季、滞销的衣服卖出去,以加快去库存的效率。

有一句话是这样说的,客户要的不是便宜,而是"占便宜"的感觉。商家把感觉做对了,生意还会远吗?

7. 特价包

特价包也是一种向消费者提供低于常规价格的商品的销售方法,一般在商品包装上或标签上加以附带说明。

8. 免费试用

免费试用指邀请潜在顾客免费尝试产品,以期他们产生购买行为,如食物免费试吃,汽车的免费驾驶等。

9. 惠顾回报

惠顾回报指依据消费者累计购买量的多少向其提供现金或其他形式的回报,如航空公司的"里程累计奖励",零售店的"年度积分回报"等。

10. 现场示范

现场示范指在销售现场进行产品的使用示范表演,向消费者介绍使用方法。

11. 连带促销

连带促销指某种品牌利用另一种无竞争关系的品牌做促销,如持购买某品牌电视机的发票购买另一品牌的手机可以享受打折优惠。

阅读资料

关联产品销售的"配套效应"

"配套效应"是指当你获得一件新的物品后,你就会自觉或不自觉地不断配置与其相匹配的物品,以达到心理平衡的现象。比如当你有了鸟笼,你就会想要买一只鸟,所以配套效应也叫"鸟笼效应"。那么如何运用"鸟笼效应"呢?

1. 免费赠送＋配套消费

有了鸟笼,客户才会想去购买鸟。首先要让客户拥有一个"鸟笼"。我们可以先免费赠送或低价销售"鸟笼",再通过这个"鸟笼"催生客户的配套消费。比如,购买某剃须刀免费赠送刀架活动,当你得到刀架,你就会不由自主地去买它的剃须刀片。

2. 多次下笼,增加复购

下笼是为了让客户购买配套产品。要想让客户一直购买产品,就需要在客户每次消费之后,都给他下一个"鸟笼"。比如,一家餐厅,客户结账时送他一个小笔记本,笔记本第一页分成7个颜色的小卡片,每种颜色对应星期一至星期日每天特价优惠的一道菜,这个卡片,就是"鸟笼"。电商平台上,我们每次购买后都会获得抽奖机会或直接优惠券,这个优惠券就是"鸟笼",让你总有一种"不用就可惜了"的感觉。

3. 关联产品,更换"鸟笼"

当客户购买一双皮鞋的时候,那么他在"配套效应"的影响下,接着会购买西服、领带、衬衫等产品。客户每一次购买之后,无形间就进入了一个新的"鸟笼",希望接着买配套的产品。此时他们的消费欲望是最强烈的,我们可以轻松引导他们购买相关联的产品。在电商平台购物后,我们会看到类似于:"有**名购买了此商品的人也购买了**款产品"的提醒,这就是关联产品推荐。

12. 产品保证

产品保证是一种重要的促销工具,特别是当消费者对产品质量非常敏感时,例如,提供比竞争对手更长的质量保证期,购后一段时间内如不满意可更换商品,全额或部分退回现金等。但前提是需要仔细估计,以保证产品的销售价值及其潜在成本。

13. 组织展销

组织展销指将一些能展示企业优势和特点的产品集中陈列,边展示边销售。

阅读资料

看品牌活动日的"生物钟效应"

为什么很多银行信用卡品牌都会设立"周几活动日"?如招商银行的周三招行信用卡美食半价日,广发银行的周五广发日,还有肯德基的疯狂星期四,麦当劳的88金粉节。其实,每一个"品牌日"都是在试图敲响你的生物钟。

品牌要是将某个福利活动与指定时间挂钩,调好生物钟,就能建立时间的条件反射,让顾客养成固定节点/节日消费。值得一提的是,这个生物钟只有反复地出现,才能稳稳地占领消费者的心智。所以,一到周三你就会想起招商银行的美食五折,下班之后给自己一个理由吃顿大餐;周四会因为肯德基的疯狂星期四顺便买个夜宵,而到了周五犒赏自己,早餐来一杯星巴克。这就是生物钟效应所起到的作用,把一切消费动机变得"理所当然"。

(二)针对中间商的促销工具

1. 销售会议

销售会议一般在经营年度结束或销售旺季开始前举行。会议的主要目的包括:向中间商传达新的营销政策,总结前段时间的营销工作,奖励绩优中间商,介绍和展示新产品,部署新的促销活动,探讨营销过程中的问题,分发宣传品和促销品等。

2. 促销折扣

促销折扣指中间商除了应得销售折扣(销售政策中规定已有的)外,为鼓励中间商在近期内多订货,或提高其经营积极性,而额外增加的销售折扣。促销折扣适用于人力推销效果明显的高价位、选择性产品。

3. 清货折让

清货折让指通过一定额度或比例的折让鼓励中间商尽快清理积货或者加快存货周转。

4. 买回折让

买回折让指向中间商提供一定金额作为购进商品而无法如期出售的补偿,较多用于新品的上市推广。

5. 广告折让和陈列折让

广告折让和陈列折让指提供给各个中间商为产品做广告或对商品特别陈列的一种费用补偿。折让的多少可依据销售业绩的高低来计算。

6. 销售竞赛

销售竞赛根据中间商的销售实绩,分别给予优胜者不同的奖励,如现金、实物、称号、免费旅游、进修深造等,其目的是鼓励中间商提高一定时期内的销售量。

7. 销售赠货

销售赠货指在中间商购买某种产品达到一定数量时,向其赠送一定数量的免费商品。免费商品可以是该种产品也可以是其他产品。企业经常采用这种促销方式,因为对于企业来讲,花费的只是制造成本,这比包含了企业利润的销量补贴更合算。

8. 特别推销金

特别推销金指中间商或其推销队伍(如店员)推销本企业产品,企业给予的一定的推销金,可以是现金或礼物。此外,为鼓励中间商推销本企业产品,还可以免费向其赠送附有企业名称的广告赠品,如钢笔、台历等。

二、营业推广方案的制订

从整体营销观点来看,营业推广方案的制订与设计要适应市场情况的变化,且能对市场的变化做出灵敏的反应。营业推广是最受企业内外状况(如企业本身的产品或服务、消费者动向、竞争动向、企业在市场中的能力比较等)变化影响的营销手段,因而必须先掌握企业内外状况的变化,才能制订良好的方案。即使是同样的促销方法,因为企业的状况不同,其效果也会截然不同。在制订营业推广方案时,必须注意以下几点:

1. 刺激的大小

要想使营业推广活动取得成功,最低限度的刺激是必需的。较高的刺激程度会产生较大的销售反应,但其效率是递减的。

2. 参与者条件

刺激可向任何群体或某一群体提供。例如,特别优惠是提供给每一个人或仅给予购买量最高或消费量很大的人。抽奖可能限制在某一情况下,而不适用于公司成员的家属或某一年龄以下的人。例如,某商场给予一年内消费1万~2万元的顾客不同的奖励,两万元以上则有更大的奖品。因此,仔细选择参与的条件,销售者可选择性地排除不可能成为参与者的使用者。另一方面,如果条件太严格,则只有大部分的品牌忠实者或喜好优惠的消费者才会参与。

3. 活动的持续时间

营业推广活动时间太长或太短都会影响活动效果。如果时间太短,一些顾客可能无法重复购买或太忙而无法利用这次机会。如果时间太长,则消费者可能认为这是长期降价,而使优惠失效,同时会对品牌的品质产生怀疑。一般在决定时间长短时,应考虑营业推广目标、消费者购买习惯、竞争中的策略和其他因素的差异。

4. 活动券的分发途径

不同分发方法的到达率、成本和影响水平不同。

5. 活动时机

企业应制订年度营业推广活动计划,以规划全年各次营业推广活动的日程安排。通常要考虑产品所处的生命周期阶段、竞争状况、消费者购买习惯等因素。

6. 活动预算

营业推广活动的成本是由管理成本(印刷费、邮寄费和活动经费)加上激励成本(优惠或减价成本,包括回收成本)之和,再乘以交易中售出的预期单位数量得到的。

三、营业推广的实施与评价

企业为每一种推广方式确定具体实施计划。如条件许可,在实施前应进行测试,以明确所选方案是否恰当。在具体实施过程中,应把握两个时间因素:一是实施方案前的准备时间;二是从正式推广开始至结束为止所需的时间。国内外营业推广经验表明,从正式推广到大约95%的产品经推广售完的时间为最佳期限。

常用的营业推广活动评价方法有两种:一是阶段比较法,即把推广前、中、后的销售额和市场占有率进行比较,从中分析推广的实际效果,这是普遍采用的一种方法;二是跟踪调查法,即在推广结束后,了解有多少参与者知道此次营业推广,其看法如何,有多少参与者受益,以及此次推广对参与者今后购买的影响程度如何等。

任务 4 策划公共关系活动

一、认知公共关系的实质

公共关系是指企业以公众利益为出发点,通过有效的双向信息沟通,在公众中树立良好的形象和信誉,以赢得企业内外相关公众的理解、信任、支持与合作,为企业发展创造最佳的社会环境,从而实现企业的既定目标。

公共关系活动的实质内容就是要处理好企业与以下五方面的关系:企业与消费者的关系;企业与相关企业的关系;企业与政府的关系;企业与社区及新闻媒介的关系;企业内部公共关系。

二、明确公共关系的任务

(一)树立良好的企业形象

在市场经济条件下,企业形象逐渐成为企业竞争战略的核心内容。公共关系对于树立企业特定形象有着独特的、其他形式不能取代的作用。因为广告和人员推广等,主要是为企业销售产品服务,其形式主要是自我宣传,因此,在树立形象方面所发挥的作用是有限的。而公共关系是为整个企业服务的,不仅仅只是为某个方面的职能服务;其采取的形式是多样化的,有企业的自我宣传,也有公众的口头传播,还有新闻媒介、社会人士进行的客观宣传。

案例

洽洽 20 周年庆营销

从零食品牌洽洽 20 周年庆营销来看,不再是以往品牌成绩秀,也不是单纯的趁周年庆促销,而是以"用户思维"为指针,以洽洽与用户的 20 年陪伴与成长为沟通主线,一起回味体验 20 年,让品牌的 20 周年庆变成了与用户及大众共情、共玩、共建。

洽洽在 20 周年庆的档期非常有创意地焕新推出了洽洽红袋香瓜子 20 周年特别版,其中附有追溯回忆的经典文化卡片。张张文化卡片别有新意,用漫画卡片的形式浓缩了我们与家人、朋友、爱人等共食洽洽瓜子的那些美好场景与时刻,这无疑戳中了用户的"怀旧"情绪"痒点"。每一张卡片的背后,消费者可以扫码进入线上圆梦征集 H5 界面,填写最大的愿望,或者最深的遗憾,这又无疑精准戳中了现代人的现实遗憾"痛点"和追梦的"兴奋点"。20 周年特别版包装的创新设计,聚合了产品的文化价值、怀旧乐趣、情感话题三重元素,从多个维度打开了用户的话匣子,极大地引发了网友的互动参与。

洽洽在微博公域平台发起话题互动——"寻找洽洽 20 岁的你",充满"怀旧"与"梦想"的现实性话题设置,引发了网友的热烈讨论与火热参与。在微信私域平台,则通过官方微信以及朋友圈等高社交流量垂直空间扩散愿望征集信息,鼓励洽洽 20 岁的用户写下"你的 20 岁梦想",同样掀起了一波梦想热潮,激发很多人分享,形成了裂变传播。

洽洽陪伴用户的 20 年,也是用户陪伴洽洽的 20 年,洽洽陪着用户长大,用户陪着洽洽长大,相信在未来,洽洽与用户陪伴的共同体会会更美好地继续,一起打造品牌与用户间的无限可能,成为行业中的一种潮流文化。

(二)创造和谐的企业外部环境

各种经济多边关系成了每个企业都面临的课题。通过公关活动,可以帮助企业处理好与销售网络中的经销商、股东、顾客、政府、媒体、社区等的关系。企业的生存和发展离不开和谐的外部环境,维护、协调和发展关系,使其他相关团体理解和支持本企业的工作,可以保持企业在发展过程中的平衡和协调。

(三)化解企业面临的危机

企业生存在千变万化的环境之中,可能会在某些时候面临危机,这些危机的出现影响企业和产品的形象,甚至可能摧毁企业。通过公共关系,对有可能影响企业与公众关系的行为进行及时提醒和制止,对出现的危机的产生原因进行分析,采取办法化解危机,可以使企业渡过困难阶段。例如,对由于企业过失行为造成的危机,通过公关活动,对企业的过失行为进行道歉等,可以起到化解危机、解决危机的作用。

(四)增强企业内部凝聚力

公共关系承担协调领导与员工的关系、各部门之间的关系及员工之间的关系,创造良好的内部环境的职责。通过公关活动,进行有效的双向沟通,可以使企业从上到下,从领导层到基层员工,都同心同德为企业经营目标的实现而努力,消除可能产生的误解和隔膜,增强企业员工的自豪感和认同感,使企业成为一个统一的整体。这样的企业才会在竞争中充满活力,即使面临暂时的困境,也会由于强大的凝聚力和高涨的士气而重整旗鼓、摆脱困境。

(五)塑造名牌,增加产品销售

消费者之所以追求、向往和崇尚名牌,其原因既在于产品的内在价值,也在于产品的外在延伸。通过公共关系宣传,可以把企业的好产品名牌化,组合传播完整的品牌形象,全方位地提高产品的知名度、美誉度。例如,麦当劳中国第一家分店在深圳开业时,公司就宣布把当天的所有收入全部捐给儿童福利基金。这一公关宣传活动深受公众好评,麦当劳叔叔开朗热情、乐于助人的形象很快被公众接受,使深圳麦当劳的营业额一直居于世界各分公司的前列。

(六)收集信息

公共关系所需要收集的信息主要有两大类,即产品形象信息与企业形象信息。产品形象信息包括公众对产品价格、质量、性能、用途等方面的反应,对于该产品优点、缺点的评价及如何改进等方面的建议。企业形象信息包括以下方面内容:公众对本企业组织机构的评价,公众对企业管理水平的评价,公众对企业人员素质的评价,公众对企业服务质量的评价。

三、选择公关活动模式

1. 通过新闻媒介传播企业信息

通过新闻媒介传播企业信息是企业最重要的公关活动方式。通过新闻媒介向社会和公众介绍企业和产品,不仅可以节约广告费用,而且可以利用新闻媒介的权威性和广泛性,产生更为有效的广告效果。活动方式主要包括:撰写各种新闻稿件(企业介绍、产品介绍、人物专访、特写等);举行记者招待会,邀请记者参观企业等。

2. 固定联系制度,加强与企业外部组织的联系

同政府机构、社会团体及供应商、经销商及社会上有影响的人士等建立公开的信息联系,向他们散发企业历史、现状和经营特色的宣传材料,争取他们的理解,通过他们的宣传,加强企业及其产品的信誉和形象,如赠送企业产品或服务项目的介绍和说明,企业月报、季报和年报资料等。

3. 借助公共广告

可以通过公共广告介绍和宣传企业,树立企业形象。公共广告可概括为以下几种类型:向公众表示节日致辞;感谢或道歉的致意性广告;企业率先发起某种社会活动或提倡某种新观念的倡导性广告;就某方面情况向公众介绍、宣传或解释的解释性广告。

4. 举办专题活动

通过举办各种专题活动,扩大企业的影响,包括举办各种庆祝活动,如厂庆、开工典礼、开业典礼等;开展各种竞赛活动,如知识竞赛、劳动竞赛、有奖评优等。这些活动可邀请新闻媒体参加,扩大影响。

5. 参加公益活动

通过参与各种公益活动和社会福利活动,协调企业与社会公众的关系,如安全生产和环境卫生、防治污染和噪声等;赞助公益事业,为社会慈善机构募捐等。

6. 形象识别媒体

企业应努力创造一个公众能迅速辨认的视觉形象,以赢得公众的注意。视觉形象可通过企业的持久性媒体传播,如广告标志、文件、宣传册、招牌、业务名片、企业模型、建筑物、制服等。

7. 公开出版物

企业可依靠各种传播材料去接近和影响其目标市场,包括年度报告、宣传册、文章、视听材料及企业的商业信息和杂志等。

案例 ANLI

打破焦虑,无惧年龄——医美品牌润致的"走心营销"

说起医美广告,大部分人的印象都是新客优惠券、老带新活动,以及在电梯里投放的海报广告。但到了当下,医美领域已经不再局限于传统的获客技巧,而是紧跟社会热点,以更加用心的方式与大众直接沟通。最近,华熙生物旗下润致品牌就针对女性面临的种种皱纹,发起了营销活动,鼓励大家勇敢面对皮肤衰老,积极对抗皱纹,无惧年龄。

1. 发起微博话题,带领女性直面静态纹

针对皱纹中更为顽固的静态纹,润致在微博发起了#第一条静态纹的忧伤#讨论话题,并且由多领域的达人们带头喊出态度宣言,引领大众关注自己的面部皱纹。随着话题讨论度不断上升,#第一条静态纹的忧伤#也成功登上了微博热搜,获得了6.169亿的曝光量。

2. 上线MV,陪女性积极对抗皱纹

润致在登上热搜之后持续发力,将生活中因为皱纹而产生的各种问题,融入品牌MV场景中进行演绎,并且邀请了B站上传者献出唱跳表演,打造了一支节奏欢快并且传播性很强的品牌MV。

这支MV在微博和B站首发之后,获得上传者粉丝圈及微博达人的纷纷转发,并且不断扩散传播,热度很高。MV传递着乐观积极的心态,将一种鼓励大家直面衰老,对抗皱纹难题和生活问题的态度植入了大众熟悉的场景中,也让品牌态度随歌曲进行渗透,唤起了大家的共鸣。

3. 发起抖音共创活动,共同发现女性美

除了选择在微博和B站发布MV,润致还在抖音平台发起共创活动,不仅陪伴大家直面皱纹,更用亲切真诚的态度和大众建立情感沟通,并且鼓励大家直面生活中的问题,摆脱焦虑,发现女性之美。

在润致发起的抖音共创活动下,大量的抖音红人和素人都加入了内容共创中,大家为MV中的歌曲配上了更丰富的场景和表现形式,也让#万事无纹题#话题下的视频获得了336万的总播放量。

四、公关活动策划与实施

1. 确定公关目标

企业发展公共关系,主要是为争取社会各方面的理解、信任和支持,其着眼点不是企业的眼前利益,而应从企业战略目标的实现和长期发展的角度出发。公关目标主要有:树立企业的知名度和可信度;激励营销员和经销商;降低促销成本。

2. 选择公关信息和公关媒体

公共关系活动一经确定,公关人员就应按目标的要求选择适当的题材进行宣传,并选择适当的公关媒体。

案例 ANLI

德邦快递毕业季营销活动

2020年6月,德邦快递以"无畏前行奔向下一站"为话题切口,在微博上线了3则视频,讲述了3个毕业生关于追梦的故事。

视频展现了3个毕业生的不同寻常梦想与生活现实的冲突:有追逐电竞梦的男生,有坚持打鼓追寻音乐梦的鼓手,还有热爱滑板想走出自己道路的女孩。他们都是即将奔赴下一站的高校毕业生,面临着是否放弃梦想的两难抉择,而经过了一系列思想斗争和挣扎,他们鼓起勇气,带着梦想,勇敢奔向下一站,并都选择了德邦快递,帮忙解决行李寄送的后顾之忧,能在美好的青春里去勇敢追逐梦想。

在毕业季语境下,德邦快递深刻洞察毕业生消费者的诉求和痛点,以3名毕业生境遇折射当下毕业生的群体画像,很多毕业生都能够从视频前半段选择困境中找到自己的影子,这种真实境遇营造出的代入感和参与感,直戳受众痛点,用真实情景的演绎触动了每一个即将毕业的年轻人。

3. 实施营销公关计划

企业公关计划付诸实施时常遇到许多困难,企业公关人员应利用各种形式,经常与新闻媒介人士保持联系,以便通过熟识的媒体人员进行及时有效的宣传报道,实现公关促销目标。

4. 评估公关效果

由于公共关系常与其他促销工具一起使用,因此其使用效果很难衡量。但如果公共关系的使用在其他促销工具之前,则衡量效果就比较容易。最常用的衡量指标有展露度、知名度、态度方面的变化、销售额和利润贡献。

案例 ANLI

老乡鸡的公关营销

老乡鸡是以180天土鸡与农夫山泉炖制的肥西老母鸡汤为特色,主要以中式烹饪方式出品,服务于中国家庭日常用餐需求的中式快餐品牌。提到老乡鸡的营销特色,不得不先说其公关促销。

1. 2012年某食品企业"速成鸡事件"曝光,老乡鸡迅速科普速成鸡和土鸡有什么区别,突出老乡鸡的产品质量优势。

2. 老乡鸡更名之时,采用形象营销,悬赏5万元换Logo,使得利润翻了2.5倍。

3. "十年免单权"活动。老乡鸡评选3名忠实顾客,给予10年免单,紧接着又开展"寻找第 2.1 亿位顾客"活动,给予 5 年免单。

4.公益营销。2013 年四川雅安发生 7.0 级地震,老乡鸡立即组织爱心救援队/物资运输车载救灾物资前往雅安,援助雅安人民。

5.借势营销。2014 年的雾霾调查,老乡鸡借势发出声明:老乡鸡拒绝油烟污染物,并打造全透明厨房。

6.2020 年,老乡鸡荣登中式快餐全国榜首,做了三件刷屏级的口碑事件。第一件事,200 块钱打造品牌战略发布会。第二件事,请全国人民免费吃鸡,成功挑战世界纪录,成为免费用餐人数最多的中式快餐品牌。第三件事,官宣代言人,并设计了一套完整的传播链路。

7.2021 年 1 月,打造"土鸡进城事件"。第一波——老乡鸡董事长年终在线总结,预告土鸡小鹏即将奔赴深圳;第二波——"小题大做",为土鸡小鹏进行欢送仪式;第三波——记录土鸡小鹏整个旅程。

随着老乡鸡的品牌升级,除了传统的公关手段,老乡鸡还在新媒体等社交媒体上发力,以老乡鸡董事长为核心,以接地气的网络形象,融合热点,以轻松有趣的形式创意互动,来传播放大老乡鸡的品牌价值。

任务 5　运用人员推销策略

人员推销是当前我国企业使用最普遍的促销手段之一。熟练掌握人员推销的程序、沟通技巧,以及人员推销的策略,正确处理与客户面对面时的销售问题是对所有一线营销工作人员的基本要求。本任务就是要通过开展相关教学活动,使学生掌握人员推销活动过程中沟通的内容与技巧。

一、人员推销的基本形式

人员推销是指企业的推销人员直接与顾客或潜在顾客面对面地介绍产品、洽谈生意,以达到促进销售目的的活动过程。这个活动既是向市场提供商品或劳务的过程,又是激发顾客购买欲望的引导过程,同时还是满足顾客需求的过程。

微课:爱达模式

1.面对面推销

面对面推销是指推销员在营业场所接待上门顾客或携带样品、说明书和订货单等,上门走访顾客,推销商品。这是被企业和公众广泛认可和接受的一种推销形式。

案例 ANLI

屈臣氏的专业化导购服务

依靠精准消费群定位、专业化服务、物美价廉的自有品牌产品、专业和系统化的促销等一系列环环相扣的精细经营举措,屈臣氏牢牢捉住了大量的忠诚顾客,并有效避免了与购物中心、大型综合超市、便利店、专卖店和网店等零售形态的同质化竞争,有效地实现了自己的经营特色。

走进屈臣氏,你会发现给人的感觉不是走进了一家超市,而是一家专业的个人护理店,为什么会有这种感觉呢?

这是由于精确锁定目标消费群后,屈臣氏进而提出了"个人护理"的专业化服务和营销概念。店里不仅针对个人护理提供完备的产品线,而且在商品的陈列方面,按化妆品—护肤品—美容用品—护发用品—时尚用品—药品的顺序分类摆放,方便顾客挑选。

同时,屈臣氏成立了一支强大的健康顾问队伍,包括全职药剂师和供给商驻店促销代表,免费提供各种皮肤护理等专业咨询,并且在店内设资料展架,陈列个人护理和疾病预防治疗方法等各类资料手册。这样,消费者很容易被店内的氛围、营业职员的素质、商品的陈列、资料的发放等一系列专业化购销手段所感动,屈臣氏个人护理专家的品牌形象也因此深得人心。

根据国人"实惠才是硬道理"的消费习惯,屈臣氏实施"加1元多一件""全线八折""买一送一"等促销力度大的优惠策略,吸引顾客眼球。此外,屈臣氏更注重消费者心理研究。比如,新奇刺激的活动对有"小资情调"的白领一族更具有吸引力,屈臣氏就推出"60秒疯狂抢购",抽奖获得者可以在卖场对指定的货架商品进行"扫荡",60秒内拿到的商品都属于获奖者,这样的方式让消费者因体验新鲜刺激而津津乐道。

2. 直播推销

直播推销是主播通过网络直播平台,与消费者进行互动并推销产品的形式。直播推销成为现今消费品销售的主流方式之一。

阅 读 资 料

直播电商的带货秘诀

今天的营销,正在进入一个所见即所得的年代。媒体和渠道的功用已经融合在一起,"营"和"销"之间不再有时空限制。因此,传统做营销的核心是让消费者记住并理解,这样等他逛街购物时才能想起来品牌,销售才得以达成。而在一个所见即所得的年代,营销的核心变成了让消费者即时行动,即刻购买。对于直播卖货来讲,最重要的是给消费者制造一种身临其境的现场感。让消费者在看直播时,天然进入一个购物情景,正如其在线下商场逛街一样。直播要让消费者感到舒适、感到自在、没有疑虑,这样他才会在极短的决策时间内,直接下单购买。这就需要主播发挥自己的人格魅力,帮助消费者创造好的购买体验。

3. 会议推销

会议推销是企业利用各种形式的会议,介绍和宣传商品,开展推销活动的一种形式。如洽谈会、订货会、展销会、物资交流会等都属于会议推销的形式。

二、人员推销的程序

(一)寻找顾客

推销人员应从是否有购买欲望,是否具备支付能力和有无购买决策权等方面找出潜在顾客,这是推销程序的第一步。寻找顾客的步骤可以概括为以下几个:根据产品特性、主要特征和企业的营销策略,确定潜在顾客的基本条件和大体分布范围;通过各种线索和有效途径,利用适当方法发现具体的潜在顾客群(或个体);对初步认定的潜在顾客的基本情况进行摸底调查;将调查得来的资料进行整理分析,并开展准顾客资格鉴定工作,列出名单,汇报给上司,为制定营销策略提供依据。

(二)接近顾客、激发兴趣

找到潜在顾客后,就应设法与其接近,首先缩小感情上的距离,然后对顾客的需求加以适当引导,使其尽快对本企业的产品产生兴趣。

接近顾客的方法主要有:

(1)介绍接近法,包括自我介绍和他人介绍。

(2)馈赠接近法,以赠送小礼品的方法,来引起顾客的注意和兴趣。

(3)产品接近法,通过产品自身的使用功能,做无声的宣传、介绍。

(4)利益接近法,向顾客介绍营销品能给顾客带来的实质性利益和好处来吸引顾客。

(5)好奇接近法,利用顾客的好奇心理,来达到接近顾客的方法。

(6)表演接近法,利用各种戏剧性的表演艺术,展示产品性能和用途,来引起顾客的注意和兴趣。

(7)求教接近法,利用向顾客请教问题和知识的机会接近顾客的方法。

(8)调查接近法,借调查研究的机会接近顾客的方法。

(三)产品介绍

推销人员向顾客提供具有说服力的各种证据和资料,证明本企业的产品能够很好地满足顾客的需求,让顾客认识到本企业提供的顾客让渡价值最大,为采取购买行动铺平道路。

阅读资料

直播带货产品介绍的话术逻辑

1.简单版(适合简推商品2~3 min):商品介绍+价格对比+使用场景

例如:这款米糊是大米磨成粉渣做的,对胃非常好,因为它冲泡后是黏稠的糊状,所以更容易消化,而且冲泡起来非常简单,一杯热水加满搅一搅就好了,口感非常绵密,喝起来很舒服。(商品介绍)这样一杯40 g的米糊在店铺的日常价是9.9元一杯,今天在我的直播间是3.9元一杯,所以可以放心购买。(价格对比)这个非常适合上班族,买一箱在办公室囤着,早上来不及吃早餐的时候冲一杯不会饿肚子;另外胃疼的时候也可以喝它。(使用场景)

2.详细版(适合主推商品5~8 min):店铺名称+商品介绍+原价+现价+折扣力度+线下价格+使用场景+抢购方式+快递+售后

例如:接下来这款商品是来自××旗舰店的米糊(店铺名称),这款米糊是大米磨成粉渣做的,对胃非常好,因为它冲泡后是黏稠的糊状,所以更容易消化,而且冲起来非常简单,一杯热水加满搅一搅就好了,口感非常绵密,喝起来很舒服。(商品介绍)

这样一杯40 g的米糊在店铺的日常价是9.9元一杯,今天在我的直播间是3.9元一杯,超市也有卖,要12.9元一杯,所以今天在我的直播间是直接打了4折,非常划算。(原价+现价+折扣力度+线下价格)这个非常适合上班族,买一箱在办公室囤着,早上来不及吃早饭的时候冲一杯不会饿肚子;另外胃疼的时候也可以喝它。(使用场景)我们这个米糊库存只有5 000单,抢完就没有了,已经上架了,进店铺有个5元的优惠券,直接下单即可使用。(抢购方式)而且这个米糊是全国包邮(快递),支持7天无理由退换(售后),所以大家可以放心买。

在深入消费者和接近销售商的过程中,商品的推销人员应注重以大量的事实和消费者的来信,证明产品的神奇功效,以事实说明问题,取得工作对象对产品的信心,然后配合以推销示范。在进行推销示范时应注意以下几个方面:

(1)尽可能普遍地做示范。
(2)突出产品的特点和新颖性。
(3)让顾客亲自参与示范。
(4)突出重点,集中示范。
(5)引导顾客从中得出结论或感受。

阅读资料

FABE法——商品详情全维度介绍

当主播成功吸引直播间内观众的注意力后,接下来就是商品上架的讲解环节。这里以榨汁机为例,介绍一种产品销售介绍法则——FABE法。

F(特征):我们从榨汁机的技术特点开始引入,让观众对商品在第一时间留下标签印象。

主播:今天我给大家带来的×品牌破壁机,具有4大技术声源降噪、3步完成自动清洁、8大菜单及0.3~1 L的自由选择容量。

A(优势):只介绍技术特点太单调了,我们还需要通过技术特点引出商品卖点。

主播:这款产品的优点是,超级静音、解放双手自动清洁、满足多种家庭的料理需求。

B(好处):只是这样的话,观众很难产生共鸣,我们需要具体的场景化凸显商品好处。

主播:就拿我举例子,记得以前小时候用的老式豆浆机声音异常大,所以每天早上叫醒我起床的都不是闹钟,而是家里面的豆浆机。如果今天直播间粉丝有早上要喝豆浆,又不想出去买,喜欢自己在家做的话,你们可以看看这款破壁机。

E(证明):最后在直播间内通过举证的方式,证明之前阐述的商品特点及优势。

主播:接下来,我给大家现场演示做一杯新鲜的豆浆。

阅读资料

常见品类的商品介绍侧重点

1. 食品类

这类商品需要现场试吃,通过主播实际展示吃的过程,表现食物的口感,让粉丝了解到食物的色、香、味。同时介绍清楚食物的配方,需要操作处理的食品,要事先准备好,主播还可以展示操作方法。食品类商品用户关注点:保质期、配料、口感、规格、价格。

2. 美妆护肤类

典型的实验类介绍,如果是面膜一定要现场挤出精华展示含量,如果是口红、眼影一定要现场试色(无滤镜)。美妆护肤类商品用户关注点:使用感受(质感、质地)、功效(保湿还是抗衰老)、成分(添加了哪些主要成分、功效是什么、占比有多少)、适用人群(肤质是干皮还是油皮、年龄适合多大)、价格。

3. 鞋靴服饰类

需要展示介绍,这类商品的展示要实际上身,通过讲解穿搭技巧、展示穿搭秀等方式直观展示给用户。鞋靴服饰类用户关注点:适合什么风格、面料是否舒适、实际上身效果、有无色差、尺码(透露模特身材信息、方便粉丝对比)、价格。

(四)促成签约

订单对推销人员来说是最大的奖励。战争的目的在于赢得胜利,而推销的目的就是促成签约。在对顾客进行诱导、说服的过程中,一旦发现顾客行为、语言、表情等方面流露出愿意购买的信号,就应抓住时机,尽快促成交易,这是人员推销的核心任务。

阅读资料

借用场景促进成交

营造使用场景对促销有着非常明显的作用,能让粉丝知道"为什么要买",痛点共鸣,激发粉丝购买欲。

例如,推销渔夫帽,"我夏天一定会买的单品就是渔夫帽,真的特别省事。女孩子出门一般都做防晒措施对不对?但是我带个防晒伞又很不方便,我们随身带的包一般没有那么大,没法装一把伞。这个时候渔夫帽就很方便,它宽大的帽檐可以帮我挡太阳,而且现在渔夫帽款式很多,穿淑女一点儿的裙子也可以戴。"

再如,推销防蚊液,"夏天傍晚的时候,宝宝要去公园玩,这是蚊子较多的时候,普通防蚊液要喷全身才可能防蚊,那样的话身上满满一股防蚊液的味道,宝宝不爱闻,这个时候怎么办呢?我就会喷这个防蚊液,出去玩的时候喷在宝宝的小腿上,宝宝就可以放心玩了,不会被蚊子咬。"

(五)处理异议

在推销过程中,顾客随时可能对产品质量、规格、使用方法、价格、服务项目、付款方式等提出疑问或异议,这是很正常的现象。推销人员应有针对性地采用各种方法和技巧,耐心地向顾客加以解释或说明,以消除其顾虑,坚定其购买信心。

1. 常见的异议种类

常见的异议有需求异议、产品异议、价格异议、财力异议、信用异议、服务异议、购买时间异议等,推销人员必须分析顾客异议的类型及产生根源,然后有针对性地加以答复或解决。产品决策者对于消费者的投诉,应以真诚感谢消费者的抱怨的态度来仔细倾听,找出抱怨所在,表示同情,绝不争辩,以"我还能为您做些什么?""您认为怎样做,您才会满意?"等话语取得消费者的谅解。等消费者宣泄完,精神上获得慰藉之后,问题才会圆满解决。

2. 处理顾客异议应遵循的原则

(1)尊重顾客,欢迎异议。这是信息双向交流的重要条件。

(2)认真分析,区别处理。对洽谈具有实质性影响的异议,立即予以处理;对洽谈影响不大的异议或带有故意刁难性质的异议,也可采取回避策略。

(3)虚怀若谷,永不争辩。对顾客一些过激的语言和行动,应以宽宏大度的胸怀和谦虚诚恳的态度对待,不争辩,待其情绪平静下来后,再做必要的解释和说明。

3. 对待顾客异议的态度

(1)谨记顾客异议是对营销介绍的必然反应,而不是故意刁难。

(2)谨记顾客异议既是营销的障碍,又是成交的信号。只有顾客对营销品感兴趣时,才会进一步把他的意见和看法提出来。故营销员需抓住有利时机,做细致耐心的说服工作,争取尽快促成交易。

(3)谨记顾客异议是推动企业改进营销工作的催化剂。对有效异议应主动承担责任,虚心接受,努力改进。

(4)谨记认真分析,区别处理。对于有效异议应虚心接受,坚决改进;对于无效异议,则耐心说服,促使顾客购买产品。

4. 处理顾客异议的主要方法

处理顾客异议一般采取以下几种方法:

(1)转化处理法。顾客异议具有二重性,既有正确的一面,又可能有错误的一面。营销员应首先肯定顾客提出的正确意见和看法,然后利用顾客异议正确的部分,有理有据地去否定其不正确的、消极的部分。其结果是既保持了良好的洽谈气氛,又易被顾客接受。

(2)询问处理法。当顾客的意见和看法与自己的真实想法不完全一致,只是用来作为拒绝购买的借口时,营销员为了分析其想法的实质,就可以利用询问法。例如,"请问为什么?""您认为怎样合适?",其目的是获得更多顾客方面的信息和顾客的真实意图,以便有针对性地进行解释和说明,易被顾客接受。

(3)补偿处理法。当顾客对交易中某一方面提出正确的异议时,营销人员可以列举顾客异议之外的其他长处,来对异议所涉及的短处进行补偿,使顾客感到异议所涉及的问题与产品的优点相比是微不足道的,从而达到心理平衡,乐于接受。

(六)售后跟踪服务

服务是现代市场竞争的重要手段之一,应贯穿于推销的全过程。人员推销应该重视服务项目和手段的不断创新,同时主动提供售后服务。决策者都知道,营销的成功离不开消费者的支持,而售后服务是企业商誉的表现,是获得消费者信赖和支持的保证,也是获得源源不断的订单的秘诀。

案例 ANLI

乔·吉拉德,伟大的推销员

乔·吉拉德是世界著名销售员,他连续12年荣登世界吉尼斯纪录大全世界销售第一的宝座,他所保持的世界汽车销售纪录——连续12年平均每天销售6辆车,至今无人能破。乔·吉拉德的销售秘诀是什么呢?

1. 250定律:不得罪一个顾客

在每位顾客的背后,都大约站着250个人,这是与他关系比较亲近的人:同事、邻居、亲戚、朋友。这就是乔·吉拉德的250定律。由此,乔·吉拉德得出结论:在任何情况下,都不要得罪哪怕是一个顾客。在乔·吉拉德的推销生涯中,他时刻控制着自己的情绪,不因顾客的刁难,或是不喜欢对方,或是自己心绪不佳等原因而怠慢顾客。

2. 名片满天飞:向每一个人推销

每一个人都使用名片,但乔·吉拉德的做法与众不同:他到处递送名片,名片漫天飞舞,就像雪花一样,飘散在运动场的每一个角落。乔·吉拉德认为,每一位推销员都应设法让更多的人知道他是干什么的,销售的是什么商品。这样,当顾客需要他的商品时,就会想到他。

3. 建立顾客档案:更多地了解顾客

乔·吉拉德认为,推销员应该像一台机器,具有录音机和电脑的功能,在和顾客交往过程中,将顾客所说的有用情况都记录下来,从中把握一些有用的材料。乔·吉拉德说:"在建立自己的卡片档案时,你要记下有关顾客和潜在顾客的所有资料,他们的孩子、嗜好、学历、职务、成就、旅行过的地方、年龄、文化背景及其他任何与他们有关的事情,这些都是有用的推销情报。"

4. 猎犬计划:让顾客帮助你寻找顾客

乔·吉拉德认为,干推销这一行,需要别人的帮助。在生意成交之后,乔·吉拉德总是把一叠名片和猎犬计划的说明书交给顾客。说明书告诉顾客,如果他介绍别人来买车,成交之后,每辆车他会得到25美元的酬劳。实施猎犬计划的关键是守信用。乔·吉拉德的原则是:宁可错付50个人,也不要漏掉一个该付的人。

5. 推销产品的味道:让产品吸引顾客

乔·吉拉德特别善于推销产品的味道。与"请勿触摸"的做法不同,乔·吉拉德在和顾客接触时总是想方设法让顾客先"闻一闻"新车的味道。他让顾客坐进驾驶室,握住方向盘,自己触摸操作一番。如果顾客住在附近,乔·吉拉德还会建议他把车开回家,让他在自己的太太、孩子和领导面前炫耀一番,顾客会很快被新车的"味道"陶醉了。根据乔·吉拉德本人的经验,凡是坐进驾驶室把车开上一段距离的顾客,没有不买他的车的。即使当即不买,不久后也会来买。新车的"味道"已深深地烙印在他们的脑海中,使他们难以忘怀。

6. 每月一卡:真正的销售始于售后

乔·吉拉德有一句名言:"我相信推销活动真正的开始在成交之后,而不是之前。"推销员在成交之后继续关心顾客,将会既赢得老顾客,又吸引新顾客,使生意越做越大。乔·吉拉德每月要给他的1万多名顾客寄去一张贺卡。一月份祝贺新年,二月份纪念华盛顿诞辰日,三月份祝贺圣帕特里克日……凡是在乔·吉拉德那里买了汽车的人,都收到了乔·吉拉德的贺卡,也就记住了乔·吉拉德。正因为乔·吉拉德没有忘记自己的顾客,顾客才不会忘记乔·吉拉德。

三、人员推销策略

人员推销策略主要有以下几个:

1. 试探性策略

微课:成交的方法

试探性策略又称为"刺激反应"策略,是推销人员利用刺激性较强的方法,引发顾客购买行为的一种推销策略。在推销人员不太了解顾客需求偏好的情况下,事先设计好能引起顾客兴趣和购买欲望的推销辞令,投石问路,对顾客进行试探,观察其反应,然后根据其反应采取具体推销措施。如重点提示产品的特色,示范操作,或出示图片资料,赠送产品说明书等,以刺激顾客的进一步关注,并及时有效地排除顾客异议,促使顾客采取购买行为。

2. 针对性策略

针对性策略又称为"配方成交"策略,即推销人员利用针对性较强的说服方法,促使顾客采取购买行为的一种推销策略。推销人员在已经基本了解顾客有关需求的前提下,事先设计好针对性较强、投其所好的推销语言和措施,有的放矢地宣传、展示和介绍产品,说服顾客购买。运用这一策略时,要使顾客感到推销员的确是自己的参谋,是真心为自己服务的。

3. 诱导性策略

诱导性策略又称为"诱发满足"策略,即推销人员运用能刺激顾客某种需求的说服方法,诱导顾客采取购买行为的一种推销策略。推销人员先提出鼓动性、诱惑性较强的购货建议,诱发顾客产生某种需求,然后抓住时机向顾客介绍商品的效用,说明所推销的商品正好能满足某种需求,从而诱导顾客购买。这种策略要求推销人员具有较高的推销水平,能设身处地为顾客着想,恰如其分地介绍商品,真正起到诱导作用。

阅读资料

赞美的艺术

发自内心真诚的赞美,是建立良好人际关系,发出友好信息的重要方式。

人人都希望得到别人的肯定,因此赞美是一种容易引起对方好感的人际交往方式。马克·吐温曾幽默地说:"一句赞美的话能当我十天的口粮。"赞美是一切人际沟通的开始,是俘获人心最有效的方法。赞美也是一种让人拥有好心情的方法。赞美别人,仿佛用一支火把照亮别人的生活,也照亮自己的心田,有助于发扬被赞美者的美德和推动彼此友谊健康地发展,还可以消除人际间的龃龉和怨恨,适度赞美是人际关系的润滑油。赞美是一件好事,但绝不是一件易事。赞美别人时要审时度势,掌握一定的赞美技巧,为建立良好的人际关系打开方便之门。

知识巩固

一、营销术语解释
促销组合　营业推广　公共关系　FABE法　广告媒体　危机公关

二、选择题
1. 大规模促销的最主要渠道是(　　)。
   A. 公共关系　　　B. 营业推广　　　C. 人员推销　　　D. 广告
2. 广告创意指的是(　　)。
   A. 广告创作的整体构思　　　　　B. 广告所要反映的问题
   C. 广告的表现形式　　　　　　　D. 广告独具特色的内涵和表现形式
3. 不同的促销工具对购买者知晓、了解、信任和订货等不同购买阶段的作用是不同的,其中在信任阶段,对购买者影响最大的是(　　)。
   A. 广告　　　　B. 销售促进　　　C. 宣传　　　D. 人员推销
4. 企业销售人员在访问推销过程中可以亲眼观察到顾客的反应,并揣摩其心理,不断改进推销陈述和推销方法,最终促成交易。这说明人员推销具有(　　)。
   A. 公关性　　　B. 针对性　　　C. 灵活性　　　D. 复杂性

三、简答题
1. 根据所学知识,试列举6种以上针对消费者的营业推广策略工具。
2. 简述公关活动的常见形式。
3. 广告文案常见的技巧有哪些?

四、情景分析
假如你是一名大型零售卖场的客户经理,春节将至,超市想要争取一批团购客户以提升节日期间的销售业绩。
1. 你会如何选择目标客户?
2. 你会对这些客户采取何种促销策略?

案例分析

武汉保利:打造具有影响力的专属节日IP

经过几十年的发展,购物中心已从过去单纯的"商品交易场"过渡到了"多功能生活社交场"的阶段。随着商业玩法的不断升级,营销活动也细分出了许多不同的领域——"造节营销"就是其中一种较为热门的营销方案。

提到武汉，人们除了热干面、黄鹤楼以外，最常听到的应该就是樱花了，武汉人对于樱花的情怀深深地影响了一代又一代人。基于这独特的城市属性，武汉保利广场自开业以来就紧紧抓住了其核心要义，因地制宜，在每年的3—4月份，打造了与樱花同绽的专属主题IP——"樱花季"。由于地处大学城附近，美轮美奂的樱花之景，常吸引不少青春洋溢的人们前来打卡。2019年，项目联动线上线下，开启了全方位"赏樱plus"模式，不仅联合高校社团、摄影协会及本地知名媒体，结合商场樱花美陈主题，开展了首届以"赶一场春，拍一份美景，最in摄影大赛"为主题的武汉保利广场摄影比赛，还以樱花美陈为背景编排了超大型互动栏目——百人浪漫樱花年代热舞快闪。活动在抖音等热播平台上进行传播，通过网络媒介的超强辐射力，让更多的消费者感受到了樱花季的欢乐氛围。

多年来武汉保利广场以大放异彩的创意活动，打破了人们对社区商业的刻板印象，以丰富顾客及周边人群的日常生活为目的，真正做到了与消费者"打成一片，玩在一起"，成为都市人喜闻乐见的潮流活动聚集地。

思考：
1. 武汉保利促销活动有何创新之处？
2. 武汉保利樱花季促销活动控制的主要内容包括哪些？

项目实训

策划超市节假日促销方案，进行促销实战演练

1. 实训目的

(1) 能熟练陈述营业推广的方法和技巧，营业推广策划的基本内容。

(2) 能够合理运用营业推广策略策划与组织、实施促销活动。

2. 实训内容

(1) 制订超市夏季营业推广策划方案

促销目的：此次活动主要针对夏日时令消费商品，扩大和增加夏日时令商品的销售，扩大超市的固定消费群，进而带动商品的销售。

目标顾客：暑期放假的学生。

推广策略：采取以折价优惠策略为主，辅以连带组合促销、会员优惠券和有奖销售策略。

推广主题：

活动主题（一）：冰爽夏日 激情回馈（会员优惠）

活动主题（二）：真情互动 实惠罕见

活动主题（三）：购物风光无限 天天特价不断

(2) 推广活动方式与组织过程

冰爽夏日 激情回馈（会员优惠）

活动时间：6月29日～7月3日

活动内容：

① 增加会员优惠商品，会员商品八折优惠（特价商品除外），通过会员优惠刺激商品销售，扩大固定消费群。

② 宣传海报增加优惠角，通过购物，凭购物小票和优惠角即可在服务台领取礼品，每人限一份，可以提升海报宣传的效率和刺激部分消费群体来本超市购买商品。

③推出一批特价、购买量大的时令商品。

真情互动 实惠罕见

活动时间:7月13日~7月16日

活动内容:

①夏季商品(凉席、拖鞋、夏季服饰、啤酒、蚊香、杀虫水、夏季时令水果、蔬菜等)全场折扣销售。每天不定时推出不同商品。

②天天特价不断,活动期间百余种商品价位全线下调,再次冲击,低价绝对震撼,主推夏季时令商品。夏季是许多水果的盛产期,价格便宜,可以通过大批量进货来降低进货价格,从而实现以低价出售,让利给顾客。

③在活动期间一次性购物满66元,即可享受"惊爆价"啤酒抢购,每日限量供应100提,每人限购1提(6听装)。

购物风光无限 天天特价不断

活动时间:7月20日~7月24日

活动内容:季节性商品简报促销

活动方式:

①对外宣传:海报。

②客服安排:对于海报回收和礼品、购物券的兑换。

③收银台安排布置,强调注明会员优惠和会员卡的兑换。

前期准备:会员活动商品,活动人员安排,海报宣传制作,会员卡的统计等。

3. 项目完成情况评价

内 容			评 价
学习目标		评价项目	得分(0~100分)
知识 (30分)	应知应会	促销组合的内容和适用特征	
		广告运作的要点	
		营业推广工具的种类	
		公共关系的基本内容	
		人员推销的内容	
专业能力 (60分)	能够掌握促销策划与实施技巧	广告内容创意技巧	
		营业推广的步骤与技巧	
		人员推销洽谈技巧	
		感受赞美的艺术	
态度 (10分)	态度认真	积极参与各项活动	
	合作意识	集体观念强	
合计得分			
个人努力方向与建议		学会赞美、欣赏和鼓励与你打交道的人	

成长日记

结合项目9所学的知识和实践,撰写一篇1 000字左右的个人成长日记。挑选部分学生的日记公开交流。

项目 10

管理营销过程，确保营销效果

教学导航

教	教学目标	知识目标： • 熟悉营销计划的内容、程序和方法 • 了解客户关系管理（CRM）的内容 • 把握营销创新的理念、方法与途径
		技能目标： • 能够制订合理的营销计划并付诸实施 • 能够塑造和提升自己作为营销人员的素质 • 创新运用现代营销手段
		思政目标： • 树立正确的营销观，遵守法律法规，恪守社会公德和商业道德 • 具备科学管理与创新思维，始终坚定不移地相信和坚持发展社会主义核心文化 • 融入合作共赢、协调发展等内容，培养学生团队合作精神，实现共赢互惠，协同发展
	授课重点与难点	• 营销计划制订与实施、客户关系管理、营销手段创新
	授课方式	• 知识讲授、案例分析、专家讲座、营销大赛技能训练
	授课场所	• 多媒体教室、市场营销实训室、专家讲座现场
	建议学时	• 4 学时（课堂）、6 学时（课外）
	考核方式	• 过程性考核占 50%（含课堂展示、汇报、小组作业） • 终极性考核占 50%（含知识点、技能训练、营销综合实习报告等）
学	学习方法	• 大量阅读营销管理、营销故事、营销人物书籍 • 课堂互动，积极参与小组讨论与陈述汇报 • 总结归纳，撰写成长日记 • 参与营销素质拓展活动
	营销训练	• 营销技能大赛训练、CRM 软件运用 • 案例分析、营销沙龙
	项目任务分解	• 营销计划实施与控制 • 客户关系管理 • 营销方式的创新

任务 1　制订、执行与控制营销计划

营销计划是科学管理的重要手段,它能使公司部门的行为有目的、有计划地进行,最终实现企业目标。

一、制订营销计划

(一)营销计划的制订原则

(1)营销计划应充分体现企业的发展战略,始终与企业的发展方向保持一致。

(2)营销计划有长、中、短不同期间的计划,在制订前应明确制订计划的期间,以及要实现的目标。

(3)充分了解并掌握企业自身的实际情况以及拟推销的系列产品的特性及说明书、宣传材料。

(4)制订营销计划应抓住关键,明确表述,尤其是目标任务应采用定量化的标准予以界定和表述,如"月(季度、年)实现销售××万元""销售××品种××数量""实现利润××万元"。

(5)营销计划应切实可行,并严格执行。

(二)营销计划的基本内容

从事营销工作的人员大多都很务实,中长期计划一般是由部门负责人或销售部经理制订,这里主要介绍业务员(推销员)的年度和季度(月份)销售计划。

年度市场营销计划主要包括计划概要、目标、市场营销现状、分销渠道、机会与问题分析、行动方案、预计盈亏表及控制措施(奖惩制度)等内容。

1. 计划概要

计划概要是对计划的主要目标的简要概述,目的是要让高一级的管理部门能够很快掌握计划的核心内容。

2. 目标

目标包括财务目标和营销目标,主要是指销售量、市场占有率、赢利等方面的任务。

3. 市场营销状况

市场营销状况部分主要提供有关市场、产品特色、竞争情况、分销渠道、宏观环境等背景材料,主要描述营销现状。

4. 分销渠道

分销渠道包括分销渠道类型的选择,销售网点的布置及其之间的关系。

5. 机会与问题分析

主要是列清影响企业发展的因素,以便制订切实可行的营销计划,避开一些不利因素,利用机会,发挥优势,以实现目标。

6. 行动方案

行动方案主要回答将要做什么,谁去做,什么时候做,以及彼此的关系及费用开支范围等细节问题。

7. 预计盈亏表

预计盈亏表综述营销计划的收支及盈亏状况。

8. 奖惩措施

奖惩措施是一条保障措施,有奖励、激励政策,也有约束、限制措施等管理制度,到期务必兑现。

案例

M 公司营销目标的分解与落实

M 公司欲实现年获利 1 000 万元的利润目标,它的销售利润率是 10%,则销售收入的目标是 10 000 万元。如果企业产品的平均价格是 25 元,那么它就必须销售出 400 万单位的产品。如果整个行业的销售预计是 5 000 万单位,那么,它必须占有 8% 的市场份额。为了保持这个市场份额,企业必须设立一定的目标,如消费者对品牌的知晓程度、分销渠道体系等。具体目标可以是:

(1)在 2022 年取得总销售收入 10 000 万元,比 2021 年提高 20%。
(2)销售量为 400 万单位,占预期市场份额的 8%。
(3)经过该计划的运行,产品的消费者知名度从 20% 上升到 37%。
(4)分销网点数目扩大 16%。
(5)计划实现 25 元的平均价格。
(6)销售利润率达 10%,企业年获利 1 000 万元。

在此基础上将目标再分解落实到不同的人及地区,并付诸实施。年终进行业绩评优以及奖惩。

(三)营销计划的制订过程

(1)首先,在了解和熟悉上一年度营销计划及其完成情况的基础上,思考下列问题:
① 本企业开发或营销的是何种产品?产品的特色何在?
② 该产品的目标市场在哪里?目标市场的消费者具备什么特征,其需求特点是什么?
③ 顾客在哪里,其收入及购买力如何?哪些是企业的潜在顾客?
④ 目前产品的分销过程如何?是通过分销商还是业务代表销售?
⑤ 产品的价格体系是怎样的?
⑥ 竞争者的做法如何?
⑦ 以前的营销计划成功或失败的原因何在?
⑧ 公司为营销计划界定的成功标准是什么?

(2)如果营销人员对上述问题未能立即给出具体的答案及解决的方案,则必须先开展市场调查或咨询,以及企业产品等的试用体验。无论研究的结果如何,应谨记:一切以企业目标为主。

(3)拟订营销计划。内容包括：
①确立营销目标。
②明确产品特性、效益、定位，以及产品能满足顾客的何种需求。
③描述顾客的分布区域与顾客特征。
④确定产品的分销过程，拟定分销通路。
⑤描述定价过程及依据，提出价格保持不变或可能发生变动的原因。
⑥指出在目标市场中同行的竞争态势，并拟订战胜竞争对手的具体方案。
⑦设计产品促销的整体组合策略与竞争性营销策略。

业务员或业务代表的月销售计划或季度销售计划应该比年度计划更详细、具体。可以比照年度营销计划，再加上每周甚至每天应销售的产品数量，应拜访的客户名单，并严格遵照执行。

二、建立营销组织

企业的市场营销部门是执行市场营销计划、服务市场购买者的职能部门。市场营销部门的组织形式，主要受宏观市场营销环境、企业市场营销管理哲学以及企业自身所处的发展阶段、经营范围、业务特点等因素的影响。

一般来说，营销组织的职能包括以下几种：开展市场调查，收集信息；建立销售网络，开展促销活动；开拓新的市场，发掘潜在顾客；进行产品推销，提供优质服务；开发新的产品，满足顾客不断发展的需求；建立客户关系，维系老顾客；等等。

(一)职能型营销组织

职能型营销组织是常见的营销组织形式，它是将营销职能加以扩展，选择营销各职能的专家组合在一起来组建营销各职能部门，使之成为公司整个组织的主导形式。如图10-1所示，职能型营销组织有五种专业职能部门，而事实上职能部门的数量可以根据公司经营的需要增减，例如客户管理经理、物流管理经理等。

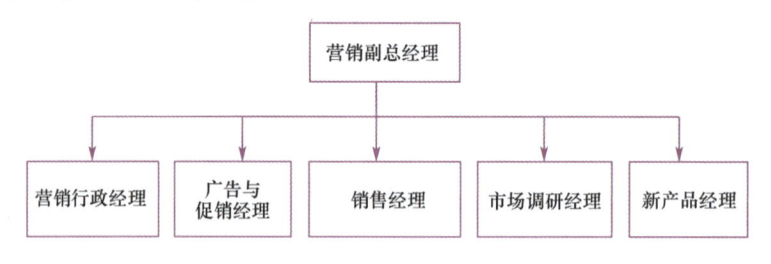

```
                    营销副总经理
         ┌──────┬──────┼──────┬──────┐
      营销行政  广告与   销售    市场调研  新产品
       经理   促销经理  经理    经理     经理
```

图10-1 职能型营销组织

职能型营销组织的主要优点在于它从专业化中获得优越性。这种优越性主要表现在：①将同类型的营销专家归在一起，易于管理，可以产生规模经济；②按功能分工，可以避免重复劳动，减少人员和设备的重复配置，提高工作效率；③由于专业人员在同一个职能部门的相互影响，可以产生系统效应；④通过给员工提供与同行"说同一种语言"的机会而使他们感到舒适和满足。

随着公司产品品种的增多和市场的扩大，这种职能型营销组织越来越暴露其效益低下的弱点。其突出弱点为：①各部门常常会因为追求本部门目标，而看不到全局的最佳利益；

②这种按功能划分的结构通常是比较刻板的,随着公司业务量的增大,职能部门之间的协调难度也会日趋增加;③由于没有一个部门对一项产品或一个市场负全部责任,因而没有按每项产品或每个市场制订完整的计划,于是有些产品或市场就容易被忽略;④各职能部门都争相要求使自己的部门获得比其他部门更多的预算和更重要的地位,使得营销副总经理经常疲于调解部门纠纷。因此这一组织形式适用于那些产品种类不多、目标市场相对较集中的中小企业。

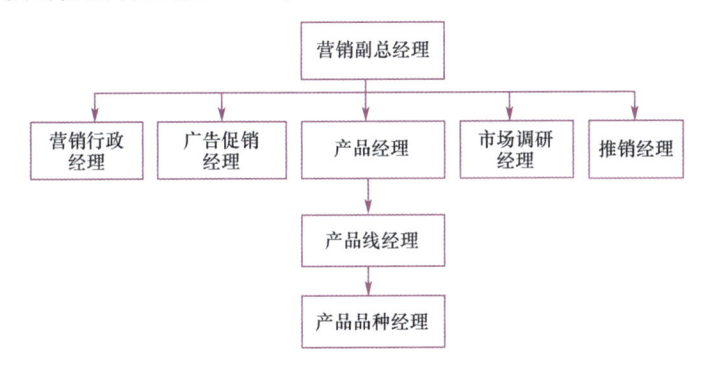

(二)产品/品牌型营销组织

产品/品牌型营销组织是指在企业内部建立产品经理组织制度,以协调职能型组织中的部门冲突。在企业产品差异大,品种多,按职能设置的市场营销组织无法处理的情况下,较适合建立产品经理组织制度。其基本做法是,由一名产品市场营销经理负责,下设几个产品线经理,产品线经理之下再设几个具体产品经理去负责各具体的产品。拥有多种产品或多种不同品牌的公司,可以考虑按产品或品牌建立营销组织,即在营销副总经理下设产品经理;产品经理下按每类产品分别设产品线经理;在产品线经理下,再按每个产品品种分别设产品品种经理,实行分层管理(图 10-2)。

图 10-2 产品/品牌型营销组织

营销副总经理的职责是制订产品开发计划并付诸执行,监测其结果和采取改进措施。具体可分为六个方面:①发展产品的长期经营和竞争战略;②编制年度市场营销计划和进行销售预测;③与广告代理商和经销代理商一起研究广告的文稿设计、节目方案和宣传活动;④激励推销人员和经销商经营该产品的兴趣;⑤搜集产品、市场情报,进行统计分析;⑥倡导新产品开发。

产品/品牌型营销组织形式的优点在于营销副总经理能够有效地协调各种市场营销职能,并对市场变化做出积极反应。同时,由于有专门的产品经理,那些较小品牌产品可能不会受到忽视。

但该组织形式也存在不少缺陷:①缺乏整体观念。在产品/品牌型营销组织中,各个产品经理相互独立,他们可能会为保持各自产品的利益而发生摩擦。②部门冲突。产品经理权限范围狭窄,难以保证有效地取得广告、销售、生产及其他部门的配合与支持。③多头领导。由于权责划分不清楚,下级可能会得到多方面的指令。例如,产品广告经理在制定广告战略时接受营销副总经理的指导,而在预算和媒体选择上则受制于广告协调者。

(三)顾客/市场型营销组织

市场细分化理论要求公司根据顾客特有的购买习惯和产品偏好等细分和区别对待不同的市场,针对不同购买行为和特点的市场,建立顾客/市场型营销组织是公司的一种理想选择。这种组织结构的特点是由一个总市场经理管辖若干个子市场经理,各子市场经理负责自己所管辖市场的年度计划和长期计划,他们开展工作所需要的功能性服务由其他功能性组织提供(图10-3)。

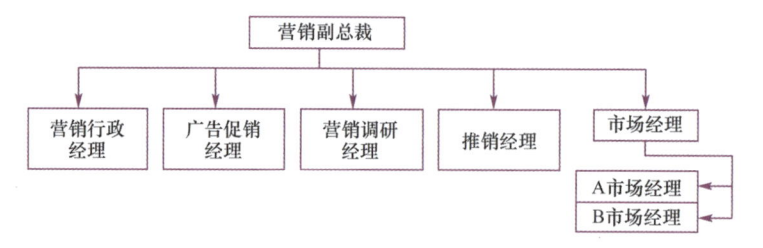

图 10-3 顾客/市场型营销组织

企业在拥有单一的产品线、市场多样化、具有不同的分销渠道时,适宜建立顾客/市场型营销组织。市场经理开展工作所需要的职能性服务由其他职能性组织提供并保证。其职责是负责制订所辖市场的长期计划和年度计划,分析市场动向及企业应该为市场提供什么新产品等。他们的工作成绩常用市场占有率的增加情况来判断,而不是看其市场现有盈利情况。顾客/市场型营销组织的优点在于,企业的市场营销活动是按照满足各类不同顾客的需求来组织和安排的,这有利于企业加强销售和市场开拓。其缺点是,存在权责不清和多头领导的矛盾,这和产品/品牌型营销组织类似。

案例 ANLI

迪士尼的顾客服务组织

迪士尼研究顾客,了解顾客。迪士尼致力于研究"游客学",了解谁是游客、他们的最初需求是什么。在这一理念指导下,迪士尼站在游客的角度,审视自身每一项经营决策。为了准确把握游客需求动态,公司设立调查统计部、信访部、营销部、工程部、财务部和信息中心等部门分工合作。

调查统计部每年要开展200余项市场调查和咨询项目。财务部根据调查中发现的问题和可供选择的方案,找出结论性意见,以确定新的预算和投资。

营销部重点研究游客对未来娱乐项目的期望、游玩热点和兴趣转移。

信息中心存储了大量关于游客需求和偏好的信息,具体有人口统计、当前市场策略评估、乐园引力分析、游客支付偏好、价格敏感分析和宏观经济走势等。其中,最重要的信息是游客离园时进行的"价格/价值"随机调查。正如华特迪士尼先生所强调的:游园时光决不能虚度,游园必须物有所值,因为游客只愿为高质量的服务而付钱。

信访部每年要收到数以万计的游客来信。信访部的工作是尽快把有关信件送到责任人手中;此外,把游客意见每周汇总,及时报告管理上层,保证顾客投诉得到及时处理。

工程部的责任是设计和开发新的游玩项目,并确保园区的技术服务质量。例如:顾客等待游乐节目的排队长度、设施质量状况、维修记录、设备使用率和新型娱乐项目的安装,其核心问题是游客的安全性和效率。

现场走访是了解游客需求非常重要的工作。管理上层经常到各娱乐项目点上,直接同游客和员工交谈,以期获取第一手资料,体验游客的真实需求。同时,一旦发现系统运作有误,及时加以纠正。

(四)地理型营销组织

在全国范围进行销售的公司,通常按地理区域设立营销组织,安排其销售队伍。在营销副总经理主管下,按层次设全国销售经理、大区销售经理、地区销售经理、分区销售经理、销售人员。假设一位负责全国销售的销售经理领导4位大区销售经理,每位大区销售经理领导6位地区销售经理,每位地区销售经理领导8位分区销售经理,每位分区销售经理直接领导10位销售人员。从全国销售经理到分区销售经理,再到销售人员,所管辖的人数即"管理幅度"逐级增大,呈自上而下自然的"金字塔"形组织结构,如图10-4所示。为了使整个市场营销活动更为有效,地理型营销组织通常都是与其他类型的组织结合起来使用。

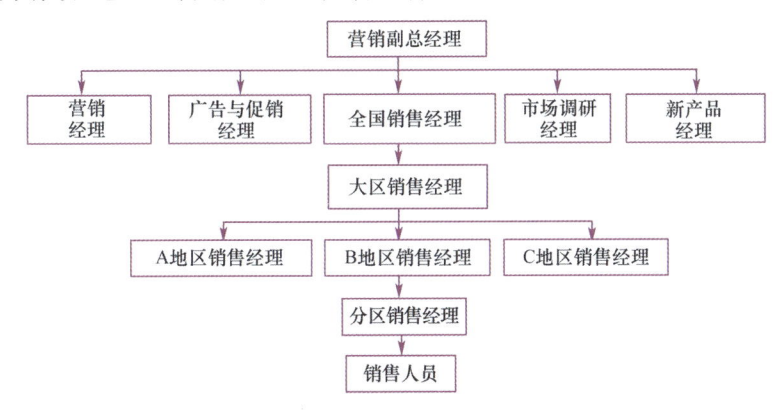

图10-4 地理型营销组织

国际上许多大公司都采用这样的营销组织,如联合利华、IBM等。地理型营销组织的创始者是金宝汤料公司,它为不同地区推出不同配方的汤料。公司把美国划分为22个区域,各区域制订当地的营销方案,并且编制自己的广告等促销预算。

(五)矩阵型营销组织

很多大规模的公司,生产多种不同的产品,面向不同的市场,在决策其营销组织结构时面临两难境地:是采用产品/品牌型营销组织,还是采用顾客/市场型营销组织呢?如果采用产品/品牌型营销组织,那么许多重点市场缺乏专人管理,而需求能力弱的市场又会占用太多的企业资源;如果选择顾客/市场型营销组织,则容易导致获利能力强的产品遭受冷落。为了解决这一问题,公司可以设置一种既有市场经理,又有产品经理的二维矩阵组织,即所谓的矩阵型营销组织(图10-5)。

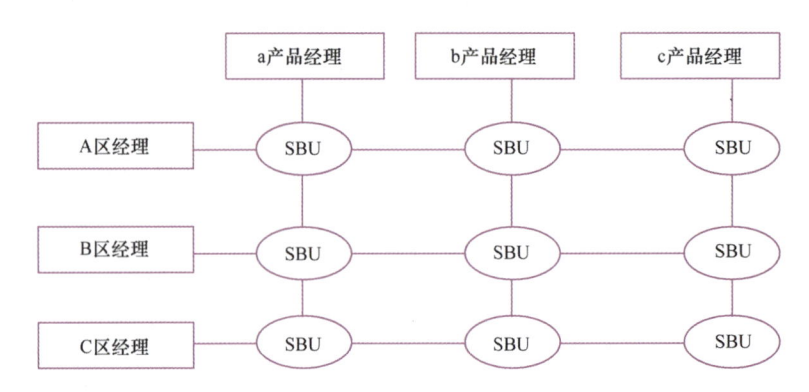

图 10-5 矩阵型营销组织

矩阵型营销组织的产生大体分两种情形:

(1)企业为完成某个跨部门的一次性任务(如产品开发),就从各部门抽调人员组成由经理领导的工作组来执行该项任务,参加小组的有关人员一般受本部门和小组负责人的共同领导。任务完成后,小组撤销,其成员回到各自的岗位。这种临时性的矩阵型营销组织又叫小组制。

(2)企业要求个人对于维持某个产品或商标的利润负责,把产品经理的位置从职能部门中分离出来并固定化,同时,由于经济和技术因素的影响,产品经理还要借助各职能部门执行管理,这就构成了矩阵。

矩阵型营销组织的优点是:能加强企业内各部门间的协作,能集中各种专业人员的知识、技能又不增加编制,组建方便,适应性强,有利于提高工作效率。缺点是:稳定性差和管理成本较高。

三、执行营销计划

营销计划执行是将市场营销计划转化为行动方案的过程,并保证完成某种任务,以实现既定目标。分析市场营销环境、制定市场营销战略和市场营销计划是解决企业市场营销活动应该"做什么"和"为什么要这样做"的问题;而营销计划执行则是要解决"由谁去做""在什么时候做"和"怎样做"的问题。

(一)明确执行任务

营销计划执行是一个艰巨而复杂的过程。美国的一项研究表明,90%被调查的计划人员认为,他们制定的战略和战术之所以没有成功,是因为没有得到有效的执行。管理人员常常难以诊断市场营销工作执行中的问题。市场营销失败的原因可能是由于战略、战术本身有问题,也可能是由于正确战术没有得到有效的执行。在营销计划执行的过程中,需要克服下列问题:

1. 计划脱离实际

企业的市场营销战略和市场营销计划通常是由上层的专业计划人员制订的,而执行则要依靠市场营销管理人员,由于这两类人员之间有时缺少必要的沟通和协调,从而导致下列问题的出现:

(1)企业的专业计划人员只考虑总体战略而忽视执行中的细节,从而使计划过于笼统。

(2)专业计划人员有时不了解计划执行过程中的具体问题,所以容易使计划脱离实际。

(3)专业计划人员和市场营销管理人员之间缺少充分的交流与沟通,致使市场营销管理人员在执行过程中经常遇到困难,因为他们并不完全理解需要他们去执行的战略。

2. 长期目标和短期目标相矛盾

市场营销战略通常着眼于企业的长期目标,涉及今后三至五年的经营活动。但具体执行这些战略的市场营销人员通常是根据他们的短期工作绩效(如销售量、市场占有率或利润率等指标)来进行评估和奖励的。因此,市场营销人员常选择短期行为。

3. 缺乏具体明确的执行方案

有些战略计划之所以失败,是因为计划人员没有制订明确而具体的执行方案。

(二)制订行动方案

为了有效地实施市场营销战略,必须制订详细的行动方案。这个方案应该明确市场营销战略实施的关键性决策和任务,并将执行这些决策和任务的责任落实到个人或小组。另外,还应包含具体的时间表,规定行动的确切时间。

三、营销控制

(一)明确控制任务

市场营销控制是对企业总体战略、战略性营销规划及各项具体策略的执行过程的监测与管理。市场营销经理经常检查市场营销计划的执行情况,检验计划与实绩是否一致,如果不一致或没有完成计划,就要找出原因所在,并采取适当措施和正确行动,以保证市场营销计划的完成。

市场营销控制过程的步骤是:管理部门先设定具体的市场营销目标,然后衡量企业在市场中的业绩,并估计期望业绩和实际业绩之间存在差异的原因。最后管理部门采取正确的行动,以此弥补目标与业绩之间的差距。

(二)控制营销过程

有效的营销计划控制需要具备科学、严格的工作程序或步骤,主要包括六个基本环节,这些基本环节构成了营销控制程序。

(1)确定市场营销控制的对象。
(2)确定控制标准。
(3)建立工作绩效标准。
(4)确定检查方法。
(5)将实际工作绩效与标准工作相比较。
(6)分析与改进绩效。

企业在市场营销控制工作中普遍使用的方法有:

(1)获利性分析。通过剖析企业营销最终结果——获利性(利润、投资报酬率等),找出不足并加以改进。

(2)20/80原则分析。通过剖析企业例行问题和例外问题,找出差距的原因并加以改进。

(3)生产率测量。通过衡量每个销售人员的销售额、每个市场调查人员完成调查项目的数量、销售人员销售访问的费用、销售人员的差旅费用、刊登一次广告引起潜在顾客询问业务的次数、顾客对每种产品所提意见的个数、每元广告费的销售额等指标,发现差距并改进。

(4)百分比分析。通过分析各种分项费用支出占全部市场营销费用支出的百分比、营销人员工作时间构成的百分比、市场调查问卷回收的百分比、各类商品在营业场所布局中面积构成上的百分比、广告影响度的百分比、各种不同价格的产品销售量占总销售量的百分比、各种产品的市场占有率、各种经营资料占总资源的百分比等指标,找出差距并改进。

任务 2　管理客户关系

现代市场竞争是争夺客户的竞争,维护客户关系和开拓客户资源是企业全体员工共同的责任。作为营销人员,客户资源的开拓和客户关系的维护是其最根本的任务。

一、客户关系管理概述

(一)客户关系管理的概念

客户关系管理(CRM)是企业为提高核心竞争力,贯彻以客户为中心的发展战略,结合先进的计算机网络信息技术,通过优化企业组织结构和业务流程,开展系统的客户研究,进行富有意义的交流沟通,最终实现提高客户获得、客户保留、客户忠诚和客户创利的目的而进行的一整套管理活动和过程。

微课：客户关系管理和传统客户管理的区别

CRM 属于企业战略管理的重要组成部分。现代企业对利润的渴求一方面从削减成本中获得,另一方面将目光转向客户,从进入以客户需求为中心的管理中获得。在市场中需求运动的最佳状态是从客户满意至客户忠诚。

(二)"客户"的类型

(1)从企业的价值链所涉及的对象区分,可将客户划分为:现实客户;潜在客户;合作伙伴(包括供应商和中间商);员工;产品竞争对手等。现代企业必须高度关注价值链中的全部客户,注意考虑如何对待不同类型的客户,以满足不断变化的客户需求。

(2)从客户所关注价格或质量的程度把客户划分为关系客户和交易客户。交易客户是只关心价格的客户,他们对企业没有忠诚度,交易客户能够为公司带来的利润非常有限;关系客户则是希望能够找到一个可以依赖的供应商的客户。作为一个企业,并不需要与所有的客户建立关系,因为并不是所有的客户都想与公司保持联系。

(三)客户关系管理的作用

(1)能够更有针对性地对目标客户开展营销活动,降低市场销售和管理费用。
(2)能够使工作流程顺畅,工作效率提高。
(3)能够使信息获取及时便利。

(4)能够使客户忠诚度提高。
(5)能够使总体业绩和利润提高。

二、客户关系管理的基本内容

现在是客户牵引的时代,企业的生死存亡很大程度上取决于它是否拥有一大批忠诚且有价值的客户。客户关系管理也因此"走红",成为企业细分客户,发现客户,维护良好客户关系的重要手段。

(一)把客户作为企业的一项重要资产加以管理

在以产品为中心的商业模式向以客户为中心的商业模式转变的情况下,众多的企业开始将客户视为其重要的资产,不断地采取多种方式对企业的客户实施关怀,以提高客户对本企业的满意度和忠诚度。

在传统的管理理念以及现行的财务制度中,只有厂房、设备、现金、股票、债券等是资产。随着科技的发展,人们开始把技术、人才也视为企业的资产,对技术以及人才加以百般重视。然而,这种划分资产的理念是闭环式的,而不是开放式的。无论是传统的固定资产和流动资产论,还是新出现的人才和技术资产论,都是企业能够得以实现价值的部分条件,而不是全部条件,其缺少的部分就是产品实现其价值的最后阶段,即客户的认可和满意,同时也是最重要的阶段。这个阶段的主导者就是客户。

既然客户是企业的一项重要资产,那么,就需要安排人员负责客户数据资料的收集、整理、归类及分析。

(二)客户关怀是 CRM 的中心

客户关怀贯穿市场营销的所有环节。具体包括:全程客户服务,包括向客户提供产品信息和服务建议等;产品质量优良,应符合有关标准,适合客户使用,保证安全可靠;服务质量优质,指与企业接触的过程中,客户的体验、感受很满足;售后服务到位,即方便售后查询和积极接待投诉,以及维护和修理等。

在所有营销变量中,客户关怀的注意力要放在交易的不同阶段上,从而营造出友好、激励、高效的氛围。对客户关怀意义最大的四个营销变量是:产品和服务(这是客户关怀的核心)、沟通方式、销售激励和公共关系。

(三)客户关怀的目的是增强客户满意度与忠诚度

国际上一些权威研究机构经过深入的调查研究后分别得出了这样的一些结论:"把客户的满意度提高五个百分点,其结果是企业的利润增加一倍""一个非常满意的客户,其购买意愿比一个满意客户高出六倍""2/3 的客户离开供应商是因为供应商对他们的关怀不够""93%的企业 CEO 认为客户关系管理是企业成功和更具竞争力的最重要因素"。

如同企业的产品有生命周期一样,客户同样也是有生命周期的。客户的保持期越长久,企业的相对投资回报就越高,从而给企业带来的利润就会越大。

案例

以情出圈,这些品牌用情感营销建立消费者认同

"细节"与"真实"永远最为动人,这是情感营销不变的核心。情感营销的魅力在于,通过对生活细致入微的洞察,将人与人之间美好的情感描绘且释放出来,以感染更多观众,从而传递出品牌的情感与特质。

2021年,快手发布了自己的十周年品牌宣传片——《快手十年,为更好的生活》,邀请来自不同领域的人们,讲述自己对美好未来的向往,分享自己对更好生活的追求。镜头聚焦在最能代表其人物特点的生活片段,人们用朴实的语句讲述着自己的向往。"细节"与"真实"在这里表现得淋漓尽致,让看过视频的观众,能从中汲取温暖和力量。

全棉时代发布的一支"618"品牌视频,在充斥着卖点与优惠宣传的"618",全棉时代反而另辟蹊径,推出了情感营销的组合拳,用情感带动品牌出圈。

视频整体上呈现出影片级质感,抒情不再是流水套话,而是沉浸在三段人物场景中——想给对方惊喜的情侣、急着去面试的女孩与善意的面试官、调皮但贴心的儿子与操心的妈妈。

在第一个场景中,女孩子以为男友忘记了自己的生日,正委屈不已时,发现了画在棉柔巾上的惊喜,紧接着男友端着蛋糕出现在门口。原来他不是没有记起,而是以情侣间的小玩笑,将爱演绎到底。只有足够在乎彼此,才会绞尽脑汁给对方特别的关心。

下一个故事围绕一场面试展开。毕业生被路况耽搁,在面试时迟到了。她紧张且愧疚地坐在位置上,惴惴不安地等待着面试官的诘问,但是让毕业生意外的是——面试官和蔼地说:"先把汗擦擦吧,别着急。"这种来自职场前辈的亲切关怀,对职场新人来说最为可贵。在善意的包容下,新人拥有了破壳成长的勇气,梦想才会慢慢茁壮萌芽。

最后一个场景发生在家里。妈妈进入儿子的住所,刚推开门就开始边整理边唠叨。不过这次儿子没有不耐烦地顶嘴,而是坐在沙发上微笑着削苹果,用棉柔巾垫着削好的苹果送给妈妈。看到儿子递来的饱含爱意的苹果,妈妈的脸上绽放出了欣慰的笑容。亲情就是这样奇妙,母亲和孩子心中都装着对彼此沉甸甸的爱。唠叨也好,苹果也罢,都是爱的写照。

这些温馨的场景,想必大家在生活中也有所经历。全棉时代把镜头聚焦在"爱情、职场、家庭"三大真实的生活场景,通过对人物微表情的捕捉,精准地把握住了细节,将冲突消弭后的柔软情感生动地表现出来。

看过视频的观众,很容易在视频中找到自己的影子,回想起自己与爱人、同事、父母经历过的点滴时光,从而对"柔软"有了感同身受的体验。观众与全棉时代的情感共振,就这样被调动起来了。

助听器品牌锦好,也拍摄过这样的情感实验影片。锦好选取了三组有随迁老人的家庭,让子女通过镜头观察父母的生活日常。子女们惊讶地发现,理应在大城市"享福"的父母,其实过得并不好,孤单又寂寞。整个影片的重心,基本全部放在对"二次独居"社会现象的讨论上。锦好助听器仅在片中出现了几秒,父亲戴上助听器与老朋友打了电话,在寂寞的家里找到了一丝慰藉。通过视频,锦好成功打出"陪伴"这一关键词,不少网友在看完后

直呼要多回家陪陪爸妈。由此可见,影片的核心不是输出助听器的功能卖点,而是强调品牌与产品的情感属性。锦好希望观众能在影片的号召下,更加关心父母,用陪伴为家人带来幸福。

情感营销不仅需要精准的叙事,更需要动人的价值。在关注消费者审美习惯与价值需求的基础上做营销,才能以情动人。

(四)善用CRM掌握核心客户——最有价值的客户

面向客户,关心客户,一切以客户为中心来运作,这就是CRM的本质。据调查,企业80%的利润来自20%的客户,而发展新客户所需费用是维持老客户的6~8倍。如今,大多数企业都懂得这个道理,纷纷表示要把最好的服务提供给最有价值的客户。

客户关系管理强调的是一切以客户为中心,企业所有的经营战略都是与客户互动的结果,并致力于谋求与客户以及合作伙伴的长期关系。

案例 ANLI

24小时鲜奶用"领鲜"彰显鲜妈态度

随着"她经济"和"她力量"的崛起,当下面向女性消费者的营销内容也开始从"女性贡献"转向"女性态度"。2021年母亲节,传统的"感恩付出营销"模式开始越来越多地被"悦己妈妈"观念所替代——宝洁推出妈妈学院短片,告诉妈妈们不用太完美;京东拍摄了一组当妈妈不是妈妈时的片段,讲述妈妈也是被珍爱的宝贝;麦当劳也推出默片,呼吁休息就是给妈妈们最好的礼物。而在一系列的短视频和品牌主张之下,新希望乳业针对"鲜妈"一族所推出的素人KOC(关键意见消费者)成团出道营销活动,则凭借极佳的互动性和圈层传播性,成为妈妈营销中别具一格的典型案例。

新希望乳业在这次面向精致妈妈人群策划营销方案时,将"明星代言+广告+大曝光"的模式彻底颠覆,转而发起了以都市妈妈们为主体的选秀活动。新希望乳业在八个城市同步开展了"寻找新鲜代言人"的活动,并发布了活动专属的H5——任何有着"领鲜"态度的妈妈都能通过在朋友圈发表态度宣言的方式获取参赛出道资格,而在收获朋友圈点赞的同时,还有机会赢取以品牌代言人身份成团出道的机会。

24小时鲜奶领先的生活态度和"领鲜"的产品品质,将双方的特质完美地结合在一起,成为打通消费者分享欲和聚焦品牌心智需求的核心关键词。

三、客户关系管理软件

为了使客户关系管理更高效、快捷,多数企业借助于CRM软件建立现代化的CRM系统。现行的CRM软件种类较多,不同企业应慎重选择最适合自己的CRM软件。

一套CRM系统大都具备市场管理、销售管理、订单管理、客户支持与服务,以及对竞争对手进行记录与分析的能力。利用CRM软件,企业能够记录在整个市场与销售的过程中和客户发生的各种活动,跟踪各类活动的状态,建立各类数据的统计模型,用于后期的分析和决策支持,从而达到提高客户满意程度、提高销售额、降低市场销售成本、增加利润率的目的。该系统以企业 ERP 系统为依托,外联国际互联网,以电话和网络的手段接受用户的订单和用户服务请求,进行前端销售管理,与 ERP 系统的销售管理接口。

下面对 CRM 软件的主要组成部分(销售管理、营销管理、客户服务管理和数据仓库管理)及其功能做简要介绍。

1. 销售管理

销售管理能跟踪众多复杂的销售路线,为每一位销售人员提供获取产品和市场竞争的信息,以便及时掌握市场动态,获取最大的销售利润,同时企业也不会由于某位销售人员的离去丢失重要的销售信息。

销售途径和工具:电话销售、移动销售、远程销售、电子商务等。

销售人员无论何时、何地都可及时获得有关产品、定价、配置和交货的信息。

2. 营销管理

营销管理具有市场分析、市场预测和市场活动管理等功能。

(1)市场分析。识别、确定潜在客户和消费者群。如可以分析地理区域、收入水平、以往的购买行为等,从而更科学、更有效、更正确地制定产品和市场策略。

(2)市场预测。为新产品研制、投放市场、开拓市场提供有力依据,并把信息自动传递到各有关部门(生产、研发、采购、财务等)。

(3)市场活动管理。为营销主管人员提供制定预算、计划、执行步骤和人员分派的工具,还可对企业投放的广告,举行的会议、展览、促销等活动进行事后跟踪、分析和总结。

3. 客户服务管理

(1)呼叫中心和特殊服务。提供 7×24 小时不间断服务,多种方式交流(语言、IP 电话、E-mail、传真、文字、视频会议等),安排合适的业务代表访问客户;呼叫中心(Call Center)由电脑电话集成(CTI)服务器、交互语言应答(IVR)系统以及终端服务代表等组成,以支持各渠道的客户服务及交互行为。

(2)现场服务的安排与派遣,服务内容和时间。

(3)远程服务。完成契约中的承诺并满足其他新需求。

4. 数据仓库管理

数据仓库处理不同数据源搜集来的数据,以保证数据的正确性,将数据经过转换、同构,存储于数据仓库中,并利用合适的查询和分析工具、数据挖掘工具对信息进行处理。

案例

泰国东方饭店的客户经营之道

泰国的东方饭店堪称亚洲饭店之最,几乎天天客满,不提前一个月预定是很难有机会入住的,而且客人大都来自西方发达国家。泰国在亚洲算不上特别发达,但为什么会有如此诱人的饭店呢?大家往往会认为泰国是一个旅游国家,而且又有世界上独有的人妖表演,是不是他们在这方面下了功夫?其实不然,他们靠的是非同寻常的客户服务,也就是现在经常提到的客户关系管理。

于先生因公务经常出差泰国,并下榻在东方饭店,第一次入住时良好的饭店环境和服务就给他留下了深刻的印象,当他第二次入住时几个细节更使他对饭店的好感迅速升级。

那天早上,在他走出房门准备去餐厅的时候,楼层服务生恭敬地问道:"于先生是要用早餐吗?"于先生很奇怪,反问:"你怎么知道我姓于?"服务生说:"我们饭店规定,晚上要背熟所有客人的姓名。"这令于先生大吃一惊,因为他频繁往返于世界各地,入住过无数高级酒店,但这种情况还是第一次碰到。

于先生高兴地乘电梯到餐厅所在的楼层,刚刚走出电梯门,餐厅的服务生就说:"于先生,里面请。"于先生更加疑惑,因为服务生并没有看到他的房卡,就问:"你也知道我姓于?"服务生答:"上面的电话刚刚下来,说您已经下楼了。"如此高的效率令于先生再次大吃一惊。

于先生刚走进餐厅,服务小姐微笑着问:"于先生还要老位子吗?"于先生的惊讶再次升级,心想:"尽管我不是第一次在这里吃饭,但最近的一次也有一年多了,难道这里的服务小姐记忆力那么好?"看到于先生惊讶的目光,服务小姐主动解释说:"我刚刚查过电脑记录,您去年的6月8日在靠近第二个窗口的位子上用过早餐。"于先生听后兴奋地说:"老位子!老位子!"服务小姐接着问:"老菜单?一个三明治,一杯咖啡,一个鸡蛋?"现在于先生已经不再惊讶了,说:"老菜单,就要老菜单!"于先生已经兴奋到了极点。

上餐时,餐厅赠送了于先生一碟小菜,由于这种小菜于先生是第一次看到,就问:"这是什么?"服务生后退两步说:"这是我们特有的××小菜。"服务生为什么要先后退两步呢?他是怕自己说话时口水不小心落在客人的食品上,这种细致的服务不要说在一般的酒店,就是美国最好的饭店里于先生都没有见过。这一次吃早餐的经历给于先生留下了终生难忘的印象。

后来,由于业务调整的原因,于先生有三年的时间没有再到泰国去,但在于先生生日的时候,突然收到了一张东方饭店发来的生日贺卡,里面还附了一封短信,内容是:亲爱的于先生,您已经有三年没有来过我们这里了,我们全体人员都非常想念您,希望能再次见到您。今天是您的生日,祝您生日愉快。于先生当时激动得热泪盈眶,发誓如果再去泰国,绝对不会到任何其他的饭店,一定要住在东方饭店,而且要说服所有的朋友也像他一样选择东方饭店。于先生看了一下信封,上面贴着一枚六元的邮票。六元钱就买到了一颗心,这就是客户关系管理的魔力。

东方饭店非常重视培养忠实的客户,并且建立了一套完善的客户关系管理体系,使客户入住后可以得到无微不至的人性化服务。迄今为止,世界各国的约20万人曾经入住过那里,用他们的话说,只要每年有十分之一的老顾客光顺饭店就会永远客满。这就是东方饭店成功的秘诀。

四、客户关系管理系统的构建

1. 实施 CRM 的目标

对每个客户的数据进行整合,并支持对客户进行多方位的特征和行为分析;把握销售机会,提高销售额,降低成本,增加利润;增强客户获取、客户保留和客户体验能力,提高客户满意度。

2. 成功实施 CRM 系统的关键因素

(1)高层领导的支持和管理层的认可。客户关系管理的一整套理念及运作需要由高层领导组织、实施以及推动,才能够很好地贯彻执行。

(2)专注于流程的研究、优化和重构,关键是信息流程的最佳化、高效化,老企业往往需要重新构建流程。

(3)技术的灵活运用。

(4)组织高素质的优秀团队。

(5)重视人的因素。

(6)树立长期战略,分步实施。

(7)加强对渠道和应用子系统的集成与整合。

任务3　创新营销方式

随着"互联网+"的深化与发展,新的营销理念、方法、技术不断涌现。在这个时代,消费者的行为跨越了多个渠道:他们把人类从古至今的需求和行为与新兴网络行为结合在一起,用新科技武装起来,这种消费者的行为混合了传统的和数字的,理性的和感性的,虚拟的和现实的因素。同时,企业间的竞争也越来越白热化,从价格战、服务战、客户心理战再到文化营销战,竞争的层面不断升级。随着社会的发展,大公司不一定能打败小公司,但信息传递快的公司很可能打败信息传递慢的公司。聪明的商家已认识到在市场营销领域悄然发生着一场变革,营销理念、方法、技术必须不断更新,才能在市场竞争中获胜。

案例

兰州拉面馆新形象

谈到兰州拉面,很多人脑海中的画面都是这样的:玻璃门上印满文字广告的街边小店,绿色或者黄色底的大招牌,上面一行大大的文字"中国兰州牛肉拉面"。店里一口大锅,一个拉面师傅(一般为丈夫)在厨房里挥汗如雨,一个服务员(一般为妻子)在外边负责点餐、端饭、收拾桌子。

不过,已经拿到红杉资本投资的马记永兰州牛肉面、陈香贵牛肉面装修精致、时髦,刷新了大家对拉面馆的认知。哪怕一碗拉面要花26元,照样门庭若市。它们是如何吸引年轻人的呢?

第一,门店颜值很高。这些新品牌兰州牛肉面馆,门店的形象很好:整体风格简约明亮,桌椅、托盘为木质浅色系,窗口分割明确,干净整洁,墙上都有西北风格的漫画,介绍着当地文化。一碗面摆在桌上,在灯光与环境的加持下,稍微摆盘,就能拍出一张漂亮照片。

第二,服务也随着价格而升级。服务员个个精神抖擞,笑容满面地迎接顾客进门,端茶倒水。面条可以无限续吃,临走前还会问有没有其他需求。只要顾客开口,桌上香喷喷的辣椒油他们也会帮忙打包,让顾客带走。

第三,新颖的营销活动。比如,陈香贵的超大碗牛肉面挑战,一度刷爆了抖音。抖音里的用户个个摩拳擦掌,想在半个小时吃完免单。

一、营销理念创新

(一)从关注营利性交易向关注顾客终身价值转变

要想实现在顾客的终身消费中获利,应从企业价值最大化为目标向以顾客满意为目标转变。企业在通往成功的道路上不仅要考虑股东的利益,同时还必须保证顾客、员工、供应商、分销商的利益。企业必须遵循这样一个理念:在总资源一定的限度内,企业必须在保证其他利益方至少能接受的水平下,尽力提供一个高水平的顾客满意度。只有让顾客满意了才能够留住顾客,才能提高顾客的忠诚度。现在很多企业采用客户关系管理系统来找出对企业最有价值的客户。

(二)引导消费、创造市场——观念营销

观念营销就是企业把新的消费理念、消费情趣等消费思想灌输给消费者,使其接受新的消费理念,改变传统的消费思维、消费习俗、消费方式,使消费再上一个新层次的营销理念和营销行为。

不仅要满足顾客需求,还要创造顾客需求,这是新的消费观念。在复杂动态的营销环境下,一个企业只有成为市场营销的开拓者,引导消费者、调整消费者的消费观念,开创新的市场并不断保持领先地位,才有可能拥有持久的生命力、成长能力和核心竞争力。

案例

思念食品,"思念"营销

"思念"是一种普遍情结。身在他乡的游子,思乡、思亲之情常萦绕在心头,佳节时尤其深重。作为自身独有的品牌资产,思念的品牌名让品牌形象天然带有温情暖意。同时,思念长期专注于中华美食、服务于中国家庭;传统节日里大众爱吃的粽子、汤圆等特色食物,是思念重要的产品领域。思念食品以"思念就是家的味道"为主题与大众沟通,应时应情,也一语双关化用了品牌名。在端午的亲情与陪伴氛围中,这句话既指思念是将一家人紧紧连在一起的情感纽带,也暗指思念品牌的粽子,就是家的味道。

(三)定制化服务

随着生活水平的提高,人们的需求不断向多样化和个性化方向发展,而柔性生产系统(FMS)、互联网的出现和快速发展,使"面向个性化客户的需求进行生产,同时不放弃效率、效力和低成本"成为可能。正是在这种背景下,定制营销卷土重来,但它与手工定做不同,采用了"大规模定制"的新形式,并逐渐成为企业竞争的前沿内容。

(四)知识营销

知识营销观念高度重视知识、信息和智力,凭知识和智力而不是凭经验在日益激烈的市场竞争中取胜。企业在营销过程中,将企业的广告、宣传、公关、产品注入一定的知识含量与

文化内涵,通过向消费者传播新产品所包含的科学技术、文史和地理知识以及知识对人们生活的影响,提高他们的消费与生活质量,从而达到推广产品,树立形象,提升品牌力,促成消费者产生对产品的需求。

(五)全球营销

全球化是当今世界经济发展最重要的趋势,国际互联网已将世界经济连在了一起,成为"地球村"。在国际竞争国内化、国内市场国际化的今天,现代化大生产本身的客观规律必然要求实现全球化分工,企业要积极走出国门,在世界范围内寻求发展机会,把全球市场置于自己的营销范围内,以一种全球营销观念来指导公司的营销活动。

(六)文化营销

文化营销是指把商品作为文化的载体,通过市场交换进入消费者的意识。它在一定程度上反映了消费者对物质和精神追求的各种文化要素。

企业卖的是什么?麦当劳卖的仅是面包加火腿吗?答案是否定的,它卖的是卫生、快捷、时尚、个性化的饮食文化。中秋节吃月饼吃的是什么?我们难道只吃它的味道吗?不是,我们分享的是中华民族传统文化——团圆喜庆。也就是说,文化营销是企业有意识地通过发现、甄别、创造某些核心价值观念,对目标消费者加以因势利导,从而达成企业目标的一种营销理念。文化营销的创新点在于对文化差异及不同文化发展的关注,并将其注入营销的整个过程中,而消费者在消费过程中得到的是文化层面上的认可和尊重。

(七)全员营销

在现代高科技背景下,社会进入"无差别化"时代,尤其是在买方市场下,企业竞争已不是孤立的产品竞争,而升级为企业整体形象的竞争,这就要求企业的营销工作不仅仅是营销人员进行营销,而是整体营销,人人参与营销工作,这样才能真正做到使顾客满意,最终实现企业的目标。

惠普公司已故的戴维·帕卡德曾说过:"营销太重要了,以至于不能单单由营销部门承担。"营销理念必须让企业中的每一位员工都理解,这样才能有利于企业各项业务的开展。确切地说,市场营销不只是一些专家的责任,企业里的每个成员都必须承担起理解顾客需求的责任,并为发展和传递其创造的价值做出贡献。

案例 ANLI

海底捞,打造"服务"神话

海底捞成立于1994年,是一家以经营川味火锅为主、融汇各地火锅特色为一体的大型跨省直营餐饮品牌火锅店。

海底捞始终秉承"服务至上、顾客至上"的理念,以创新为核心,改变传统的标准化、单一化的服务,提倡个性化的特色服务,致力于为顾客提供愉悦的用餐服务。

海底捞虽然是一家火锅店,但它的核心业务却不是餐饮,而是服务。在将员工的主观能动性发挥到极致的情况下,"海底捞特色"日益丰富。

在海底捞,顾客能真正找到"上帝的感觉"。海底捞的服务已经征服了绝大多数的火锅爱好者,顾客会乐此不疲地将在海底捞的就餐经历和心情发布到网上,越来越多的人被吸引到海底捞,一种类似于"病毒传播"的效应就此显现。

海底捞把等位这件事变成了一种愉悦:手持号码等待就餐的顾客一边观望屏幕上打出的座位信息,一边接过免费的水果、饮料、零食;如果是一大帮朋友在等待,服务员还会主动送上扑克牌、跳棋之类的桌面游戏工具供大家打发时间;或者趁等位的时间到餐厅上网区浏览网页;还可以免费美甲、擦皮鞋。

待客人坐定点餐的时候,围裙、热毛巾已送到眼前了。服务员还会细心地为长发的女士递上皮筋和发夹,以免头发垂落到食物里;戴眼镜的客人则会得到擦镜布,以免热气模糊镜片;服务员看到顾客把手机放在台面上,会不声不响地拿来小塑料袋装好,以防油污……

服务员会主动更换顾客面前的热毛巾;如果顾客带了小孩子,服务员还会帮忙喂孩子吃饭,陪他们在儿童天地做游戏;为了消除口味,海底捞在卫生间中准备了牙膏、牙刷,甚至护肤品;过生日的客人,还会得到一些小礼物……如果点的菜太多,服务员会善意地提醒已经够吃;随行的人数较少,他们还会建议点半份。

用餐后,服务员会马上送上口香糖,走出门店的一路上所有服务员都会向你微笑道别。一个流传甚广的故事是,一位顾客结完账,临走时随口问了一句:"怎么没有冰激凌?"5分钟后,服务员拿着"可爱多"气喘吁吁地跑回来:"让你们久等了,这是刚从超市买来的。""只打了一个喷嚏,服务员就吩咐厨房做了碗姜汤送来,把我们给感动坏了。"很多顾客都曾有过类似的经历。孕妇会得到海底捞的服务员特意赠送的泡菜,分量还不小;如果某位顾客特别喜欢店内的免费食物,服务员也会单独打包一份让其带走……这就是海底捞的"粉丝"们所享受的"花便宜的钱买到星级服务"的全过程。毫无疑问,这样贴身又贴心的"超级服务",经常会让人流连忘返,一次又一次不自觉地走向这家餐厅。

二、营销组织创新

营销组织及其结构是营销工作的手段,是企业为了实现经营目标、发挥营销职能内有关部门协作配合的有机的科学系统,是企业内部连接其他职能部门使整个企业经营一体化的核心。为了实现企业目标,市场营销经理必须选择合适的市场营销组织。

目前,绝大多数企业的高层管理人员都比较重视营销工作,但是,在营销管理中具有明显的局部性、不确定性和非过程性,不系统、不全面、不到位,从而造成高层营销管理缺位,导致营销部门以及其他部门不能充分发挥营销职能,营销部门工作缺乏方向而盲目指挥。

现代营销强调的是整体攻防能力,企业应不断对营销组织进行创新,使其精简、反应快速。市场的不确定性从根本上改变了传统市场营销组织设计的思路,适应网络时代变化的营销组织要求反应迅速,沟通畅通,加强企业内外的协调和互动。

未来企业营销构架特征是不设中层管理机构,传统的产品部门、分销部门、广告部门、公关部门和推销部门等都会被逐一淘汰,层级减少,层级组织体系将被网状组织体系取代。

案例

苏宁组织结构大变革

为了应对其他电商巨头的挑战,苏宁从组织架构、年度计划、经营策略、人员安排等方面进行全面调整,基本的思路是做"店商＋电商＋零售服务商"。做好线上和线下融合的同时,苏宁逐步转型为"零售服务商",不断对外开放核心竞争力。该思路在苏宁内部被称为"云商模式"。此外,苏宁还大力进行IT方面的研发,在南京总部、美国硅谷、北京、深圳等地设立研发中心,计划在全国建设10~12个云计算数据中心,未来向合作方开放云服务与系统成套解决方案。

总体而言,苏宁易购的架构调整为:开放平台业务与采销分离,独立运作,由专门的团队负责。开放平台为入驻商家提供支付、金融、数据、营销、托管、仓储物流、云计算等配套服务。

三、营销人才创新

目前,有实战经验的并在知名公司担任过市场部经理的人,在人才市场上非常抢手,其身价也越来越高。营销人才在我国市场中非常短缺。缺乏营销人才是中国企业营销水平不高的主要原因。现代营销人才不再是经营型的营销专才,而应是知识型的营销通才,应具有强烈的社会责任感,文化素质高,富有创新精神和进取心,知识应用能力很强等,应该是科技通才与营销专才的完美结合。营销创新能否成功的关键,就在于是否拥有一批知识型的营销人才。

知识巩固

一、营销术语解释
客户关系管理　产品/品牌型营销组织　矩阵型营销组织　职能型营销组织　全员营销　观念营销　营销人才

二、简答题
1. 制订营销计划的步骤有哪些?
2. 试对不同的营销组织适用范围进行分析。
3. 客户关系管理的目的和手段有哪些?

案例分析

蜜雪冰城如何打造品牌超级符号?

每一个爆款的形成,都不是一蹴而就的。巨量算数为我们呈现的蜜雪冰城营销全景图,也能窥见值得品牌借鉴的营销法则。

1. 优质趣味内容加持

"一句广告语，能用一百年"，蜜雪冰城主题曲正是如此，歌词自带传播属性，节奏简单轻快、重复、易模仿，使其在抖音广泛流传，并迅速激发背景音乐、翻唱、二次创作等衍生内容。

2. 线下参与＋线上发酵强势导流

蜜雪冰城营销的成功，离不开线下15 000家实体门店的联动造势，通过撬动拥有庞大用户黏性的门店资源，借助创意玩法聚合起优质流量，顺势引流至线上抖音平台，形成立体化声量传播矩阵。

3. 多圈层KOL引领造势

在内容上，蜜雪冰城联合头部KOL发布示范及解说内容，鼓励各领域垂直类红人参与创作，联动自有门店抖音账号快速跟进呼应用户，通过"头部KOL＋本地红人＋自有KOC"协同，充分释放流量价值。

4. 打造品牌长期经营阵地

蜜雪冰城在抖音上获得的超高流量并非一时崛起，而是长期抖音运营的结果。品牌抖音官号自2019年12月入驻以来，积极创作品牌内容，通过转评赞、DOU＋加热、埋点POI等方式进行流量运营，促进内容生产。此外，还通过粉丝群维护、品牌直播搭建等形式沉淀私域资产，打通流量转化通路，已收获211.6万粉丝关注。

思考：

1. 蜜雪冰城品牌营销有何创新之处？
2. 你认为新品牌应如何快速通过新媒体吸引消费者？

项目实训

编制年度营销计划

1. 实训目的

掌握年度营销计划编制的依据、内容，尤其是体会目标任务的层层落实责任制的贯彻方法。

2. 实训内容

(1) 假设你是某公司（化妆品、饮料或药品）的营销主管，具体负责某区域的销售业务。请你设定销售区（如西安、宝鸡、上海等地），年销售任务假设为100万元，制订在此区域内开展营销活动的年度营销计划。

(2) 年度市场营销计划主要包括：计划概要、经营目标、市场营销现状、机会与问题分析、行动方案、预计盈亏表及其控制措施（奖惩制度）等内容。

3. 项目完成情况评价

内　　容			评　　价
学习目标		评价项目	得分(0～100分)
知识 (30分)	应知应会	客户关系管理的实质	
		文化营销	
专业能力 (60分)	客户关系维护能力	人际关系网、人气指数	
	编制营销计划能力	小组编制的年度营销计划	
	自我管理和经营能力	小组的营销策划方案及自我情绪调控的方法	
态度 (10分)	态度认真	按时完成任务	
	合作意识	组内充分交流	
合计得分			
个人努力方向与建议			

成长日记

结合项目10所学的知识和实践,撰写一篇1 000字左右的个人成长日记。挑选部分学生的日记公开交流。

参 考 文 献

[1] 詹姆斯·L·伯罗（James L. Burrow）著. 中国市场营销课程标准开发中心（CMC）组编. 市场营销. 北京：电子工业出版社，2009
[2] 王文艺. 市场营销学实训指导手册. 杭州：浙江大学出版社，2004
[3] 闫志俊，张学琴. 新编市场营销. 大连：大连理工大学出版社，2018
[4] 刘丽萍. 网络营销. 西安：西北工业大学出版社，2019
[5] 杨勇，陈建萍. 市场营销：理论、案例与实训. 北京：中国人民大学出版社，2015
[6] 菲利普·科特勒（Philip Kotler），加里·阿姆斯特朗（Gary Armstrong）. 市场营销原理. 北京：清华大学出版社，2019
[7] 王永贵，马双. 客户关系管理. 北京：清华大学出版社，2021
[8] 何晓兵，何杨平，王雅丽. 网络营销. 北京：人民邮电出版社，2020
[9] 贺湘辉，刘香玉. 电子商务基础. 北京：中国人民大学出版社，2020
[10] 时胜利. 新零售全渠道营销实战. 北京：人民邮电出版社，2019
[11] 胡介埙. 分销渠道：设计与管理. 大连：东北财经大学出版社，2018
[12] 堀田博和著. 龚先洁译. 王牌销售的500个促销金点子. 北京：清华大学出版社，2020
[13] 和讯商学院网站
[14] 赢商网
[15] 中华营销网
[16] 中国广告网
[17] 中国营销网
[18] 36氪网
[19] 品牌星球网
[20] 数英网
[21] 首席营销官网